高等学校交通运输与工程类专业教材建设委员会规划教材

Bridge Construction

桥梁施工

主　编　刘来君　孙　昊　孙胜江　张柳煜
主　审　霰建平　李宗平

人民交通出版社股份有限公司
北京

内 容 提 要

本书根据高等学校土木工程专业(桥梁方向)、道路桥梁与渡河工程专业桥梁施工课程的教学要求,参考中华人民共和国国家标准和交通运输部门颁发的相关规范进行编写。全书共分为13章,以目前桥梁施工领域主要的桥梁施工方法为主要脉络,先后介绍了桥梁施工控制基本原理和方法、桥梁上下部结构主要施工方法和施工技术要求。同时为了保证本书的完整性,补充介绍了桥梁施工的常用机械设备、钢结构桥梁的制造与安装、桥梁附属工程的施工等相关内容。

本书主要作为土木工程专业(桥梁方向)、道路桥梁与渡河工程专业的教材使用,同时也可供土木工程专业其他方向及相关工程技术人员使用。

图书在版编目(CIP)数据

桥梁施工 / 刘来君等主编. — 北京:人民交通出版社股份有限公司,2022.11
ISBN 978-7-114-18282-2

Ⅰ.①桥… Ⅱ.①刘… Ⅲ.①桥梁施工—高等学校—教材 Ⅳ.①U445

中国版本图书馆 CIP 数据核字(2022)第 194982 号

高等学校交通运输与工程类专业教材建设委员会规划教材
Qiaoliang Shigong

书　　名:	桥梁施工
著 作 者:	刘来君　孙　昊　孙胜江　张柳煜
责任编辑:	王景景
责任校对:	席少楠　刘　璇
责任印制:	刘高彤
出版发行:	人民交通出版社股份有限公司
地　　址:	(100011)北京市朝阳区安定门外外馆斜街 3 号
网　　址:	http://www.ccpcl.com.cn
销售电话:	(010)59757973
总 经 销:	人民交通出版社股份有限公司发行部
经　　销:	各地新华书店
印　　刷:	北京虎彩文化传播有限公司
开　　本:	787×1092　1/16
印　　张:	23.25
字　　数:	539 千
版　　次:	2022 年 12 月 第 1 版
印　　次:	2024 年 6 月 第 2 次印刷
书　　号:	ISBN 978-7-114-18282-2
定　　价:	79.00 元

(有印刷、装订质量问题的图书,由本公司负责调换)

前言

21世纪以来，随着综合国力的增强以及科学技术水平的提高，我国交通运输事业取得了举世瞩目的发展。四通八达的现代公路交通网，如同国之经脉，极大地促进了国家经济的发展，增强了全国各地人民的交流以及巩固了国家国防事业的发展。桥梁作为我国交通网的重要组成部分，跨越高山峡谷、江河湖海，使天堑变通途。截至2021年末，我国有公路桥梁96.11万座、7380.21万延米，其中特大桥梁7417座、1347.87万延米，大桥13.45万座、3715.89万延米。而且，随着工程技术的进步、新材料的研发应用和信息化大数据手段的应用，桥梁正在向更大跨径、更大规模的方向发展。随着施工技术的进步、施工装备的不断更新、新材料研发的不断深入以及信息化、数字化手段的不断应用，桥梁施工技术水平也得到了极大的提升和发展。目前，我国的桥梁施工技术已经达到了世界先进水平，进入了世界桥梁强国之列。

本书的宗旨是让学生了解并掌握桥梁施工的基本方法和关键技术，为毕业后从事桥梁施工设计、施工管理以及施工组织等工作打下基础。

全书共分为13章，由长安大学六位老师共同编写，其中第1章和第7章由刘来君编写；第2章、第9章、第12章和第13章由孙昊编写；第3章、第8章和第11章由孙胜江编写；第5章由牛艳伟编写；第4章和第6章由张柳煜编写；第10章由陈峰编写。长安大学博士张筱雨、曹锦承参与了本书的文字校正工作，刘来君对全书进行了校核和统编。

刘来君、孙昊、孙胜江、张柳煜担任本教材主编，中国交通建设集团有限公司霰建平和李宗平担任本教材主审。同时,中交第二公路工程局有限公司金仓、朱晓明、李鹏、葛国库为本书编写提供了指导。

由于编写水平有限,教材中难免有错误之处,敬请读者批评指正。

编 者

2021 年 12 月

目录 CONTENTS

第1章 绪论 1
　1.1 概述 1
　1.2 桥梁施工发展简史 3
　1.3 桥梁按结构体系、结构形式、材料组成和地域环境的分类 11
　1.4 桥梁施工的影响因素 16
　1.5 桥梁施工方法及其适用范围 18
　1.6 桥梁施工技术与控制 22
　思考题 24

第2章 桥梁施工机械设备 25
　2.1 概述 25
　2.2 施工常备结构及应用 26
　2.3 混凝土施工设备及应用 32
　2.4 钢筋加工设备 36
　2.5 常用安装及架设设备 39
　思考题 42

第3章 桥梁施工控制基本原理 43
　3.1 概述 43
　3.2 桥梁施工控制系统与方法 44
　3.3 桥梁施工控制结构分析 50
　3.4 桥梁施工监测 55

思考题 ·· 61

第4章 桥梁基础施工 ·· 62
4.1 概述 ·· 62
4.2 明挖扩大基础施工 ··· 64
4.3 沉入桩基础施工 ·· 75
4.4 钻(挖)孔桩基础施工 ·· 86
4.5 沉井基础施工 ··· 96
4.6 地下连续墙基础施工 ·· 105
4.7 组合式基础施工 ·· 111
思考题 ··· 115

第5章 桥梁墩台施工 ·· 116
5.1 概述 ·· 116
5.2 墩台结构类型与构造 ·· 116
5.3 墩台混凝土的浇筑 ··· 124
5.4 装配式墩台施工 ·· 135
5.5 高墩施工与控制 ·· 145
思考题 ··· 163

第6章 就地浇筑与砌筑施工法 ·· 164
6.1 概述 ·· 164
6.2 梁式桥的就地浇筑施工 ··· 165
6.3 拱桥的就地浇筑和砌筑施工 ·· 170
6.4 桥梁工程模板设计 ··· 174
6.5 支架设计与施工 ·· 179
思考题 ··· 192

第7章 装配式施工法 ·· 193
7.1 概述 ·· 193
7.2 梁桥的装配式施工 ··· 194
7.3 拱桥的装配式施工 ··· 210
7.4 索桥的装配式施工 ··· 226
思考题 ··· 236

第8章 悬臂施工法 ··· 237
8.1 概述 ·· 237

8.2 悬臂浇筑施工 ……………………………………………………………………… 240

8.3 悬臂拼装施工 ……………………………………………………………………… 254

8.4 悬臂施工控制 ……………………………………………………………………… 265

思考题 …………………………………………………………………………………… 274

第9章 顶推施工法 …………………………………………………………………… 275

9.1 概述 ………………………………………………………………………………… 275

9.2 顶推法施工的过程 ………………………………………………………………… 279

9.3 顶推法施工的主要工艺 …………………………………………………………… 280

9.4 顶推法施工控制 …………………………………………………………………… 282

思考题 …………………………………………………………………………………… 284

第10章 转体施工法 …………………………………………………………………… 285

10.1 概述 ……………………………………………………………………………… 285

10.2 水平转体施工法 ………………………………………………………………… 286

10.3 竖向转体施工法及平竖转结合施工法 ………………………………………… 302

10.4 转体施工控制 …………………………………………………………………… 304

10.5 转体施工实例 …………………………………………………………………… 307

思考题 …………………………………………………………………………………… 311

第11章 缆索结构施工 ………………………………………………………………… 312

11.1 概述 ……………………………………………………………………………… 312

11.2 斜拉索施工 ……………………………………………………………………… 313

11.3 主缆施工 ………………………………………………………………………… 317

11.4 缆索结构施工控制 ……………………………………………………………… 324

思考题 …………………………………………………………………………………… 329

第12章 钢桥的制造与安装 …………………………………………………………… 330

12.1 概述 ……………………………………………………………………………… 330

12.2 零件的制造与组装 ……………………………………………………………… 330

12.3 钢桥的架设与安装 ……………………………………………………………… 335

12.4 钢结构桥梁的防腐与涂装 ……………………………………………………… 338

思考题 …………………………………………………………………………………… 341

第13章 桥梁附属工程施工 …………………………………………………………… 342

13.1 概述 ……………………………………………………………………………… 342

13.2 支座 ……………………………………………………………………………… 343

13.3　伸缩装置 …………………………………………………………………… 348
　13.4　桥面铺装 …………………………………………………………………… 353
　13.5　护栏 ………………………………………………………………………… 356
　13.6　排水防水系统 ……………………………………………………………… 358
　思考题 …………………………………………………………………………… 359
参考文献 …………………………………………………………………………… 360

第1章
绪论

1.1 概 述

桥梁一般指架设在江河湖海上,使车辆、行人等能顺利通行的构筑物。为适应现代高速发展的交通行业,桥梁亦引申为跨越山涧、不良地质或为满足其他交通需要而架设的使通行更加便捷的建筑物。作为拥有上下五千年历史的文明古国,中国桥梁有着十分悠久的历史,约在西周初期便有了"石梁""石杠""榷""桥"等初等桥梁形态,公元前3世纪前后,桥梁的三大体系,即梁、拱、吊三种类型已经形成,再到现如今梁桥、拱桥、刚构桥、悬索桥、斜拉桥和组合结构桥梁的广泛使用,桥梁结构形式不断地取得突破创新。同时随着社会的发展和施工技术的进步,桥梁数量也在飞速地增长。据交通运输部最新统计,截至2021年末,我国有公路桥梁96.11万座、7380.21万延米,比上年末分别增加4.83万座、751.66万延米,其中特大桥梁7417座、1347.87万延米,大桥13.45万座、3715.89万延米。

桥梁工程的建设一般历经以下几个阶段:可行性研究阶段、初步设计阶段、施工图设计阶段、现场施工阶段和交竣工验收及后期运维阶段等。作为桥梁工程全寿命周期非常关键的桥梁现场施工阶段,对桥梁工程质量、施工过程安全、运营期间安全及耐久性影响巨大。随着结构形式的不断创新,新技术的不断发展,以及施工设备的迭代更新,对桥梁施工技术的要求也越来越高。

桥梁工程一般由上部结构、下部结构、支座、伸缩缝和附属构造物组成。上部结构又称桥跨结构,是跨越障碍的主要结构;下部构造包括桥台、桥墩和基础;支座为桥跨结构与桥墩或桥台的支承处所设置的传力装置;附属构造物则指桥头搭板、锥形护坡、护岸、导流工程等。不同结构形式,不同的部位,其施工方法也不尽相同。

对于桥梁下部结构而言,其基础结构形式包括桩基、沉井、地下连续墙、扩大基础、复合基础等。其中桩基工程的成孔施工方法可根据桥位地质、水位、地形条件等采用人工挖孔、回旋钻成孔、旋挖钻成孔、冲击钻成孔、冲抓钻成孔等,桩基混凝土灌注可根据地质水文条件采用干灌或灌注水下混凝土的方法施工;在深水中桥位可采用双壁钢围堰、钢吊箱、钢板桩围堰等配合桩基施工承台(系梁)。桥梁墩柱一般采用原位现浇的方式施工,对于较高的混凝土桥梁墩柱,可采用翻模、提升模板、爬模等方法施工。

桥梁上部结构形式多种多样,按所采用材料可分为圬工桥、钢筋混凝土桥、预应力混凝土桥、钢桥和钢-混凝土组合桥等,按结构受力体系可分为梁、拱和索三大体系。所用材料和结构受力体系的组合又使桥梁上部结构形式种类更加多样,不同材料、不同结构受力体系的上部结构施工方法存在很大差异,相应施工工艺流程及规范要求也不尽相同。

支架现浇施工法是直接在梁体下搭建支撑系统,然后在支撑系统上安装模板、绑扎钢筋骨架,预留孔道,现场浇筑混凝土的一种施工方法。因具有施工便利、不需要大型起重设备、施工平稳可靠等优点,支架现浇法在实际工程中得到了广泛的应用。目前常用的有三种支架形式:满堂支架、梁式支架和梁柱式支架。满堂支架一般可用于多跨梁桥和曲线梁桥的施工,施工效率高,成本低廉,但模板系统的安装拆除耗时较长,具有一定的局限性。梁式支架是指在桥跨下方布置适量的立柱,在立柱上架设纵梁从而支撑模板体系的支架,一般适用于桥下净空较大,跨河流、山谷和公路等现浇桥梁的施工。当施工跨道路、沟渠、障碍物的梁段或者施工变截面连续梁时,可将两者结合起来形成梁柱式支架,以满足道路通行、跨越障碍物和梁体线形调整需求。

悬臂施工法是指预先在桥墩两侧设置施工平台,同步向两侧跨中进行平衡悬臂浇筑或者拼装,直至梁体在跨中位置合龙的施工方法。该种方法在施工过程中会产生负弯矩,同时施工产生的不平衡力会使得桥墩底部承受较大的弯矩,因此悬臂施工方法多用于施工阶段和成桥运营阶段梁体的受力状态相近的桥梁的施工,如预应力混凝土T形刚构桥、连续梁桥、连续刚构桥以及斜拉桥等。悬臂浇筑施工主梁整体性较好,施工过程中须根据监控指令及时调整梁体的线形以尽可能逼近设计要求,常用于跨径100m以上的桥梁;悬臂拼装施工便捷速度快,但是施工时的精度要求很高,一般应用在跨径100m以下的中等跨径连续梁桥和主跨跨径200m以上的斜拉桥,施工过程中亦须根据监控指令及时调整梁体的线形以尽可能逼近设计要求。

顶推施工法是指梁体在合适的浇筑或拼装位置处(桥台背后路堤上)逐段浇筑或拼装,并用顶推装置纵向顶推,使梁体通过各墩顶临时滑移装置而就位的施工方法。该方法在预应力混凝土(钢梁)连续梁桥施工中运用较为广泛。顶推施工法主要有三个工作阶段:梁体浇筑阶段(即在桥台后场地进行梁段浇筑)、预应力张拉阶段(永久性和临时性预应力)和顶推阶段(利用顶推装置和滑移装置将梁体逐段顶进)。顶推施工法不需要大型吊装起重设备,不影响既有线路运行,不用高空作业,广泛适用于中等跨径桥梁、长线引桥和立交的施工。当然,该方法也存在一定的不足,对桥梁几何线形要求较高,对于变截面段桥梁、弯桥以及边坡桥则很难进行顶推法施工;同时施工过程中结构受力不断变化、材料用量较大以及施工进度慢等缺点也限制着顶推施工法的使用范围。

转体施工法是20世纪40年代以后发展起来的一种架桥工艺。它是在河流的两岸或适当的位置,利用地形条件并采用简便的支架先将半桥预制完成,之后以桥梁结构本身为转动体,使用一些机具设备,分别将两个半桥转体到桥位轴线位置合龙成桥。其特点有:可以充分利用地形,预制方便;施工速度快;不影响既有线路运行;适合于单跨和三跨桥梁,在跨江河、跨峡谷的桥梁中较多采用,同时也适用于跨线桥梁。

桥梁施工主要有以下几个特点：①生产具有流动性；②露天作业、水中及高空作业比较多；③施工周期长；④施工生产组织复杂。可见，对于桥梁工程而言，除了在结构上进行合理的设计以外，还应选择合适的桥梁施工方法，要充分结合桥梁项目的建设条件（地质水文、地形条件等），将施工方法也贯穿于整体结构的设计当中。

1.2 桥梁施工发展简史

中国桥梁，有着数千年的悠久历史，但是一些远古实物、遗迹久已无存。部分建造难度大、施工技术复杂的古桥也已无文献记载，施工方法无法考证，要根据具体的古代实际科技水平和生产力水平去推测古桥建造时所采用的方法。

根据古文献记载，早期桥梁构造是比较简陋的，只是利用木石天然材料，用原始的工具，搭架简易桥梁。垒石断水的叫作"石梁"，聚石的步渡叫作"石杠"，架在水上的独木叫作"榷"，骈木的叫作"桥"。在河广水深的河流上，便采用"造舟为梁"，即后世的浮桥，如图1.2.1所示。

约在西周初期或更早一些，中国就有了"桥梁道路，王政之一端"的施政方针。"王道如矢，其平如砥"，则形象地要求道路要像矢箭一般直，要像石面一样平，可见那时对路桥工程的要求比较高。秦汉（公元前221—220年）王朝完成了统一大业，为了统政令，巩固国防，首务之急便是发展交通。以长大宽广著称的中渭桥，桑柳成荫的灞桥，实用功能与艺术完美结合，桥梁建筑水平进入了一个较高的阶段。约在公元前3世纪前后，桥梁的梁、拱、索三大基本体系，已在我国形成。

东汉（公元25—220年）是我国建筑史上的一个灿烂发展时期。人造建筑材料的发明，砖石拱结构的创新，由木桥演进过来的石桥的大量建造，在我国桥梁史上是一个跃进。石桥坚固耐久，符合经济要求，石墩基础的出现和不断改进，为在河广水深的河道上建造永久式的多跨长桥开创了广阔前景。东汉末期的阳渠石桥（公元135年），西晋"下圆以通水"的旅人桥（公元274年），表明当时石桥建筑技术已经相当成熟。当隋代（公元581—618年）结束了南北分割的混战局面，经济恢复很快。这一时期，正是我国石桥建筑遍布大江南北的时期。建于隋仁寿元年（公元601年）的清水石桥，长450丈（约1500m），石作华巧，与赵州桥相埒。又有一座建于隋开皇十八年（公元598年）的澧水石桥，也以雕琢精奇著称于世。可惜清水石桥淤埋在黄河故道中，澧水石桥也无遗迹，仅安济桥（又名赵州桥，图1.2.2）保存至今，独享盛誉。

图1.2.1 浮桥

图1.2.2 安济桥

唐宋两代，可称为古桥的创新全盛时期，大量的宋代桥梁，留存到今天的为数当不少，虽然历经修葺，有的还保留着旧日风格。蔡襄时首创的"筏形基础"的洛阳桥(图1.2.3)，被誉为"天下无桥长此桥"的安平桥(图1.2.4)，位于潮州的世界第一座开启式桥梁——广济桥(图1.2.5)，以石狮雕刻著名的卢沟桥(图1.2.6)，均在桥梁建筑史上闻名于世，受到历代西方旅游家的盛誉与推重。

图1.2.3　洛阳桥

图1.2.4　安平桥

图1.2.5　广济桥

图1.2.6　卢沟桥

近代以来，封建制度的落后，大大限制了社会生产力的发展。桥梁建筑大多是由外国公司投资、设计、承建。国内技术落后，建设水平低下，发展十分缓慢。我国自行设计施工的京张铁路(1905—1909年)，有121座铁路桥梁采用钢架结构，是较早大规模使用现代桥梁技术的铁路桥梁(图1.2.7～图1.2.10)。这些钢桥大多为简支梁，主梁采用一字形上承钢板梁结构，可在工厂进行预制，在现场安装，加快施工速度，缩短周期，降低成本。当时的技术落后，设备简单，很多操作需要人力完成，也正是在这样艰苦的条件下，施工人员不畏艰难，攻克一个又一个的难题。

钱塘江大桥(图1.2.11)，又名钱江一桥，是我国浙江省杭州市境内的一座跨钱塘江双层桁架梁桥，位于西湖之南，六和塔附近钱塘江上，1934年，由我国桥梁专家茅以升主持全部结构设计，是我国自行设计、建造的第一座双层铁路、公路两用桥。在桥梁的施工过程中，以茅以升为代表的施工团队不畏艰难，攻克了一个又一个的施工难题。为了桥梁基础的稳固，克服不良地基的困境，施工设计人员进行实地考察，最终发明了"射水法"，在桥梁建筑史上，这是首次成功使用气压法沉箱掘泥打桩，打破了外国人口中"钱塘江不可能建桥"的预言。为克服水流湍急的棘手环境，施工人员发明了"沉箱法"：将混凝土箱沉入江中，利用高压气排走箱内水，再进行人工挖沙，最后在沉箱上修筑桥墩。为了节省工期,以茅以升为代表的施工团队虚心请教熟悉钱塘江水文规律的当地人士,最终发明了"浮运法",把整孔钢梁装载在两条灌上半舱水的船上,巧妙利用钱塘江涌潮的落差,把钢梁安全安装到位。

图 1.2.7　南沙河 15 号桥

图 1.2.8　大石桥河 7 号桥

图 1.2.9　居庸上关 30 号桥

图 1.2.10　怀来河 56 号桥

图 1.2.11　钱塘江大桥

自新中国成立以来,尤其是改革开放以后,我国经济实力不断增强,交通运输事业也得到了快速的发展,中国桥梁的类型也突破了传统木结构、圬工结构的限制,混凝土和钢材的广泛使用也使得各类大跨径桥梁不断涌现,如混凝土梁桥、悬索桥和斜拉桥等。我国的桥梁工程事业也因此得以飞速发展,取得了举世瞩目的成就。在桥梁建设方面,我国已跨入世界先进水平之列。

1.2.1　桥梁深水基础施工技术的发展

桥梁深水基础主要有沉井基础、沉箱基础、桩基础、管柱基础、复合基础及特殊基础等类型,特殊基础包括钟形基础、锁口钢管桩基础、地下连续墙基础、负压筒形基础和浮式基础等。我国桥梁深水基础史大致可划分为三个阶段:第一阶段是19世纪末至新中国成立,桥梁基础多采用打入桩基础、沉箱、沉井和复合基础,且多由外国人投资修建,甚至材料和设备均由国外进口;第二阶段为新中国成立至20世纪末,基本以沉井、管柱、桩基础为主,以特殊基础和复合基础为辅;第三阶段为20世纪末到现在,主要以大型钻孔桩基础为主,以少量的沉井基础和特殊基础为辅。

1.2.2　桥梁高墩施工技术的发展

随着交通运输事业的不断发展,桥梁结构所处的环境也变得更加恶劣,桥墩的高度也在不断突破,施工的难度也变得越来越大。为适应工程需要,液压爬模、节段预制拼装施工技术应运而生。

20世纪70年代,我国就已经开始使用爬模技术,最早是上海采用的手动葫芦爬模技术;20世纪80年代中建一局四公司在北京新万寿宾馆采用3.5t液压千斤顶进行模板互爬;1990年前后,中建三局在上海采用了电动丝杆爬模技术;1996年,中建柏利公司首次在广东省公安厅办公楼工程中采用整体液压爬模;2007年以后,国内的爬模公司都以液压缸作为爬模的爬升动力,液压缸爬模也从单侧外爬一种做法发展到外爬内吊、内爬内吊、内爬外吊等多种做法,并已在高层和超高层建筑、大型桥塔等多项工程中广泛采用。2010年我国第一部关于爬模方面的标准《液压爬升模板工程技术规程》(JGJ 195—2010)发布,为混凝土结构工程采用液压爬升模板施工提供了标准依据。

20世纪60年代,欧美日等发达国家和地区已经在桥梁的下部结构中运用了预制拼装技术。20世纪中期,中国也开始尝试使用装配式的桥墩。在青藏铁路的西格工段建设有326座装配式的桥墩,其接头十分牢固,结构也十分安全,在刚度、强度以及稳定性方面都满足了通车运营的需求。成昆铁路联结了我国四川省与云南省,区内地震频发,对于桥墩的要求较高,在该铁路线的张家村大桥、和平村大桥以及牛日河4号大桥都采用了拼装式的桥墩。随着交通量的增加,在运输方面对交通路线的承载力以及运行速度有了更高的要求,那些初期建好的装配式桥墩已经逐渐不能够满足当代运输的要求,而且产生了一定的安全隐患,所以要对其进行重新设计,提高运输线路的性能以及使用寿命,满足当前运输的要求。装配式的桥墩除了运用在铁路工程中,在公路工程中也有很多的应用。比如,著名的杭州湾大桥、东海大桥、南京长江三桥以及在2018年正式通车运营的港珠澳大桥等都运用了装配式的桥墩。装配式的桥墩,大大提高了桥梁建设的效率,缩短了建设的周期,为早日投入运营提供了条件。

1.2.3 悬臂法施工技术的发展

挂篮悬臂浇筑施工又称迪维达克施工方法,自从20世纪60年代由联邦德国首先使用以来,发展至今,已成为修建大中跨径桥梁的一种极为有效的施工手段。日本预应力混凝土工业协会《关于预应力混凝土长大桥梁的调查研究报告》指出,1972年后建造的跨径大于100m的桥梁近200座,其中采用悬臂浇筑法施工的占80%左右,挂篮作为悬臂浇筑法施工的主要设备已发展出众多种类,如平行桁架式挂篮、三角形组合梁式挂篮、弓弦式挂篮、斜拉式挂篮及三角形桁架式挂篮等。我国自20世纪80年代引进该工艺以来,已取得了巨大的成就,其中三角形及菱形等型钢桁架式挂篮因结构简单、受力合理及一次移动到位等优势得到广泛应用。

1.2.4 顶推法施工技术的发展

顶推施工法首创于20世纪60年代,并在一座预应力连续梁桥(Ager桥)上成功运用。此后,该方法便在世界范围内快速发展。20世纪70年代,顶推法又一次成功地在委内瑞拉卡罗尼河桥上运用。该桥主跨96m,并首创了钢导梁和临时墩。因此,该桥也成了第一座真正意义上采用顶推法施工的桥梁。此后,欧洲和日本等相继采用顶推法建造了多座桥梁,其中最大跨径桥梁是主跨168m的联邦德国的Worth桥。南非象河铁路桥(全长1035m)、德国Aichtai桥(全长1161m)和瑞士捷拉东斯桥(全长1370m)均是顶推长度超过1000m的大型桥梁。

早期受限于施工技术的发展,顶推法大多适用于混凝土结构桥梁,在钢结构上的应用较少。20世纪末,随着施工技术的不断提升以及有限元仿真技术的应用发展,顶推法逐渐被广泛应用于钢结构大跨桥梁中。2003年底建成通车的墨西哥恰帕斯桥(Chiapas桥)创造了该类桥梁的新纪录。2004年建成通车的法国米约大桥,采用多点柔性正交顶推法施工,且为双向顶推,跨中合龙,顶推跨度达到171m,最大跨径为342m,代表了当时世界顶推技术的先进水平。

在我国,顶推法于1977年首次在西(安)延(安)铁路狄家河桥(图1.2.12)上使用,随后又成功运用于广东万江公路大桥。20世纪80年代,顶推法施工主要转向了公路桥梁方面,全国范围内陆续采用顶推法施工建成桥梁几十余座。

进入20世纪90年代后,顶推法施工预应力混凝土连续梁结构又进入了一个新的发展阶段。国内首座采用柔性墩多点顶推法施工的预应力混凝土连续梁桥为1980年建成的望城沩江桥(图1.2.13);2006年,佛山平胜大桥(图1.2.14)采用顶推法施工,其最大悬臂长度达到了78m,结构形式为独塔单跨自锚式四索面悬索桥,成为国内首座采用斜交顶推法施工的钢箱加劲梁悬索桥。2012年建成的杭州九堡大桥为中国首座采用顶推法施工的梁拱组合结构桥梁。2013年底,某跨沪昆铁路桥(拖拉法)和某南昆铁路跨线桥(步履式顶推法)也均采用顶推法施工;2019年4月建成的裕溪河大桥(图1.2.15)为双塔钢箱桁组合梁斜拉桥,由于施工环境受限,工期要求紧迫,边跨采用箱桁同步顶推施工方法,是当时世界最大跨度的无砟轨道高速铁路桥梁。

图1.2.12 狄家河桥

图1.2.13 望城沩江桥

图1.2.14 佛山平胜大桥

图1.2.15 裕溪河大桥

1.2.5 节段拼装施工技术的发展

自1962年J.M.米勒尔第一个采用预制拼装法建造法国舒瓦齐勒罗瓦大桥以来,节段预制拼装造桥技术持续发展,并从欧洲逐步推广到全世界,成为建造桥梁主要技术之一。在我国,节段拼装应用较早。20世纪70年代,成昆铁路旧庄河1号桥首次运用了节段预制拼装技术,但是受限于施工条件,试验并没有取得圆满的成功,因此未得以广泛推广应用。此后随着技术的不断提升,20世纪90年代始,该技术得以重新推广和使用,在公路和市政领域,有采用预制节段逐跨拼装施工的福州洪塘大桥、采用短线法预制施工的上海沪闵二期高架桥梁、采用专用造桥机逐跨拼装施工的上海新浏河大桥等;在铁路领域,有采用专用移动支架造桥机、短线法预制逐跨拼装的灵武杨家滩黄河大桥,采用悬臂拼装施工技术的石长湘江大桥,采用移动支架造桥机逐跨拼装的小半径连续弯梁兰武河口黄河大桥,采用胶接缝拼装的黄韩候芝水沟大桥等。

1.2.6 转体法施工技术的发展

作为一种无支架的施工方式,转体施工法开拓了建桥的新思路,拓展了建桥的范围,极大地促进了桥梁工程的发展。首先在桥台两岸预制半跨桥梁,然后通过旋转在跨中进行合龙,从而完成桥梁工程的建设。转体施工法对于跨江跨河跨沟谷的桥梁建设具有重要的意义。20世纪40年代以来,该项施工技术已经得到了广泛的推广和应用,目前较常采用的方法有水平转体法与竖直转体法,而且逐渐形成了一个桥梁工程施工体系,在平原地区、山区的公路、铁路等工程中应用广泛。

自20世纪70年代,我国便开始了转体施工方法的探索,1977年首次运用在四川遂宁建设桥上,并取得圆满成功。此后一段时间内平转法施工的拱桥跨径均在100m以下。自从1979年国内开始研究"拱桥双箱对称同步转体施工工艺"后,转体施工技术得到较大的发展。随着钢管混凝土拱桥技术的发展,轻型化、大跨度的桥梁逐渐成为可能,而转体施工技术也被广泛应用于钢管混凝土拱桥中,使桥梁转体施工进入新的发展阶段。1993年,安阳钢管混凝土拱桥首次采用竖转和平转相结合的方式进行施工,其跨径为150m。2006年广东佛山东平大桥采用了转体施工技术,这对于我国桥梁转体工程发展具有重要的意义。据统计,截至2012年底,我国采用转体法施工的桥梁共119座,其中平转法105座,竖转法9座,平竖转结合法5座。

2018年连(云港)镇(江)铁路淮扬联络线大桥成功转体,其转体质量为7000t。2018年设计的保定市西南部的南延工程,其中使用转体施工技术的桥梁为双塔单索面预应力混凝土斜拉桥,该桥是当时世界上跨径最大,转体质量吨位最大的转体桥梁。2020年,鲁南高铁洙赵新河大桥实现精准转体,其转体质量达到6400t,施工过程中采取"先建后转"的方法,一次性转体成功后无须再进行混凝土浇筑,减小了对既有线路的影响。2020年9月,福厦高铁跨越杭深铁路桥完成转体,是当时我国跨径最大、转体质量最大的采用转体法施工的高速铁路连续梁桥。

1.2.7 缆索结构施工技术的发展

世界上第一座现代公路斜拉桥于1955年在瑞典建成。历经半个世纪,斜拉桥技术得到空前发展,迄今全球已建成各类斜拉桥达几百座。我国斜拉桥起步较晚,但发展突飞猛进,至今已建成100多座,其中跨径大于200m的超过50座,已成为斜拉桥数量最多的国家。

在世界十大著名斜拉桥排行榜上,我国占有7座。跨径850m以上的斜拉桥世界上仅有6座,中国占了3座。1993年建成的上海杨浦大桥,主跨达602m,是当时世界上跨径最大的结合梁斜拉桥。2001年建成的南京长江二桥南汊桥,主跨居当时世界第三位,达628m。香港昂船洲大桥(2009年)和江苏苏通大桥(2008年)主跨均在1000m以上,彰显了我国在斜拉桥设计、施工方面的能力和地位。

20世纪90年代以来,我国在悬索桥建设方面异军突起。从1995年至今相继建成大跨径悬索桥10余座。其中,1999年建成的江阴长江大桥主跨达1385m,建成时居世界第四位。2009年建成的舟山西堠门大桥,主跨1650m,建成时位居悬索桥世界第二,中国第一。2012年完工的南京长江四桥为当时中国跨径最大双塔三跨悬索桥,在同类桥型中居世界第三,其主跨为1418m。2019年10月杨泗港长江大桥正式通车,大桥设计主跨1700m,建成时跨径居世界第二,在双层桥梁结构中则是世界第一。

同时,随着设计理论的突破和施工技术的进步,多跨悬索桥也逐渐被认可和使用。21世纪初期,我国首次尝试了多塔悬索桥这一结构体系在宽阔水域地区的应用,先后成功修建了泰州大桥、马鞍山长江大桥和鹦鹉洲长江大桥三座三塔悬索桥。这三座悬索桥中塔采用了钢塔或钢-混凝土组合塔,在其中一跨满布活载作用下,桥塔可以提供部分纵向变形,通过对桥塔纵向刚度的参数分析,选取了合适的中塔纵向刚度,从而在满足主缆在索鞍间滑移安全的同时,将主跨挠度控制在合理范围内。这一技术路线规避了主梁索鞍滑移问题,很好地实现了多塔悬索桥的技术突破。可以预期,连续多跨悬索桥将在未来桥梁中扮演越来越重要的角色。如果能针对多塔连跨结构的荷载模式做进一步研究,其应用场景将更为广泛。

1.2.8　跨海大桥施工技术的发展

我国现代跨海大桥从20世纪80年代修建厦门大桥开始,先后修建海洋桥梁54座。截至2021年12月,已建成的跨海大桥共有10座,正在修建的跨海大桥有8座,拟建的有10座,其中已建和在建的千米级桥梁6座。

从首座跨海大桥采用大直径嵌岩桩开始,海洋桥梁主墩基础基本是钻孔桩独领风骚。2005年建成的东海大桥是我国第一座真正意义上的外海桥梁,全长32.5km,其中主桥墩基础为桩径2.5m、桩长110m的钻孔桩,主墩采用的是导管架操作平台和自浮钢套箱平台相结合的平台方案;主梁为钢箱-混凝土组合梁,在预制场完成钢梁制作及顶板混凝土的浇筑后由运输船拖至墩位由浮式起重机安装。

杭州湾跨海大桥设南、北两个航道,通航孔南航道桥主塔基础采用38根直径2.8m钻孔灌注桩,桩长125m,创国内跨海大桥超长钻孔灌注桩桩基础施工新纪录;港珠澳大桥3座通航孔桥(九洲航道桥、江海直达船航道桥、青州航道桥)桩基为直径2.5m钢管复合桩+2.2m钻孔桩。平潭公铁两用海峡大桥三座通航孔桥梁分别采用主跨532m、364m、366m钢桁-混凝土混合梁斜拉桥结构。该桥通航孔桥主墩分别采用直径4.5m和4.0m钻孔桩基础。上述桥梁的上部结构均采用了大节段或整孔梁安装的方法。

我国海上吊装设备发展较为迅速,海上起重船臂架主要是中心定点及固定臂架两种模式,其中中心定点起重船最大起重量为3600t,臂架式起重量为4000t。截至2021年12月,国内最大的海上起重船为"振华30"号,固定吊重为12000t,回转吊重为7000t。在桩工机械中,最大的动力头钻机为KTY5000,最大钻孔直径为5m。

近20年来,我国海洋桥梁建造取得了举世瞩目的伟大成就。但在更加复杂和恶劣的海洋环境下,我国海上桥梁的建造技术和相关装备还将面临更多新挑战。为提高海上桥梁施工效率,保证施工安全和质量,未来海洋桥梁建造将在大直径钢桩、沉井沉箱、设置基础、大节段或整孔钢梁等施工大型化和装配化的方向发展,同时伴随着智能建造将会迎来海洋桥梁工程施工技术发展的新时代。

1.2.9　钢结构桥梁施工技术的发展

20世纪50年代以前,我国在桥梁施工中架设钢梁多采用支架法。采用支架法施工费工、费料、费时,而且阻碍桥下交通,目前已很少采用。在宽阔和较平稳的河面上,一些钢梁采用了浮运法架梁。例如1936年浙赣线杭州钱塘江大桥,由于江底有流砂,跨中布置脚手架的费用高昂,因此,江中15孔跨径65.84m简支钢桁梁的架设都采用了浮运法。1950年我国开始采用拖拉法架梁,湘桂铁路雒容桥,12孔跨径48.29m简支钢桁梁,在我国第一次采用了3孔拖拉法架设,为钢梁安装积累了新的经验。钢桁梁拖拉施工的跨径多在64～80m之间。但1972年建成的侯西线禹门口黄河桥单孔下承式钢梁跨径144m,

是拖拉法施工跨度最长、重量最大的一座钢梁桥。在我国,使用伸臂安装法架设钢梁,始于1957年建成的武汉长江大桥。随着钢梁跨度的加大,钢梁制造质量的提高,梁上拼装走行起重机的改进,伸臂法架设钢梁逐步发展成为我国架设大跨度钢梁应用较广的一种方法。伸臂法安装钢梁质量好、工期短、费用少、不受河水涨落的影响,也不妨碍航运。我国长江上的几座大桥的钢梁,都是采用这种方法安装的。当钢梁跨度很大,从一个方向单向悬臂安装有困难时,可从两个方向同时向跨中悬臂安装,以减少悬臂长度。由于要在跨中合龙,这时需要精确的设计计算和较高的施工精度。我国采用跨中合龙施工技术安装的钢梁,先后有宜宾金沙江大桥(112m + 176m + 112m 连续梁)、三堆子金沙江大桥(192m 简支梁)以及重庆朝天门大桥(2009年,190m + 552m + 190m 连续梁)等。为了在高空安装时增加钢梁伸出时的刚度,减小下垂度,九江大桥还采用独特的双层吊索架设方法,使钢梁悬出长度达180m,是我国架设钢梁史上的一次创举。随着科学技术的进步,钢梁的架设也开始采用现代化技术,2020年12月29日,随着最后一块桥面板拼装完成,湄石高速河闪渡乌江大桥实现合龙。该桥钢桁梁共12000t,分53个吊装节段,标准节段最大吊装质量为173t。首次采用了北斗定位系统、传感、网络、云计算等现代技术,依托实际工程,开发了吊装系统集中控制和远程监控技术,实现对施工过程的集中控制、远程监控和自动报警。

1.3 桥梁按结构体系、结构形式、材料组成和地域环境的分类

1.3.1 桥梁按照结构体系以及结构形式的分类

1. 梁桥

梁桥是利用以承受弯矩为主的主梁来作为主要承重结构的桥梁,其最大的特点是上部结构在承受竖向荷载时,结构只产生竖向反力,不产生水平推力。梁桥的构造相对简单,且施工方便,施工工期短,造价低,维修与养护也比较容易,因此是设计中优先考虑的桥梁形式。梁桥作为桥梁的基本体系,既可以作为一座单独的桥梁,也可以与其他形式桥梁相互组合,形成组合体系桥梁。随着科学技术的发展,许多跨越大江大河的复杂体系桥梁,均以梁桥作为基础衍生而来,或者将梁桥作为其承重结构之一。

梁桥按照静力体系不同,可分为简支梁桥、悬臂梁桥以及连续梁桥。这三种梁桥形式是比较古老且常用的梁桥形式。

简支梁桥(图1.3.1),顾名思义是指将主梁简支架设于桥梁墩台上的桥梁。对于多个墩台的简支梁来说,各孔独立工作,不受桥梁墩台变位、地基下沉的影响。由于简支梁是静定结构,混凝土的收缩徐变、结构体系温度变化以及张拉预应力等因素均不会在结构中产生附加内力。简支梁构造简单,设计方便,施工时可用自行式架桥机或联合架桥机将一片主梁一次架设成功。但由于其各孔各自独立,车辆通过简支梁断缝时将发生跳跃。因此,设计施工过程中,常常将简支梁设计成桥面连续的形式。但随着桥梁跨径的增大,主梁自重也会相应增加,恒载弯矩所占比例增加,桥梁所能承受的活载相应降低,因而,大

跨径的桥梁往往不采用简支梁形式。

悬臂梁桥(图1.3.2)是指将简支梁梁体拉长,越过支点形成悬臂的一种梁桥形式。根据悬臂的端数又可分为单悬臂梁和双悬臂梁。悬臂梁桥往往在短臂上搁置简支的挂梁,相互衔接构成多跨悬臂梁。有短臂和挂梁的桥孔称为悬臂孔或挂孔,支持短臂的桥孔称为锚固孔。和简支梁相比,悬臂梁的优点体现在可以减小跨内主梁高度和降低建筑材料的使用量,是比较经济的,但由于悬臂梁桥的每个挂孔两端为桥面接缝,悬臂端的挠度也较大,且悬臂梁单独一片主梁的跨度比简支梁要长,施工起来也会相对困难。

图1.3.1　多跨简支梁桥　　　　　　　图1.3.2　多跨悬臂梁桥——福斯铁路桥

连续梁桥(图1.3.3)主要是通过将简支梁梁体在支点上连续,并通过几个桥墩连续支撑来形成的桥体结构。不同于简支梁的桥面连续,连续梁桥的各跨主梁将不仅仅承受正弯矩,还将在支点处承受负弯矩。连续梁通过伸缩缝将整个梁体划为不同联,一般3~5跨为一联,相对于简支梁来说,行车会更加舒适。近些年来,随着施工方法的不断更新,顶推施工法、预制装配施工法等施工方法的兴起,也使得连续梁的施工变得更加便捷。但考虑到连续梁是超静定结构,外界温度的变化、混凝土的收缩与徐变、预应力钢筋的张拉、墩台位移以及地基沉降等因素会在结构中产生附加内力,对桥梁的正常使用造成一定影响,因此在设计施工中,这些附加因素要予以仔细考虑。

2. 拱桥

拱桥(图1.3.4)是我国比较常见的一种桥梁形式。拱桥在竖直平面主要以主拱圈或者拱肋为承重结构,在受到竖向荷载时,拱桥的桥墩或者桥台除了要承受压力和弯矩之外,还要承担很大的水平推力,拱圈或者拱肋的各截面主要以承受轴力为主,其各截面产生的弯矩会很大程度上被桥墩或桥台承受的水平推力所抵消。因此,与相同跨度的梁桥相比,拱桥所产生的弯矩和变形会小很多,但由于其需要承担很大的水平推力,拱桥在建造时对其地基与下部结构的要求会很高。

在拱桥的建造史中,初期的拱桥多采用砌体材料施工,即圬工拱。随着桥梁建造技术的发展,现代钢筋混凝土材料、钢材已被广泛地应用于拱桥建造中。拱桥具有就地取材、造价低廉、跨径较大以及造型美观的特点。

3. 悬索桥

悬索桥(图1.3.5)是由架设在桥梁两边塔架上的高强度缆索作为主要承重结构的一种桥型。缆索的曲线形状则由整体结构的受力来决定,多设置为抛物线形。缆索通过桥台后方的锚碇来实现锚固,为了保证整体结构的受力安全,往往从缆索下方悬出许多吊杆,把桥面固定住。悬索桥在竖向荷载的作用下,由于吊杆的作用,使得与其连接的缆索承受拉力,主塔则要承受很大的竖向力以及水平拉力和弯矩。

图1.3.3 连续梁桥——礼嘉大桥

图1.3.4 拱桥——南京大胜关长江大桥

现代悬索桥的主缆、吊索、梁体广泛应用强度较高的钢材,缆索多由高强度钢绞线按照设置的股数组合而成,这在保证整体桥梁结构有着较强的受力性能的同时,也大大减小了桥梁的自重。在恒载比例占比不大的情况下,悬索桥也因此可以做成更大跨径。目前世界上跨径最大的悬索桥为日本兵库县的明石海峡大桥,其主跨达到了1991m。但是由于悬索桥多为索式结构,结构自身刚度较低,在车辆荷载、风荷载以及地震荷载的作用下,往往会产生较大的挠度变形和振动,因此在悬索桥的施工设计中,模态计算是很关键的一环,同时也要保证其抗风以及抗震验算的通过。

4. 刚构桥

刚构桥(图1.3.6)是一种以受弯的上部结构梁(板)以及承压的下部柱(墩)为主要承重结构,介于梁和拱之间的一种结构体系。整个体系既是压弯耦合结构,也是有推力的结构。由于其能够有效增加桥下净空,常被用于城市交通中的跨线桥。刚构桥的主要形式有T形刚构桥、斜腿刚构桥以及门式刚构桥。

图1.3.5 悬索桥——西堠门大桥

图1.3.6 刚构桥

5. 组合体系桥

组合体系桥是由梁、拱以及索这三种体系中的两种或两种以上体系组合而成的桥梁。

目前工程中运用较多的是系杆拱以及斜拉桥。组合体系桥梁可以发挥其组成体系各自的优点,如系杆拱桥(图1.3.7)中,主梁可以传递剪力和弯矩,拱圈则作为主要承重结构,承受压力,连接二者的吊杆则可以减小荷载作用下梁中的弯矩。斜拉桥(图1.3.8)中,主梁、索塔和斜拉索三者相互配合,既可以减轻桥体的自重,增加其跨越能力,也可以充分发挥高强材料的优势,减小主梁高度。

图1.3.7　飞燕式系杆拱桥　　　　　　　　　图1.3.8　斜拉桥

1.3.2　桥梁按照使用材料的分类

随着桥梁建造技术的不断攀升,多种工程材料被广泛应用于桥梁工程的建设中,按照主要承重结构所采用的材料来对桥梁进行分类,主要可分为木桥、钢桥、圬工桥、钢筋混凝土桥以及预应力混凝土桥这几大类。木桥的建造比较悠久,由于其极易发生腐蚀,现除了少量的临时施工需要搭建木桥以外,基本不再采用。圬工材料往往被用于拱桥的建设中,但其自重较大,养护起来比较困难,虽然取材容易,但受到跨径的限制,现如今采用较少。目前施工中,钢筋混凝土桥、钢桥以及预应力混凝土桥的采用较为广泛,下文将详细介绍。

钢筋混凝土桥梁的建造史比较长,自1875年法国设计师蒙耶设计建造了第一座钢筋混凝土桥以来,钢筋混凝土桥的发展史已有100多年。随着技术的发展以及工程师们对桥梁结构设计理论研究的日益成熟,钢筋混凝土桥梁结构的施工技术已经十分完善。钢筋混凝土桥梁相对于素混凝土桥梁来说,钢筋的存在可有效解决素混凝土桥梁抗拉强度较低的缺点,有效提高其承载能力。并且所需材料多为砂石、泥浆等,价格较低,原材料比较丰富,同时结构的耐久性比较高。随着新材料的不断研发,一些高强度材料比如UHPC(超高性能混凝土)、STC(超高延性混凝土)也被运用到桥梁建设中来,大大提升了钢筋混凝土桥梁的强度以及刚度。目前,适用于钢筋混凝土桥梁的施工方法较多,施工起来比较方便。近些年来兴起的预制装配施工,可有效提高钢筋混凝土桥梁的施工质量以及施工速度。

在具有许多施工优点的同时,钢筋混凝土桥梁也受到材料的制约。随着跨径的增大,为了满足结构的受力要求,其截面材料的利用量自然也随之提高,这必然增加桥梁自重。当结构的恒载比例较大时,其所能承受的活载比例也就相应减小,因此钢筋混凝土桥梁的跨径受到很大限制。为了解决这一弊端,预应力混凝土桥梁(图1.3.9)随之得到应用。它除了具备钢筋混凝土桥梁所拥有的优点以外,由于施加了预应力,可有效地减少材料的用量,进而减小自重,增大了桥梁的跨径。同时其耐久性也优于钢筋混凝土桥梁,预应力混凝土是目前桥梁建设中运用最多的一种材料。

钢桥(图1.3.10、图1.3.11)是桥体主要利用钢材建造成的一种桥梁。世界上第一座真正意义上的钢桥建成于美国的密西西比州,20世纪后期随着焊接技术以及吊装技术的不断发展,钢桥也随之得到了广泛应用。由于主体结构多为钢材,相比于混凝土桥梁来说,其自重更小,跨径可以做得更大。同时可适用于装配式施工,安装速度较

图1.3.9 预应力混凝土桥梁——三门峡黄河公铁两用桥

快,施工质量也较好。焊接技术的发展更是解决了钢桥中的连接问题,使得正交异性桥面板以及高强螺栓能够有效运用在钢桥中。但钢材易腐蚀的特点,也使得钢桥的养护费用较高。同时钢材抗压强度较低,为了保证结构的安全,工程师们在施工过程中,往往结合混凝土抗压能力强、钢材抗拉强度高的特点,利用钢-混凝土组合结构来设计主梁,这样既能有效减少自重,又能保证结构的安全。

图1.3.10 钢-混凝土组合公铁两用桥——重庆东水门大桥

图1.3.11 钢拱桥——重庆朝天门大桥

1.3.3 桥梁按照地域环境的分类

桥梁按照其所处的地域环境分类,可大致分为跨线桥、跨谷桥、跨海桥。

跨线桥作为在空间上方横跨公路的桥梁,常被建造在交通流量冲突较为严重的一级公路、高速公路的上方,从而达到疏导交通的目的。例如一些车站、大型商场等人流以及车辆比较密集的地方,都可以作为跨线桥的建造区域。跨线桥可分为分离式跨线桥以及互通式跨线桥两种。分离式跨线桥的主要作用是保证空间区域上各层车辆能够分别通行;互通式跨线桥(图1.3.12)常常和匝道桥相互配合,保证各层车辆能够相互通行。

跨谷桥(图1.3.13)是建在山谷地区,利用山谷两端的岩石地基作为支撑点来实现跨越的桥梁。跨谷桥所能适用的桥型比较多,为了保证桥型设置合理化,常常结合具体桥位

所处的地形地貌、地质、水文、气象等因素来确定桥型。对于较为开阔平坦的宽谷,比较适用高墩大跨连续桥型,如连续刚构桥、连续梁桥以及多塔斜拉桥等。对于两岸陡峭的V形谷或U形谷,由于桥墩位置不好确定,往往采用拱桥来实现一跨跨越的目的。

图1.3.12　互通式跨线桥

图1.3.13　跨谷桥——鸭池河大桥

跨海桥(图1.3.14)是跨越海湾、海峡、深海、入海口或其他海洋水域的桥梁,一般有较大跨径,线路长度短则几千米,长则几万米。由于大桥深入海洋环境,自然条件复杂恶劣,所以跨海大桥能体现桥梁工程的顶级技术。跨海大桥多由一定数量的桥中桥组成;海底部分一般采用海底隧道的形式,形成"桥-岛-隧"组合的大型桥梁结构。

图1.3.14　大连跨海大桥

1.4　桥梁施工的影响因素

桥梁结构的施工,因其形式多种多样,施工方式自然也就有所差异。对于同一种桥梁,可以采用一种施工方法,也可以采用多种施工方法;对于体系复杂的桥梁结构来说,在施工过程中往往要考虑到结构体系的内力变化以及受力状态,相应调整施工设计与方法。因此,影响桥梁施工的相关因素比较多,主要包括桥梁设计、设备器械、工程造价以及组织管理等。

1.4.1 桥梁施工与设计的关系

在施工过程中,绝大多数桥梁的结构体系将发生不同阶段的转换。这就意味着桥梁在施工过程中,要及时根据结构体系以及内力的转换,对施工设计方案进行一定的调整。

在对桥梁设计方案进行改进时,要遵循可行、经济、合理的原则来确定施工方案。施工方案的选用应考虑工程结构的跨径、孔数、桥梁总长、截面形式和尺寸、地形、设备能力、气候、运输条件、设备的重复使用等综合条件来选择。在技术设计中,要考虑到施工各阶段内力以及变形的变化,保证稳定性,同时施工阶段与运营阶段的各项要求,也是桥梁设计需要考虑的因素之一。

桥梁结构的施工应根据设计方案,严格完成各个阶段的任务。在施工前,应对设计图纸仔细阅读,工程预算、施工计划以及施工阶段的应力变形计算书,要仔细研究。在整个施工期间,设计需与施工相互协调,相互参考,相互补充,才能保证施工的质量与完成度。

1.4.2 桥梁施工与设备器械的关系

桥梁施工在满足设计要求的同时,也对整个施工过程的质量安全有着举足轻重的影响,它往往决定了整个桥梁施工技术的先进程度。随着近些年来,桥梁施工方法的不断革新,施工对于器械装备的要求也不断增高。尤其对于一些跨海大桥、桥-岛-隧结合施工的桥梁、高山跨谷桥梁等,往往要有大量的、先进的机械设备作为保证,要求各种施工设备和机具不断地更新和改造,来为这些特殊环境施工降低难度。

纵观整个桥梁施工阶段,根据不同阶段所需要的设备器械分类,桥梁施工设备和机具大致可以分成:测量设备、基础施工设备、混凝土施工设备、各种常备式结构、预应力施工设备、运输安装和起重设备、专用施工设备等。

近些年来,随着预制拼装施工技术的广泛应用,大型浮式起重机在深水桥梁工程施工中的出场率也越来越高。它的出现与革新使得一些采用预制拼装技术施工的桥梁、一些塔梁同步施工的桥梁以及跨海大桥的施工质量,得到了很大程度的提升。

桥梁施工的设备器械种类较多,因此在进行施工的同时,应根据具体的施工对象、施工阶段、劳动力以及工期选择合适的施工功能强的施工器械装备与合理的施工设计方案相结合,才能保证施工的质量安全和技术经济性。

1.4.3 桥梁施工与工程造价的关系

桥梁工程造价,是指整个桥梁建设阶段所需要的全部费用,可大致分为规划、工程可行性研究、勘察设计、征地拆迁、工程施工等阶段的费用。桥梁建设的迅速发展,也致使桥梁建设周期的施工费用以及劳动力的支出在整个工程造价中所占比重不断增加,对于一些跨海大桥以及跨谷桥来说,施工费用所占比例会更高。

影响桥梁施工费用的因素有很多,为在施工阶段降低工程造价、节省投资,除采取加强施工组织管理、节约材料、提高机械设备的利用率等措施外,一条重要途径是在施工中应用新材料、新工法来改善施工条件。科学合理的、先进的施工方法,既能保证工程的质量和进度,也使施工费用处于最合理的水平。反之,那些不合适的施工技术反而会增加工程建设的总造价。如何利用先进技术,将新材料、新工法安排得合理,是降低工程造价的关键所在。

1.4.4 桥梁施工与组织管理的关系

桥梁施工的建设周期很长,只有进行科学的组织管理,才能保障整个施工进程能够有序进行。施工组织管理的目的是要保证工程设计按设计要求的质量、计划进度以及预算目标顺利地完成。

桥梁施工组织管理大致可分为以下几个方面:

(1)确定项目,做好现场布局与施工准备。在经过仔细审阅,并了解相关合同、文件和设计资料、技术图纸等后,施工单位还要充分掌握施工现场建设条件,以确定施工现场的主要生产地点和生活服务设施,并加以合理布局。

(2)确定合理的工程进度计划。根据施工要求和相关重要事宜,依照完工期限和气象、水文等条件,确定分项工程进度计划和整体工程进度计划,是保证工程有条不紊进行的关键。

(3)安排人事。根据各施工阶段的进度和施工内容,确定各阶段所需的技术人员、技工及劳务工的数量,同时确定工程管理机构和职能干部所需负责的事务。

(4)临时设施计划。拟定工程施工中所需的生产性和非生产性的临时设施的类别、数量和所需时间,生产性临时设施包括构件预制场、栈桥、便道、运输线、临时墩等,非生产性临时设施包括办公室、仓库、宿舍等。

(5)机具设备使用计划。它包括确定各施工阶段所需机具设备的种类、数量、使用时间等,以便制定机具设备的购置、制作和调拨计划。

(6)材料及运输计划。根据计划编制材料供应计划,安排材料、设备和物资的运输计划。

(7)工程财务管理。包括工程的预算、资金的使用概算、各种承包合同、施工定额、消耗定额等方面的管理。

(8)安全、质量与卫生管理。包括各种作业的安全措施、安全检查与监督、工地现场保卫、施工质量验收制度、工程监理和环境卫生、生活区的卫生等。

1.5 桥梁施工方法及其适用范围

1.5.1 桥梁基础施工方法

桥梁基础是指将桥梁上部结构及桥墩的各种荷载传递到地基的结构物。在桥梁工程中常用的基础主要有:扩大基础、桩基础、沉井基础、沉箱基础、地下连续墙。桥梁基础是整个桥梁结构中的重要组成部分,对整个桥梁的质量和使用性能有着决定性的作用。基础工程是隐蔽工程,在运营阶段出现缺陷或者不足,往往难以发现,有时发现也很难进行维护修复,并且基础工程的施工质量会对整个工程造成影响,一旦出现事故,后果难以估量。因此,桥梁基础工程的正确施工显得尤其重要。

1. 扩大基础施工

扩大基础属于直接基础,将上部结构的荷载直接传递给地基。扩大基础一般分层设置,逐层向四周扩大,从而降低基底压应力。扩大基础通常采用敞坑开挖的方法进行施工,因此也称为明挖基础。其主要的施工工序为:基坑开挖、基坑排水、基坑支护、基底处理以及浇筑基础。扩大基础结构形式简单,施工方法简便,施工费用低,因此适用于埋深较浅、排水条件好、地基承载能力较高的情况。

2. 桩基础施工

当地基浅层土质不良,采用浅基础无法满足桥梁对地基强度、刚度和稳定性方面的要求时,往往需要采用深基础。桩基础是一种深基础,其施工方法较多,主要有两类:沉桩(预制桩)和钻(挖)孔灌注桩。沉桩是按设计要求将桩整根制作好,然后采用打击、振动等方法将桩沉入土中。灌注桩的施工流程为先在桩位处钻(挖)桩孔,然后在孔内放入钢筋骨架,再灌注混凝土成桩。沉桩由于桩体是工厂预制,故施工质量可靠,但由于需要承受运输、起吊和桩体下沉的施工应力,需要配置更多的钢筋,造价高。灌注桩能穿过各种软、硬夹层,并且不需要像沉桩那样进行运输、起吊和下沉,故造价低,但混凝土浇筑质量不容易控制。

近年来,随着科学技术的进步,桩基础理论、施工技术和桩体检测都得到了很大的发展,桩基础的应用也越来越广泛。在以下情况桩基础均适用:

(1) 荷载较大,地基上部土层软弱,适宜的地基持力层位置较深,采用浅基础或人工地基在技术上、经济上不合理时;

(2) 河床冲刷较大,位于基础或结构物下面的土层有可能被侵蚀、冲刷时,如采用浅基础不能保证基础安全;

(3) 当地基计算沉降过大或建筑物对不均匀沉降敏感时,采用桩基础穿过松软(高压缩)土层,将荷载传到较坚实(低压缩性)土层,以减少建筑物沉降并使沉降较均匀。

3. 沉井基础施工

沉井是一种井筒状空腔结构物,是在预制好的井筒内挖土,依靠井筒自重或借助外力克服井壁与地层的摩擦阻力逐步沉入地下至设计高程,最终形成桥梁墩台或其他建筑物基础的一种深基础形式。沉井一般由井壁、刃脚、内壁墙、井孔、凹槽、封底和封顶盖板等组成,有时井壁中还预埋射水管等其他部分。沉井的埋置深度可以很大,整体性强、稳定性好,有较大的承载面积,能承受较大的竖向荷载和水平荷载;沉井是基础的组成部分,在下沉的过程中起着挡土和防水的临时围堰作用,不需要另设坑壁支撑或板桩围堰,既节约了材料,又简化了施工;在各类地下构筑物中,沉井结构又可作为地下构筑物的围护结构,沉井内部空间亦可得到充分利用。沉井基础的缺点是:施工期较长;对粉、细砂类土在井内抽水易发生流砂现象,造成沉井倾斜;沉井下沉过程中遇到大的孤石、树干或井底岩层表面倾角过大,均会给施工带来一定的困难。采用沉井基础,在施工前应详细了解场地地质和水文条件。水中施工应做好河流汛期、河床冲刷、通航及漂流物等的调查研究,枯水季节应制定出详细的施工计划及必要的措施,确保施工安全。

4. 地下连续墙基础施工

地下连续墙是在地面上用抓斗式或回转式成槽机械,沿着开挖工程的周边,在泥浆护壁的情况下开挖一条狭长的深槽,形成一个单元槽段后,在槽内放入预先在地面上制作好的钢筋笼,然后用导管法浇灌混凝土,形成一个单元的墙段,各单元墙段之间以特定的接头方式相互连接,形成一条地下连续墙壁。

地下连续墙具有以下优点:结构刚度大;整体性、防渗性和耐久性好;施工速度快,建造深度大,能适应较复杂的地质条件;可以作为地下主体结构的一部分。

1.5.2 桥梁墩台施工方法

桥梁墩台是桥梁结构的重要组成部分,不仅要将上部结构的荷载传递到基础,还要承受流水作用和可能发生的漂流物和船舶的撞击作用。桥台设置在桥梁两端,还需要承担挡土墙的作用。因此,桥梁墩台的精细施工对于提高墩台的施工质量、耐久性和整座桥梁的适用性能有着重要的意义。

桥梁墩台施工的方法通常分为两大类:现场就地浇筑法与预制装配法。桥梁墩台一般采用就地浇筑法施工。就地浇筑法因为工序简单,机具较少,技术操作难度较小,在桥梁墩台的施工中应用最为广泛,但其施工期限长,耗费人力物力较多。预制装配法施工因为构件在工厂预制,所以施工质量好,制作精度高,并且施工速度快,但是造价较高。预制装配法施工适用于现场施工条件受限以及环保要求较高的施工项目。

就地浇筑法墩台施工的主要工序为:放样定位、搭设模板、绑扎钢筋、浇筑混凝土、拆模、施工下一节段。模板工程是墩台浇筑施工的关键,是保障桥梁墩台施工精度的关键,在施工时必须保障其具有足够的强度和刚度。

1.5.3 桥梁上部结构施工方法

1. 就地浇筑施工法

就地浇筑法是一种传统的施工方法,其主要施工工序是在桥位处架设支架,在支架上搭设模板并浇筑混凝土,当混凝土凝固并达到强度要求后拆除模板和支架。就地浇筑法特点十分显著,优点是不需要预制场地,并且混凝土一次成型,结构整体性好;缺点是施工需要耗费大量的支架,并且现场浇筑施工质量不易控制,支架的搭设影响通航、排洪,支架架设在未处理的地面上,需要考虑施工过程中地面和支架的变形。因此,就地浇筑法适用于一般小跨径桥梁的建造。

2. 预制安装施工法

预制安装施工是指在桥梁施工现场附近建设预制场,在预制场进行梁段的预制、养护和存储,施工时将梁段运输到现场进行架设。预制构件由于是在预制场生产,施工质量容易控制,构件的施工精度也较高。在构件预制的同时可进行桥梁下部结构的施工,能有效提高施工效率,缩短工期,降低成本。预制安装施工的缺点主要是需要大型安装设备,如架桥机、大吨位起重机等。预制安装施工由于要设置预制场地,所以批量生产安装更加具有经济性,因此预制安装施工适用于规模大、标准构件多的工程。

3. 悬臂施工法

悬臂施工法是指在已建成的桥墩上,沿桥梁轴线方向两侧对称逐段施工。悬臂施工一般分为悬臂浇筑和悬臂拼装两类。悬臂浇筑是在0号块施工完成之后,在0号块上安装挂篮,然后浇筑混凝土,待混凝土满足强度要求之后进行预应力钢束的张拉,施工完成后,移动挂篮进行下一个节段的施工;悬臂拼装是在0号块施工完成之后,在0号块上安装起重机,用起重机将预制好的梁段对称起吊安装,安装就位后张拉预应力钢束,施工完成后对梁段接缝进行处理,然后移动起重机进行下一节段的施工。悬臂拼装法施工中接缝因为关系到结构的整体性,所以接缝的处理对结构的整体性能有着相当大的影响。

悬臂施工有如下特点:

(1)在悬臂施工过程中,为避免上部结构发生刚性转动,需要实现墩、梁固结,所以对于连续梁等非固结体系,需要采取临时固结措施;

(2)桥梁在悬臂施工过程中会承受负弯矩,而悬臂梁、连续梁等结构在使用状态下的受力与施工阶段的受力相接近,因此这些结构类型适合采用悬臂施工;

(3)悬臂施工的工序较为复杂,在整个施工过程中存在多次体系转换;

(4)悬臂施工用到的支架较少,施工不影响通航或桥下交通。

4. 逐孔施工法

逐孔施工法是从桥梁一端开始,采用一套设备或者一两套施工支架逐孔进行施工,周期循环,直到施工完最后一孔。

逐孔施工法按施工技术可分为:整孔吊装或分段吊装逐孔施工法、用临时支撑组拼预制节段施工法和移动模架逐孔现浇施工法。吊装逐孔施工法是将预制好的梁段或者分段梁通过起吊和安装设备直接架设到位,再根据设计要求进行体系转换。用临时支撑组拼预制节段施工法是将一孔梁段划分为若干段,分别在相应位置处建立临时支撑,在临时支撑上将各节段进行组拼。移动模架逐孔现浇施工法即移动模架法,它是在可移动的支架上搭设模板浇筑混凝土,待该孔梁段施工完成之后移动支架进行下一节段的施工。

逐孔施工法不需要在桥下设置支架,不影响通航和桥下交通,施工工作周期化、标准化,一套支架可以重复使用,并且施工质量有保障。因此,逐孔施工法适用于单孔跨径不大的多跨长桥的施工。

5. 顶推施工法

顶推施工法是在桥梁纵轴方向的后台上设置预制场地,分节段预制梁,用纵向预应力钢束将各节段连成整体,然后通过水平千斤顶施力,并借助滑动装置,将整个梁段推向对岸,待全部顶推完成之后,落梁并更换支座,完成顶推施工。

在顶推施工中,梁段会被顶推悬出,梁段的每个截面都会经历负弯矩,因此为了满足施工过程中的受力要求,采用顶推法施工需要加强梁段的上部。在施工中往往采取一些措施来减小施工弯矩,如设置钢导梁,减小悬臂长度,或者设置临时墩,减小顶推跨径。

顶推施工法使用设备简单,节省场地,施工平稳、噪声小,但施工时梁体受力状态变化相当大,与运营阶段受力相差也较大,因此在施工时往往需要采取特殊的措施保障施工的顺利进行。

顶推施工法适用于中等跨径的连续梁施工,也适用于深水、山谷和高桥墩上的桥梁施工,但是顶推跨径不宜过长,40~45m为最佳,桥梁的总长也以500~600m为宜。

6. 转体施工法

转体施工法是在桥位两边附近合适位置先进行半桥的预制,在预制半桥的同时施工转体装置,施工完成后利用转体装置将半桥节段旋转到指定位置合龙。在转体施工中,转体重量全部由桥墩(或桥台)球面混凝土轴心承受,因此转体施工的关键是设计正确的转体系统,制作灵活可靠的转体装置。

转体施工可灵活利用施工场地,在施工期间不影响通航或者桥下交通,同时施工工序简单,施工速度快。由于桥梁转体施工是靠结构自身旋转就位,不用大型的吊装设备,可节省大量支架木材或钢材。可将半孔上部结构整体预制,结构整体性强,并且简化了施工工序,减少了高空作业时间。

桥梁转体施工工艺适用于跨径较大的单孔或多孔钢筋混凝土桥梁施工。尤其适用于跨越深谷、水深流急和公铁立交、风景胜地、自然保护区等施工受限制的现场。

1.6 桥梁施工技术与控制

桥梁施工是理解设计图纸的内涵,然后将设计桥梁变为现实。桥梁施工的内涵十分丰富,包含了施工方法、施工设计计算、施工工艺及施工控制技术等内容。在以往的桥梁中,施工控制技术往往不受重视,甚至很多时候没有"施工监控"的存在。然而,桥梁施工控制是桥梁施工技术的重要组成部分,它以设计成桥状态为实现目标,在整个施工过程中,通过各种测量手段实时监控桥梁结构的实际状态,从而获得桥梁结构实际状态与理想状态之间的差异(误差)。在了解了这种差异之后,运用现代控制理论,对误差进行识别、调整,使桥梁施工状态最大限度地接近理想状态,保证桥梁结构在施工过程中的安全,最终使桥梁结构成桥状态满足设计和施工规范要求。因此,桥梁施工控制对现代桥梁施工有着重要的意义。

在以往的桥梁施工中,桥梁跨径一般较小,影响因素较少,施工监控不力所带来的影响一般不大,所以桥梁建设者们往往忽视施工控制的作用。随着科学技术的发展,桥梁跨径越来越大,桥梁施工控制的重要性逐渐突显出来。任何桥梁的施工,特别是大跨径桥梁的施工,都是一个系统工程。在该系统中,设计图是桥梁最终的理想状态,而在整个施工过程中,桥梁会受到各种因素的影响,包括设计计算、桥用材料性能、施工精度、荷载、大气温度等诸多方面以及它们在理想状态与实际状态之间存在的差异,施工中如何从各种受误差影响而失真的参数中找出相对真实的值,对施工状态进行实时识别(监测)、调整(纠偏)、预测,对设计目标的实现至关重要。在近年来的桥梁建设中,人们已普遍认识到施工控制在施工技术中的重要地位与作用。

随着桥梁施工技术的发展及特大桥梁的出现,桥梁施工控制的地位日益突显出来。例如,近年来我国修建了大量的跨越江河湖海的大跨径桥梁,建设这样的桥梁不太可能采用支架浇筑法,因此自架设体系的施工方法广泛应用于这类桥梁施工中。自架设体系即将桥梁的上部结构分段或分层进行施工,后期节段或后层是以已浇节段或已浇层来支承,逐步完成全桥的施工,也就是无支架而靠自身结构进行施工。这种技术的广泛采用,使得混凝土桥得到了较大的发展,但自架设体系施工使得施工过程变得十分复杂,这就必然给桥梁结构带来较为复杂的内力和位移变化。为了保证桥梁施工质量和施工安全,桥梁施工控制是不可缺少的。

桥梁施工控制不仅是桥梁施工技术的重要组成部分，也是实施难度相对较大的部分。以钢桁梁的悬臂架设为例，为最终满足设计高程，通常采用预设拱度的方法来解决，即将先架设的节段梁顶部先抬高再来考虑后架设节段的影响。由于钢材的匀质性和制造尺寸的准确性，预设拱度方法在钢桁梁悬臂拼装过程中是较为成功的方法。但是，对于同样采用悬臂法施工的混凝土桥梁就不那么简单了。因为混凝土桥梁除了本身材料的非匀质和材料特性的不稳定外，它还要受温度、湿度、时间等因素的影响，加上采用悬臂施工这种自架设体系施工方法，各节段混凝土或各层混凝土相互影响，且这种相互影响又有差异，这就必然造成各节段或各层的内力和位移随着混凝土浇筑或块件拼装过程变化而偏离设计值，甚至出现超过设计允许的内力和位移。对于这种情况，若不通过有效的施工控制及时发现、及时调整，势必造成成桥状态的线形与内力不符合设计要求或在施工过程中结构的破坏。

桥梁施工控制是确保桥梁施工宏观质量的关键。衡量一座桥梁的施工宏观质量标准就是其成桥状态的线形以及受力情况是否符合设计要求。对于桥梁的下部结构，只要基础埋置深度和尺寸以及墩台尺寸准确就能达到标准要求，且容易检查和控制。而对采用多工序、多节段施工的桥梁上部结构，要求结构内力和高程的最终状态符合设计要求，就不那么容易了。比如预应力混凝土刚构桥和斜拉桥在悬臂安装（浇筑）1号块时，若预抛高设置不准，则可能影响到以后各节段合龙高程以及全桥的线形。斜拉桥除了主梁的混凝土浇筑或预制块件悬臂拼装中要考虑预抛高而使主梁高程符合设计要求外，还要求在斜拉桥建成时斜拉索的内力也达到设计要求，否则，斜拉索受力不均将影响斜拉桥的使用寿命。斜拉桥是多次超静定结构，在施工过程中主梁高程的调整将影响到斜拉索的内力，某根斜拉索内力的调整又影响到主梁高程和邻近斜拉索的内力，这说明斜拉桥比混凝土刚构桥更加复杂。为确保桥梁施工质量，对施工过程进行控制是必不可少的。

桥梁施工控制系统是桥梁建设的安全系统，是桥梁建设的安全保障。通过施工控制可以有效防止意外事故的发生，做到安全施工。每种体系的桥梁所采用的施工方法均按预定的程序进行，施工中的每一阶段，结构的内力和变形是可以预计的，同时可通过监测得到各施工阶段结构的实际内力和变形，从而完全可以跟踪掌握施工进程和发展情况。当发现施工过程中监测的实际值与计算的预计值相差过大时，就要进行检查和原因分析，而不能再继续进行施工，否则将可能出现事故。这方面实例很多。例如，跨径548.64m的加拿大魁北克桥就是因为在施工中两次发生事故而闻名于世的。该桥采用悬臂拼装法施工，当南侧锚碇桁架快架设完毕时，突然崩塌坠落。原因是悬出的桁架太长（悬臂长176.8m），靠近中间桥墩处的下弦杆受力过大，致使下弦杆腹板失去稳定而引起全桁架严重破坏。尽管造成事故的原因是设计问题，若当时采用了施工控制手段，在内力较大的杆件中布置监控测点，当发现异常现象时，及时停工检查，就不会发生突然崩塌坠落事故。由此可知，为避免突发事故的出现，按期、安全地建成一座桥梁，施工控制是有力的保证。

随着施工技术的不断发展，桥梁的跨径越来越大，结构体系越来越复杂，施工过程也越来越复杂，那么桥梁施工控制在施工技术中的作用会进一步突显，应用也会更加广泛。另外，在施工控制中所测得的数据和留下的观测点可以作为桥梁长期监测的基础，给后期的桥梁养护加固提供科学、可靠的初始数据，给桥梁的长期安全运营提供有效保障。

思 考 题

1. 桥梁施工方法主要有哪些？各适用于什么条件？
2. 桥梁按受力体系分为哪几类？简述各种类型桥梁的受力特点。
3. 影响桥梁施工的因素有哪些？
4. 简述桥梁基础的施工方法以及各自的适用范围。

第 2 章
桥梁施工机械设备

2.1 概　　述

桥梁施工设备和机具的水平直接决定了桥梁施工技术的先进性。随着桥梁施工技术的发展，桥梁施工设备和机具也随之不断更新和改造，甚至设计出新的机械设备和机具，以适应桥梁施工技术的快速发展与技术创新。

根据使用目的不同，桥梁施工设备和机具大致可以分为以下四类。

2.1.1 通用机械设备

(1)各种常备式结构，包括钢管脚手架、万能杆件、装配式公路钢桥桁架梁等。

(2)混凝土施工设备，包括拌和站(机)、运输泵车、预应力张拉千斤顶等。

(3)钢筋加工设备，包括切割机、调直机、焊接机等。

(4)施工起吊类机具设备，包括各种起重机具设备，如门式起重机、浮式起重机等。

(5)桥梁施工测量类设备，包括测距仪、水准仪、经纬仪、全站仪及卫星测量定位设备。

2.1.2 基础施工机械设备

(1)基坑围护设备，包括钢板桩、钢围堰等。

(2)基坑开挖设备，包括挖掘机、抓斗、风镐等。

(3)桩基钻孔设备，包括旋转式钻机、冲击式钻机、冲抓式钻机等。

(4)地下连续墙施工设备，主要有抓斗式成槽机、冲击式成槽设备、液压铣槽机、多头钻成槽机等。

2.1.3　上部结构施工设备

（1）预制安装类设备，主要包括架桥机、缆索起重机等。
（2）现场浇筑类设备，主要包括移动模架、移动挂篮等。
（3）顶推施工类设备，主要包括千斤顶、导梁、滑动导向设备及控制设备等。
（4）索结构制作类设备，主要包括斜拉索制作设备和悬索桥主缆制作设备等。

2.1.4　桥面铺装施工设备

桥面铺装施工设备主要有沥青摊铺机、压路机等。这些设备与道路施工设备一样，本章不再赘述。

桥梁施工设备的选用受诸多因素的影响，比如桥梁结构类型、现场施工条件、施工工期、施工单位现有设备情况等。桥梁施工设备应结合桥梁施工组织设计进行合理的选用和安排。桥梁施工设备选用和安排的合理性将直接影响施工效率和经济效益，同时也是桥梁施工安全的重要保证。

桥梁施工设备和机具种类繁多，下面重点介绍桥梁施工中常用的施工设备。

2.2　施工常备结构及应用

2.2.1　钢板桩

在开挖深基坑或在水中进行桥梁墩台基础施工时，为了抵抗坑壁的土压力或水压力常采用钢板桩（图2.2.1），土压力或水压力过大可以采用钢板桩围堰。钢板桩的常用规格、型号以及使用情况详见《钢板桩》（JG/T 196—2018）及相应的手册。桥梁工程施工中常用的钢板桩见图2.2.2～图2.2.5。

图2.2.1　钢板桩施工

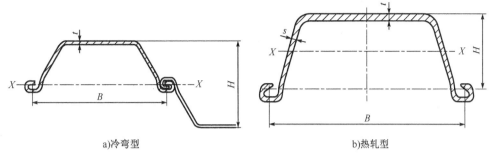

图2.2.2 U形钢板桩

B-有效宽度;s-翼缘厚度;t-腹板厚度;H-有效高度

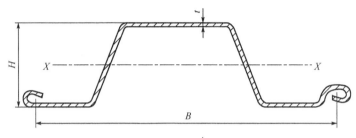

图2.2.3 帽形钢板桩

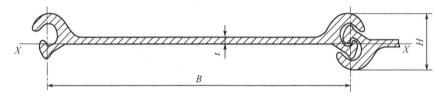

图2.2.4 直线形钢板桩

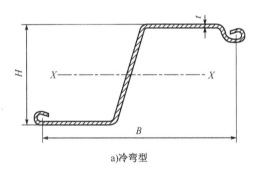
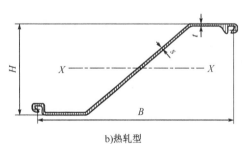

图2.2.5 Z形钢板桩

2.2.2 钢管支架

钢管支架是桥梁施工中常见的支架形式,一般包括扣件式、碗扣式、轮扣式和盘扣式四种,其中轮扣式和盘扣式钢管脚手架是目前常用的承重类支架,扣件式和碗扣式钢管脚手架应用较少。受章节篇幅所限,下面主要介绍轮扣式和盘扣式钢管脚手架相关内容。

1. 轮扣式脚手架

轮扣(直插)式脚手架是一种具有自锁功能的直插式新型钢管脚手架(图2.2.6),参照住房和城乡建设部颁发的标准《建筑施工承插型盘扣式钢管支架安全技术规程》(JGJ 231—2010)生产,主要构件为立杆和横杆,轮扣节点结构合理,立杆轴向传力,使脚手架整体在三维空间结构强度高、整体稳定性好,并具有可靠的自锁功能,能有效提高脚手架的整体稳定强度和安全度,能更好地满足施工安全的需要,具有拼拆迅速、省力、结构简单、稳定可靠、通用性强、承载力大、安全高效,不易丢失,便于管理,易于运输等特点。

图2.2.6 轮扣式脚手架

轮扣式脚手架的主要优点有:

(1)多功能性。可以根据具体的施工要求,组成不同的组架尺寸、形状和承载能力的单、双排脚手架、支撑架、支撑柱等多种功能的施工装备。

(2)高功效。构造简单,拆装简便、快速,完全避免了螺栓作业和零散扣件的丢损,接头拼拆速度比常规快5倍以上,拼拆快速省力,工人用一把铁锤即可完成全部作业。

(3)承载力大。立杆连接是同轴心承插,节点在框架平面内,接头具有抗弯、抗剪、抗扭力学性能,结构稳定,承载力大。

(4)产品标准化包装,维修少、装卸快捷、运输方便、易存放。

(5)具有早拆功能。横杆可提前拆下周转,节省材料,节省木方,节省人工。真正做到节能环保,经济实用。

实践中表明,作为梁跨度在15m以内,净空层高度在12m以下的单跨、多跨连续梁、框架结构房屋模板支撑体系,其稳定性和安全性好于碗扣式脚手架,优于门式脚手架。

2. 盘扣式脚手架

盘扣式脚手架是一种新型脚手架(图2.2.7),于20世纪80年代从欧洲引进,是继碗扣式脚手架之后的升级换代产品,又称菊花盘式脚手架系统、插盘式脚手架系统、轮盘式脚手架系统、扣盘式脚手架等。该脚手架的基本原理是由德国 LAYHER(雷亚)公司发明,因此也被业内人士称为"雷亚架"。盘扣式脚手架的插座为直径 133mm、厚 10mm 的圆盘,圆盘上开设 8 个孔,采用 $\phi48\text{mm} \times 3.5\text{mm}$、Q345B 钢管做主构件,主构件在一定长度上每隔 0.60m 焊接上一个圆盘,用这种新颖、美观的圆盘连接横杆,底部带连接套。横杆是在钢管两端焊接上带插销的插头。盘扣式脚手架作为传统钢管扣件式脚手架、碗扣式脚手架的升级换代产品,具有安全性能高、节省人工、搭拆方便、节约用量、整体美观的性能及效果,可广泛适用于高大支模、房建、高架桥、铁路桥梁等各类工程。

图 2.2.7　盘扣式脚手架

盘扣式脚手架的主要优点有:

(1)多功能。根据具体施工要求,能组成模数为 0.6m 的多种组架尺寸的单排、双排脚手架、支撑架、支撑柱、物料提升架等多种功能的施工装备,并能做曲线布置。脚手架能与可调下底托、可调上托等配件配合使用,可与各类钢管脚手架相互配合使用,实现各种多功能性。其功能包括:一是可在任何不平整斜坡及阶梯形地基上搭设;二是可支撑阶梯形模板,可实现模板早拆;三是可实现部分支撑架早期拆除,可搭设通行道,挑檐飞翼;四是可配合搭设爬架、活动工作台、外排架等,实现各种支护功能;五是可作为仓储货架,可用于搭设各种舞台、广告工程支架等。其立杆具有按 0.6m 模数任意接长的功能,还具有倒头对接使用功能,为特别高度尺寸的使用提供了便利条件。轮盘式多功能钢管脚手架还为大型标准化模板的使用,新型模板的挂接、安装、固定提供了技术支持。

(2)构件类型少。构件类型只有基本结构及专用部件两种,可适用于各种结构建筑物;基本结构由立杆、横杆、斜拉杆三类构件组成,立杆、横杆和斜拉杆全部在工厂内制成。其优点为:一是最大限度地防止了传统脚手架活动零配件易丢失、易损坏的问题,减少施工单位的经济损失;二是无任何活动锁紧件,最大限度地减少了传统脚手架活动锁紧件造成的安全隐患。

(3)产品有高度的经济性,使用更方便、更快捷。在使用中,只需要把横杆两端插头插入立杆上相对应的锥孔中,再敲紧即可,其搭拆的快捷性和搭接的质量是传统脚手架无法做到的。其搭拆速度是扣件式钢管脚手架的4~8倍,是碗扣式脚手架的2倍以上。减少劳动时间与劳动报酬,减少运费使综合成本降低。接头构造合理,作业容易,轻巧简便。立杆重量比同等长度规格的碗扣立杆减少6%~9%。

(4)承载能力大。立杆轴向传力,使脚手架整体在三维空间、结构强度高、整体稳定性好、圆盘具有可靠的轴向抗剪力,且各种杆件轴线交于一点,连接横杆数量比碗扣接头多出1倍,整体稳定强度比碗扣式脚手架提高20%。

(5)安全可靠。采用独立楔子穿插自锁机构。由于互锁和重力作用,即使插销未被敲紧,横杆插头亦无法脱出。插件有自锁功能,可以按下插销进行锁定或拔下进行拆卸,加上扣件和支柱的接触面大,从而提高了钢管的抗弯强度,并可确保两者相结合时,支柱不会出现歪斜。轮盘式多功能钢管脚手架的立杆轴心线与横杆轴心线的垂直交叉精度高,受力性质合理。因此承载能力大,整体刚度大,整体稳定性强。每根立杆允许承载3~4t。斜拉杆的使用数量远少于传统脚手架。

(6)综合效益好。构件系列标准化,便于运输和管理。无零散易丢构件,损耗低,后期投入少。

2.2.3 装配式公路钢桥桁架梁

装配式公路钢桥桁架梁是一种由桁架拼装而成的钢桁架结构,国产的桁架梁主要有"321"型和"200"型两种。装配式公路钢桥桁架梁常用于拼装桥梁施工支架或作为桥梁施工的钢栈桥使用,或者灾后桥梁抢修保通时组装成临时桥梁使用。

装配式公路钢桥桁架梁主要构件包括桁架、加强弦杆、横梁、桁架销、螺栓、支撑架等,具体见图2.2.8~图2.2.11。

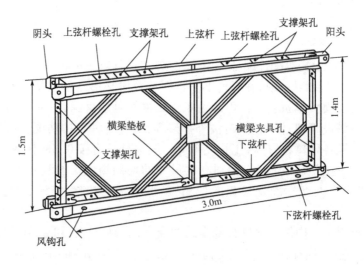

图2.2.8 桁架单元示意图

装配式公路钢桥是采用桁架梁组拼的典型案例,广泛应用于灾后抢修保通和桥梁施工的钢栈桥。装配式公路钢桥桁架梁组拼的形式共有10种,组合的桥梁习惯先"排"后"层"的称谓,具体组合见图2.2.12。

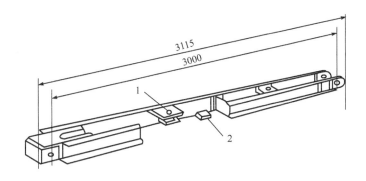

图 2.2.9　加强弦杆示意图(尺寸单位:mm)
1-支撑架孔;2-弦杆螺栓孔

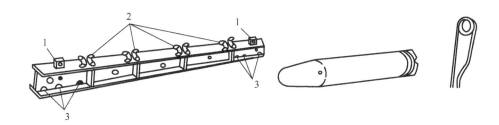

图 2.2.10　横梁、销子和保险插销示意图
1-短柱;2-卡子;3-栓钉孔

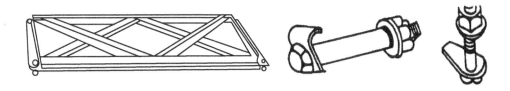

图 2.2.11　支撑架、桁架螺栓和弦杆螺栓示意图

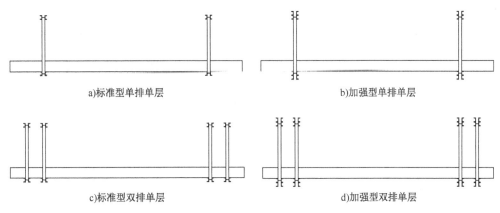

a)标准型单排单层　　　　　　　　b)加强型单排单层

c)标准型双排单层　　　　　　　　d)加强型双排单层

图　2.2.12

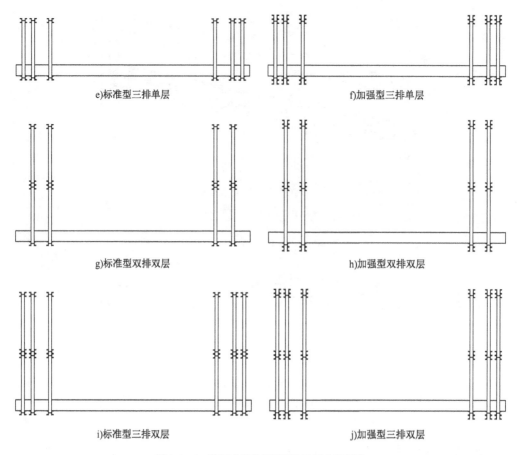

图 2.2.12 装配式公路钢桥桁架梁组合示意图

2.3 混凝土施工设备及应用

2.3.1 混凝土搅拌站

混凝土搅拌站是由搅拌主机、物料称量系统、物料输送系统、物料储存系统、控制系统五大组成系统和其他附属设施组成的混凝土材料制造设备(图2.3.1)。混凝土搅拌站拥有良好的搅拌性能,对于干硬性、塑性以及各种配合比的混凝土均能达到良好的搅拌效果,搅拌均匀,效率高。混凝土搅拌站是大型桥梁结构混凝土的主要生产工具,质量可靠,生产效率高。

2.3.2 混凝土输送泵

混凝土输送泵就是利用管道输送混凝土的机械设备(图2.3.2),根据其工作原理分为机械式活塞泵、液压式活塞泵和挤压式泵三种。混凝土输送泵机动灵活,所需劳动力少,管道布置方便。

图2.3.1 混凝土搅拌站

图2.3.2 混凝土输送泵

2.3.3 混凝土振捣设备

混凝土振捣设备的形式主要有平板式、插入式、附着式(图2.3.3)。振捣的主要目的是保证混凝土的密实性,提高混凝土强度。

a)平板式

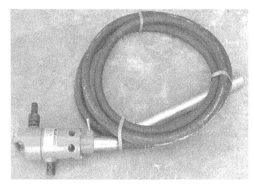
b)插入式

c)附着式

图2.3.3 常见的混凝土振捣设备

2.3.4　混凝土运输机械

混凝土运输机械主要分为水平运输机械和竖向运输机械两种(图2.3.4)。水平运输机械主要有手推车、翻斗车、自卸汽车、搅拌车、输送泵等;竖向运输机械主要有升降机、卷扬机、塔式起重机、输送泵等。

图2.3.4　常见的混凝土运输机械

2.3.5　智能养护设备

水泥混凝土智能养护系统旨在通过一键实现全周期自动养护。智能养护系统由智能养护仪主机(图2.3.5),无线测温测湿终端、养护终端(包括喷淋管道和养护棚,见图2.3.6)组成。主要配件包括内置吸水泵,压力、温湿度变送模块,电磁阀,调速变频器,PLC,配电系统等。一台智能养护仪可养护多片梁,其中喷淋管道采用的是180°可调节双枝高雾喷头,喷淋效果好。水泥混凝土智能养护系统采用先进的无线传感技术、变频控制技术,通过控制中心根据不同配合比混凝土放热速率、混凝土尺寸、周边环境温湿度自动进行养护施工,可以排除人为因素干扰,提高养护效率与养护质量。

图2.3.5　智能养护仪主机　　　　　　　　图2.3.6　智能养护罩棚

2.3.6 张拉设备

后张法预应力混凝土结构需要在混凝土强度和弹性模量均满足设计要求或桥梁施工规范相关要求后进行预应力钢束的张拉。不同的锚具需要配置相应的张拉设备,才能顺利地进行张拉、锚固。与夹片锚具配套的张拉设备是一种大直径的穿心式单作用千斤顶,具体见图2.3.7。穿心式千斤顶是利用双液压缸张拉预应力筋和顶压锚具的双作用千斤顶,主要用于群锚整体张拉,操作简单,性能可靠。为了保证张拉力的准确性,千斤顶应与油泵、压力表和外接高压胶管配套,进行"油压值-输出力"的标定。千斤顶经过拆卸修理后,或压力表经过碰撞或出现失灵现象,或更新压力表时,或千斤顶久置后重新使用均应对千斤顶进行重新标定。

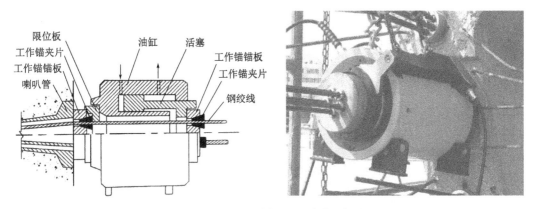

图2.3.7 夹片锚张拉千斤顶安装示意图

预应力智能张拉设备由千斤顶、电动液压站、高精度压力传感器、高精度位移传感器、变频器及控制器组成,具体见图2.3.8。其工作的主要原理如下:通过手持遥控器控制箱进行操作,控制两台控制主机同步实施张拉作业,控制主机根据预设的程序发出指令,同

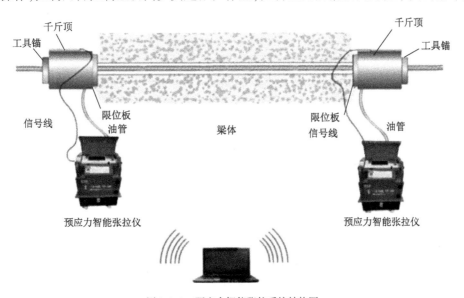

图2.3.8 预应力智能张拉系统结构图

步控制每台设备的每一个机械动作,自动完成整个张拉过程,实现张拉控制力及钢绞线伸长量的控制、数据处理、记忆存储、张拉力及伸长量曲线显示。手持遥控器控制箱由嵌入式计算机、无线通信模块、数据储存卡等构成,可实现与主机的智能通信、人机交互、与个人计算机通信的功能,可通过与计算机连接,随意调取、打印张拉数据。通过传感技术采集每台张拉设备(千斤顶)的工作压力和钢绞线的伸长量等数据,并实时将数据传输给系统主机进行分析判断,实时调整变频电机工作参数,从而实现高精度实时调控油泵电机的转速,实现张拉力及加载速度的实时精确控制。

2.3.7 智能压浆设备

智能压浆设备主要由进浆口测控箱、出浆口测控箱及主控机三部分组成(图2.3.9),能够实时监测压浆流量、压力和密度参数,同时通过控制模型计算,自动判断关闭出浆口阀门时间,及时准确地关闭出浆口阀门,自动完成保压、压浆。

智能压浆系统主要是通过压力进行冲孔,使得管道内部的杂质得以排尽,有效消除管道内部压浆不密实的情况。此外,在预应力管道的进浆口与出浆口,通过安装精密

图2.3.9 智能压浆设备

的传感器装置,实现水胶比、管道的压力、压浆流量等参数的实时监测,并将监测的数据及时发送至计算机主机,结合主机的分析与判断,分别反馈至相应测控系统,并及时调整相应参数值,直至整个压浆过程顺利完成。

2.4 钢筋加工设备

1. 钢筋调直机

钢筋调直机亦称甩直机械,用于将成盘的细钢筋和经冷拔的低碳钢丝调直。常用的定型调直机,有GT4/8型和GT4/14型及数控钢筋调直机。

2. 钢筋切断机

钢筋切断机是把钢筋原材料和已矫直的钢筋切断至所需要长度的专用机械。

3. 钢筋弯曲机

钢筋弯曲机又称冷弯机。钢筋经过调直、切断后,需加工成构件或构件中所需要配置的形状,如端部弯钩、梁内箍筋、弯起钢筋等。

4. 钢筋焊接机

对焊:将两根钢筋的端部加热到近于熔化的高温状态,利用其高塑性实行顶锻而达到连接的一种工艺操作。采用对焊机可以提高工效、节约钢材,而且能确保焊接质量,大量利用短料钢筋。

电弧焊:适用于各种形状钢材的焊接,是金属焊接中使用较广的工艺。其主要设备是弧焊机,分交流弧焊机和直流弧焊机。

5. 数控钢筋调直切断机

数控钢筋调直切断机用于盘条钢筋调直、钢筋切断,是一种将钢筋调直机和钢筋切断机两种功能整合到一起的新型先进设备(图2.4.1)。

工作原理:钢筋在牵引机构的送进过程中,通过外部辊轮式预矫直和内部筒式回转调直机构将盘条钢筋调直,然后由切断机构定尺切断。

使用时,首先设定好加工长度和数量,然后系统自动进行加工,可以自动定尺、自动切断、自动收集、自动计数。以GT-12数控钢筋调直切断机为例,标示图标明白易懂,显示屏输入,操作简单,容易掌握;调直效率高,平均每分钟可调直约180m;定尺长度误差可控制在1mm以内,调整精度可控制在1mm/m以内,调直精度高。GT-12数控钢筋调直切断机还具有自动监控、自动报警系统,便于故障查找和排除,加工可靠性高。

6. 数控弯曲中心

数控弯曲中心用于加工棒材钢筋,是钢筋弯曲机结合数控技术的升级产品(图2.4.2),由原材输送台、弯曲主机、导轨、成品收集架四部分组成,可一次性加工多根同规格的钢筋。首先,人工将弯曲尺寸输入到操控中心;然后,主机开始工作,自动行走定位、弯曲,完成后自动收集到指定位置。采用数控弯曲中心制作钢筋,自动化程度高,精确的齿条定位系统使弯曲长度、弯曲角度精确,能够自动计数,大大降低了劳动强度,提高了钢筋加工精度和工作效率。成套控制系统,性能稳定,工作可靠,自动诊断,可视化故障报警功能使设备管理更加便捷。

图2.4.1 数控钢筋调直切断机

图2.4.2 数控弯曲中心

7. 数控弯箍机

数控弯箍机主要用于冷轧带肋钢筋、热轧三级钢筋、冷轧光圆钢筋和热轧盘圆钢筋的弯钩和弯箍(图2.4.3)。桥梁工程钢筋加工中数量最多的就是各种箍筋,对钢筋骨架整体成型效果影响最大的也是箍筋。采用普通弯箍机加工效率低,精度低,不能满足现在高标准、高要求的桥梁施工要求。1台数控弯箍机平均每天可以制作4~6t钢筋;数控弯箍机角度调节范围广,0°~180°可任意调整,能弯曲方形、梯形箍筋和U形钩等;定尺准确,大大提高了施工效率和施工质量,尤其对预制构件大批量箍筋的加工效果非常好。数控弯箍机可在操控中心系统预先输入500种加工图形,加工时只需调出使用,钢筋调直、牵引、弯曲、切断全过程自动完成。1台设备只需要1个工人进行操作便可完成,自动化程度高,大大降低了劳动强度。后期维修保养简单,只需更换刀片、弯曲芯轴等,使用成本相对较低。

图 2.4.3 数控弯箍机

8. 全自动钢筋笼滚焊机

全自动钢筋笼滚焊机由主盘旋转、推筋盘推筋、扩径机构移动、焊接机构移动四部分组成(图2.4.4),并由各自独立的电机进行驱动。要预先设定制作参数,采用机械旋转,主筋和盘筋缠绕紧密,间距比较均匀(图2.4.5)。先成型后加内箍筋,确保钢筋笼同心度满足规范要求。一次性焊接成型,加工精度高,速度快。

图 2.4.4 全自动钢筋笼滚焊机　　　　图 2.4.5 全自动钢筋笼滚焊机盘筋架

全自动钢筋笼滚焊机配套有螺旋箍筋调直机,在主筋下料完成后,能自动完成主筋和螺旋筋上料、定位和安装工作,且相邻两节钢筋笼主筋能同时定位,保证钢筋笼拼装的准确性。

2.5 常用安装及架设设备

2.5.1 门式起重机

门式起重机是桥式起重机的变形,又叫龙门吊(图2.5.1)。门式起重机具有场地利用率高、作业范围大、适应面广、通用性强等特点。门式起重机是一种最常用的竖直起吊设备,用于预制场吊移构件,跨墩架设梁体。在龙门架顶横梁上设行车时,可横向运输重物、构件;在龙门架两腿下设有缘滚轮并置于铁轨上时,可在轨道上纵向运输;如在两脚下设万能转向的滚轮时,可进行任何方向的水平运输。

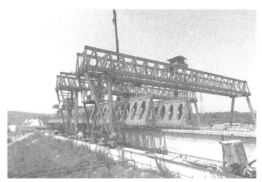

图2.5.1 门式起重机

2.5.2 浮式起重机

浮式起重机又称浮吊(图2.5.2)。浮式起重机一般由浮船与船上起重机两部分组成,主要用于海上重物的起吊。船上起重设备,吊臂有固定式和旋转式两种,起重量一般从数百吨至数千吨。

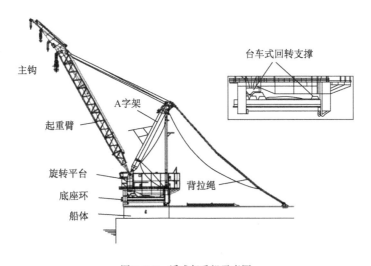

图2.5.2 浮式起重机示意图

2.5.3 缆索起重机

缆索起重机主要用于高差较大的竖直吊装和架空纵向运输。缆索起重机的组成主要包括主索、起重索、牵引索、锚碇、缆塔、索鞍、风缆、卷扬机及各种滑轮(图2.5.3)。

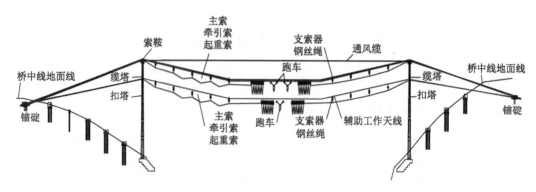

图 2.5.3 缆索起重机吊装示意图

卷扬机亦称绞车(图 2.5.4),是最常用、最简单的起重设备之一,广泛用于桥梁施工中。根据动力装置可分为电动式、内燃式、手动式。现在常用的是电动卷扬机。

图 2.5.4 卷扬机

主索亦称轨索、承重索或运输天线。它横跨桥墩支承在两侧缆塔的索鞍上,两端锚固于锚碇。

起重索主要用于控制吊物的升降(即竖直运输),一端与卷扬机滚筒相连,另一端固定于对岸的锚碇上。

牵引索用于拉动行车沿桥梁纵向在主索上移动(即水平运输),故需一对牵引索。

缆塔是用来提高主索的临空高度及支承各种受力钢索的结构物。

索鞍设置在缆塔顶部,用于放置主索、起重索、扣索等,可减小放置的主索和起重索与缆塔的摩阻力,使缆塔承受较小的水平力,并减小索的磨损(图 2.5.5)。

图 2.5.5 索鞍构造

锚碇亦称地垄或地锚,用于锚固主索、扣索、起重索等。锚碇的可靠性对缆索吊装的安全有决定性影响,设计与施工都必须高度重视。利用桥墩、桥台作锚碇,以节约材料,否则需设置专门的锚碇。

2.5.4 汽车起重机

汽车起重机是装在普通汽车底盘或特制汽车底盘上的一种起重机(图2.5.6)。汽车起重机的优点是机动性好,转移迅速,可在各类公路上通行;缺点是工作时须支腿,不能负荷行驶,也不适合在松软或泥泞的场地上工作。汽车起重机的起重范围很大,可起吊8~1600t的重物,是桥梁施工现场使用最广泛的起重机类型,同时适合于场地条件允许的中小跨径预制梁的安装与架设。

图2.5.6 汽车起重机

2.5.5 架桥机

架桥机是将预制好的梁片放置到施工完成的桥墩上去的设备(图2.5.7),主要功能是将预制梁片提起,然后运送到指定位置后放下。

a)单梁架桥机

b)双导梁架桥机

图2.5.7 常用架桥机

架桥机的主要特点有：

(1) 架桥机支承在桥梁墩台上，并自行前移，施工机械化程度高，施工方便。

(2) 梁体直接通过运梁平车运输至架桥机处，不需中间换梁，减少起吊设备。

(3) 架桥施工速度快。

(4) 不受地形限制。

常用架桥机的主要型号有单梁架桥机、双导梁架桥机等。单梁架桥机一般应用于铁路桥梁的安装架设，双导梁架桥机在公路桥梁安装架设中应用较多。

双导梁架桥机由双主导梁、支腿、吊梁小车、走向机构、横移机构、电控系统组成。主导梁采用三角桁架，可以双向行走，不用掉头便可反方向架梁；过孔不需要铺设专用轨道，可自平衡过孔；架设边梁时可一次到位，安全可靠；同时，能够满足大坡度、小半径曲线桥、45°斜桥架梁的要求，具有运行工作范围广，性能优良，操作方便，结构安全的特点。双导梁架桥机安装小箱梁如图2.5.8所示。

图2.5.8　双导梁架桥机安装小箱梁

思 考 题

1. 简述钢管脚手架常见形式及优缺点。
2. 简述贝雷桁架梁常见的组装形式。
3. 桥梁施工中有哪些主要的起重设备？
4. 简述桥梁施工中常用的测量设备及作用。
5. 列举钢筋加工的常见设备及作用。

第3章
桥梁施工控制基本原理

3.1 概　　述

　　桥梁施工控制就是将现代控制理论应用到桥梁施工过程中,确保在整个施工过程中桥梁结构的内力、变形处于允许的安全范围内,保证桥梁最终的实际变形和内力满足设计变形和内力要求。

　　施工控制贯穿于桥梁施工全过程,是施工技术的重要组成部分,对顺利完成桥梁工程建设和保证工程质量具有重要的意义。桥梁施工,特别是大跨径桥梁的施工是一项系统工程。在自开工到竣工整个为实现设计目标而努力的过程中,将受到许多确定和不确定因素(误差)的影响,包括设计计算、桥用材料性能、施工精度、荷载、大气温度等诸多方面在理想状态与实际状态之间存在的差异,施工中如何从各种受误差影响而失真的参数中找出相对真实的数值,如何对施工状态进行实时识别(监测)、调整(纠偏)、预测,对设计目标的实现是至关重要的。上述工作一般需以现代控制论为理论基础来进行,所以称之为施工控制。施工监测是大跨度桥梁施工控制的基础,这是因为大跨度桥梁施工过程复杂,影响其施工控制目标顺利实现的因素很多,如所用材料性能与设计取值之间的差异,先期形成结构(部件)的截面特性等与分析取值之间的误差,施工荷载与计算取值之间的差异,结构模拟分析模型与实际情况之间的差别,施工测量存在的误差,施工条件与工艺非理想化的影响以及结构设计参数和状态参数实测中存在的误差等。因此,在施工中必须对重要的结构设计参数和状态参数进行监测,以获取反映实际施工情况的数据和技术信息,不断根据实际情况修正原先确定的各施工阶段的理想状态,使施工状态处于控制范围之中。

　　另一方面,经修正后的理想状态只不过是施工中期望实现的目标,这是由于桥梁结构施工过程是一个复杂的动态系统,随着工程的推进,主体结构逐渐增加,边界条件和结构体系在不断改变,使表征结构特征的参数发生变化。同时,理想状态的修正也没有从根本上克服整个误差影响。所以,在施工过程中运用反馈控制分析方法得出优化调控措施,消除误差影响,是确保施工的结构状态最大限度地接近理想状态的重要手段。而反馈控制分析是建立在结构理想设计状态、实测结构状态和误差信息三大基础之上的。可见,进行施工过程中的施工控制是必不可少的。桥梁施工控制是桥梁建设的安全保证,也是为了建成质量高、外形美的桥梁的关键。

3.2 桥梁施工控制系统与方法

3.2.1 桥梁施工控制系统

影响桥梁施工控制的因素很多,特别是随着桥梁跨径的不断增大,建设规模也相应增大,施工中所受到的不确定性影响也越来越多,要使桥梁施工安全、顺利地向前推进,并保证成桥状态符合设计要求,就必须将其作为一个系统工程予以严格控制。由于桥梁施工控制的实施牵涉到方方面面,所以,必须事先建立完善、有效的控制系统才能达到预期的控制目标。

桥梁施工控制系统的建立及其功能的确定要根据不同的工程施工实际分别考虑,但不论是哪种类型的桥梁施工控制系统,都必须具备管理与控制的功能,即施工控制系统一般应由施工管理与施工现场(微型计算机)控制两个分系统组成,而各分系统又由多个支系统组成。图3.2.1为桥梁施工控制系统框图。

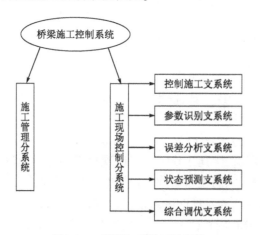

图3.2.1 桥梁施工控制系统框图

1. 施工管理分系统

桥梁施工控制本身是一个大的系统工程,它必须具备足够的人、财、物以及先进的管理手段方能使其正常运行。同时,桥梁施工通常要涉及建设方、设计、施工、社会监理、政府监督、施工控制等多个部门与单位,这些单位都将在施工控制中起到不同程度的作用。建设方负责整个工程实施,是施工控制的委托者和协调者(也有由施工单位委托控制的情况),对施工控制的内容、方案与目标发表意见,对施工控制实施过程中的有关问题进行协调。设计单位将对施工控制内容、方案、目标发表意见并予以确认,对施工控制单位根据控制需要提出的设计变更、施工方法与工艺的变更予以确认。施工单位是桥梁施工的直接实施者,是施工控制的具体受益者与实施者,严格按设计要求与控制要求进行施工,负责反馈施工控制的实施情况与效果,提出调整建议等。社会监理对施工控制内容、方案与目标发表意见,负责监督施工单位对施工控制的具体实施,对其结果进行检查、验收,对控制提出改进意见,充当控制与施工单位之间的直接联系者。政府监督对控制内容、方案、目标发表意见并予以监督。施工控制单位(小组)则是整个施工控制的组织者或实施者,负责施工控制内容、方案、目标的制定与实施。施工控制单位是施工控制的主体与核心。由于施工控制单位所处地位的特殊性与重要性,往往也是整个桥梁施工的核心。

由此可见,施工控制是多方协作、共同努力的结果。因此,在实施控制前必须首先建立一个完善的控制管理系统和组织机构,要求该系统既有分工负责,又有协同作战,做到上下、左右信息渠道畅通,令行禁止,高效运转。图3.2.2为国内常见的桥梁施工控制管理系统框图。

2. 施工现场(微型计算机)控制分系统

施工现场(微型计算机)控制分系统框图如图3.2.3所示。该分系统是施工控制系统的核心。施工现场(微型计算机)控制分系统包含整个施工控制的主要分析过程,具有数据比较、结构当前状态把握、误差分析、参数识别、前进或倒退仿真分析、未来预测等功能。

在现场施工中,首先将由设计计算确定的各施工阶段的施工控制目标数据送入施工现场(微型计算机)控制分系统(下称"微机系统")控制分系统,然后在对当前施工阶段完成后的现场监测数据进行判别与"滤波"处理后,将可靠数据送入微机系统,微机系统则对两方面的数据信息进行分析处理,最后输出有关信息供施工控制组进行决策时参考。

施工现场(微型计算机)控制分系统通常又由多个支系统组成,其中包括如下几方面。

(1)控制施工支系统

控制施工支系统必须具有很强的适应性、可操作性和可视性,以满足施工中结构的多变性要求,一般都包含有能快速、准确完成多种结构施工模拟分析的软件,它是判别当前结构状态是否与实际相符合和对未来状态进行预测的必备工具。可用于施工控制分析的软件多种多样,一般应根据实际需要选用,但应注意所用软件最好能将计算过程以及计算结果数据转换成几何图形及图像信息,在屏幕上显示出来并进行交互处理,以便进行输入数据的正误检查,仿真显示施工过程中及相应结构内力与变形状态,形象地比较所控制项目的实测值、理论值以及参数的变化,一旦发现计算过程中有异常图形便可中断计算,并暂停施工,待查明原因或采取必要措施后再继续施工。

(2)参数识别支系统

参数识别支系统包括结构参数敏感性分析和结构参数识别计算分析两个子系统。前者就是考察各参数对结构状态的影响程度,通过参数敏感性分析将参数分类,确定出主要参数(对结构状态影响较显著,呈现活性)和次要参数(对结构状态影响不敏感,呈现惰性),为参数识别打下基础。后者就是对结构参数进行分析、判定与确认,常用的识别方法有最小二乘法、模糊数学法、灰色理论法等。通过参数识别确定出结构参数综合效应真实值,为结构的准确分析提供可靠数据。

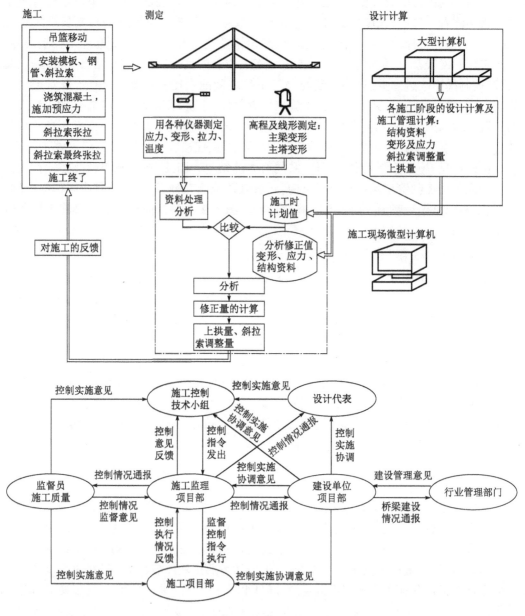

图 3.2.2 国内常见的桥梁施工控制管理系统框图

(3) 误差分析支系统

施工中总是存在误差,其中主要包括分析误差与施工误差等。这些误差均将使施工偏离理想状态和控制目标。本系统主要功能是对结构理想状态、实测状态和误差信息进行分析,作出最佳调整方案,使结构施工实际状态与设计理论状态的差值控制在允许范围内。

(4) 状态预测支系统

该支系统的功能是在计入结构参数调整修改值、结构初始状态最优估计值、结构施工误差、量测误差等信息后,通过控制模拟分析系统对结构施工状态确定出超前预测控制值。

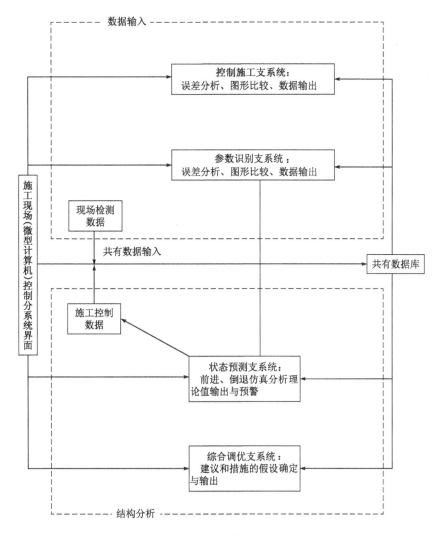

图 3.2.3 施工现场(微型计算机)控制分系统框图

(5)综合调优支系统

该支系统的功能是通过修改施工方案,与状态预测系统形成循环,最终输出合理的、可指导下一步施工的建议或措施。

3.2.2 桥梁施工控制方法

桥梁施工控制的主要任务是桥梁施工过程的安全控制和桥梁结构线形与内力状态控制。随着桥梁结构形式、施工特点及具体控制内容的不同,其施工控制方法也不相同。总的来讲,桥梁施工控制方法可分为事后调整控制法、预测控制法、自适应控制法、无应力状态法、最大宽容度控制法等。

1. 事后调整控制法

事后调整控制法是指在施工中,当已成结构状态与设计要求不符时,即可通过一定手段对其进行调整,使之达到要求。这种方法仅适用于那些结构内力与线形能够调整的情况。事后调整控制法根据具体情况又分为两种：①在施工过程中每个施工阶段(节段)完成后，当发现结构状态与设计不符时，即可调整结构状态，然后继续施工，直到施工完成。这种方法工作量很大，而且调整本身也较麻烦，调整效果也不一定好。②在桥梁结构形成后，检查结构状态，如果与设计不符，则可对可调构件进行一次性调整。这种方法从理论上讲也是可行的，但实施较困难，对施工过程中的结构内力状态情况不清楚，容易出现安全事故，且最终的线形往往难以达到理想状态。所以，事后调整控制法不是一个好的控制方法，特别是对于上述②中的情况，该方法只能算是一个"补救措施"。

2. 预测控制法

预测控制法是指在全面考虑影响桥梁结构状态的各种因素和施工所要达到的目标后，对结构的每一个施工阶段(节段)形成前后的状态进行预测，使施工沿着预定状态推进。由于预测状态与实际状态间免不了有误差存在，某种误差对施工目标的影响则在对后续施工状态的预测中予以考虑，以此循环，直到施工完成和获得与设计相符合的结构状态。这种方法适用于所有桥梁，而对于那些已成结构的状态具有不可调整性的桥梁施工控制必须采用此法，如悬臂施工的预应力混凝土连续刚构桥，其已成节段的状态(内力、高程)是无法调整的，只能对施工的节段预测状态进行改变。可见，预测控制法是桥梁施工控制的主要方法。预测控制以现代控制论为理论基础，基本结构如图3.2.4所示，某桥随机最优施工控制框图如图3.2.5所示。常见的预测方法有卡尔曼(Kalman)滤波法、灰色理论法等。

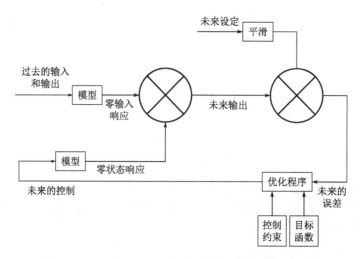

图3.2.4 预测控制的基本结构图

3. 自适应控制法

自适应控制法也称为参数识别修正法。它是指在控制开始时，控制系统的某些设计参数与实际情况不完全相符，系统不能按设计要求得到符合实际的输出结果，但是，在系统的运行过程中，通过系统识别或参数估计，不断地修正参数，使设计输出与实际输出相符，从而让实际问题得到控制。图3.2.6即为某桥自适应施工控制框图。

4. 无应力状态法

无应力状态法是根据桥梁安装过程中各结构单元的无应力长度和无应力曲率始终不

变的原理来实现对成桥状态的自动逼近与控制。

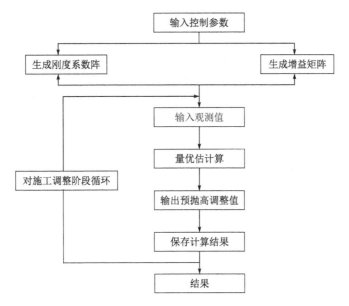

图 3.2.5　某桥随机最优施工控制框图

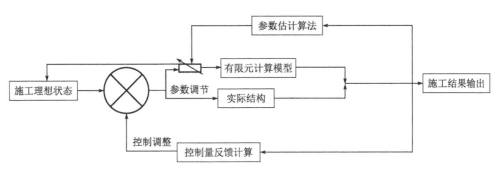

图 3.2.6　某桥自适应施工控制框图

5.最大宽容度控制法

最大宽容度控制法是在设计时给予主梁高程和内力最大的宽容度(即误差的容许值)。

3.2.3　预测控制法

灰色预测理论简介作为控制论新领域,该理论学说对目前信息进一步完善,根据具体流程,做出灰色模型(Grey Models,简称 GM 模型,注:灰色系统内的一部分信息是已知的,另一部分信息是未知的,系统内各因素间有不确定的关系)。GM 模型是指对灰色系统建立的预测模型,它揭示了系统内部事物连续发展变化的过程,且更进一步判断了系统未来的发展方向,对系统未来某一时刻的数值进行预测。灰色预测系统避免了各种复杂的因素,着眼于当前系统的一切信息,发掘现有信息的价值,并在对已有的信息进行加工处理后,找出当前系统内存在的某种规律,从而对当前系统进行预测。这对于桥梁在施工过程中下一施工阶段立模高程的预测,无疑是一种较为理想的方法。

卡尔曼滤波法是现代控制理论中常见的一种控制随机干扰误差的方法，被广泛应用于动态系统数据处理中，其原理是通过构建状态方程和观测方程，实时最优估计系统的状态。状态方程可以用连续型和描述型表示，因为变形监测所采集的数据都是离散型的，所以应建立离散化的状态方程。卡尔曼滤波法通过建立状态方程和观测方程描述系统的动态过程，根据滤波增益矩阵的变化，从测量数据中定量提取有效信息，及时修正状态参量，运用已有的信息对动态噪声方差阵进行实时估计，以补偿噪声对数据的影响，便于进行实时数据处理。因此卡尔曼滤波法比较适合于监测数据量大、易受多种因素影响的变形监测工程。

3.2.4 自适应控制法

控制系统在桥梁施工控制中的应用一般分为无模型控制和基于模型的控制，其中无模型控制是对偏差的直接调整，一般包括 PID（Proportional Integral Derivative，比例-积分-微分）控制、开关控制、模糊控制，基于模型的控制包括预测控制、状态空间法、最优控制以及自适应控制。控制理论按照时间发展的顺序可分为两个阶段，分别是古典控制阶段和现代控制阶段。其中，自适应控制已经成为现代控制方法重要分支之一。施工自适应控制系统是实现桥梁施工监控目标的关键所在，决定了控制结果的输出状态，对桥梁施工过程的控制是伴随着施工过程同步进行的。之所以要对大跨度桥梁施工进行控制，是因为大跨度桥梁施工过程存在各种施工控制因素。桥梁结构具有放大性的特点，再小的偏差也会对桥梁施工产生一定的影响。自适应控制系统必须具有很强的适应性，具有多种测量手段，补偿测量数据的不准确性。与此同时，系统本身要满足可视性、使用方便、适应施工过程中复杂多变等特性。首先系统本身必须保证其稳定性，对外界因素的改变才能够及时做出响应，并相应调整系统参数，这是自适应控制区别于一般反馈控制的主要特征。

3.3 桥梁施工控制结构分析

桥梁的施工通常采用分阶段逐步完成的施工方法，结构的最终形成，必须经历一个漫长而又复杂的施工过程，以及结构体系转化过程，对施工过程中每个阶段中的变形计算和受力分析，是桥梁结构施工控制中最基本的内容。桥梁结构施工控制的目的就是确保施工过程中结构的安全，保证桥梁成桥线形及受力状态基本符合设计要求。为了达到施工控制的目的，必须对桥梁施工过程中每个阶段的受力状态和变形情况进行预测和监控。因此，必须采用合理的理论分析和计算方法来确定桥梁结构施工过程中每个阶段在受力和变形方面的理想状态，以便控制施工过程中每个阶段的结构行为（状态），使其最终的成桥线形和受力状态满足设计要求。从这个意义上讲，施工控制中的结构计算方法，不仅能对整个施工过程进行描述，反映整个施工过程结构的受力行为，而且还能确定结构各个阶段的理想状态，为施工提供中间目标状态。现阶段施工控制中桥梁结构的计算方法主要包括：正装计算法、倒装计算法、无应力状态分析法。

在大跨度桥梁结构的施工控制中，虽然正装计算法、倒装计算法和无应力状态分析法都能用于各种形式的桥梁结构分析,但是,由于不同形式的桥梁结构所采用的施工方法不同,因而,这三种计算方法对于不同形式的桥梁结构分析是有所侧重的。同时,这三种计算方法也有其各自的特点:

(1)正装计算法是按照桥梁结构实际施工加载顺序来进行结构变形和受力分析,它能较好地模拟桥梁结构的实际施工历程,能得到桥梁结构在各个施工阶段的位移和受力状态,这不仅可用来指导桥梁设计和施工,而且为桥梁施工控制提供依据。同时在正装计算中,能较好地考虑一些与桥梁结构形成历程有关的因素,如结构的非线性问题和混凝土的收缩、徐变问题。正因为如此,正装计算法在桥梁结构的计算分析中占有重要的位置,对于各种形式的大跨度桥梁,要想了解桥梁结构在各个施工阶段的位移和受力状态,都必须首先进行正装计算。

(2)倒装计算法是按照桥梁结构实际施工加载顺序的逆过程来进行结构行为分析。倒装计算法的目的是要获得桥梁结构在各个施工阶段理想的安装位置(主要指高程)和理想的受力状态。众所周知,一座大跨度桥梁的设计图,只给出了桥梁结构最终成桥状态的设计线形和设计高程,并没有明确给出桥梁结构施工中各状态的高程,要想得到桥梁结构施工初始状态和施工中各阶段的理想状态,就要从设计图中给出的最终成桥状态开始,逐步倒拆计算。只有按照倒装计算出的桥梁结构各阶段中间状态(主要指高程)去指导施工,才能使桥梁的成桥状态符合设计要求。当然,在桥梁结构的施工控制中,除了控制结构的高程和线形之外,同样要控制结构的受力状态,它与线形控制同样重要。正因为倒装计算法有这些特点,所以它能适用于各种桥型结构的安装计算,尤其适用于以悬臂施工为主的大跨度连续梁桥、刚构桥和斜拉桥。这是相对于无应力状态法而言的。

(3)无应力状态分析法是以桥梁结构各构件的无应力长度和曲率不变为基础,将桥梁结构的成桥状态和施工各阶段的中间状态联系起来。这种方法特别适用于大跨度拱桥和悬索桥的施工控制。由于大跨度拱桥的主要承重结构——主拱圈和悬索桥的主要承重结构——主缆大都是在工厂加工成型后,在现场进行安装的,而在工厂加工时,这些构件基本处于无应力状态,并且在安装时,它们的长度一般难以调整,即使可调,也只能局部微调。因而如何确定主拱圈的加工长度是大跨度拱桥施工控制的关键。同理,确定主缆的加工长度是悬索桥施工控制的关键。当然,无应力状态分析法同样适用于其他桥型的安装计算,并且拱桥和悬索桥也同样需要倒装计算来确定施工阶段的内力和变形,在这方面并没有严格的限制和区别。应根据它们的特点适时地加以使用。

在桥梁的施工控制中,由于桥梁结构的非线性问题和混凝土的收缩、徐变问题,无论倒装计算法还是无应力状态分析法都不会与正装计算的结果完全闭合,因而在施工控制中,一般将倒装计算法或无应力状态分析法与正装计算法交替使用,直到计算闭合为止。

3.3.1 正装计算法

一般,结构静力分析是对整个结构施工结束状态作单工况或多工况的受力分析和变位计算。但是,对于桥梁结构,单作这样的分析是不够的,尤其是大跨径桥梁结构,都有一个分阶段施工过程,结构的某些荷载如自重力、施工荷载、预应力等是在施工过程中逐级施加的,每一施工阶段都可能伴随着徐变发生、边界约束增减、预应力张拉和体系转换等。后期结构的力学性能与前期结构的施工情况有着密切联系。换言之,施工方案的改变,将直接影响成桥结构的受力状态。在确定了施工方案的情况下,如何分析各施工阶段及成桥结构的受力特性及变形是施工设计中的首要任务。

为了计算出桥梁结构成桥后的受力状态,只有根据实际结构配筋情况和施工方案设计逐步逐阶段地进行计算,最终才能得到成桥结构的受力状态。这种计算方法的特点是:随着施工阶段的推进,结构形式、边界约束、荷载形式在不断地改变,前期结构将发生徐变,其几何位置也在改变,因而,前一阶段结构状态将是本次施工阶段结构分析的基础。这种按施工阶段前后次序进行的结构分析方法称为正装计算法,也称为前进分析法。正装计算法的基本思路就是:对实际桥梁结构的施工过程进行正序分析,即按照施工方案安装(浇筑)各施工步的构件,施加相应施工步的荷载,跟踪模拟施工过程中构件的受力状态,进而分析桥梁施工过程结构受力与变形。对于斜拉桥、中下承式拱桥等索支承的超静定桥梁,在对拉索或吊杆分批张拉时,一次仅张拉几根拉索或吊杆,前期张拉的拉索或吊杆直接影响后期拉索或吊杆张拉的力,而后期张拉拉索或吊杆亦将对先期张拉的拉索或吊杆力产生直接影响,从而影响成桥结构受力状态,需要进行反复调整才能使拉索或吊杆力状态达到控制要求。在采用正装计算法进行拉索或吊杆力数值分析时,需要通过多次迭代方能求出相应拉索或吊杆力,即需要采用正装迭代法进行控制分析。正装迭代法的基本思路为:先假定安装拉索或吊杆力,进行正装计算,得到成桥状态拉索或吊杆力,将该拉索或吊杆力与目标值进行比较,得出差值以及新的安装拉索或吊杆力,再次进行正装计算,直至收敛为止。

3.3.2 倒装计算法

正装计算法可以严格按照设计好的施工步骤进行各阶段内力分析,但由于分析中结构节点坐标的迁移,最终结构线形不可能完全满足设计线形。

实际施工中桥梁结构线形的控制与强度的控制同样重要,线形误差将造成桥梁结构的合龙困难,影响桥梁建成后的美观和运营质量。为了使竣工后的结构保持设计线形,在施工过程中用设置预拱度的方法来实现。而对于分段施工的连续梁桥、斜拉桥、悬索桥等复杂结构,一般要给出各个施工阶段结构物控制点的高程(预抛高),以便最终使结构物满足设计要求,这个问题用正装计算法难以解决,而倒装计算法可以解决这一问题。它的基本思想是:假设 $t=t_0$ 时刻内力分布满足正装计算 t_0 时刻的结果,线形满足设计要求。在此初始状态下,按照正装分析的逆过程,对结构进行倒拆,分析每次卸除一个施工段对剩余结构的影响,在一个阶段内分析得出的结构位移、内力状态便是该阶段结构施工的理想状态。

所谓结构施工的理想状态,就是在施工各阶段结构应有的位置和受力状态。每个阶段的施工理想状态都将控制着全桥最终的形状和受力特性。

有限元分析杆件单元编号如图3.3.1所示,其倒拆顺序如下:

(1)拆除杆件⑦,计算剩下的结构内力,如图3.3.2所示。

(2)固结杆件⑰后再拆除杆件⑭、⑮、⑯,如图3.3.3所示,求得斜拉索⑧、⑨的张拉力及结构的变形。

(3)继续拆除杆件⑧、⑨、①、⑥,如图3.3.4所示,求得斜拉索⑩、⑪的张拉力及结构的变形。

(4)拆除⑩、⑪、②、⑤,如图 3.3.5 所示,求得斜拉索⑫、⑬的张拉力及结构变形。

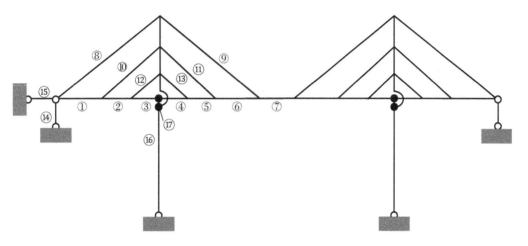

图 3.3.1　有限元分析杆件单元编号

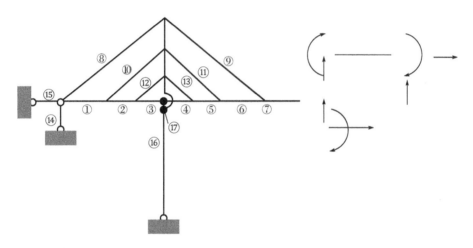

图 3.3.2　拆除杆元的力学计算图式

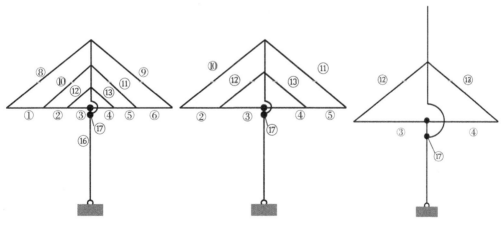

图 3.3.3　塔梁开始固结　　　图 3.3.4　施工中间状态　　　图 3.3.5　最后阶段

通过以上分析,可以清楚地看到使用倒装计算法确定桥梁结构各阶段理想状态,必须注意以下几点:

(1)倒装计算时的初始状态必须由正装分析来确定。如前面倒装分析的第一步中⑦号杆件的杆端力以及斜拉索的初始拉力等。但初始状态中的各杆件轴线位置可取设计轴线位置。

(2)拆除单元的等效荷载,用被拆单元接缝处的内力反方向作用在剩余主体结构接缝处加以模拟。

(3)拆除杆件后的结构状态为拆除杆件前结构状态与被拆除杆件等效荷载作用状态的叠加。换言之,本阶段结束时,结构的受力状态用本阶段荷载作用下的结构受力与前一阶段的结构受力状态叠加而得,即认为在这种情况下线性叠加原理成立。

(4)拆构件应满足零应力条件,剩余主体结构新出现的接缝面应力等于此阶段对该接缝面施加的预加应力。这是正确进行倒退分析的必要条件。

除此之外,还应该了解倒装计算法的局限性,主要包括以下两个方面:

(1)对于几何非线性十分明显的大跨度桥梁如斜拉桥,尤其像悬索桥,由于缆索的非线性影响,按倒装计算法的结果进行正装施工,桥梁结构将偏离预定的成桥状态。对这类问题的处理方法,将在以后进行讨论。

(2)从原则上讲,倒装计算法无法进行混凝土收缩、徐变计算,因为混凝土构件的收缩、徐变与结构的形成历程有密切关系。由于倒装计算的顺序是结构形成历程的逆过程,所以在倒装分析时,考虑结构的时差效应的影响是有一定困难的。对这个问题更详细的讨论将在以后进行。

3.3.3 无应力状态分析法

上一节通过进行倒装计算来确定大跨度桥梁结构在施工各阶段的中间理想状态。倒装计算法是通过分析桥梁结构的内力来建立起各施工阶段中间状态与桥梁结构成桥状态之间的联系。由于结构的内力与结构的形成历程密切相关,是一个相对不稳定、不独立的量,因而用倒装计算法确定结构的中间理想状态是比较困难的。我们能否通过其他的方式来确定桥梁结构施工各阶段中间理想状态,或者说,能否找到一种相对稳定或恒定不变的量来建立起各施工阶段中间状态与成桥状态之间的联系呢?答案是肯定的,这就是我们要讲的无应力状态分析法。

设想将一座已建成的桥梁结构解体,结构中各构件或者单元的无应力长度和曲率是一个确定的值,在桥梁结构施工中或建成后,不论结构温度如何变化,如何位移,以及如何加载,即在任何受力状态下,各构件或单元的无应力长度和曲率恒定不变,只是构件或单元的有应力长度和曲率不相同而已。我们用构件或单元的无应力长度和曲率保持不变的原理进行结构状态分析的方法叫做无应力状态分析法。

桥梁结构无应力状态只是一个数学目标,通过它将桥梁结构安装的中间状态和终结状态之间联系起来,为分析桥梁结构各种受力状态提供了一种有效的方法。

3.4 桥梁施工监测

施工监测系统是桥梁施工控制系统中的一个重要部分,各种桥梁施工控制中都必须根据实际施工情况与控制目标建立完善的施工监测系统。不论何种类型的桥梁,其施工监测系统中一般都包括结构设计参数监测、几何形态监测、应力监测、索力监测、预应力监测、温度监测等几个部分。其中,通过应力监测使得桥梁施工过程中的结构构件应力始终处于安全和平稳的状态,竣工后结构构件内无较大的附加应力;通过变形监测使得施工过程中不出现较大变形,避免结构达不到预期的成形效果或施工中出现倾覆破坏,是桥梁施工监测的关键环节。

通过桥梁施工监测系统的建立,跟踪施工过程并获取结构的真实状态,不仅可以修正理论设计参数,保证施工控制预测的可靠性,同时又是一个安全警报系统,通过警报系统可及时发现和避免桥梁结构在施工过程中出现超出设计范围的参数(如变形、截面应力等)以及结构的破坏。

桥梁工程施工监测是一个复杂的过程,通常按下列步骤实施:

(1)制订施工监测计划。包括:施工监测的对象、目标、方法、频次以及监测制度与管理体系的建立与运作等。施工监测计划是整个监测活动的前提和基础。

(2)建立施工监测系统。施工监测系统由预分析系统、测试系统、后处理系统等几部分组成。其中,预分析系统主要是预测施工过程受力、变形趋势,确定监测的关键部位;测试系统主要是在施工过程中采集数据,以备结构分析使用;后处理系统主要是分析监测数据,并提出应对措施。

(3)施工全过程跟踪监测。施工全过程跟踪监测的主要任务是监测施工各步骤中各种监测指标的发展变化趋势,将其记录并储存以备后处理系统进行分析。

(4)数据处理。将监测得到的数据进行整理、分析,将得到施工各个步骤的结构形态。

(5)对结构状态做出判断。根据数据处理的结果以及相关施工成型的标准,对结构施工的后续工序进行预测,并采取对应措施来避免或降低施工的误差,提高施工质量。图3.4.1所示为桥梁施工监测流程。

目前,国内对于大型复杂结构的施工过程应力监测主要采用光纤光栅通信与传感技术、振弦式应变计法、电阻应变片法等来完成。变形监测主要是依据测量仪器和建立的基准数据测量变形体在空间三维几何形态上的变化。普遍使用的常规测量仪器(水准仪、经纬仪、测距仪、全站仪等),随着电子技术、空间定位技术和远程通信技术的发展而出现的全天候连续自动实时监测系统,在变形测量方面发挥着重要作用。同时全天候连续自动实时监测系统代表了变形监测技术的发展趋势,提高了对外部变形监测数据的获取能力。总之,施工监测方法很多,具体应根据监测对象、监测目的、监测频度、监测时间长短等情况选定最方便实用、最可靠的监测方法。

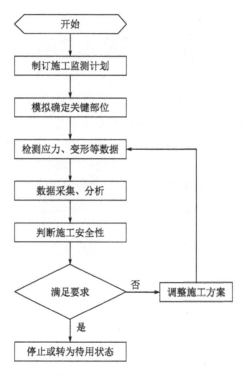

图 3.4.1 桥梁施工监测流程图

3.4.1 几何形态监测

几何形态监测的目的主要是获取(识别)已形成的结构的实际几何形态,其内容包括高程、跨长、结构或主缆的线形、结构变形或位移等。它对施工控制、预报非常关键。

目前用于桥梁结构几何形态监测的主要仪器包括测距仪、水准仪、经纬仪、全站仪、光电图像式挠度仪等。通常采用测距和测角精度不低于规定值的全站仪并结合固定高亮度发光体照准目标作为需要全过程动态跟踪监测的三维几何形态参数[如悬索桥索塔位置、主索鞍位置、主缆和加劲梁线形、索夹位置等;斜拉桥索塔位置、斜拉索锚固位置、加劲梁平面位置(线形)等;拱桥轴线线形、拱上结构位置等;连续刚构桥墩位、悬臂施工箱形梁的平面位置等]的监测手段;采用精密水准仪和铟钢水准尺水准联测、活动砧标视准线法观测和精密电子倾角仪倾角测量等激光挠度仪等作为高程、变形(位)等的监测手段。

对需全过程跟踪监测的结构几何形态参数的监测通过指定控制点的位置坐标监测加以体现(图 3.4.2)。一般系在结构温度趋于恒定的时间区段内(如夜间 24:00 至次日早晨 7:00),利用桥址附近的施工平面和高程控制网,采用全站仪并以安装在各控制点的高度发光体和测距棱镜作为照准目标进行多测回观测的极坐标和三角高程测量获取控制测点三维大地坐标,并通过坐标变换求出控制测点的施工设计位置坐标。在进行控制点位置坐标监测时,应同时对结构温度进行监测,只有在结构温度趋于稳定后,所观测到的控制点位置坐标方可作为监测结果,结构温度监测详见后续部分。对于结构温度趋于稳定的标准问题,根据经验可定为:若以结构件同一断面上的表面测点平均温度作为结构件断面测试温度,则构件长度方向测试断面的最大温差$|\Delta t|$应不超过 2℃,在同一测试断面上

测点温度的最大温差$|\Delta t|$应不超过1℃。

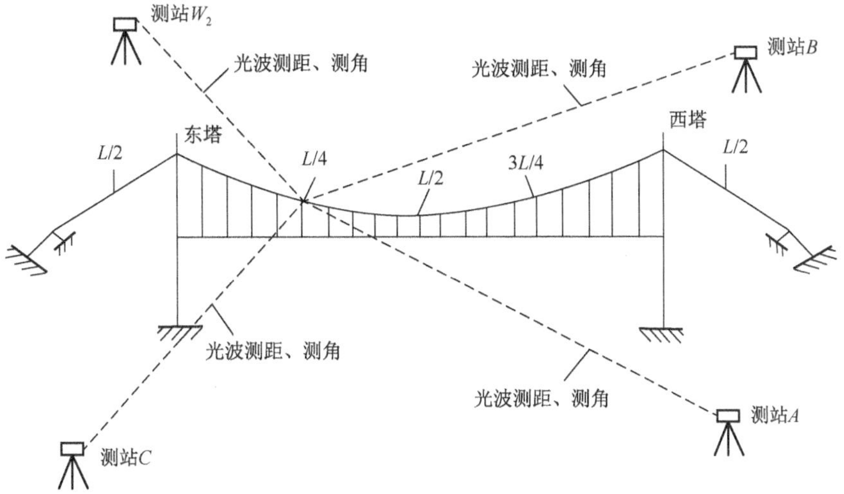

图3.4.2 悬索桥主缆$L/4$点位置监测方法示意图

3.4.2 应力监测

结构截面的应力(包括混凝土应力、钢筋应力、钢结构应力等)监测是施工监测的主要内容之一,它是施工过程的安全预警系统,无论是拱桥、梁(刚构)桥,还是斜拉桥和悬索桥,其结构某指定点的应力也同其几何位置一样,随着施工的推进,其值是不断变化的。在某一时刻的应力值是否与分析(预测)值一样,是否处于安全范围是施工控制关心的问题,解决的办法就是进行监测。一旦监测发现异常情况,就立即停止施工,查找原因并及时进行处理。

应力、应变是桥梁结构的重要参数。在线弹性阶段,应力与应变成比例关系,所以,应力通常是根据测点处的应变测试值及被测结构材料弹性模量计算得出,也就是说,应力监测实质上对应应变的监测。由于桥梁施工的时间一般较长,所以,应力监测是一个长时间的连续的量测过程。要实时、准确监测结构的应力情况,采用方便、可靠和耐久的传感组件非常重要。目前应力监测主要是采用电阻应变片传感器、钢弦式传感器等。电阻应变片传感器只能用于短暂的荷载增量下的应力测试,并且使用不便、耐久性差。所以,一般仅用于辅助应力测试与校核。对于现场情况复杂、连续时间较长且量测过程始终要以初始零点作为起点的应力监测,目前基本上均采用以下两种传感组件。

(1)钢弦式传感器,其主要原因是钢弦式传感器具有较良好的稳定性,自然具有应变累计功能,抗干扰能力较强,数据采集方便。图3.4.3a)为钢筋应力传感器,用于监测钢筋混凝土结构内的钢筋应用;图3.4.3b)为埋入式应变传感器,用于混凝土结构内部的应变(应力)测量;图3.4.3c)为表面应变传感器,用于量测结构表面应变。

(2)光纤光栅,以其高耐久性、高精度、准分布式、抗电磁干扰、绝对测量以及易构成传感网络等优点,已逐步成为健康监测的首选敏感元件之一。

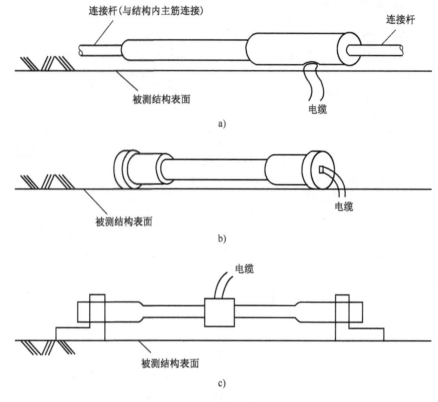

图 3.4.3 钢弦式传感器

3.4.3 索力监测

大跨径桥梁采用斜拉桥、悬臂桥等缆索承重结构越来越广泛,特别是跨径在 500m 以上时基本上是斜拉桥、悬索桥一统天下。斜拉桥的斜拉索、悬索桥主缆及吊索索力是设计的重要参数,也是施工监控施工中需要监测与调整的施工控制参数之一。索力量测效果将直接对结构的施工质量和施工状态产生影响。要在施工过程中比较准确地了解索力实际状态,选择适当的量测方法和仪器,并设法消除现场量测中各种误差因素的影响非常关键。

目前可供现场索力量测的方法主要有四种。

1. 压力表量测法

目前,索结构通常使用液压千斤顶张拉,由于千斤顶的张拉油缸中的液压和张力有直接的关系,所以,只要测定张拉缸的压力就可求得索力。使用 0.3~0.5 级的精密压力表,并事先通过标定,求得压力所示液压和千斤顶拉力之间的关系,则利用压力表测定索力的精度也可达到 1%~2%。

千斤顶的液压可用液压传感器来测定,液压传感器受液压后输出相应电信号,显示仪表在接收到信号后即显示压强或换算后直接显示张拉力。由于电信号可通过导线传输,能进行遥测,使用就更为方便。

由于液压换算索力的方法简单易行,可直接借助施工中已有的千斤顶,故是施工控制中索力量测最实用的方法之一。

2. 压力传感器量测法

压力传感器量测法是指在悬索桥主缆股或斜拉桥斜拉索等锚下安装压力传感器,通过二次仪表读取拉索索力。这种方法量测的准确性高,稳定性较好,易于长期监测,选择恰当的传感器除满足施工控制监测需要外,还可用于桥梁使用过程中的索力量测,如图3.4.4所示。

a)   b)

图3.4.4 压力传感器

3. 磁通量法

磁通量法是测定斜拉桥索力、监测拉索锈蚀的非破坏性方法。它利用放在索中的小型电磁传感器,测定磁通量变化,根据索力、温度与磁通量变化的关系,推算索力。磁通量法所用的材料是电磁传感器,这种传感器由两层线圈组成,除磁化拉索外,它不会影响拉索的任何力学特性和物理特性。对任一种铁磁材料在试验室进行几组应力、温度下的试验,建立磁通量变化与结构应力、温度的关系后,即可用来测定用该种材料制造的拉索索力。

4. 振动频率量测法

这种方法是利用索力与索的振动频率之间存在对应关系的特点,在已知索的长度、两端约束情况、分布质量等参数时通过测量索的振动频率,进而计算出索的拉力。根据弦振动理论,当张紧索抗弯刚度可忽略时(即柔性索),其动力平衡方程为:

$$\frac{m}{g} \cdot \frac{\partial^2 y}{\partial t^2} - T\frac{\partial^2 y}{\partial x^2} = 0 \qquad (3.4.1)$$

式中:y——横向坐标(垂直于索的长度方向);

x——纵向坐标(沿索的长度方向);

m——单位索长的质量;

T——索的张力;

t——时间。

5. 优缺点对比

压力表读数适用于施工阶段进行斜拉索张拉时标定,此时通过油压表控制油压千斤顶是一件很方便的事,由于受到锚具变形的影响,所以张拉索力不一定等于千斤顶回油后的索力,此外千斤顶摩阻力也会产生张拉误差。压力传感器量测法是在锚具下预埋应力传感器,通过传感器应变读数计算索力。从理论上说,传感器标定法精度较高,但是,由于每根索下都要一次性埋设传感器,成本较高,而且应力传感器在温度和湿度影响下的长期稳定性也是不容忽视的问题。振动频率量测法测定斜拉索索力具有精度高、测定方便、适合长期观测的特点。振动频率量测法包括人为激振和环境激振两种,其中环境激振操作简便、精度更高。但是,振动频率量测法是间接计算索力,由于振动频率量测法有多个索力计算公式可供选择,在采用振动频率量测法测定斜拉索索力时要正确地选择计算式。而且斜拉索的质量、刚度、长度和减震器都会产生振动频率的差异,从而影响索力计算的准确性。磁通量法发展较晚,但前景明朗,有较大研究价值。

3.4.4 预应力监测

预应力水平是影响预应力桥梁(如连续梁、连续刚构桥等)施工控制目标实现的主要因素之一。监测中主要是对预应力筋的张拉真实应力、预应力管道摩阻损失及其永存预应力值进行测定。对于前者,通常在张拉时通过在张拉千斤顶与工作锚板之间设置压力传感器测得;对于后两者,可通过在指定截面的预应力筋上贴电阻应变片测其应力,张拉应力与测得的应力之差即为该截面的预应力管道摩阻损失值。

3.4.5 温度监测

对于大跨径桥,特别是斜拉桥、悬索桥等,其温度效应是十分明显的。如斜拉桥斜拉索在温度变化时其长度将相应伸长或缩短,直接影响主梁高程;悬索桥主缆线高将随温度的改变而变化,索塔也可能因温度变化而发生变位,这些都会对主缆的架设、吊杆料长计算确定等产生很大影响;悬臂施工连续刚构(梁)桥高程也将随温度的变化发生上(下)挠。因此,在大跨径桥梁施工过程中对结构的温度进行监测,寻求合理的立模、架设等时间,修正实测的结构状态的温度效应,对桥梁按目标施工和实施施工监控是十分重要的。

目前,结构温度的测量方法较多,包括辐射测温法、电阻温度计测温法、热电偶测温法以及其他各种温度传感器等。每种方法的测量范围、精度和测量仪器的体积及测量繁杂程度都有所不同,通常应选用体积小、附着性好、性能稳定、精度高且可进行长距离传输监测的测温组件。例如,BTS-400 型 P-N 结构温度传感器作为结构测温组件,用 TD-10 型数字测温仪进行定点接触测温,且可多点测量、操作方便,并可进行长距离传输监测。

对于悬索桥主缆架设期间的温度监测,其重点应放在基准索股和一般索股上。通常沿跨长方向选择多点(断面)进行测量,每一断面则沿索股周长上下和左右对称布置温度传感器,并使其紧贴于索股表面股丝之间,确保所测温度是索股表面丝的真实温度,在基准索股线形观测的同时对各断面温度进行监测。在一般索股架设高时对基准索股和欲调一般索股同时进行温度监测。根据基准索股和欲调索股的相对温差计算其间的相对高差修正值。

对斜拉桥斜拉索、悬索桥主缆等成缆结构的温度状态确定正确与否将直接影响其主梁立模高程的确定和加劲梁吊装架设的控制计算。由于钢丝间的空隙影响,缆索横截面内的温度场分布很不均匀,根据国内外经验,对直径较小的缆索,其平均温度可取主缆表面测点温度的平均值,但对直径超过60cm的缆索,应对其表面测点的平均温度进行适当的修正才能作为其平均温度(即计算温度取用值)。斜拉索索温修正的一般方法是制造一段同实索等粗的试验索,在其中心和内部以及外表均对称布置测点,吊挂于施工现场实索部位,使之处于同样的大气环境条件。对其他实索,每种型号选择1~2根,在其表面布设测点,测得表面温差,对照试验短索的测量结果,确定实索的内外温差。

对连续刚构梁体、斜拉桥和悬索桥索塔等混凝土结构的温度测量包括表面温度测量和体内温度测量两方面。对结构表面温度测量采用表面温度点测计,点测计测量灵活性大,可对任意点处的表温进行测量;对体内温度测量通常是在对温度传感器作防潮和防机械损伤处理后埋入指定截面的混凝土体内并引出导线,通过温度测量显示仪读取测量值。

思 考 题

1. 试从桥梁施工控制的角度,分析桥梁施工控制的难点及施工控制中应注意的问题。
2. 比较桥梁施工控制结构分析与普通桥梁设计结构分析的不同及相同之处。
3. 比较三种施工控制结构分析方法的优缺点及各自适用的范围。

第 4 章
桥梁基础施工

4.1 概 述

桥梁基础是桥梁结构物直接与地基接触的最下部分,是将桥梁结构所承受的各种作用传递到地基上的下部结构。因此,为了全桥的安全和正常使用,要求地基和基础要有足够的强度、刚度和整体稳定性。桥梁基础的施工质量直接决定着桥梁的耐久性和安全度。

基础工程在桥梁结构物的设计与施工中,占有极为重要的地位,它对结构物的安全使用和工程造价有很大的影响。统计表明,建筑物失事70%～80%是由基础失效而引起。

由于桥梁基础均在地面或水面以下,其施工条件和受力状况都和上部结构不同,桥梁基础完成后即埋于水、土中,属于隐蔽工程,如有缺陷,较难发现,也较难弥补和修复,而这些缺陷往往直接影响整个桥梁结构的使用甚至安全;基础工程的施工进度,常常控制着整个桥梁工程的施工进度;下部结构工程的造价,通常在整个桥梁造价中占相当大的比例。尤其是在复杂的地质条件下或深水条件下修建桥梁基础更是如此。因此,必须高度重视桥梁基础施工,严格按规范办事,确保工程质量。

4.1.1 桥梁基础类型

公路桥梁由于其结构形式多种多样,所处位置的地形、地质、水文情况千差万别,因此其基础的形式也种类繁多。

桥梁基础根据埋置深度分浅基础和深基础两类,它们的施工方法不同,设计计算原理也不同。浅基础是指埋置深度小于基础宽度且设计时不考虑基础侧边土体各种抗力作用的基础,一般指直接修建在桥台或桥墩下的埋深较浅的基础;如若浅层土质不良,则需把基础埋置于较深的良好地层上,这样的基础称为深基础。基础埋置在土层内深度虽较浅,但在水下部分较深,如深水中的桥墩基础,称为深水基础。浅基础最简单经济,也最常用,形式有明挖重力式扩大基础、钢筋混凝土条形基础等;当需要设置深基础时,则常采用桩基础或沉井基础,特殊桥位也可能采用其他大型基础或组合形式。

随着交通需求的增长、桥梁跨径的增大以及基础入水深度的增加,尤其是近年来跨海湾、跨海峡、跨江河大桥不断新建,桥梁深水基础应用日益广泛,形式也不断翻新。桥梁深水基础起源于美国,至今已有100多年的历史。根据目前国内外已建成的桥梁深水基础情况,其类型主要有:桩基础、沉井基础、组合基础、特殊基础和管柱基础等。各类桥梁基础,如表4.1.1所示。

桥梁基础的类型 表4.1.1

基础类型		分　类
浅基础		直接基础:明挖重力式扩大基础、钢筋混凝土条形基础等
		浮桥的浮体:船只或浮鲸
深基础	桩基础	按施工方法分:沉入桩基础、灌注桩基础
		按传力方式分:摩擦桩基础、端承桩基础
		按材料分:钢筋混凝土桩基础、预应力钢筋混凝土桩基础、钢桩基础
	沉井基础:开口沉井基础、气压沉箱基础	
	组合基础:沉井加管柱基础、沉井加钻孔桩基础等	
	特殊基础:地下连续墙基础、钢管桩基础、多柱式基础等	
	管柱基础:预应力钢筋混凝土管柱基础、钢管柱基础	

发展至今,桥梁基础种类众多,而选择基础类型、确定基础方案主要取决于地基土的工程性质、水文地质条件、荷载特性、桥梁结构形式及使用要求,以及材料的供应和施工技术因素。方案选择的原则是:力争做到使用上安全可靠,施工技术上简便可行,经济上合理。因此,应综合考虑设计、施工等多方面因素来选择合适的基础类型及其施工方案。

4.1.2 桥梁基础施工

1. 桥梁基础施工的主要方法

桥梁基础因其形式和所处环境、地质、水文条件、桥梁结构体系、环保要求及施工条件等因素不同,要选用不同的施工方法。旱地土质地基扩大基础及条形基础采用明挖法,既可以采用人工开挖也可以机械开挖,若为岩石地基,还需进行适当的爆破施工。水中明挖基础必须设置围堰,或者采取临时改河措施。桩基础的成孔有挖孔和钻孔两种方法,挖孔适用于旱地无水或地下水位较浅的密实土质地层或岩石地层。人工挖孔桩径必须大于1.2m,孔深一般在15m以内;机械挖孔一般适用于土质地层,钻孔按地质条件不同可选用回旋钻成孔、冲击钻成孔、冲抓钻成孔和旋挖钻成孔等多种形式。深水中钻孔需搭设钻孔施工平台,并辅以钢围堰或钢吊箱围堰作为模板进行成桩后的墩台混凝土施工。

2. 基础施工前的准备工作

(1)应根据招、投标文件,施工合同,设计文件及有关规范编制施工组织设计。

(2)应做好施工现场准备,修建施工临时设施,安装调试施工机具及标定试验机具,进行施工测量及复核测量资料,做好材料的储存和堆放,做好开工前的试验检测工作。

(3)施工组织设计宜包括以下内容:编制说明,施工组织机构,施工平面布置图,施工方法,施工详图,资源计划,总进度计划和进度图,质量管理,安全生产,环境保护。

(4) 施工单位必须建立健全质量保证体系,主要内容为:质量方针、质量目标、质量保证机构、质量保证程序、质量保证措施。

(5) 制订完善的安全技术措施,进行安全技术交底。

4.2　明挖扩大基础施工

刚性扩大基础,又称明挖基础,是直接在墩台下开挖基坑修建而成的实体基础。它适合于在岸上或水流冲刷影响不大的浅水处,且浅表地基承载力合适的地层。它构造简单,施工方便,最为常见。

明挖扩大基础的平面形状常为矩形,也有其他形式(视墩台身底面的形状而定);立面形状可为单层或多层台阶扩大形式,与地基承载力及上部荷载大小等有关,如图4.2.1所示。明挖扩大基础的常用材料有混凝土、片石混凝土、浆砌片石等,混凝土强度等级一般不宜小于C15,浆砌片石一般用M5以上水泥砂浆、M25以上石料。

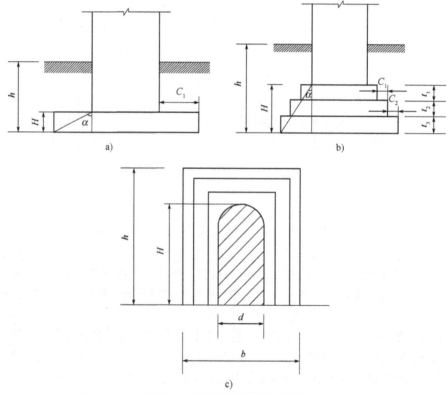

图4.2.1　明挖扩大基础平面、立面图

明挖扩大基础的特点是稳定性好、施工简便、取材容易、能承受较大的荷载,所以只要地基承载力满足要求,便是桥梁的首选基础形式。但其缺点是自重大,并且在持力层为软弱土时,由于基础面积不能无限制扩大,需要对地基进行处理或加固后才能采用。所以对于荷载较大,上部结构对沉降变形较为敏感(超静定结构),持力层的土质较差且较厚的情况,不宜采用明挖扩大基础。

扩大基础的施工方法通常是采用明挖的方式进行的。基坑开挖前应根据水文、地质、开挖方式及施工环境等因素,验算基坑边坡稳定,确定是否对坑壁采取支护措施,对危险性较大的基坑尚应建立监控系统。在开挖基坑前,应做好复核基坑中心线、方向和高程工作,并应按地质水文资料,结合现场情况,决定开挖坡度、支护方案以及地面的防水、排水措施。如果地基土质较为坚实,开挖后能保持坑壁稳定,可不设置支撑,采取放坡开挖。实际工程由于土质关系、开挖深度、放坡受到用地或施工条件限制等因素影响,需采取各种加固坑壁措施,诸如挡板支撑、钢木结合支撑、混凝土护壁等;在开挖过程中有渗水时,则需要在基坑四周挖边沟或集水井以利排除积水。在水中开挖基坑时,通常需预先修筑临时性的挡水结构物(围堰),如草袋围堰等,然后将基坑内的水排干,再开挖基坑。基坑开挖至设计高程后,必须抓紧进行坑底土质鉴定、清理与整平工作,及时砌筑基础结构物。故明挖扩大基础施工的主要内容,包括基础的定位放样、基坑开挖、基坑排水、基底检验与处理以及砌筑(浇筑)基础结构物等。

4.2.1 基础的定位放样

为建筑基础开挖的临时性坑井称为基坑。基坑属于临时性工程,其作用是提供一个空间,使基础的砌筑作业得以按照设计所指定的位置进行。

在基坑开挖前,先进行基础的定位放样工作,以便正确地将设计图上的基础位置准确地设置到桥址上。放样工作系根据桥梁中心线与墩台的纵横轴线,推算出基础边线的定位点,再放线画出基础的开挖范围。图4.2.2表示桥台基础定位放样情况,$a-b-c-d-e-f-g-h$所围阴影部分为桥台基础外缘线,放样是先放基坑顶部四角的边桩A、B、C、D。基坑底部的尺寸较设计的平面尺寸每边各增加0.5~1.0m的富余量,以便于支撑、排水与立模板(如果是坑壁垂直的无水基坑坑底,可不必加宽,直接利用坑壁作基础模板亦可)。按一定的放坡开挖至坑底(A'、B'、C'、D')后,基础灌筑前才定出a、b、c、d、e、f、g、h各点。具体的定位工作视基坑深浅而有所不同。基坑较浅时,可使用挂线板,拉线挂垂球进行定位。基坑较深时,用设置定位桩形成定位线1-1、2-2、…进行定位。基坑各定位点的高程及开挖过程中高程检查,一般用水准测量方法进行。

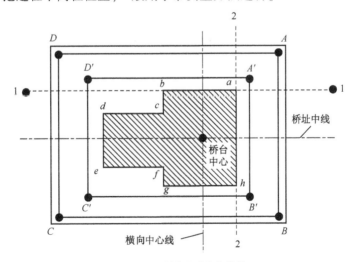

图4.2.2 桥台基础定位放样

4.2.2 陆地基坑开挖

基坑大小应满足基础施工要求,对有渗水土质的基坑坑底开挖尺寸,需按基坑排水设计(包括排水沟、集水井、排水管网等)和基础模板设计而定,一般基底尺寸应比设计平面尺寸各边增宽 0.5~1.0m。基坑可采用垂直开挖、放坡开挖、支撑加固或其他加固的开挖方法,具体应根据地质条件、基坑深度、施工期限与经验,以及有无地表水或地下水等现场因素来确定。

1. 基坑开挖施工方法

(1)坑壁不加支护的基坑

对于在干涸无水河滩、河沟中,或有水经改河或筑堤能排除地表水的河沟中;在地下水位低于基底,或渗透量少,不影响坑壁稳定;以及基础埋置不深,施工期较短,挖基坑时,不影响邻近建筑物安全的施工场所,可考虑选用坑壁不加支护的基坑。基坑的形式如图 4.2.3 所示。

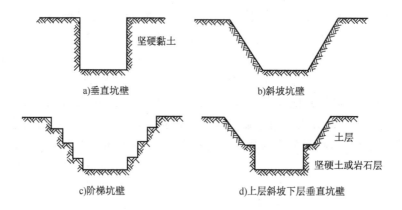

图 4.2.3 坑壁不加支撑的基坑形式

黏性土在半干硬或硬塑状态,基坑顶缘无活荷载,稍松土质基坑深度不超过 0.5m,中等密实(锹挖)土质基坑深度不超过 1.25m,密实(镐挖)土质基坑深度不超过 2.0m 时,均可采用垂直坑壁基坑。基坑深度在 5m 以内,土的湿度正常时,基坑可按表 4.2.1 所示,采用斜坡坑壁开挖或按坡度比值挖成阶梯形坑壁,每梯高度为 0.5~1.0m 为宜,可作为人工运土出坑的台阶。土的湿度有可能使坑壁不稳定而引起坍塌时,基坑坑壁坡度应缓于该湿度下的天然坡度。当基坑有地下水时,地下水位以上部分可以放坡开挖;地下水位以下部分,若土质易坍塌或水位在基坑底以上较深,应加固开挖。

放坡开挖坑壁坡度   表 4.2.1

坑壁土类	坑壁坡度		
	坡顶无荷载	坡顶有静荷载	坡顶有动荷载
砂类土	1:1	1:1.25	1:1.5
卵石、砾类土	1:0.75	1:1	1:1.25

续上表

坑 壁 土 类	坑壁坡度		
	坡顶无荷载	坡顶有静荷载	坡顶有动荷载
粉质土、黏质土	1:0.33	1:0.5	1:0.75
极软岩	1:0.25	1:0.33	1:0.67
软质岩	1:0	1:0.1	1:0.25
硬质岩	1:0	1:0	1:0

值得注意的是：

①坑壁有不同土层时，基坑坑壁坡度可分层选用，并酌设平台。

②坑壁土的类别按照现行《公路土工试验规程》(JTG 3430)划分；岩面单轴抗压强度小于5MPa、为5~30MPa、大于30MPa时，分别定为极软岩、软质岩、硬质岩。

③当基坑深度大于5m时，基坑坑壁坡度可适当放缓或加设平台。

无水基坑施工中，对于一般小桥涵的基础，基坑工程量不大，可用人工施工方法；对于大、中型桥梁基础工程，基坑深，基坑平面尺寸较大，挖方量多，可用机械或半机械施工方法。

(2)坑壁有支护加固的基坑

如果基坑壁坡不易稳定，并有地下水渗入，或放坡开挖场地受限，或各类工程量太大，可按具体情况采用挡板支撑、钢木结合支撑、混凝土护壁(喷射混凝土护壁，现浇混凝土护壁)、钢板桩围堰、锚杆支护及地下连续墙等支护措施。

常用的坑壁支撑形式有：直衬板式支撑、横衬板式支撑、框架式支撑、锚桩式支撑、斜撑式支撑、锚杆式支撑及锚碇板式支撑等(图4.2.4)。其施工方法根据土质情况不同，可一次挖成或分段开挖，每次开挖深度不宜超过2m。

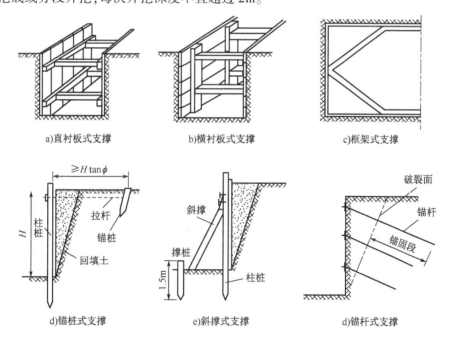

图4.2.4 坑壁支撑形式

2. 基坑开挖注意事项

基坑顶有动荷载时，坑顶边与动载间应留有不小于1m宽的护道。若动载过大或工程地质和水文地质不良，还要增宽护道或采取加固措施。

基坑开挖可以采用人工开挖，也可以采用挖掘机、推土机、装载机等机械进行开挖，但无论采用哪一种方法施工，基底均应避免超挖，已经超挖或松动部分应予以清除。若施工时间较长，又可能遇到暴雨天气，应在基坑外设临时截水沟或排水沟，防止雨水流入基坑内，使坑内土质变化。任何土质基坑挖至高程后都不能长时间暴露、扰动或浸泡而削弱其承载能力。一般土质基坑挖至基底高程时，应保留10~20cm厚一层，在基础砌（浇）筑前人工突击挖除，迅速检验，随即进行基础施工。

岩石地基开挖，坑壁坡度如表4.2.1所列。硬质岩可以垂直向下，一般设计开挖深度为风化层厚度，新鲜基岩、微风化或弱风化岩层都可做基础持力层。开挖一般采用人工开挖，必要时可进行松动爆破，但要严格控制爆破深度和用药量，防止过量爆破引起持力层松动破坏。根据岩层的风化程度、倾向、倾角及发育情况，采用适当方法进行坑壁防护。挖出渣石必须运至设计指定地点，不能对施工安全或周围群众生产、生活环境造成危害。

4.2.3 水中基础的基坑开挖

桥梁墩台基础大多位于地表水位以下，有时流水还比较大，施工时都希望在无水或静水条件下进行。因此，桥涵水中基础施工，首先应采用围堰或临时改河措施排除水流影响，同时在开挖过程中要采取措施排除坑外渗水和地下水，施工难度和作业量比陆地作业都要增大，施工成本也增加很多。桥梁水中基础最常用的施工方法是围堰法。围堰的作用主要是防水和围水，有时还起着支撑施工平台和基坑坑壁的作用。

围堰有土围堰，土袋围堰，钢板桩围堰，钢筋混凝土板桩围堰，竹、铅丝笼围堰，套箱围堰，双壁钢围堰等多种。围堰的结构形式和材料要根据水深、水流速、地质情况、基础形式以及通航要求等条件进行选择。一般要求围堰高度高出施工期间可能出现的最高水位（包括浪高）0.5~0.7m。围堰外形应考虑河流断面被压缩后流速增大引起水流对围堰、河床的集中冲刷及影响通航、导流等因素；堰内面积应能满足基础施工的需要，围堰要力求防水严密、尽量减少渗漏，以减轻排水工作量。几种明挖扩大基础常用的围堰形式如下。

1. 土围堰

土围堰适用于水深1.5m以内，流速≤0.5m/s，河床渗水性较小的河流。土堰的断面一般为梯形，堰顶宽1~2m，堰外边坡为1:2~1:3，堰内边坡一般为1:1~1:1.5，坡脚与基坑边缘距离根据河床土质及基坑深度而定，但不得小于1m。筑堰宜采用黏性土或砂类土，填出水面后应进行夯实。筑堰前应将堰底河床上的树根、石块、杂物等清除，自上游开始填筑至下游合龙。流速过大有冲刷危险时，在外坡面用草皮、柴排、片石或草袋等加以防护。

2. 土袋围堰

土袋围堰适用于水深3.0m以内，流速≤1.5m/s，河床土质渗水较小的河流。围堰中心部分可填筑黏土及黏性土芯墙。堰顶宽一般为1~2m，有黏土芯墙时为2~2.5m，堰外

边坡 $1:0.5 \sim 1:1$，堰内边坡 $1:0.2 \sim 1:0.5$。土袋内装填松散黏性土，一般装至袋容量的 60% 为宜，袋口用麻线或细铁线缝合。坡脚至基坑边距离及堰底河床处理方法、填筑方向与土围堰相同。堆码在水中的土袋，其上、下层和内、外层应相互错缝，尽量堆码密实整齐。

3. 膜袋围堰

膜袋围堰适用于水深 5.0m 以内，流速 ≤ 3.0m/s，河床较为平坦的河流。膜袋的缝合应牢固严密，袋内可采用砂或水泥固化土材料填充，填充后应采取有效措施减少膜袋内的水分。

4. 钢板桩围堰

钢板桩围堰适用于砂类土、黏性土、碎石土及风化岩石等河床的深水基础，钢板桩的机械性能和尺寸应符合要求。我国常用的是德国拉森式槽型钢板桩，经过整修或焊接后钢板桩应采用同类型钢板进行锁口连接并通过试验检查，钢板桩的接长应以等强度焊缝接长。当设备许可时，宜在打桩前将 $2 \sim 3$ 块钢板拼为一组，组拼后用夹具夹牢。钢板桩堆存、搬运、起吊时，应防止由于自重而引起的变形和锁口损坏。

插打钢板桩时，必须具有可靠的导向设备，以保证钢板桩的垂直沉入。一般先将全部钢板桩逐根或逐组插打到稳定深度，然后依次打入至设计深度。插打的顺序按施工组织设计进行，一般自上游分两头插向下游合龙。插打前在锁口内涂以黄油、锯末等混合物，组拼桩时，用油灰和棉花捻缝，以防漏水。钢板桩顶达到设计高程时的平面位置偏差，在水上打桩时不得大于 20cm，在陆地打桩时不得大于 10cm。在插打过程中，应随时检查其平面位置是否正确，桩身是否垂直，发现倾斜应立即纠正或拔起重插。

当水深较大时，常用围檩（由钢或钢木构成的框架）作为钢板桩的定位和支撑。在深水处修筑围堰，为了保证围堰不渗水或尽可能少渗水，可采用双层钢板桩围堰，或采用钢管式的钢板桩围堰。钢板桩可用锤击、振动或辅以射水等方法下沉，但在黏土地基中不宜使用射水。锤击时宜使用桩帽，以分布冲击力和保护桩头。在插打钢板桩时，如起重设备高度不够，允许改变吊点位置，但吊点位置不得低于桩顶以下 1/3 桩的长度。围堰将合龙时，宜经常观测四周的冲淤状况，必要时应采取措施，预防上游冲空、涌水或下游淤积，影响施工进程。

拔除钢板桩前，宜向堰内灌水，使堰内外水位相等或堰内水位高于堰外水位 $1.0 \sim 1.5$m。拔桩时从下游附近易于拔除的一根或一组钢板桩开始，并尽可能采用振动拔桩法。钢板桩强度大，防水性能好，打入土、砾、卵石层时穿透性能强，适合水深 10m 左右的桥位围堰。

5. 钢筋混凝土板桩围堰

钢筋混凝土板桩围堰适用于黏性土、砂类土、碎石土类河床，除用于基坑挡土防水以外，还可不拔除作为建筑结构物的一部分。通常板宽 $50 \sim 60$cm，厚 $10 \sim 30$cm。为使其合龙及方便企口接缝，插打板桩时，应从上游开始按顺序进行直至下游合龙。板桩断面应符合设计要求，板桩桩尖角度视土质坚硬程度而定；沉入砂砾层的板桩桩头，应增设加劲钢筋或钢板。钢筋混凝土板桩的制作，应用刚度较大的模板，榫口接缝应顺直、密合。如用中心射水下沉，板桩预制时，应留射水通道。

6. 竹、铅丝笼、钢笼围堰

在岩层裸露河底不能打桩,或流速较大而水深在4.0m以内的情况下,可采用竹、铅丝笼围堰,水深超过4.0m可采用钢笼围堰。竹、铅丝笼围堰制作应坚固,可使用钢筋串联、螺栓连接以及铁丝捆扎等方法加固。按照水深、流速、基坑大小及防渗要求,可以用单层或双层竹、铅丝笼围堰。单层时,在围堰内填土袋,在外侧堆土袋;双层时,在两层之间填土,防止渗漏。竹、铅丝笼的宽度,为水深的1.0~1.5倍。竹、铅丝笼可用浮运、吊装或滑移就位,就位后填石(装土)下沉,在堰底外围堆土袋,以防堰底渗漏。

7. 套箱围堰

套箱围堰适用于埋置不深的水中基础,也可用以修建桩基承台。无底套箱围堰用木板、钢板或钢丝水泥制成,内部设钢木支撑;根据具体施工条件制成整体式或装配式,而相应的各自施工方法也不相同。套箱施工分为准备、制作、就位、下沉、清基和浇筑水下混凝土等工序。准备是搭设工作平台,视具体情况采用浮动或固定平台形式;制作即在岸上加工拼装组件,或就地组装成整体运往工作平台就位下沉,或组件运往工作平台拼装后下沉;就位系将无底套箱在工作平台上定位,按测量控制就位于基础位置;下沉是将套箱吊起,拆去工作平台上脚手板等阻碍下沉的水平构件,计算机控制同步、缓慢下沉,保证套箱位置平稳,不得倾斜,并用绞车等设备随时校正套箱位置。下沉套箱之前清除河床表面障碍物,若套箱设置在岩层上,应整平岩面;如果基岩岩面倾斜,应将套箱底部做成与岩面相同的倾斜度以增加套箱的稳定并减少渗漏。下沉到位后,可采用吹沙吸泥或静水挖抓沙泥方法进行水下清基。清基完成后,经检验合格便可浇筑水下混凝土封底,再抽干套箱内积水,浇筑基础、墩台。

如果基坑土质不好,采用抽水挖基产生涌泥或涌沙现象,严重影响坑壁的稳定时,或者基坑土质渗水量过大,已超过现有排水能力,基坑水抽不干时,均可采用水中挖基方法。常用的水中挖基方法有:水力吸泥机、水力吸石筒、空气吸泥机等;如遇有坚实土层,可用射水方法配合松土,以加快挖基进度;如基坑水深,挖方量大,亦可采用抓泥斗或挖掘机进行水中挖基作业。

4.2.4 基坑排水

围堰完工后,需将堰内积水排除;在开挖过程中,也可能有渗水出现,必须随挖随排。抽水设备的排水能力应大于渗水量的1.5~2.0倍。常用的排水方法有:集水坑(沟)排水法,井点排水法,帷幕法及板桩法、沉井法等。

1. 集水坑(沟)排水法

除严重流沙外,一般情况下均可采用集水坑(沟)排水法。集水坑(沟)的大小,主要根据渗水量的大小而定;集水沟沟底应低于基坑底面。集水沟底宽不小于0.3m,纵坡为1%~5%。如排水时间较长或土质较差时,沟壁可用木板或荆笆支撑防护。集水坑一般设在下游位置,坑深应大于进水龙头高度,并用荆笆、竹箦、编筐或木笼围护,以防止泥沙阻塞吸水龙头。

2. 井点排水法

井点排水法适用于粉、细砂或地下水位较高、有承压水、挖基较深、坑壁不易稳定和普通排水方法难以解决的基坑。井点排水法在渗透系数为 0.5~150m/d 的土中,尤其在 2~50m/d 的土中效果最好。降水深度一般可达 4~6m,二级井点可达 6~9m,超过 9m 应选用喷射井点法或深井泵法。应根据土层的渗透系数、降低地下水位的深度及工程特点,选择适宜的井点法类型和所需设备,其使用范围如表 4.2.2 所示。

各种井点排水法的使用范围　　　表 4.2.2

序　号	井点法类型	土层渗透系数(m/d)	降低水位深度(m)
1	轻型井点法	0.1~80	3~9
2	喷射井点法	0.1~50	8~20
3	射流泵井点法	0.1~50	<10
4	电渗井点法	<0.1	5~6
5	管井井点法	20~200	3~5
6	深井泵法	10~80	>15

使用井点法排水时,应注意下列事项:

(1)降低成层土中地下水位时,应尽可能将滤水管埋设在透水性较好的土层中;井点管的下端滤水长度应考虑渗水土层的厚度,但不得小于 1m。

(2)在水位降低的范围内设置水位观测孔,其数量视工程情况而定。

(3)应对整个井点孔位加强维护和检查,保证不间断地进行抽水。

(4)应考虑水位降低区域构筑物受其影响而可能产生的沉降,并应做好沉降观测,必要时采取防护措施。

3.帷幕法

帷幕法是在基坑边线外设置一圈隔水幕,用以隔断水源,减少渗流水量,防止流沙、突涌、管涌、浅蚀等地下水的作用。方法有深层搅拌桩隔水墙、压力注浆高压喷射注浆、冻结帷幕法等。帷幕法除自然冻结法外,均因所需设备较多、费用较大,在桥涵基础施工中应用较少。自然冻结法在我国北方地区应用前景较好,一般采用分格分层开挖,即将已冻结的水或土从上往下逐层分格开挖,连续开挖通过水层或饱和土层直到河底,再通过河底覆盖层到达基础设计高程。浅滩处可用砂土筑岛代替水,因为土的冻结速度比水快。

4.其他隔水法

对于土质渗透性较大、挖掘较深的基坑,还可采用板桩法、沉井法及冰套箱法等。

4.2.5 基底检验与处理

1.基底检验

基础是隐蔽工程,基坑施工是否符合设计要求,在基础浇筑前应按《公路桥涵施工技术规范》(JTG/T 3650—2020)规定进行检验。检验的目的在于:确定地基的容许承载力大小、基坑位置与高程是否与设计文件相符,以确保基础的强度和稳定性,不致发生滑移等病害。

(1)检验内容

基底检验的主要内容应包括:检查基底平面位置、尺寸大小、基底高程;检查基底地质情况和承载力是否与设计资料相符;检查基底处理和排水情况是否符合上述规范要求;检查施工记录及有关试验资料等。

(2)检验方法

按桥涵大小、地基土质复杂(如溶洞、断层、软弱夹层、易熔岩等)情况及结构对地基有无特殊要求,可采用以下检查方法:

①小桥涵的地基,一般采用直观或触探方法,必要时可进行土质试验。特殊设计的小桥涵对地基沉降有严格要求,且土质不良时,宜进行载荷试验。对经加固处理后的特殊地基,一般采用触探或做密实度检验等。

②大、中桥和地基上土质复杂结构对地基有特殊要求的地基检验,一般采用触探和钻探(钻深至少4m)取样做土工试验,或按设计的特殊要求进行载荷试验。

③特大桥应按设计要求具体处理。

(3)检验标准

基底平面周线位置允许偏差不小于设计要求,一般不得大于200mm;基底高程允许偏差不得超过±50mm(土质)、+50~-200mm(石质)。

2. 基底处理

天然地基上的基础是直接靠基底土来承担荷载的,故基底土好坏对基础及墩台、上部结构的影响极大,因此,基坑开挖至设计高程后,要按地质情况和设计要求采取相应的处理措施。地基处理的范围至少应宽出基础之外0.5m。基底处理方法根据地基土的种类、强度和密度、现场情况而异,一般方法如下:

(1)细粒土及特殊土地基

属细粒土或特殊土类的饱和软弱黏土层、粉砂土层及湿陷性黄土,膨胀土和黏土及季节性冻土,强度低,稳定性差,处理时应视该类土的处治深度、含水率等情况,按基底的要求采取固结换填等方法处理,以满足设计要求。

(2)粗粒土及巨粒土地基

对于强度和稳定性满足设计要求的粗粒土及巨粒土地基,应将其承重面平整夯实,其范围应满足基础的要求。基底有水不能彻底排干时,应将水引至排水沟,然后在其上修筑基础。

(3)岩层基底

若基底位于风化岩层上,则应按基础尺寸凿除已风化的表面岩层,直至满足地基承载力要求或其他方面的要求为止;在砌筑基础圬工的同时将基坑底填满,封闭。并应在挖至设计高程并满足地基承载力要求后尽快进行封闭,以防止其继续风化。对于一般性能良好的未风化岩石地基应将岩面上的松碎石块、淤泥、苔藓等清除后洗净岩面,并凿出新鲜岩面;对于坚硬的倾斜岩层,应将岩层面凿平,若倾斜度较大、无法凿平时,还应将岩面凿成多级台阶,台阶的宽度宜不小于0.3m。

(4)多年冻土地基

在多年冻土层(即永冻土)上修筑基础的基底时,基础不应置于季节性冻融土层上,且不得直接与冻土接触。基底之上应设置隔温层或保温层材料,且铺筑宽度应在基础外缘加宽1m,隔温层一般为10~30cm粗砂或10cm的素混凝土垫层。施工时,明水应在距坑顶10m之外修排水沟。水沟之水应引于远离坑顶宣泄并及时排除融化水。按保持冻结的原则设计的明挖基础,其多年平均地温等于或高于-3℃时,应于冬季施工;多年平均地温低于-3℃时,可在其他季节施工,但应避开高温季节,并应按下列规定处理:

①严禁地表水流入基坑。

②及时排除季节冻层内的地下水和冻土本身的融化水。

③必须设遮阳棚和防雨棚。

④施工前做好充分准备,组织快速施工。做好的基础应立即回填封闭,不宜间歇;必须间歇时,应以草袋、棉絮等加以覆盖,防止热量侵入。

(5)溶洞地基

对于影响基底稳定的溶洞,不得堵塞溶洞水路;而干溶洞可用砂砾石、碎石、干砌和浆砌片石及灰土等回填密实;当基底干溶洞较大,回填处理有困难时,可采用桩基处理,也可用钢筋混凝土盖板或梁跨越;桩基设计应履行设计变更手续,并应由设计单位进行设计。

(6)泉眼地基

处理泉眼地基,可将有螺口的钢管紧紧打入泉眼,盖上螺母并拧紧,阻止泉水流出;或向泉眼内压注速凝的水泥砂浆,再打入木塞堵眼。当堵眼有困难时,可采用管子塞入泉眼,将水引流至集水坑排出或在基底下设盲沟引流至集水坑排出,待基础圬工完成后,向盲沟压注水泥浆堵塞。采用此方法时,应注意防止砂土流失,引起基底沉陷;不应由于泉眼而使基底饱水。

3. 地基加固

《公路桥涵施工技术规范》(JTG/T 3650—2020)删去了地基加固的内容,但因桥头部分有时会用到,现简要介绍如下。我国地域辽阔,自然地理环境不同,土质强度、压缩性和透水性等性质有很大的差异。其中,有不少是软弱土或不良土,诸如淤泥和淤泥质土、湿陷性黄土、膨胀土、季节性冻土以及土洞、溶洞等。当桥涵位置处于这类土层上时,除可采用桩基、沉井或深基础外,也可视具体情况不同采用相应的地基加固措施,以提高其承载能力,然后在其上修筑扩大基础,以求获得缩短工期、节省投资的效果。近年来国内外地基处理的技术迅速发展,处理的方法越来越多,老方法不断改进,新方法陆续涌现,目前国内外地基处理方法多至百种以上。对于一般软弱地基层加固处理方法可归纳为四种类型,即:

(1)换填土法:将基础下软弱土层全部或部分挖除,换填力学物理性质较好的土。

(2)挤密土法:用重锤夯实或采用砂桩、石灰桩、砂井、塑料排水板等方法,使软弱土层挤压密实或排水固结。

(3)胶结土法:用化学浆液灌入或粉体喷射搅拌等方法,使土颗粒胶结硬化,改善土的性质。

(4)土工聚合物法:用土工膜、土工织物、土工格栅与土工合成物等加筋土体,以限制土体的侧向变形,增加土周压力,有效提高地基承载力。

实际工程中必须根据上部结构对地基的要求,针对不同地基土的特性,有的放矢、因地制宜地选择加固方法。以最经济的手段达到预期的加固效果。

4.2.6 基础施工

扩大基础的种类有浆砌片石、浆砌块石、片石混凝土、钢筋混凝土基础等几种,各自施工方法分别介绍如下。

1. 浆砌块(片)石基础

一般要求砌块在使用前必须浇水湿润,将表面的泥土、水锈清洗干净。砌第一层砌块时,如基底为岩层或混凝土基础,应先将基底表面清洗、湿润,再坐浆砌筑。砌筑应分层进行,各层先砌筑外圈定位行列,然后砌筑里层,外圈砌石与里层砌块交错连成一体。各砌层的砌块应安放稳固,砌块间应砂浆饱满,黏结牢固,不得直接贴靠或脱空。

片石砌体宜以2~3层砌块组成一工作层,每层的水平缝应大致找平,各层竖缝应相互错开,不得贯通。外圈定位行列和转角石,应选择形状较为方正及尺寸较大的片石,并长短相间地与里层砌块咬接,砌缝宽度一般不应大于4cm。较大的砌块应放在下层,石块的尖锐突出部分应敲除。竖缝放宽时,在砂浆中塞以小石块填实。

块石砌筑时每层石料高度应大致一律,外圈定位行列和镶面石块,应丁顺相间或二顺一丁排列,砌缝宽度不大于3cm,上下层竖缝错开距离不小于8cm。

2. 加石混凝土和片石混凝土基础

混凝土中填放石块时,应符合以下规定:

(1)填放石块的数量不宜超过混凝土结构体积的25%;当设计为片石混凝土砌体时,石块可增加为50%~60%。

(2)应选用无裂纹、夹层且未被锻炼过的、高度<15cm、具有抗冻性能的石块。

(3)石块的抗压强度应不小于25MPa及混凝土强度等级。

(4)石块应清洗干净,应在捣实的混凝土中埋入一半以上;石块应分布均匀,净距不小于10cm,距结构侧面和顶面净距不小于15cm;对于片石混凝土,石块净距可以不小于4~6cm,石块不得挨靠钢筋或预埋体。

3. 钢筋混凝土基础

旱地浇筑钢筋混凝土基础,应在对基底及基坑验收完成后,尽快绑扎、放置钢筋;在底部放置混凝土垫块,保证钢筋的混凝土净保护层厚度,同时安放墩柱或台身钢筋的预埋部分,保证其定位准确;对全部钢筋进行检查验收,保证其根数、直径、间距、位置满足设计文件和技术规范要求时,即可浇筑混凝土。拌制好的混凝土运输至现场后,若高差不大,可直接倒入基坑内;若倾卸高度过大,为防止发生离析,应设置串筒或滑槽,槽内焊上减速钢梳,保证混凝土均匀运入基坑,用插入式振捣棒振捣密实。浇筑应分层进行,但应连续施工,在下层混凝土开始凝结之前,应将上层混凝土灌注捣实完毕。基础全部筑完凝结后,要立即覆盖草袋、麻袋、稻草或砂子,并经洒水养生。养生时间一般普通硅酸盐水泥混凝土为7d以上,矿渣水泥、火山灰质水泥或掺用塑化剂的混凝土应为14d以上。

水中混凝土基础在基坑排水的情况下施工方法与旱地基础相同,只是在混凝土凝固后即可停止排水,也不需再进行专门的养生工作;若渗漏严重,排水困难,可采用水下灌筑混凝土的施工方法。水下灌筑分为水下封底和水下直接灌筑基础两种,前者封底后仍要排水再浇筑基础,封底只是起封闭渗水的作用,其混凝土只作为地基而不作为基础本身,适用于板桩围堰开挖的基坑。

浇筑基础时,应做好与台身、墩身的接缝连接,一般要求如下:

(1)混凝土基础与混凝土墩(台)身的接缝,周边应预埋直径不小于16mm的钢筋或其他铁件,埋入与露出的长度不应小于钢筋直径的30倍,间距不大于钢筋直径的20倍。

(2)混凝土或浆砌片石基础与浆砌片石墩(台)身的接缝,应预埋片石作榫。片石的厚度不应小于15cm,其强度要求不低于基础或墩(台)身混凝土或砌体的强度。施工后的基础平面尺寸,其前后、左右边缘与设计尺寸的容许误差不大于±50mm。

4.3 沉入桩基础施工

当墩(台)所处位置的覆盖层很厚,适于承载的地基很深,或同时水深也较大时,往往需要采用深基础。桩基础就是一种常用的深基础。

桩基础由若干根桩和承台两部分组成,桩在平面排列上可为一排或多排,所有桩的顶部由承台连成一个整体。在承台上再修筑桥墩或桥台及上部结构,如图4.3.1所示。桩身可全部或部分埋入地基土中,当桩身外露在地面上较高时,在桩之间应加横系梁以加强各桩的横向联系。

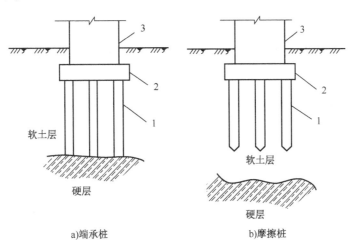

图4.3.1 桩基础一般构造
1-桩;2-承台;3-上部结构

我国桥梁桩基础大多采用钢筋混凝土桩、预应力混凝土桩和钢桩,混凝土强度等级一般为C20~C40。混凝土桩的截面形式有圆形、环形、方形、六角形等,钢桩的截面形式有圆形、H形等。在桩轴方向,也分竖直桩和斜桩。斜桩通常用于拱桥墩台基础。

随着桥梁建设的发展和工程技术的进步,在桥梁实践中已形成了各种形式的桩基础,它们在自身构造和桩侧土相互作用性能上都具有各自的特点,应依据地质条件、设计荷载、施工设备、工期限制及对附近建筑物产生的影响等来选择桩基的施工方法。

4.3.1 沉入桩基础概述

沉入桩是通过汽锤(或柴油锤)或振动打桩机等方法将各种预先制好的桩(主要是钢筋混凝土实心桩或空心管桩、预应力混凝土管桩,也有木桩或钢桩)沉入或打入地基中所需深度。这种施工方法适用于桩径较小(一般直径在0.6~1.5m),地基土质为砂性土、塑性土、粉土、细砂以及松散的不含大卵石或漂石的碎卵石类土的情况。

目前,所使用的预制桩(包括普通的和预应力的)均已形成一定规格。实心方桩尺寸一般有 30cm×30cm、30cm×35cm、35cm×35cm、35cm×40cm、40cm×40cm 等规格,桩长为 10~24m。管桩一般由工厂以离心成型法制成,目前成品规格为:管桩外径 40cm、55cm 两种,分为上、中、下三节,管壁厚度为 8~10cm。近年来发展的高强预应力混凝土离心管桩(PHC)已在工程上广泛应用,上海市延安东路高架道路与外环快速干道等工程均有采用。PHC 离心管桩系工厂化生产,制桩标准化程度高,具有混凝土强度高(C80)、施工可贯入性好、穿透力强、耐性好及吨位承载造价低等特点,且桩型、桩长可根据用户要求及施工情况灵活选配和拼接。同时 PHC 管桩的桩尖可按场地土质类型选用开口式或闭口式,其中开口式可减少打桩过程中外排土量,从而减轻对周围建筑物和地下管道、管线等的挤压效应。

4.3.2 沉入桩制作

制作钢筋混凝土桩和预应力混凝土桩所用技术应按现行《公路桥涵施工技术规范》(JTG/T 3650)办理。此外,还应注意以下事项:

(1)钢筋混凝土桩内的纵向主钢筋如需接头时,应采用对焊接头。
(2)螺旋筋或箍筋必须箍紧主筋,与主筋交接处应用点焊焊接或用铁丝扎结牢固。
(3)预应力混凝土的纵向主筋采用冷拉钢筋且需焊接时,应在冷拉前采用闪光接触对焊焊接。
(4)桩长用法兰盘连接时,法兰盘应对准位置焊接在钢筋或预应力钢筋上;对先张法预应力混凝土桩,法兰盘应先焊接在预应力筋上,然后进行张拉。法兰盘应保证焊接质量。
(5)混凝土应连续灌注,不得中断,不得留施工缝。
(6)桩的钢筋骨架(包括预应力钢筋骨架)允许偏差应符合表4.3.1的规定。

桩的钢筋骨架允许偏差 表4.3.1

项　　目	允许偏差(mm)	项　　目	允许偏差(mm)
纵向钢筋间距	±5	桩顶钢筋网片位置	±5
螺旋筋或箍筋间距	0,-20	纵向钢筋底尖端位置	±5
纵向钢筋与模板净距	±5		

(7)预制混凝土桩的粗集料宜采用碎石。
(8)桩的混凝土浇筑完毕后,应在桩上标明编号、浇筑日期和吊点位置,并填写制桩记录。

预制桩的混凝土强度应满足设计要求,其制作除应符合表4.3.2的允许偏差外,还应符合下列要求:

(1)钢筋混凝土桩的横向收缩裂缝宽度不得超过0.2mm,深度不得超过20mm;裂缝长度不得超过1/2桩宽。
(2)预应力混凝土桩桩身不得有裂缝。
(3)桩表面应无蜂窝、麻面,若因特殊情况出现表面蜂窝,蜂窝深度不得超过5mm,每面蜂窝面积不得超过该面总面积的0.5%。

(4) 有棱角的桩,棱角碰损深度应在 5mm 以内且每 10m 长的边棱角上只有一处破损,在一根桩上边棱破损总长度不得大于 500mm。

(5) 预制桩出场前应进行检验,出场时应具备出场合格检验记录。

预制钢筋混凝土桩和预应力混凝土桩的允许偏差　　表 4.3.2

项　目		允　许　偏　差
混凝土强度		符合设计要求
长度(mm)		±50
横截面	横截面边长(mm)	±5
	空心桩空心(管心)直径(mm)	±5
	空心(管心或管桩)中心对桩中心(mm)	±5
桩尖对桩纵轴线(mm)		±10
桩轴线的弯曲矢高(mm)		桩长的 0.1% 且≤20
桩顶面与桩纵轴线的倾斜偏差(mm)		1% 桩径或边长,且不大于 3
接桩的接头平面与桩轴平面垂直度		0.5%

4.3.3 沉桩设备

沉入桩的施工方法主要有:锤击沉桩、振动沉桩、射水沉桩以及静力压桩等。不同施工方法所使用的沉桩设备也相异,需根据实际施工条件和现场情况选用。常用的沉桩设备及其适用范围如表 4.3.3 所示。

常用沉桩设备适用范围及优缺点　　表 4.3.3

序号	沉桩设备	适　用　范　围	优　缺　点
1	坠锤	适宜于打木桩及断面较小的混凝土桩;在一般黏性土含有少量砾石的砂类土中均可使用	设备简单,使用方便,能调整落距,冲击力可大可小,但速度慢,速率较低
2	单动气锤	适宜于打各种桩	气锤冲程短,不易损坏桩头,起落锤速度快,效率较高
3	双动气锤	适宜于打各种桩;可用于打斜桩;使用压缩空气时可水下打桩	冲击次数多,冲击力大,工作效率高,可不用桩架打桩,但设备笨重,移动不方便
4	柴油机桩锤	适宜于打各种桩及钢板桩;不宜在过软或过硬土中打桩	附有桩架、动力设备,机架轻,移动方便,燃料消耗少,沉桩效率高
5	振动沉桩机锤	适宜于打各种桩;不宜用于打斜桩及有接头的木桩;宜用于松散沙土、亚黏土、黄土和软土,对密实黏性土、风化岩、砾石效果差	沉桩速度快,施工操作简易安全,能辅助拔桩
6	静力压桩机	适用于不能有噪声和振动影响邻近建筑物的软土地区;桩的断面宜≤40cm×40cm 或管桩直径小于 45cm	无噪声、无振动、桩配筋简单,短桩可接,便于运输。只适用于松软地基,需要塔架设备;运输安装不便

续上表

序号	沉桩设备	适用范围	优 缺 点
7	射水沉桩设备	适用于砾土、砂砾或其他坚硬的地基;大断面的混凝土桩及空心管桩配合射水可加快下沉;不宜用于大卵石及坚硬的黏土层或厚度超过50cm的泥炭层;不宜用于承受水平推力及上拔的锚固桩或离建筑物较近的桩	配合锤击沉桩,可加快进度,效率高。桩不宜打坏,不易于沉斜桩。设备较多只能配合锤击或振动沉桩,不能单用射水沉桩

锤击沉桩的主要设备有桩锤、桩架及动力装置三部分;射水沉桩的设备包括水泵、水源、输水管路和射水管等;射水管的布置如图4.3.2所示。射水管内射水的长度应为桩长(L_1)、射水嘴伸出桩尖外的长度(L_2)和射水管高出桩顶以上高度(L_3)之和,即 $L = L_1 + L_2 + L_3$。

在设备组成中,重要的辅助设备主要是桩架、桩帽及送桩等。桩架在沉桩施工中,承担吊锤、吊桩、插桩、吊插射水管及桩在下沉过程中的导向作用等。桩架可用木料和钢料做成,分为:轨道式桩架、液压步履式桩架、悬臂履带式桩架和三点支承履带式桩架等,工程中常用的是钢制轨道式桩架(图4.3.3)。桩架的正面是导向杆,用于控制桩锤和桩身的方向;顶上装有滑轮,底盘上装有卷扬机,用于提升桩锤与桩等。其特点是可以在轨道上运行,并可在水平面内转动360°;导向杆能够伸缩、倾斜(用于打斜桩)等。以上作业均由自备的动力设备和机械装置驱动与操纵。这类桩架最大高度可达35m,最大倾斜度可达1:3。缺点是比较笨重,成本较高。

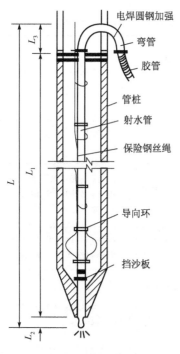

图4.3.2 射水管布置图

图4.3.3 钢制轨道式桩架

桩帽主要作用为保护桩顶承受冲击力,在沉桩时应保证锤击力作用于桩轴线而不偏心,应要求桩帽构造坚固,垫木易于拆换或整修。送桩用于当桩顶被锤击低于龙门而仍需继续沉入时,即需把桩顶送到地面下必要深度处。图4.3.4所示为桩帽及钢送桩的示意图。

a)桩帽

b)送桩

图4.3.4 桩帽与送桩

4.3.4 沉桩施工

沉桩的一般工序为:下沉试桩→冲击试验、垂直静载荷试验(或水平静载荷试验、拔桩试验)→决定桩的入土深度、沉桩方法及沉桩机具→平整场地、架立设备、制作预制桩等准备工作→桩位放样→吊桩、插桩、沉桩→规定的休止时间、观测、记录→必要时进行试验检验、矫正→截凿桩头→修筑承台。一般情况下,施工应遵循以下几个要点:

(1)沉桩前应具备工程地质钻探资料、水文资料、打桩资料;

(2)桩基础轴线的定位点应设置在不受沉桩影响处,允许偏差应在设计容许范围内;

(3)沉桩顺序一般由一端向另一端连续进行,当桩基平面尺寸较大或桩距较小时,宜由中间向两端或四周进行;如桩埋置有深浅,宜先沉深的,后沉浅的;在斜坡地带,应先沉坡顶的,后沉坡脚的;

(4)在桩的沉入过程中,应始终保持锤、桩帽和桩身在同一轴线上;

(5)贯入度应通过试桩或做沉桩试验后与监理、设计单位研究确定;

(6)施工过程中如发现地质情况与勘测报告有出入时,应根据具体情况进行补充钻探。现将主要施工方法分述如下。

1. 锤击沉桩

锤击沉桩一般适用于黏质土、砂类土。由于锤击沉桩依靠桩锤的冲击能量将桩打入土中,因此一般桩径不能太大(不大于0.6m),入土深度在40m左右,否则对沉桩设备要求较高。沉桩设备是决定桩基施工质量的关键,应根据土质、工程量、桩的种类、规格、尺寸、施工期限、现场水电供应等条件选择。冲击锤的选择,原则上是重锤低击,具体选择时可根据锤重与桩重的比值、桩锤的重机能系数等予以考虑。

沉桩前,应对桩架、桩锤、动力机械等主要设备部件进行检查;开锤前应再次检查桩锤、桩帽或送桩与桩的中轴线是否一致。锤击沉桩开始时,应严格控制各种桩锤的动能:用坠锤和单动汽锤时,提锤高度不宜超过 0.50m;用双动汽锤时,可少开气阀降低气压和进气量,以减少每分钟的锤击数。用柴油机桩锤时,可控制供油量以减少锤击能量,如桩尖已沉入到设计高程,但沉入度仍达不到要求时,应继续下沉至达到要求的沉入度为止。沉桩时,如遇到沉入度突然发生急剧变化;桩身突然发生倾斜、移位;桩不下沉,桩锤有严重的回弹现象;桩顶破碎或桩身开裂、变形,桩侧地面有严重隆起现象等时,应立即停止锤击,查明原因,采取措施后方可继续施工。沉桩过程中应注意:桩帽与桩周围应有 5 ~ 10mm 间隙,以便锤击时桩在桩帽内可做微小的自由转动,避免桩身产生超过许可的扭转应力;打桩机的导向杆应予固定,以便施打时稳定桩身;导向杆设置应保证桩锤上、下活动自由;预制桩顶面应附有适合桩帽大小的桩垫,其厚度视桩垫材料、桩长及桩尖所受抗力大小而定;桩垫破碎后应及时更换;选用的桩帽,应将锤的冲击力均匀分布于桩顶面。

从沉桩开始时起,就应严格控制桩位及竖桩的竖直度或斜桩的倾斜度;并且在沉桩过程中,不得采用顶拉桩头或桩身办法来纠偏,以防桩身开裂并增加桩身附加弯矩。锤击沉桩的控制,应符合下列规定:

(1)设计桩尖土层为一般黏性土时,应以高程控制。桩沉入后,桩顶高程的允许偏差为 +100mm。

(2)设计桩尖土层为砾石、密实砂土或风化岩时,应以贯入度控制。当沉桩贯入度已达到控制贯入度,而桩端未到达设计高程时,应继续锤入 100mm 左右或锤击 30 ~ 50 击,其平均贯入度应不大于控制贯入度,且桩端距设计高程宜不超过 1 ~ 3m(硬土层顶面高程相差不大时取小值)。超过上述规定时,应会同监理和设计单位研究处理。

(3)设计桩尖土层为硬塑状黏性土或粉细砂时,应以高程控制为主,贯入度作为校核。当桩尖已达到设计高程而贯入度仍较大时,应继续锤击使其贯入度接近控制贯入度,但继续下沉时,应考虑施工水位的影响;当桩尖距离设计高程较大,而贯入度小于控制贯入度时,可按上述第(2)项处理。

(4)在同一桩基中,各桩的最终贯入度应大致接近,而沉入深度不宜相差过大,避免基础产生不均匀沉降。如因土质变化太大,致使各桩贯入度或沉桩深度相差过大时,应报有关部门研究,另行制定停锤标准。对于特殊设计的桩,桩尖设计高程有高低时(如拱桥的桥台桩等),应按设计要求处理。

2. 射水沉桩

射水施工方法的选择,应视土质情况而异,在砂夹卵石层或坚硬土层中,一般以射水为主,锤击或振动为辅;在亚黏土或黏土中,为避免降低承载力,一般以锤击或振动为主,以射水为辅,并应适当控制射水时间和水量;下沉空心桩,一般用单管内射水。当下沉较深或土层较密实时,可用锤击或振动,配合射水;下沉实心桩,将射水管对称地装在桩的两侧,并能沿着桩身上下自由移动,以便在任何高度上射水冲土。必须注意,不论采取任何射水施工方法,为保证桩的承载力,当桩端沉至距设计高程为 1.5 倍桩径或边长(桩径或边长≤600mm)或 1.0 倍桩径或边长(桩径或边长>600mm)时,应停止冲水,将水压减至 0 ~ 0.1MPa,并改用锤击。当缺乏资料时,距设计高程不得小于 2m。对湿陷性黄土地层,除设计有特殊规定外,不宜采用射水沉桩。预制钢筋混凝土桩或预应力混凝土桩以射水配合沉桩时,宜用较低落距锤击,避免因射水后,桩尖支承力不足,桩身产生超过允许的拉应力。水冲锤击沉桩,应根据土质情况随时调节冲水压力,控制沉桩速度。用水冲锤击沉桩后,应及时与邻桩或固定结构夹紧,防止倾斜位移。

沉桩设备如射水管的布置,具体需根据实际施工需要的水压与流量而定;水压与流量关系到地质条件,对于选用的桩锤或振动机具、沉桩深度和射水管直径、数目等因素,较完善的方法是在沉桩施工前经过试桩后予以选定。

吊插基桩时要注意及时引送输水胶管,防止拉断与脱落。基桩插正立稳后,压上桩帽桩锤,开始用较小水压,使桩靠自重下沉。初期应控制桩身不使下沉过快,以免阻塞射水管嘴,并注意随时控制和校正桩的方向;下沉渐趋缓慢时,可开锤轻击,沉至一定深度(8~10m)已能保持桩身稳定后,可逐步加大水压和锤的冲击动能;沉桩至距设计高程一定距离停止射水,拔出射水管,进行锤击或振动使桩下沉至设计高程。

若采用中心射水法沉桩,要在桩垫和桩帽上留有排水通道,防止射水从桩尖孔返入桩内,产生水压,造成桩身胀裂。管桩下沉到位后,如设计要求以混凝土填芯时,应用吸泥等方法清除沉渣以后,用水下混凝土填芯。

3. 振动沉桩

振动沉桩适用于砂类土、黏质土和中密及较松的砾类土。对于软塑类黏土及饱和砂质土,当基桩入土深度<15m时,可只用振动沉桩机。除此情况外,宜采用射水配合沉桩。振动沉桩在选锤或换锤时,应验算振动上拔力对桩身结构的影响。同时振动沉桩机、机座、桩帽应连接牢固,与桩的中心轴线应保持在同一直线上。每一根桩的沉桩作业,宜一次完成,不可中途停顿过久,避免土的阻力恢复,使继续下沉困难。

振动沉桩时,应以设计规定的或通过试桩验证的桩尖高程控制为主,以最终贯入度(mm/min)作为校核。当桩尖已达到设计高程,而与最终的贯入度相差较大时,应查明原因,会同监理和设计单位研究处理。

4. 静力压桩

静力压桩系采用静压力将桩压入土中,即以压桩机的自重克服沉桩过程中的阻力,适用于黏质土层,但不宜用于坚硬状态的黏质土和中密以上的砂类土。沉桩速度视土质状况而异。同一地区、相同截面尺寸与沉入深度的桩,其极限承载能力与锤击沉桩大体相同。

静力压桩的准备工作包括:根据地质钻探、静力触探或试桩资料估算压桩阻力;选用压桩设备,但应注意使设计承载力大于压桩阻力的40%;压桩施工用辅助设备及测量仪器的检查校定等。压桩作业开始后,应尽可能连续施工,减少停顿次数和时间,以免产生过大的启动阻力。桩尖接近设计高程时,应严格控制压桩进程。当遇到插桩初压时,桩尖即有较大走位和倾斜,或沉桩过程中桩身倾斜或下沉速度加快,以及压桩阻力突然剧增或压桩设备倾斜等情况时,应暂停施工,分析原因,及时处理。

5. 沉桩质量标准

预制混凝土桩(钢桩)的沉桩施工质量应符合表4.3.4的规定。

沉桩施工质量标准　　　　表4.3.4

检查项目			允许偏差
桩位(mm)	群桩	中间桩	$d/2$,且不大于250
		外缘桩	$d/4$
	单排桩	顺桥方向	40
		垂直桥轴方向	50
倾斜度		直桩	1%
		斜桩	$\pm 0.15\tan\theta$

注:1. d 为桩的直径或短边长度。
　　2. θ 为斜桩轴线与垂线间的夹角。
　　3. 深水中采用打桩船沉桩时,其允许偏差应符合设计文件或现行《码头结构施工规范》(JTS 215)的规定。

4.3.5　试桩试验

除多年冻土、湿陷性黄土等地层以外,施工阶段检验性的试桩试验均应按照现行《公路桥涵施工技术规范》(JTG/T 3650)的相关办法执行,其内容包括工艺试验、冲击试验及静压、静拔和静推等静载试验、动力试验等。除一般的中、小桥沉桩工程有可靠的依据和实践经验可不进行试桩外,其他沉桩工程在施工前,应先沉试桩,以确定沉桩工艺、技术参数和检验桩的承载力。

试桩的位置应符合设计要求,设计未规定时,宜选择在有代表性地质的地方,并尽量靠近地质钻孔或静力触探孔,其间距一般宜为1～5m。试桩的桩径、桩长和测试内容应符合设计要求,试桩数量应按照施工合同及规范规定确定。

试桩前应进行下列准备工作:试桩的桩顶如有破损或强度不足时,应将破损和强度不足段凿除后,修补平整;做静推试验的桩,如系空心桩,则应在直接受力部位填充混凝土;做静压、静拔的试桩,当在原地面处施加荷载时,对承台底面以上部分或局部冲刷线以上部分设计不能考虑的摩擦力应予扣除;做静压、静拔的试桩,对桩身需通过尚未固结新近沉积的土层或湿陷性黄土、软土等土层对桩侧产生向上的负摩擦力部分,应在桩表面涂设涂层,或采用设置套管等方法予以消除;在冰冻季节试桩时,应将桩周围的冻土全部融化,其融化范围:静压、静拔试验时,离试桩周围应不小于1m;静推试验时,应不小于2m。融化状态应保持到试验结束。在结冰的水域做试验时,桩与冰层间应保持不小于100mm的间隙。

1. 工艺试验和冲击试验

(1)施工阶段的工艺试验和冲击试验的主要目的

选择合理的施工方法和机具设备;检验桩沉入土中的深度能否达到设计要求;选定锤击沉桩时的锤垫、桩垫及其参数;利用静压试验等方法,验证选用的动力公式在该地质条件下的准确程度;选定射水设备及射水参数(水量、水压等);确定沉桩时有无"假极限"或"吸入"现象,并确定是否需要复打以及决定复打前的"休止"天数;确定施工工艺和停止沉桩的控制标准。

(2)试验方法及要点

进行冲击试验,采用柴油锤、振动锤沉桩时,应记录桩身每下沉1.0m的锤击(或振动)时间和全桩的总锤击(或总振动)时间。当桩沉至接近设计高程附近(约1.0m)时,采用柴油锤、振动锤沉桩的,应记录每100mm的锤击(或振动)时间,算出最后100mm每分钟平均值(以mm/min计),作为停锤贯入度。沉桩时应采用能达到最后贯入度相同的功能(采用柴油锤时,应使落锤高度相同;采用振动锤时,应使其各项技术条件相同)和相同的设备(包括桩锤规格、桩帽、锤垫、桩垫等)进行锤击或振动。采用柴油锤、振动锤沉桩时,应取其最后100mm的锤击、振动时间的每分钟平均贯入度作为最终贯入度。贯入度的单位分别为mm/击、mm/min。

冲击试验的复打应经过"休止"后进行,"休止"时间宜按土质不同而异,由试验确定。一般情况下,当桩穿过砂类土,或桩尖位于大块碎石土、紧密的砂类土或坚硬的黏质土上时,宜不少于1d;在粗砂、中砂和细砂中时,宜不少于3d;在黏质土和饱和的粉质土中时,宜不少于6d;冲击试验应填写试验记录。

2. 单桩承载力试验

特大桥和地质复杂的大、中桥,应采用静压试验方法确定单桩容许承载力。一般大、中桥的试桩,可采用静载试验法(分为静压、静拔、静推试验)。在条件适宜时,亦可采用可靠的动力检测法或静力触探法。锤击沉入的中、小桥试桩,在缺乏上述试验条件时,可结合具体情况,选用适当的动力公式计算单桩容许承载力。确定的单桩容许承载力如不能满足设计要求时,应报有关部门研究处理。

(1)静压试验

静压试验通常用来确定单桩承载力和荷载与位移的关系,以及校核动力公式的准确程度。一般采用慢速维持荷载法,若设计无特殊要求时,可采用单循环加载试验。静压试验应在冲击试验后立即进行,对于钻(挖)孔灌注桩,须待混凝土达到能承受设计要求荷载后,才可进行试验。

加载仪器一般采用油压千斤顶。千斤顶的反力装置可根据现场的实际条件选用下列三种形式之一:

①锚桩承载梁反力装置:锚桩承载梁反力装置能提供的反力,应不小于预估最大试验荷载的1.3~1.5倍。锚桩宜采用4根,如入土较浅或土质松软时可增至6根。锚桩与试桩的中心间距,当试桩直径(或边长)≤800mm时,可为试桩直径(或边长)的5倍;当试桩直径(或边长)>800mm时,上述距离不得小于4m。

②压重平台反力装置:利用平台上压重作为对桩静压试验的反力装置。压重不得小于预估最大试验荷载的1.3倍,压重应在试验开始前一次加上。试桩中心至压重平台支承边缘的距离与上述试桩中心至锚桩中心距离相同。

③锚桩压重联合反力装置:当试桩最大加载量超过锚桩的抗拔能力时,可在承载梁上放置或悬挂一定重物,由锚桩和重物共同承受千斤顶反力。

对于位移的测量,测量仪表必须精确,一般使用1/20mm光学仪器或力学仪表,如水平仪、挠度仪、偏移计等。支撑仪表的基准架应有足够的刚度和稳定性。基准梁的一端在其支承上应能自由移动,不受温度影响引起上拱或下挠。基准桩应埋入地基表面以下一定深度,不受气候条件等影响。基准桩中心与试桩、锚桩中心(或压重平台支承边缘)之间的距离宜符合表4.3.5的规定。

基准桩中心至试桩、锚桩中心(或压重平台支撑边)的距离　　　表4.3.5

反力系统	基准桩与试桩距离	基准桩与锚桩(或压重平台支撑边)距离
锚桩承载梁反力装置	≥4d	≥4d
压重平台反力装置	≥2.0m	≥2.0m

注：表中为试桩的直径或边长 d≤800mm 的情况；若试桩直径或边长 d>800mm，基准桩中心至试桩中心(或压重平台支承边)的距离不宜小于4.0m。

加载要点：加载重心应与试桩轴线相一致。加载时应分级进行，使荷载传递均匀，无冲击。加载过程中，不应使荷载超过每级的规定值。加载分级时，每级加载量为预估最大荷载的1/10~1/15。当桩的下端埋入巨粒土、粗粒土以及坚硬的黏质土中时，第一级可按2倍的分级荷载加载。对施工检验性试验，预估最大荷载一般可采用设计荷载的2.0倍。下沉未达稳定时不得进行下一级加载。每级加载完毕后，每隔15min观测一次，累计1h后，每隔30min观测一次；当桩端下为巨粒土、砂类土、坚硬黏质土，最后30min内下沉量不大于0.1mm时，或者桩端下为半坚硬和细粒土，最后1h内下沉量不大于0.1mm时，即可认为稳定。

通常，加载终止及极限荷载取值是有如下规定：总位移量大于或等于0.05D(D为桩的直径)，本级荷载的下沉量大于或等于前一级荷载的下沉量的5倍时，加载即可终止，取此终止时荷载小一级的荷载为极限荷载；总位移量大于或等于0.05D，本级荷载加上后24h未达稳定，加载即可终止，取此终止时荷载小一级的荷载为极限荷载；巨粒土、密实砂类土以及坚硬的黏质土中，总下沉量小于0.05D，但荷载已大于或等于设计荷载乘以设计规定的安全系数，加载即可终止，取此时的荷载为极限荷载。施工过程中的检验性试验，一般加载应继续到桩的2倍的设计荷载为止。如果桩的总沉降量不超过0.05D，且最后一级加载引起的沉降不超过前一级加载引起的沉降的5倍，则该桩可以予以检验。极限荷载的确定困难时，应绘制荷载-沉降曲线(P-s曲线)、沉降-时间曲线(s-t曲线)，必要时还应绘制 s-lg$t$ 曲线、s-lg$P$ 曲线(单对数法)、s-$[1-P/P_{max}]$曲线(百分率法)等综合比较，确定比较合理的极限荷载取值。

采用静压试验得到的极限荷载除以设计规定的安全系数后，即作为单桩容许承载力。若结构上要求限制桩顶沉降值的基桩，可在静压试验曲线中，按设计要求的允许沉降值(应适当考虑长期荷载效应)取其对应的荷载作为单桩抗压容许承载力。另外，可采用可靠的动测法，检测单桩的抗压容许承载力；或根据锤击沉桩的贯入度，选用适当的动力公式计算单桩抗压容许承载力。

(2)静拔试验

静拔试验是在个别桩基中设计承受拉力时，用以确定单桩抗拔容许承载力。一般可在复打规定的"休止"时间以后进行。对于钻(挖)孔灌注桩，须待灌注的混凝土强度达到设计要求的强度后才可进行。静拔试验也可在静压试验后进行。

加载装置可采用油压千斤顶，其反力装置宜由两根锚桩和承载梁组成，试桩和承载梁用拉杆连接，将千斤顶置于两根锚桩之上，顶推承载梁，引起试桩上拔。试桩与锚桩间中心距离可按静压试验中相同确定。加载一般采用慢速维持荷载法进行。施加的静拔力必须作用于桩的中轴线。加载应均匀、无冲击。每级加载量不大于预计最大荷载的1/10~1/15。

位移观测同静压试验。当位移量≤0.1mm/h时，即可认为稳定。勘测设计阶段，总位移量≥25mm,加载即可终止;施工阶段,加载不应大于设计容许抗拔荷载。所有试验观测数据应按规范及时填写记录,并绘制与静压试验同类的曲线。

(3)静推试验

静推试验主要是确定桩的水平承载力、桩侧地基土水平抗力系数的比例系数。试验方法:对于承受反复水平荷载的基桩,采用多循环加卸载方法;对于承受长期水平荷载的基桩,采用单循环加卸载方法。

加载装置一般采用两根单桩通过千斤顶相互顶推加载;或在两根锚桩间平放一根横梁,用千斤顶向试桩加载;有条件时可利用墩台或专设反力座以千斤顶向试桩加载。在千斤顶与试桩接触处宜安设一球形铰座,保证千斤顶作用力能水平通过桩身轴线。加载反力结构的承载能力应为预估最大试验荷载的1.3~1.5倍,其作用方向的刚度不应小于试桩。反力结构与试桩之间净距按设计要求确定。固定百分表的基准桩宜设在桩侧面靠位移的反方向,与试桩净距不小于试桩直径的1倍。

①多循环加卸载试验法。加载分级可按预计最大试验荷载的1/10~1/15,一般可采用5~10kN,过软的土可采用2kN级差。各级荷载施加后,恒载4min测读水平位移,然后卸载至零,2min后测读残余水平位移,至此完成一个加载循序,如此循环5次,便完成一级荷载的试验观测。加载时间应尽量缩短,测量位移间隔时间应严格准确,试验不得中途停歇。当桩顶水平位移超过20~30mm(软土取40mm)或桩身已经断裂或桩侧地表明显裂纹或隆起时,即可终止加载。最后,由试验记录绘制水平荷载-时间-桩顶位移关系曲线(H-t-x曲线)、水平荷载-位移梯度关系曲线(H-$\Delta X/\Delta H$曲线)等,并按照规范规定确定出临界荷载、极限荷载及水平抗推容许承载力。

②单循环加卸载试验法。加载分级与多循环加卸载试验方法相同;加载后测读位移量与静压试验测读的方法相同;如位移量≤0.05mm/h即可认为稳定。勘测设计阶段的试验,水平力作用点处位移量≥50mm,加载即可终止;施工检验性试验,加载不应超过设计的容许荷载。

所有试验观测数据应填写记录,并绘制同静压试验相类似的曲线图,将水平位移量改为横坐标,荷载改为纵坐标。

施工中如对基桩桩身质量或承载力产生疑问时,可选用可靠的无破损检验方法或按规范规定的方法进行检验。

4.3.6 深水基桩施工

在河流水浅时,一般可搭设施工便桥、便道、土岛和各种类型脚手架组成的工作平台,其上安置桩架并进行水中沉桩作业。

在较宽阔的河中,可将桩安设在组合的浮体上或固定平台,亦可使用专用打桩船。此外还可采用如下方法:

(1)先筑围堰后沉基桩法:一般在水不深,桩基临近河岸时采用此法。

(2)先沉基桩后筑围堰法:一般适用于较深的水中桩基。此法包括拼装导向围笼并浮运至墩位,抛锚定位,围笼下沉接高,在围笼内插打定位桩,下沉其余基桩,插打钢板桩,组成防水围堰,以及其后的吸泥、水下混凝土封底等工序。

(3)用套箱围堰修筑水中桩基法:一般适用于修筑深水中的高桩承台。悬吊在水中的套箱,沉桩时用作导向定位,沉桩完后封底抽水,浇筑水中混凝土承台。目前我国特大型、大型桥梁常采用的深水高桩承台基础,一般选取钢吊箱围堰修筑深水中的钻孔灌注桩基础的方法,此法将在下一节中予以介绍。

采用浮桩机锤击沉桩时,其自身的稳定性应经过详细计算,并应有防止浮体晃动的设施,锚的重力、数量和位置、钢丝绳的规格以及避风措施均应作出规定,并对其受力状态经常检查调整。当波浪超过二级(波峰高 0.25～0.50m),流速大于 1.5m/s 或风力超过 5级(风速 8～10.7m/s)时,均不宜沉桩;当其他船舶通过施工区,船行波影响打桩船稳定时,宜暂停沉桩。已沉好的水中桩,宜用钢制杆件把相邻桩连成一体加以防护,并设置标志,严禁在已沉好的桩上系缆等。

4.4 钻(挖)孔桩基础施工

灌注桩是采用就地成孔的方法来完成的一种深基础。其施工方法是:先用机械或人工在土中做出桩孔,然后在孔内放入钢筋笼骨架,再灌注桩身混凝土,最后在桩顶浇筑承台(或盖梁)。其中,若用钻(冲)孔机成孔,称为钻孔桩;若用人工开挖桩孔,则称为挖孔桩。灌注桩的特点是施工设备简单,操作方便,适用于各种砂性土、黏性土,也适用于碎卵石类土层和岩层。钻孔桩的直径一般为 1.0～5.0m,其长度可由几米至百米。挖孔桩的直径不宜小于 1.2m,长度不宜大于 20m,以便于人工挖土。

4.4.1 场地准备

施工场地在设备进场前要进行平整;接通水、电,铺设施工车辆进出道路;根据成孔、灌注、制作钢筋笼,堆置混凝土材料,临时存放废水废渣,存放材料工具,及搭建工地临时设施等多方面的需求进行规划布置。如果作业场地狭小,应考虑在作业场地附近寻找场地堆置混凝土材料和搭建临时设施。

施工场地的平整要根据地形、地下水位或江河湖海的水位、桩顶高程等进行。若场地为旱地,则清除地面杂物,换除软土,填平低洼,夯打密实,以免施工设备坐落在不坚实填土上而引起下陷。在水域施工时,浅水时宜采用围堰筑岛方法,修筑作业场地;深水时可搭设工作平台,或利用船只作施工平台。工作平台的高度应比最高水位高出 1.5～2.0m。

对于一些地下埋设物或地下构筑物,在施工前应认真调查是否妨碍施工。如妨碍施工,则需进一步探查了解这些地下埋设物或地下构筑物的类型、形状、几何尺寸、位置、埋设时间和所属管理单位等情况,并与设计单位协商清除或拆移。对某些无法拆移的地下管道,与设计部门协商变更桩位,以避开地下管道。对不便拆移又需要保护的重要管道,其近旁的钻孔灌注桩在施工前,要采取专门措施对管道予以保护。

地上障碍物一般为空中架设的各种电线电缆,紧贴作业场地的屋墙房檐,以及架设在场地上空的其他物体。这些障碍物影响吊车作业和钻架(塔)的安装移位,一般应予以拆移拆除。

场地平整完毕,依据设计桩位平面图及场地有关测量资料,校测场地基准线和基准点;测量桩位线,测定桩的位置、桩位地面高程。根据需要,可以适当补充测量控制点。在测定的桩位点,打入铁质标志桩,露出地面 60～100mm。水域场地桩位的测量,通常采用极坐标法或前方交会法,测量桩孔的中心位置偏差不大于±5mm。

4.4.2 施工工艺流程

因成孔方法不同和现场情况各异,施工工艺流程不会完全相同。在施工前,需要进行各项准备工作,如施工放样、成孔方法及设备确定、材料场地布置等;而最首要的任务是安排施工计划,编制具体的工艺流程图,作为安排各工序施工操作和进度的依据。现以钻孔灌注桩的施工工艺流程为例,简要介绍其一般工艺流程,如图4.4.1所示。钻孔灌注桩施工的主要工序是:埋设护筒、制备泥浆、钻孔、清底、钢筋笼制作与吊装,以及灌注水下混凝土等。挖孔桩的施工工艺除挖孔环节外,大致与钻孔桩相同。

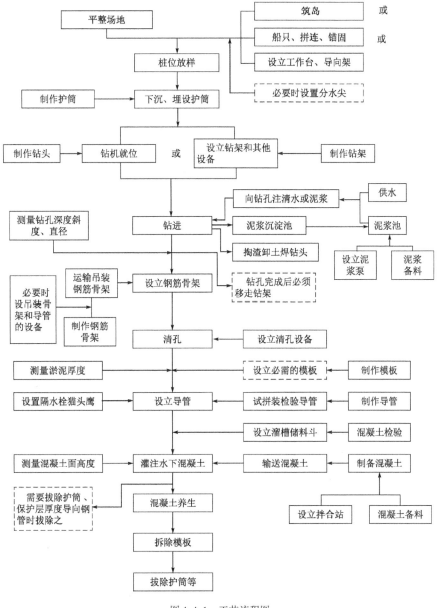

图4.4.1 工艺流程图

4.4.3 施工准备

钻孔灌注桩由于其施工速度快,质量稳定,受气候环境影响小,因而被普遍采用。但其施工工序的前期准备工作十分重要,只有条件充分才能保证施工顺利进行。

1. 护筒埋设

钻孔成败的关键是防止孔壁坍塌。当钻孔较深时,在地下水位以下的孔壁土在静水压力下会向孔内坍塌,甚至发生流砂现象。钻孔内若能保持比地下水位高的水头,增加孔内静水压力,便能稳定孔壁、防止坍孔。除此之外还有隔离地表水、保护孔口地面、固定桩孔位置和为钻头提供导向等作用。埋设的护筒可以采用钢护筒,也可以采用现场预制的钢筋混凝土护筒。在放样好的桩位处,开挖一个圆形基坑将护筒埋入。护筒应坚实,不漏水,护筒内径应比桩径稍大 200~400mm。护筒顶高程采用反循环钻时其顶部应高出地下水位 2.0m;采用正循环钻时应高出地下水位 1.0~1.5m;处于旱地时,护筒在满足上述条件的基础上还应高出地面 0.3m。护筒埋置深度应根据设计要求或桩位的水文地质情况确定,一般情况埋置深度宜为 2~4m,特殊情况应加深以保证钻孔和灌注混凝土的顺利进行。有冲刷影响的河床,还应沉入局部冲刷线以下 1.0~1.5m。

2. 泥浆制备

钻孔泥浆由水、黏土(或膨润土)和添加剂组成。按钻孔方法和地质情况,一般需采用泥浆悬浮钻渣和护壁。除地层本身全为黏性土能在钻进中形成合格泥浆外,开工前应准备数量充足和性能合格的黏土和膨润土。调制泥浆时,先将土加水浸透,然后用搅拌机或人工拌制,按不同地层情况严格控制泥浆浓度。为了回收泥浆原料和减少环境污染,应设置泥浆循环净化系统。泥浆性能指标要求,如表 4.4.1 所示。

泥浆性能指标要求表 表 4.4.1

钻孔方法	地层情况	泥浆性能指标						
		相对密度	黏度(Pa·s)	含砂率(%)	胶体率(%)	失水率(mL/30min)	泥皮厚(mm/30min)	静切力(Pa)	酸碱度(pH值)
正循环	一般地层	1.05~1.20	16~22	8~4	≥96	≤25	≤2	1.0~2.5	8~10
	易坍地层	1.20~1.45	19~28	8~4	≥96	≤15	≤2	3~5	8~10
反循环	一般地层	1.02~1.06	16~20	≤4	≥95	≤20	≤3	1~2.5	8~10
	易坍地层	1.06~1.10	18~28	≤4	≥95	≤20	≤3	1~2.5	8~10
	卵石土	1.10~1.15	20~35	≤4	≥95	≤20	≤3	1~2.5	8~10
推钻冲抓	一般地层	1.10~1.20	18~24	≤4	≥95	≤20	≤3	1~2.5	8~11
冲击	易坍地层	1.20~1.40	22~30	≤4	≥95	≤20	≤3	3~5	8~11

注:1. 地下水位高或其流速大时,指标取高限,反之取低限。
2. 地质状态较好,孔径或孔深较小的取低限,反之取高限。
3. 在不易坍塌的黏质土层中,使用推钻冲抓、反循环回转钻进时,可用清水提高水头(≥2m)以维护孔壁。
4. 若当地缺乏优良黏质土,远运膨润土亦很困难,调制不出合格泥浆时,可掺用添加剂改善泥浆性能,各种添加剂掺量可按现行《公路桥涵施工技术规范》(JTG/T 3650)选取。
5. 泥浆的各种性能指标测定方法参见现行《公路桥涵施工技术规范》(JTG/T 3650)。

直径>2.5m的大直径钻孔灌注桩对泥浆的要求较高,泥浆的选择应根据钻孔的工程地质情况、孔位、钻机性能、泥浆材料条件等确定;在地质复杂,覆盖层较厚,护筒下沉不到岩层的情况下,宜使用丙烯酰胺(即PHP)泥浆,此泥浆的特点是不分散、低固相、高黏度。

3. 钢筋笼制作

在钻孔之前或者钻孔的同时要制作好钢筋笼,以便成孔、清孔后尽快灌注混凝土,防止塌孔事故发生。钢筋笼应按图纸尺寸要求,按吊装和钢筋单根定长确定下料长度,注意主筋在50cm范围内接头数量不能超过截面主筋根数总数的50%,加强筋直径要准确;箍筋要预先调直,螺旋形布置在主筋外侧;定位筋应均匀对称地焊接在主筋外侧。下钢筋笼前应对其进行质量检查,保证钢筋根数、位置、净距、保护层厚度等满足要求。

4.4.4 成孔方法

灌注桩的成孔方法很多,各自适应于不同地层与环境条件。在桥梁工程中应用较多的是钻孔灌注桩、挖孔灌注桩两种。

1. 钻孔灌注桩成孔方法

一般采用螺旋钻头或冲击锥等机具成孔,或用旋转机具辅以高压水冲成孔。国内常用的方法是螺旋钻钻孔法、机动推钻钻孔法、正循环回转法、反循环回转法、潜水电钻法、冲抓锥法以及冲击锥法等。无论采用何种钻孔方法,对钻机扭矩功率、钻锥形式、钻杆截面、钢丝绳规格、泥浆泵泵量和泵压、真空泵真空度、吸泥泵吸量、气举法压缩空气的压力和排气量等,应按钻孔直径与深度、地层情况、工期、设备条件认真研究选择。各种钻孔机具(方法)的适用范围如表4.4.2所示,主要成孔方法详述如下。

钻孔机具参考 表4.4.2

序号	钻孔机具（方法）	适用范围			
		土层	孔径(cm)	孔深(m)	泥浆作用
1	长短螺旋钻机	地下水位以上的细粒土、砂类土、砾类土、极软岩	长螺旋钻30~80,短螺旋钻50	26~70	干作业不需泥浆
2	机动推钻（钻斗钻）	细粒土、砂类土、卵石粒径小于10cm、含量少于30%的卵石土	80~200	30~60	护壁
3	正循环回转钻机	细粒土、砂类土、卵石粒径小于2cm、含量少于20%的卵石土、软岩	80~300	40~100	悬浮钻渣并护壁
4	反循环回转钻机	细粒土、砂类土,卵石粒径小于钻杆内径2/3、含量少于20%的卵石土、软岩	80~250	泵吸<40,气举150	护壁
5	正循环潜水钻机	淤泥、细粒土、砂类土、卵石粒径小于10cm、含量少于20%的卵石土	80~200	50~80	悬浮钻渣并护壁
6	反循环潜水钻机	同反循环回转钻机	80~200	100(泵吸<气举)	护壁
7	全护筒冲抓和冲击钻机	各类土层	80~200	30~60	不需泥浆

续上表

序号	钻孔机具（方法）	适用范围			
		土层	孔径(cm)	孔深(m)	泥浆作用
8	冲抓锥	淤泥、细粒土、砂类土、砾类土、卵石土	80~200	30~50	护壁
9	冲击实心锥	各类土层	80~200	100	短程浮渣并护壁
10	冲击管锥	细粒土、砂类土、砾类土、松散卵石土	60~150	100	短程浮渣并护壁

注：1. 土的名称依照现行《公路土工试验规程》(JTG 3430)中土的工程分类的规定。
    2. 单轴极限抗压强度小于30MPa的岩石称为软岩，大于30MPa的称为硬岩，小于5MPa的称为极软岩。
    3. 正反循环回转钻机(包括潜水钻机)附着坚硬牙轮钻头时，可钻抗压强度达100MPa的硬岩。
    4. 表中所列各种钻机(方法)适用钻孔直径和孔深系指国内一般情况下的适用范围，随着钻孔钻机不断改进，扭矩功率增强，辅助设施提高，钻孔直径和孔深的范围将逐渐增大。

(1) 正循环回转法

利用钻具旋转切削土体钻进，泥浆泵将泥浆压进泥浆笼头，通过钻杆中心从钻头喷入钻孔内，泥浆挟带钻渣沿钻孔上升，从护筒顶部排浆孔排出至沉淀池，钻渣在此沉淀而泥浆流入泥浆池循环使用。该方法适用于细粒土、砂类土、卵石粒径小于2cm、含量少于20%的卵石土、软岩。其优点是钻进与排渣同时连续进行，在适用的土层中钻进速度较快。但需设置泥浆槽、沉淀池等，施工占地较多，且机具设备较复杂。

(2) 反循环回转法

在泥浆输送方面与正循环回转法正好相反，即泥浆输入钻孔内，然后从钻头的钻杆下口吸进，通过钻杆中心排出至沉淀池内。该方法适用于细粒土、砂类土、卵石粒径小于钻杆内径2/3、含量少于20%的卵石土、软岩。其钻进与排渣效率较高，但接长钻杆时装卸麻烦，钻渣容易堵塞管路。另外，因泥浆是从上向下流动，孔壁坍塌的可能性较正循环回转法的大，从而需采用较高质量的泥浆。

(3) 冲抓锥法

冲抓锥构造简单，主要由三角立架、锥头、卷扬机三部分组成。施工时，通过三角立架、滑轮组、钢丝绳、卷扬机等使得锥头落入孔内抓土，于孔外卸土。过程中不需钻杆，钻进与提锥卸土均较推钻快。由于锥瓣下落时对土层有一股冲击力，故使用的土质较广。其特点是机械简单、成本较低，但施工自动化程度低，需人工操作；清运渣土，劳动强度大，施工速度较慢。另外，该方法不能钻斜孔；钻孔深度超过20m后，其钻孔进度大为降低；当孔内遇到漂石或探头石时冲抓较困难，需改用冲击锥钻进。

(4) 冲击锥法

冲击锥法所采用的设备由冲击钻头、三角立架、卷扬机三部分组成。其工作原理是：用卷扬机、钢丝绳通过三角立架上的滑轮将锥头提起，然后放开卷扬机，使锥头自然下落，锥头的冲击作用将砂砾石或岩石砸成碎末、细渣，靠泥浆将其悬浮起来排出孔外。该方法适用于各类土层。其特点是可24小时连续作业，施工效率较高；在冲击锥下冲时有些钻渣被挤入孔壁，起到加强孔壁并增加土层与桩间侧摩阻力的作用，但不能钻斜孔；钻普通土层时，进度比其他方法都慢；钻大直径孔时，需采取先钻小孔逐步扩孔的办法，即分级扩孔法。

2. 挖孔灌注桩成孔方法

挖孔灌注桩多用人工开挖和小型爆破,配合小型机具成孔,然后灌注混凝土形成桩基。它适用于无地下水或少量地下水,且较密实的土层或风化岩层。其优点是设备投入少,成本低,成孔后可直观检查孔内土质状况,基桩质量有可靠保证;缺点是施工速度较慢。若孔内产生的空气污染物超过《环境空气质量标准》(GB 3095—2012)规定的三级标准浓度限值时,必须采取通风措施,方可采用人工挖孔施工。

挖孔施工应根据地质和水文地质情况选择孔壁支护方案,并应经过计算,确保施工安全并满足设计要求。孔壁支护一般可选用木框架、竹篱、柳条、荆笆、现浇混凝土井圈,也可采用喷射混凝土护壁。挖孔直径应不小于1.2m,孔深不宜大于20m。挖孔过程中,应经常检查桩孔尺寸、平面位置和竖轴线倾斜情况,如有偏差应随时纠正。挖孔时如有水渗入,除及时支护孔壁外,还应根据渗水量大小使用水桶或水泵排走以保证施工安全,或采用井点法降低孔中地下水位。孔内遇到岩层须爆破时,宜采用浅眼松动爆破法,严格控制炸药用量并在炮眼附近加强支护;孔深大于5m时,必须采用电雷管引爆;孔内爆破后应先通风排烟15min并经检查无有害气体后,施工人员方可下井继续作业。挖孔达到设计深度后,应进行孔底处理,做到孔底表面无松渣、泥、沉淀土;若地质复杂,应探测了解孔底以下地质情况再作研究处理。

4.4.5 钻孔故障及处理方法

钻孔灌注桩无论采用何种方法钻孔,开孔的孔位必须准确。开钻时均应慢速钻进,待导向部位或钻头全部进入地层后,方可加速钻进。正、反循环钻孔(含潜水钻)均应采用减压钻进,即钻机的主吊钩始终要承受部分钻具的重力,而孔底承受的钻压不超过钻具重力之和(扣除浮力)的80%。但是,由于地质构造的复杂性和施工期间各种因素的影响,钻孔过程中仍然常有故障发生,及时确认故障类型,采取补救措施,才是减少损失、保证质量的最佳途径。

1. 坍孔

坍孔的表征是孔内水位突然下降又回升,孔口冒细密水泡,出渣量显著增加而不见进尺,钻机负荷显著增加等。坍孔多由泥浆性能不符合要求、孔内水头未能保证、机具碰撞孔壁等原因造成。应查明坍孔位置后进行处理,坍孔不严重时,可回填土到坍孔位以上,并采取改善泥浆性能、加高水头、深埋护筒等措施,继续钻进;坍孔严重时,应立即将钻孔全部用砂类土和砾石土回填,无上述土类时可采用黏质土并掺入5%~8%的水泥砂浆,应等待数日方可采取改善措施后重钻。坍孔部位不深时,可采取深埋护筒法,将护筒填土夯实,重新钻孔。

2. 钻孔偏斜、弯曲

钻孔偏斜、弯曲,常由地质松软不均、岩面倾斜、钻架位移、安装未平或遇探头石等原因造成。一般可在偏斜处吊住钻锥反复扫孔,使钻孔正直。偏斜严重时,应回填黏质土到偏斜处顶面,待沉积密实后重新钻孔。

3. 扩孔与缩孔

扩孔多系孔壁小坍塌或钻锥摆动过大造成,应针对原因采取防治措施。钻锥缩孔常因地层中含遇水能膨胀的软塑土或泥质页岩造成；钻锥磨损过甚,亦能使孔径稍小。前者应采用失水率小的优质泥浆护壁,后者应及时焊补钻锥。缩孔已发生时,可用钻锥上下反复扫孔,扩大孔径。

4. 钻孔漏浆

遇护筒内水头不能保持时,宜采取护筒周围回填土夯筑密实、增加护筒沉埋深度、适当减小护筒内水头高度、增加泥浆相对密度和黏度、倒入黏土使钻锥慢速转动、增加孔壁黏质土层厚度等措施,用冲击法钻孔时,可填入片石、卵石,反复冲击,增加护壁。

5. 梅花孔(或十字孔)

梅花孔常由冲击钻锥的自动转向装置失灵、泥浆相对密度和黏度太大、冲程太小等原因造成,应针对上述原因采取改善措施。已发生的梅花孔,应采用片石或卵石土掺黏质土混合回填孔内,重新冲击钻孔。

6. 糊钻、埋钻

糊钻、埋钻多系正循环(含潜水钻机)回转钻进时,遇软塑黏质土层,泥浆相对密度和黏度过大、进尺快、钻渣量大、钻杆内径过小、出浆口堵塞而造成。应改善泥浆性能,对钻杆内径、钻渣进出口和排渣设备的尺寸进行检查计算,并控制适当进尺。若已严重糊钻,应停钻提出钻锥,清除钻渣。

冲击钻锥糊锥,应减小冲程,降低泥浆相对密度和黏度,并在黏土层回填部分砂类土和砾类土。遇到坍方或其他原因造成埋钻时,应使用空气吸泥机吸走埋锥的泥沙,提出钻锥。

7. 卡钻

卡钻常发生在冲击钻孔时,多因先形成了梅花孔、或钻锥磨损未及时焊补、钻孔直径变小,而新钻锥又过大、冲锥倾倒、遇到探头石、或孔内掉入物件卡住等。卡钻后不宜强提,可用小锥冲击或用冲、吸的方法将钻锥周围的钻渣松动后再提出。

8. 掉落钻物

掉落钻物,宜迅速用打捞叉、钩、绳套等工具打捞。若落体已被泥沙埋住,宜按前述各条,先清泥沙,使打捞工具能接触落体后打捞。

9. 确保处理故障人员的安全

在任何情况下,严禁施工人员进入没有护筒或无其他防护设施的钻孔中处理故障。当必须下入护筒或其他防护设施中钻孔时,应在检查孔内无有害气体,并备齐防毒、防溺、防坍埋等安全设施后方可进行。

4.4.6 清孔

1. 清孔目的

清孔的目的是抽换孔内泥浆,清除钻渣和沉淀层,尽量减小孔底沉淀厚度,防止桩底存留过厚沉淀土而降低桩的承载力。其次,清孔还为灌注水下混凝土创造良好条件,使测深正确,灌注顺利。

终孔检查后,应迅速清孔,不得停歇过久,使泥浆钻渣沉淀增多,造成清孔工作的困难甚至坍孔。清孔后应在最短时间内灌注混凝土。

2. 清孔方法

清孔方法应根据设计要求、钻孔方法、机具设备条件和地层情况综合决定。不论采用何种清孔方法，在清孔排渣时，必须保持孔内水头，防止坍孔。钻孔深度达到设计高程后，应对孔径、孔深和孔的倾斜度进行检验，符合要求后方可清孔。

（1）抽浆法

抽浆清孔比较彻底，适用于各种钻孔方法的摩擦桩、嵌岩桩。但孔壁易坍塌的钻孔使用抽浆法清孔时，操作要注意防止坍孔。反循环钻孔可采用此种方法。

（2）换浆法

正循环终孔后，将 1.1~1.25 比重的纯泥浆迅速压进孔内，把孔内悬浮钻渣较重的泥浆置换。此方法最适宜正循环钻孔。

（3）喷射清孔法

本方法是在灌注混凝土前对孔底进行高压射水或射风数分钟，使沉淀物漂浮后，立即灌注水下混凝土。常与其他方法清孔后或清孔过程中配合使用。钻孔工作完毕，由于有拆卸钻杆和钻头、下钢筋骨架及导管等工序，沉淀厚度可能会增大，以致导管无法插至孔底，故常用喷射法，将沉淀层冲起漂浮。但此法在灌注混凝土后期易使沉淀物增厚，不易测准高程。

此外，还有掏渣、用砂浆置换钻渣清孔法等清孔方法。

清孔后，泥浆的相对密度宜控制在 1.03~1.10，对冲击成孔的桩可适当提高，但宜不超过 1.15，黏度宜为 17~20Pa·s，含砂率宜小于 2%，胶体率宜大于 98%。孔底沉淀厚度应不大于设计的规定；设计未规定时，对桩径小于或等于 1.5m 的摩擦桩宜不大于 200mm，对桩径大于 1.5m 或桩长大于 40m 以及土质较差的摩擦桩宜不大于 300mm，对支承桩宜不大于 50mm。在吊入钢筋骨架后，灌注水下混凝土之前，应再次检查孔内泥浆的性能指标和孔底沉淀厚度，如超过本条第 3 款的规定，应进行第二次清孔，符合要求后方可灌注水下混凝土。不得采用加深钻孔深度的方式代替清孔。

4.4.7 钢筋骨架吊放

钢筋骨架由主筋、加强筋、螺旋箍筋、定位筋四部分组成，其构造应满足设计要求。经检查合格后，用起重机（或钻机钻架、灌注塔架）吊起垂直放入孔内，相邻节段应焊接牢靠，定位准确。下到设计位置后，应在顶部采取相应措施反压并固定其位置，防止在混凝土灌注过程中产生上浮。若灌注桩为变截面桩基，钢筋骨架吊放按设计要求施工。

钢筋骨架的制作和吊放的允许偏差为：主筋间距 ±10mm；箍筋间距 ±20mm；骨架外径 ±10mm；骨架倾斜度 ±0.5%；骨架保护层厚度 ±20mm；骨架中心平面位置 20mm；骨架顶端高程 ±20mm；骨架底面高程 ±50mm。

4.4.8 混凝土灌注

灌注混凝土之前，应先探测孔底泥浆沉淀厚度。如果大于规定，要再次清孔，但应注意孔壁的稳定，防止塌孔。混凝土拌合物运至灌注地点时，应检查其均匀性和坍落度等，如不符合要求，应进行第二次拌和，二次拌和后仍不符合要求时，不得使用。首批灌注混凝土的数量应能满足导管首次埋置深度($\geq 1.0\mathrm{m}$)和填充导管底部的需要,如图4.4.2所示,所需混凝土数量按下式计算:

$$V \geq \frac{\pi D^2}{4}(h_2 + h_3) + \frac{\pi d^2}{4}h_1 \qquad (4.4.1)$$

式中:V——灌注首批混凝土所需数量(m^3);
D——桩孔直径(m);
h_2——导管初次埋置深度(m);
h_3——桩孔底至导管底端间距(m),一般为0.4m;
d——导管内径(m);
h_1——桩孔内混凝土达到埋置深度h_2时,导管内混凝土柱平衡导管外(或泥浆)压力所需的高度(m),即 $h_1 = H_w \gamma_w / \gamma_c$;
H_w——井孔内水或泥浆的深度(m);
γ_w——井孔内水或泥浆的重度($\mathrm{kN/m}^3$);
γ_c——混凝土拌合物的重度($\mathrm{kN/m}^3$),取$24\mathrm{kN/m}^3$。

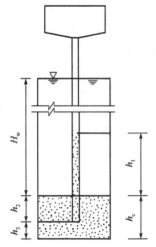

图4.4.2 首批混凝土数量计算图

当钢筋笼就位,导管下至设计深度,首批混凝土已拌和完毕运送至桩位处时,即可开始灌注混凝土。首批灌注混凝土时,应在导管漏斗底口处设置可靠的防水设施(一般放置一个直径与管内孔完全吻合的木球)。混凝土倒入漏斗,压住木球向下运动,导管中水从管底压出,从管口逐渐排向管外,混凝土靠自重和向下冲力压至孔底。随着混凝土不断灌入,孔内混凝土面逐渐升高,井内积水不断上升,直至混凝土灌满全孔。水全部被排出。

首批混凝土入孔后,混凝土应连续灌注,不得中断。在灌注过程中,特别是在潮汐地区和有承压力地下水地区,要注意保持孔内水头;导管的埋置深度宜控制在2~6m,并应随时测探孔内混凝土面的位置,及时调整导管埋深;孔内溢出的水或泥浆应引流至适当地点处理,不能随意排放,污染环境及河流。为防止钢筋骨架上浮,当灌注的混凝土顶面距钢筋骨架底部以下1m左右时,宜降低混凝土的灌注速度;当混凝土拌合物上升到骨架底部4m以上时,宜提升导管,使其底口高于骨架底部2m以上,再恢复正常灌注速度。灌注的桩顶高程应比设计高出不小于0.5m,以保证混凝土强度,多余部分接桩前必须凿除,残余桩头应无松散层。在灌注将近结束时,应核对混凝土的灌入数量,以确定所测混凝土的灌注高度是否正确。

4.4.9 深水灌注桩基础施工

目前,国内桥梁深水桩基一般采用高桩承台钻孔灌注桩基础,通常选取单(双)壁钢吊箱围堰加钻孔施工平台的形式进行深水中施工。其施工流程一般为:插打钢管桩→搭设钻孔施工平台→振动下沉钢护筒→钻孔灌注桩施工→施工平台拆除—首节钢吊箱→安装钢吊箱接高(下沉)→钢吊箱封底→施工承台。其中,关键环节除了钻孔灌注桩单桩的施工外,还有钻孔施工平台的搭设与钢吊箱围堰的施工,分别为钻孔灌注桩单桩和桩顶承台的施工提供有利施工环境。

1. 钻孔施工平台搭设

深水基础钻孔桩一般为大直径,施工时受洪水、通航、大流速和冲刷的影响,为排除施工干扰,必须在桩位设置工作施工平台。施工平台是钢护筒下沉定位的导向辅助平台;是桩基础钻孔、水下混凝土灌注的作业平台;是基础施工机具、材料临时堆放的场地;是双壁钢围堰施工拼装、下沉的支承平台。目前我国采用的深水桩基施工平台有固定施工平台(支架)和浮动施工平台两种类型。固定施工平台一般有:型钢平台、桁架平台和型钢与桁架组合平台。按平台受力方式可分为:钢管桩单独受力、钢护筒单独受力、钢管桩与钢护筒同时受力。对于墩位区水深流急、风疾浪大的灌注桩施工,采用钢管桩与钢护筒同时受力的固定平台体系有明显的优越性和可行性,在桥梁跨度和桥址水位深度不断增大的现代大型桥梁工程中,是一种很值得提倡的平台形式。

2. 钢吊箱围堰施工

当承台底面距河床面较高,或承台以下为较厚的软弱土层且水深流急时,多用钢吊箱围堰作为防水措施来进行深水基础施工。钢吊箱是一种有底的套箱,主要作用是为承台提供干的施工环境,如苏通长江公路大桥就是用其作此用途;有时也可同时用来作桩基沉桩导向定位,取代施工平台,如南京长江第三大桥南塔基础施工。钢吊箱一般由底板、侧板、内支撑、悬吊及定位系统组成。侧板又有单壁和双壁两种形式,如京九复线东江二桥采用的是单壁钢吊箱,苏通长江公路大桥采用的是双壁钢吊箱。单壁钢吊箱结构简单,方便加工;双壁钢吊箱施工主动性高,可充分利用水的浮力进行钢吊箱的拼装与下沉。另外,钢吊箱在基础施工完成后可以用作永久防碰撞设施,起到保护桥墩基础的作用,在苏通长江公路大桥中就作为永久设施而保留了。

钻孔灌注桩基础的施工分为先下钢围堰后成桩和先成桩后下钢围堰两种施工方案。

(1)先下钢围堰后成桩方案

先下钢围堰后成桩方案具有以下优点:

①钢护筒厚度及长度减少易于准确定位;

②节省钻孔平台钢管桩钢材,也可节省加工焊接及施工桩的费用;

③节省钻孔平台的稳定措施费。

若无覆盖层或覆盖层很浅时,宜采用先下钢围堰后成桩方案。

(2)先成桩后下钢围堰方案

先成桩后下钢围堰方案具有以下优点:

①施工快,从施工钻孔平台钢管桩、架设平台至开钻时间短;

②可降低钢围堰高度,节省工期,降低造价,且减少双壁钢围堰夹壁混凝土量;

③避免岩面高低不平时,钢围堰不规律的高低刃脚着岩难度;

④清除钻渣难度减小;

⑤封底混凝土量可减少。

因此,先成桩下钢围堰方案常被用于覆盖层较厚且覆盖层较软、承载力较小、造价有要求的工程中。无论何种方案,都是利用钻孔平台和钢围堰来施工钻孔灌注桩和承台结构,完成深水桩基础整体的建设工作。

4.4.10　质量检验与质量标准

钻(挖)孔在终孔和清孔后,应进行孔位、孔深检验。孔径、孔形和倾斜度则宜采用专用仪器测定,当缺乏专用仪器时,可采用外径为钻孔桩钢筋笼直径加100mm(不得大于钻头直径),长度为4~6倍外径的钢筋检孔器吊入钻孔内检测。钻(挖)孔成孔的质量标准如表4.4.3所示。

钻(挖)灌注桩成孔质量标准　　　　　表4.4.3

项　　目		规定值或允许偏差
钻(挖)孔桩	孔的中心位置(mm)	群桩:100;单排桩:50
	孔径(mm)	不小于设计桩径
	倾斜度(%)	钻孔:<1;挖孔:<0.5
	孔深(m)	摩擦桩:不小于设计规定
		支承桩:比设计深度超深不小于0.05
钻孔桩	沉淀厚度(mm)	摩擦桩:符合设计规定。设计未规定时,对于直径≤1.5m 的桩,≤200;对桩径>1.5m或桩长>40m或土质较差的桩,≤300
		支承桩:不大于设计规定;设计未规定时,≤50
	清孔后泥浆指标	相对密度:1.03~1.10;黏度:17~20Pa·s;含砂率:<2%;胶体率:>98%

注:1. 清孔后的泥浆指标,是指从桩孔的顶、中、底部分别取样检验的平均值。本项指标的测定,限指大直径桩或有特定要求的钻孔桩。

2. 对冲击成孔的桩,清孔后泥浆的相对密度可适当提高,但不宜超过1.15。

钻孔桩水下混凝土的质量,应符合以下要求:

(1)桩身混凝土抗压强度,应符合设计规定,每桩试件组数为2~4组。除用预留试块做抗压强度试验外,还应凿平桩头,并取桩头试块做抗压强度试验。

(2)桩身混凝土不能有断层或夹层。应仔细检查分析混凝土记录,并用无破损方法检验桩身,对质量可疑的桩,要钻芯取样进行试验。

(3)凿除桩头留下的部分不能有残余松散层和薄弱混凝土层,嵌入承台或盖梁内的桩头及锚固钢筋长度要符合规范要求。

4.5　沉井基础施工

沉井基础是一种历史悠久的施工方法,适用于地基表层较差而深部较好的地层,既可以在陆地上,也可以用在较深的水中。所谓沉井基础,就是将一个事先筑好的,以后充当基础的混凝土井筒放在墩台设计位置,然后在井筒一边挖土,一边靠井筒的自重不断下沉,直至设计高程的基础。基本施工工序是:首先在地面(或人工筑岛)上做成钢筋混凝土沉井底节,底节足部的内侧井壁做成由内向外斜的"刃脚";然后用机械或人工方法挖掘与清除井底土,使之不断下沉,沉井底节以上随之逐节接高;沉井下沉到设计高程后,再以混凝土封底,并建筑沉井顶盖,沉井基础便告完成,最后再在其上修建墩身。沉井基础的施工步骤,如图4.5.1所示。下沉时,为了减少沉井侧壁和土之间的摩阻力,可以采用泥浆护套、空气幕或塑料布膜衬壁等方法。

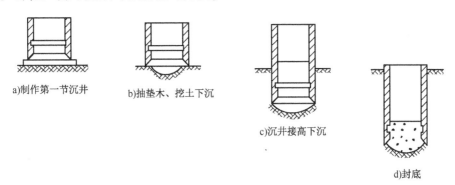

图4.5.1 沉井基础施工步骤

沉井基础是桥梁工程中一种较常见的基础形式。沉井的优点是:埋置深度可以很大,整体性强,稳定性好,能承受较大的垂直荷载和水平荷载;沉井既是基础,又是施工时的挡土和挡水围堰结构物,施工工艺也不复杂。其不足是:工期较长;对细砂及粉砂类土在井内抽水易发生流沙现象,造成沉井倾斜;沉井下沉过程中遇到大孤石、树干或井底岩层表面倾斜过大,会给施工带来一定困难。

按下沉方式不同,沉井基础可分为:就地建造下沉的沉井和浮运就位下沉的沉井。按建筑材料不同,沉井基础可分为:混凝土沉井、钢筋混凝土沉井等。按外观形状不同,在平面上可分为圆形、矩形及圆端沉井等;在竖剖面上可分为竖直式、倾斜式及阶梯式沉井等。具体沉井类型的选择要视具体的下沉深度、墩(台)底部形状、土层性质等施工条件而定。

沉井基础虽有多种形式,但基本构造相同,它由刃脚、井壁、隔墙、井孔、凹槽、射水管和探测管、封底、顶盖(或承台)以及环箍等组成,如图4.5.2所示。

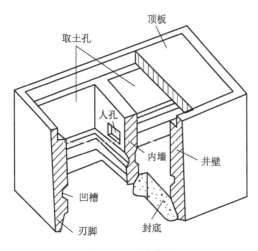

图4.5.2 沉井构造

气压沉箱则是一种类似于沉井的深水基础,其不同之处是在沉井刃脚以上适当高度处设置一层密封的顶盖板。顶盖板以下为工作室,以上构造与沉井类似。顶盖板中开有空洞,安置升降井筒直出水面,井筒上端为气闸。压缩空气经气闸和井筒输入工作室,当压力相当于刃脚处水头时,工作室内积水被排出,施工人员可以进入工作室,在气压(2～3个大气压,视沉箱下沉深度而定)下进行挖土。挖出的土通过井筒提升,经气闸运出。这样,沉箱就可以利用其自重下沉到设计高程。沉箱的主要缺点是:对施工人员的身体有害(易得沉箱病),工效很低,现已基本不用。

4.5.1 沉井制作

沉井位于浅水或可能被水淹没的岸滩上时,宜就地筑岛制作;沉井在制作至下沉过程中位于无被水淹没可能的岸滩上时,如地基承载力满足设计要求,可就地整平夯实制作,如地基承载力不够,应对地基采取加固措施。在地下水位较低的岸滩,若土质较好时,可在开挖后的基坑制作沉井。在水深流急、筑岛困难的情况下修建沉井基础,可采用浮式沉井,即把沉井底节做成空体结构,或采取其他办法使其在水中漂浮,用船只将其拖运到设计位置,再逐步用混凝土或水灌注,使其缓缓下沉直达河底。

1.就地制作的沉井

制作沉井的岛面、平台面和开挖基坑施工的坑底高程,应比施工最高水位高出 0.5～0.7m;有流冰时,应再适当加高。沉井制作的工序如图 4.5.3 所示,现将其中主要环节介绍如下。

(1)铺设垫层

制作沉井的场地,应预先清理、平整和夯实,使沉井在制作过程中不致发生不均匀沉降、倾折或井壁开裂。当地基有足够强度(包括下卧层的强度)时,仅需对场地表面稍作平整,即可浇筑素混凝土垫层(一次浇筑厚度为 200～300mm),在此垫层上制作沉井,可免除抽除承垫木工序。如果沉井下地基土很松软,则需铺设砂垫层,沉井的自重通过垫层传至下层较硬的土层上,使沉井在制作过程中保持稳定。

砂垫层的面积应确保其边缘至沉井外墙至少有 1.5～2.0m 的距离,以满足承垫木的铺设(如沉井不大,有时不用承垫木,仅用素混凝土垫层,则距离还可减小)。有时为减少砂垫层的工作量,仅在沉井的一圈外墙下铺设垫层,但需确保内隔墙下的地基是稳定的。砂垫层所用的砂以中粗砂为好,砾砂也可,粉砂或含黏土粒多的大细砂均不适宜。砂垫层铺设时,应分层进行,每层 300～500mm,用平板振捣铁或小型拖拉机碾压振实,必要时可浇水。对中粗砂的质量控制,可按干重度值 15.6～16.0kN/m³ 来检查。

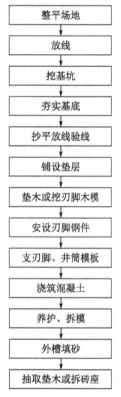

图 4.5.3 沉井制作工序

(2)承垫木的铺设

支垫布置应满足设计要求及抽垫方便的原则,承垫木数量应根据第一节沉井的质量(或抽除承垫木前的质量)及砂垫层的承载力来确定。承垫木间距一般为 300～800mm。如根数很多,可将 2～4 根编成一组,每根承垫木相互紧靠,而各组之间可保持上述间距。

铺设承垫木时应用水平仪找平,使承垫木顶面在同一水平面上。平面布置应均匀对称,每根垫木的长度中线与沉井刃脚踏面中线重合,定位垫木的布置要使沉井最有对称的着力点。圆形沉井的定位点按互成90°的四个支点考虑;矩形沉井可设置在两长边上,每边各两点,当沉井长短边之比在1.5~2.0时,两定位支点间的距离为0.7L,当长短边之比大于2时,两定位支点间的距离为0.6L(L为长边边长)。

(3)模板与钢筋施工

通常沉井井筒的一次沉没高度不得大于12m,故井筒沉没一般是分节进行的。当在松软的土层和人工岛上施工时,井筒第一节的长度$L \leqslant 0.8B$(B为沉井的等效宽度)。井筒模板为一般常用的现浇混凝土模板,应具有足够的强度、刚度与整体稳定性。并确保缝隙严密不漏浆。井壁直线部分较为规则,可采用组合式定型钢模板或木模板,但井壁形状不规则部分如刃脚的凹槽宜用木模。有时为加快施工进度,也可采用滑模施工。每节模板高度以1.5~2.0m较好,用对拉螺栓固定。当井壁有抗渗要求时,可在对拉螺栓中间设置止水片。

井筒前一节下沉结束时宜高出基坑砂垫层面1~2m,以防外模埋入砂垫层受损。内模支架不宜支承在地基土上,以防沉降过大时,内模和支架受损。通常内模支架支承选定在井格内钢梁上。

沉井钢筋一般较粗,往往在地面预先加工成钢筋网片,再在节点处点焊以加强整体性,随后即可用起重机吊装就位。网片间的连接一般均用电焊,但要确保接头按设计或规范要求错开,不能都在同一断面。

(4)混凝土浇筑与养护

混凝土的浇筑方法有:用皮带传输机、手推车,通过串桶浇筑;用翻斗车直接浇筑;用翻斗车、吊斗,通过漏斗串桶浇筑;用混凝土泵浇筑等。无论哪种浇筑方法均要求均匀,浇筑后严格检测混凝土的质量,必须符合设计要求。为了杜绝浇筑混凝土过程中,由于进料速度差异造成的冷缝现象,为了减小地层软硬不匀造成的浇筑后出现的非均匀沉降,为了避免混凝土自重过大及捣实施工对模板形成过大侧压,致使模板走模,要求浇筑混凝土的施工必须做到均匀、对称及分层(层厚≤50cm,一般为30cm)进行。每层混凝土的浇筑应一次连续操作完成,待强度达到70%后,再进行下一层的浇筑。为提高井筒的抗渗性能,应把井筒上下节的接缝作成凸形水平缝,接缝处凿毛,冲洗后先浇一层(薄层)石子减半的混凝土,然后再续浇下节井筒。

混凝土通常采用自然养护。但在炎热的夏季,应为养护创造一个湿润的环境(盖湿草包浇水等);对严寒的冬季来说,混凝土中应掺加一些防冻剂或用蒸汽加热(在模板外侧悬挂一层帆布气罩),然后通蒸汽。

(5)抽垫

如沉井制作时,是用承垫木来扩散其质量的,在第一节沉井下沉前,必须先将承垫木抽除,抽除的条件是沉井的混凝土强度已达到设计要求。抽除时应分区、分组、依次、对称、同步进行。对于圆形沉井,先抽一般垫木,再抽定位垫木;对于矩形沉井,先抽内隔墙下的垫木,然后分组抽除两短边墙下的垫木,再抽除长边下的垫木,最后抽长边下的定位垫木。

抽除时,先将垫木下的土在一侧用铁铲挖去,然后用人工或机具将下落的垫木抽去,抽出一根后,立即用砂垫层中的砂将空隙填实。为确保填实质量,宜喷水用木夯夯实,回填越密实,以后的承垫木越易抽除,沉井下沉量也不大,垫木也不会被压断(指最后的几组垫木)。沉井定位垫木布置如图4.5.4所示。

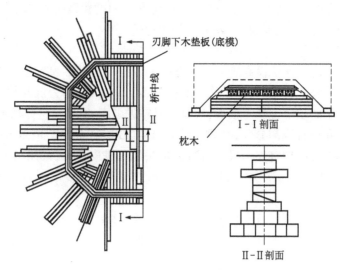

图4.5.4 沉井定位垫木布置

2. 浮式沉井

根据河岸地形、设备条件,进行技术经济比较,确定沉井结构,制作场地及下水方案。浮式沉井一般为钢质,做成双壁形,以便于自浮。一些小型沉井也有用混凝土做成井体,在底部用木板封堵,犹如平底船;也可在井壁四周配置浮筒来保证起浮。对更小的沉井甚至可完全做成有空腔的木模,里边放入钢筋笼,并待浮运到桥址后再填充混凝土。

底节沉井除了大型浮运沉井在船厂船台上制作外,一般均在岸边进行制作。对混凝土或木模沉井与普通陆地作业别无两样。对钢质沉井,可利用码头起重机及吊船将工厂制就的部件或块体,在滑道上、干坞内或岸边场地上,组合为完整的沉井底节。如在驳船上拼装,可用2艘拼装铁驳由构架连成整体,并将构架顶面做成组装平台。支承用便于调整高低的木楔,先拴接、点焊中间井孔、支承,后拼外壁刃脚,全部测量尺寸适合,再焊成水密接缝。井壁钢材应有良好的可焊性,箱壁需经水密试验,一切符合要求后,便可由滑道下水,或干坞放水开始浮运,如在驳船上拼装的,此时可将拼装船与导向船临时联结,然后用拖轮导航到墩位。

4.5.2 沉井下沉

沉井下沉通常分为三种情况,即:一次制作一次下沉、多次制作一次下沉、多次制作多次下沉。当沉井高度不高,地基有一定的强度,或者经过地基加固后,可承受全部沉井自重时,采用第一种方法;当沉井高度较高,而地基(天然的或经加固的)满足整个沉井浇筑阶段的稳定,不发生倾折或下沉过多、过快现象时,采用第二种方法;对于大型沉井,常用第三种方法。沉井下沉时,其混凝土必须达到一定强度,一般第一节沉井需达到100%强度,其上各节需达到70%以上的强度。

沉井下沉主要是通过从井孔除土,消除刃脚正面阻力及沉井内壁摩阻力后,依靠沉井自重下沉。井内挖土方法视土质情况而定,一般分为排水除土下沉和不排水除土下沉两种。在稳定性较好且渗水量不大的土层中(每平方米沉井面积渗水量小于 $1.0 m^3/h$),抽水时不会发生翻砂现象,可采用排水除土下沉,否则应采用不排水除土下沉方法。不排水开挖下沉的挖土方法,可根据土质情况参考表 4.5.1 选用。一般宜采取抓泥、吸泥、射水交替或联合作业。必要时可辅以其他措施,诸如压重、高压射水、炮振、抽水,以及采用泥浆润滑套或空气幕等方法。

不排水除土下沉方法选用参考表　　表 4.5.1

土　质	下沉除土方法	说　明
砂土	抓土、吸泥	若抓土宜用两瓣式挖斗抓土
卵石	吸泥、抓土	以直径大于卵石直径的吸泥机吸泥为好;若抓土宜用四瓣式挖斗抓土
黏性土	吸泥、抓土	一般需辅以高压射水,冲碎土层
风化岩	射水、放炮	碎块可用抓斗或吸泥机取出

下沉过程中,应随时掌握土层情况,做好下沉观测记录,分析和检验土的阻力与沉井重力的关系,选用最有利的下沉方法。正常下沉时,应自中间向刃脚处均匀对称除土。对于排水除土下沉的底节沉井,设计支承位置处的土,应在分层除土中最后同时挖除。由数个井室组成的沉井,为使下沉不发生倾斜,应控制各井室之间除土面的高差,并避免内隔墙底部在下沉时受到下面土层的顶托。下沉时应随时注意正位,保持竖直下沉。至少每下沉 1m 检查一次。沉井入土深度尚未超过其平面最小尺寸的 1.5~2 倍时,最易出现倾斜。应及时注意校正。但偏斜时的竖直校正,一般均会引起平面位置的移动。采用吸泥等方法在不稳定的土或砂土中下沉时,必须备有向井内补水的设施,保持井内外的水位相平或井内略高于井外水位,防止翻砂。吸泥器应均匀吸泥,防止局部吸泥过深,造成沉井下沉偏斜。下沉至设计高程以上 2m 左右时,应适当放慢下沉速度并控制井内除土量和除土位置,以使沉井平稳下沉,正确就位。

4.5.3　特殊下沉技术

沉井主要是靠克服周边的摩阻力及刃脚下的反力得以下沉。摩阻力与刃脚下的反力相比,摩阻力要大得多。有时沉井自重较轻或遇到硬土,周边的摩阻力特别大,此时沉井下沉就比较困难,工程中常用减少摩阻力的方法,使沉井保持不断下沉。减阻的措施比较多,常用的有泥浆润滑套法和空气幕法等,具体采用何种措施,应根据沉井规模及现场条件而定。

1. 泥浆润滑套法

泥浆润滑套法是在沉井外壁周围与土层间设置泥浆隔离层,以减小土与井壁的摩擦力(泥浆对井壁的摩擦力为 3~5kPa),从而可以减轻沉井自重,加大下沉深度,提高下沉效率(图 4.5.5)。九江长江大桥用此法配合井内射水吸泥下沉,平均下沉速度为 0.27m/h,取得了良好效果。

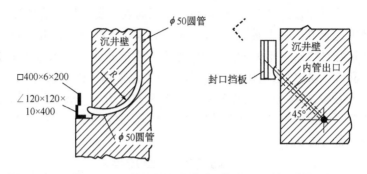

图 4.5.5 泥浆润滑套

采用泥浆润滑套施工的沉井,其构造要求为:沉井刃脚踏面宽度不宜大于10cm,最好采用钢板包护无踏面的尖刃脚,以利于减小下沉时的正面阻力,并可防止漏浆。沉井外壁应做成单台阶形。为防止泥浆穿过沉井侧壁而渗漏到井内,并保持沉井下沉的稳定性,对直径不大于8m的圆形沉井,台阶位置多设在距刃脚底面2~3m处,对面积较大的沉井,台阶可设在底节与第二节接缝处。台阶的宽度就是泥浆润滑套的宽度,一般宜为10~20cm。

泥浆润滑套的构件,主要是射口挡板、地表围圈及压浆管。射口挡板为防止泥浆管射出的泥浆直冲土壁和土壁局部坍落堵塞出浆口,系用角钢弯制成一射口挡板,固定在井壁台阶上。地表围圈:是埋设在沉井周围保护泥浆的围壁,确保下沉时润滑套的正确宽度,防止表土坍落,储存泥浆等;泥浆在围圈内可流动,用以调整各压浆管出浆量不均衡状况。地表围圈的宽度即沉井台阶的宽度,高度一般在1.5~2.5m,顶面高出地表约0.5m,上加顶盖,防止土石落入或流水冲蚀,可用木板或钢板做成。地表围圈外围用不透水的土回填夯实。压浆管的布置,厚壁沉井多采用内管法,把压浆管埋在井壁内,管径为$\phi38$~$\phi50$mm,间距3~4m,射口方向与井壁成45°角;薄壁沉井用外管法,布置在井壁内侧或外侧。

沉井挖土下沉时,应避免刃脚下土层掏空过多,吸泥取土时井内水位应不低于井外水位,以免翻砂冒水和泥浆流失。下沉中沉井偏倾不能过大,以免挤坏地表围圈。施工中要及时补浆,使泥浆面保持在地表围圈顶面下0.1~0.3m,即必须高出地表面。沉井下沉至设计高程后,应设法破坏泥浆套,或沿井壁内侧布置排浆管,排除泥浆,以恢复土对井壁的固结作用。

泥浆润滑套法的优点是下沉施工进度快,可以减轻自重;同时下沉倾斜小,容易纠偏,在旱地或浅滩上应用效果较好。存在的问题是当基底为一般土质时,因井壁摩阻力小,致使刃脚对地基压力过大,容易造成边清基边下沉的情况。在卵石、砾石层中应用效果较差。

2. 空气幕法

空气幕法的原理是从预先埋设在井壁四周的若干层气管中压入高压空气,此高压空气由设在井壁上的喷气孔喷出,并沿井壁外表面上升溢出地面,从而在井壁周围形成一层松动的含有气体与水的液化土层,此含气土层围绕沉井如同幕帐一般,故称之为空气幕。其主要构件有如下几种。

(1)气龛

气龛是指在井壁的水平环形管喷气孔位置上预留模板做成棱锥形凹槽,拆模后在凹槽内钻直径为1mm的喷气孔即可。凹槽的作用是保护喷气孔,避免与土直接摩擦,便于气体扩散。气龛的数量以每个气龛分担或作用的有效面积计算求得,其布置应上下层交错排列。气龛的有效作用面积可用 $1.3m^2/个$(下部)~ $2.6m^2/个$(上部)这一经验数字作为设计依据。气龛构造示意图如图4.5.6所示。

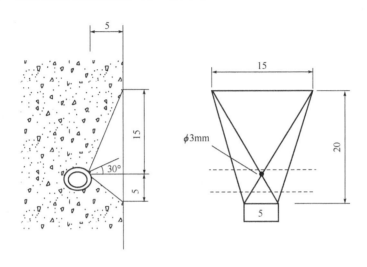

图4.5.6 气龛构造示意图(尺寸单位:cm)

(2)气管

为了安装与操作便利,常将井壁内的气管分成环形水平分配气管与垂直供气管两种。每层气龛宜设环形分配管一圈,每圈又宜分成2段或4段,以利高压空气直接通过气龛吹出井外。每根垂直供气管可连接两圈(层)环形分配管,将供气系统的压缩空气供给环形分配管。气管通常采用25~30mm的聚氯乙烯管或钢管。

(3)压缩空气供气系统

压缩空气机、贮风筒及送风管道等的布置与一般压缩空气站相似。压缩空气的压力可按1.6~2.5倍的气龛最大入土深度的静水压力计算。供气量则按每个气龛耗气量 $0.02~0.03m^3/min$ 计算确定。

空气幕的作用方式与泥浆润滑套不同,它只在送气阶段才起作用,故只有当井内土挖空后沉井仍不下沉的情况下,才压气促使沉井下沉。送风的顺序是由上而下的逐层开启气阀送风;而停止送风的顺序则与此相反。空气幕法适用于地下水位较高的细、粉砂类土及黏性土层。其优点是:施工设备简单,经济效果较好;下沉中要停要沉容易控制;可以在水下施工,不受水深限制;井壁摩阻力较泥浆润滑套法容易恢复,是一种先进的施工方法。

最近国外尚有用帷幕法下沉沉井的,该法是在沉井外壁预先埋设成卷的高分子强化薄膜,利用沉井的下沉力拉起展开薄膜,从而形成一贴紧井壁的帷幕。

4.5.4 浮式沉井施工

对多跨桥梁,其多数桥墩均位于水中或江水中的深度超过了10m,用简易的围堰其至钢板桩围堰来筑岛施工沉井难度很大,或经济上很不合理。如河道很宽、河面交通极其频繁,沉井制作时所用的模板、钢筋、混凝土等材料与机具设备,来回运输很不方便,此时采用浮式沉井则较为合理。

浮式沉井有:木沉井、带有临时性井底的浮运沉井、带钢气筒的浮运沉井、钢筋混凝土薄壁浮运沉井、钢丝网水泥薄壁沉井、装配式钢筋混凝土薄壁沉井、钢壳底节浮式沉井等。一般在特大河流上,多采用钢质的浮式沉井;在中小河流上,则采用钢丝网水泥薄壁沉井等。浮式沉井在施工技术上的难度比就地下沉沉井要大,只是在特殊条件下才被采用。

浮式沉井中,沉井底节制造及浮运就位一般有以下四种方法。

1. 干坞法

在岸边用围堰圈出一块浅水滩地,抽水、铺填、整平后形成工作面;利用陆上机具在其中制造底节并适当接高井身,使其能自浮;然后打开临水一边围堰,放进江水,用拖轮牵曳底节沉井到墩位处,继续接高下沉。当水深较大时,底节浮出后可先在岸边适当水深处锚泊,利用岸上的施工设备及水上吊船逐步接高井身,使之有足够入水深度及出水高度,再导航到墩位工点继续接高,直至下沉落底。

2. 滑移法

在岸边场地上先施工一滑道,该滑道要足以承受底节沉井的质量,并可以使沉井滑入水中后能自行浮起。当底节沉井制成并达强度后,利用绞车将底节沉井如同船舶躯体从滑道下水一样,慢慢滑向水中,直至起浮,随即就可进行舾装和浮运的准备工作,将其导航到墩位接高下沉。

3. 吊放法

底节在陆上制造后由门式起重机架吊起,在垂直于河岸上、下游方向两座平行栈桥上行走,到足够水深处在两栈桥间放落底节,使之自浮,然后导航到墩位接高下沉。

4. 装驳运输法

将沉井构件半成品用码头起重机在岸边拼装在铁驳上,组拼成底节,由拖轮导航浮运到墩位处,由浮式起重机起吊落水,再接高下沉。

浮式沉井施工的主要工序有:干坞及滑道施工(沉井如选用干坞及滑道法下水)→沉井底节制作→浮船组抛锚定位→底节沉井浮运并悬浮在墩位处水中→沉井在水中接高下沉→沉井落进河床→沉井下沉入土后的接高→井上围堰安设→水下清基→沉井封底、围堰内抽水→建造承台墩身,拆除井上围堰。

浮式沉井浮运或下水前,应掌握河床、水文、气象及航运等情况,并检查锚碇工作及有关施工设备(如定位船、导向船等)。沉井底节入水后的初步定位位置,应根据水深、流速、河床面高低及土质情况,沉井高度、大小及形状等因素,并考虑沉井在悬浮状态下接高和下沉中墩位处的河床面受冲淤的影响,综合分析确定,一般宜设在墩位上游适当位置。在施工中,尤其是在汛期,必须对锚碇设备,特别是导向船和沉井的边锚绳的受力状态进行检查,防止导向船左右摆动。沉井落在河床上后,应采取措施尽快下沉,使沉井保持稳定,并随时观测沉井的倾斜、位移及河床冲刷情况,必要时采取调整措施。

4.5.5 施工事故及应急措施

沉井施工不确定因素较多,尤其是对于地质条件复杂的大型沉井施工,过程中遇到事故在所难免,常见事故、原因及其应急措施如下。

1. 难沉

难沉是指下沉过于缓慢或沉不下去。一般是由于井壁与地层间的摩阻力过大,此情况可采用泥浆润滑套或空气幕、井壁外侧设置高压射水管、井壁外侧面涂润滑剂、井筒上顶外加压入荷载利用地锚反力压入以及井壁外侧钻孔、破坏楔槽等。也可能是由于刃脚下土层抗力过大,此时可在刃脚处设置高压喷水管,用此管射出的高压射水或高压水枪的射水冲挖刃脚正下方的土体;还可用钻机松动刃脚正下方的土体;刃脚正下方存在大的卵石时,应派潜水员下水钻孔、爆破清除;利用地锚压沉或改沉井工法为沉箱工法施工。若因上浮力过大而难沉,则及时排水或井筒上顶加外荷载。

2. 突沉

突沉,一般源于井壁与地层间的摩阻力小,应适当增加刃脚踏面的宽度;挖土要均匀、对称,且挖土深度不能太大;或向井壁外侧与地层间的空隙中填充砾石构成楔槽。

3. 偏沉

偏沉通常由两侧井壁与地层间的摩阻力不同引起,此时应在下沉少的一侧井壁外侧采用钻孔、冲水、压气等措施减小摩阻力。也可能因两侧刃脚踏面处土体支承反力不同而偏沉,可在下沉少的一侧的井内加快挖土,用高压水冲挖刃脚踏面下方土体,下沉多的一边停止挖土,或者在井筒内侧加支承架。若是井筒重量不对称,应局部加载。若是以上三种情况均同时存在,则使用千斤顶推托式倾斜修正装置纠偏,或利用地锚压沉,或在外壁与地层之间的上部设置圆卵石滑槽等。

4. 超沉

超沉可因地层强度不够、过软或刃脚射水过量而引起。应用千斤顶上提,或控制射水量及射水时间不大于5min。

5. 刃脚损伤

运输、安装过程中碰破刃脚时,用钢板、钢筋混凝土修复;遇到孤石、巨砾层等硬层时,应先把表层孤石、巨砾置换成细粒土砂再施工。

6. 基底隆起、喷水、喷砂

当隆起安全系数 $\eta<1$ 时,会出现这一类事故,应改用压气工法。

4.6 地下连续墙基础施工

地下连续墙是一种特殊的桥梁基础形式。它起源于1950年的意大利。后在欧洲推广使用。各国都是首先从水利水电基础中开始用作挡土墙护壁,防水防渗用的临时结构,然后扩大到高层地下室、地下停车场、地下街道、地铁等地下建筑的外墙结构。20世纪70

年代,日本用"接头"的形式把地下连续墙在平面上连接成一个封闭的矩形、八角形、井字形或圆形等不同结构形式,作为特殊的桥梁基础形式。此类基础于1975年在日本首都高速公路5号线最早采用,以后又在东北新干线、阪神高速公路、东京湾跨海大桥等几十座桥梁基础中使用,典型应用实例见表4.6.1。国内最早于1958年在密云水库白河主坝中,采用槽壁式素混凝土地下连续墙做防渗芯墙获得成功,其后相继推广到城建、工业与民用建筑、桥梁工程等项目。

地下连续墙在桥梁基础中典型应用实例　　　　表4.6.1

序号	桥 名	国家	桥型	跨径(m)	平面尺寸(m)	壁厚(m)	深度(m)	结构形式
1	青森大桥	日本	斜拉桥	240	20.5×30.0		42.0	单箱六室
2	白鸟大桥	日本	悬索桥	720	φ37.0	1.5	106.0	圆筒形
3	北浦港桥	日本	连续梁桥	120	10.0×9.0	1.5	58.5	单箱单室
4	润扬长江公路大桥	中国	悬索桥(南汊)	1490	69.0×50.0	1.2	56	单箱20室
5	明石海峡大桥	日本	悬索桥	1990	φ85.0	2.2	75.5	圆筒形
6	阳逻长江公路大桥	中国	悬索桥	1280	φ70.0	1.5	60	圆筒形

4.6.1 施工流程

地下连续墙基础,是在泥浆护壁条件下,采用专用的挖槽(孔)设备,顺序沿着基础结构物的周边,在地基中开挖出一个具有一定宽度与深度的槽孔,然后在槽孔内安放钢筋笼,浇筑混凝土,逐步形成的一道连续的地下钢筋混凝土墙。当混凝土硬化到一定强度后,即可作为基坑开挖时挡土、防渗,对邻近建筑物的支护以及直接成为承受垂直荷载的基础的一部分。

地下连续墙的分类有多种,按成墙方式分为:桩排式、槽壁式、组合式地下连续墙等;按墙体材料分为:钢筋混凝土、素混凝土、塑性混凝土、黏土地下连续墙等;按挖槽方式分为:抓斗式冲击式、回转式地下连续墙等;按墙的用途分为:临时挡土墙、临时挡土墙兼主体结构局部、多边形基础兼墙体等。随着成槽机械的不断改进和提高,目前地下连续墙的深度已近150m,在基坑深度较浅的地方,已开始采用预制板的地下连续墙。

地下连续墙工程施工前,必须具备工程地质资料、区域内障碍物资料、必要的试验资料等;特别是地下土层变化、各种地下管线等情况、障碍物的穿越及其复杂性和影响必须在施工前掌握,以便采取相应措施,妥善处理,保证正常施工进展。

桩排式地下连续墙的主要施工工艺和技术要求可参考本章第4节内容,本节着重介绍槽壁式地下连续墙的施工。现浇地下连续墙的施工步骤,如图4.6.1所示。其主要施工要点分述如下。

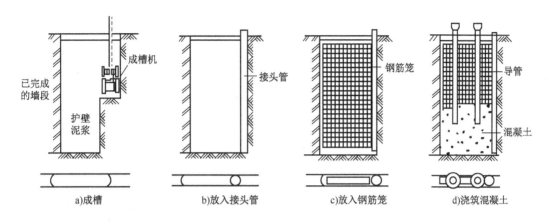

图4.6.1 地下连续墙施工步骤

4.6.2 导墙施工

槽孔施工前,为保证槽壁垂直,防止挖槽机械碰坏槽壁,必须沿着设计轴线开挖导墙,以起导向和防护作用,同时还可起到容蓄泥浆、吊放钢筋笼与混凝土导管等支承点的作用。导墙的厚度、深度和结构形式应根据现场的地质条件、施工荷载以及选用的挖槽方法确定。导墙一般的断面形式如图4.6.2所示,两导墙间,在适当距离上、下各加设一道支撑。导墙厚度一般为200~500mm,深度一般为2.0m左右,其顶面应比施工地面适当高些,以防止地表水流入沟槽内,其底面应尽可能穿过填土层做在基土上。导墙通常采用含筋率较低的现浇钢筋混凝土,也可采用预制钢筋混凝土或钢制工具式导墙,以利周转使用。

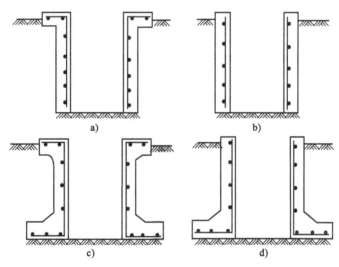

图4.6.2 导墙的断面形式

4.6.3 成槽施工

成槽是地下连续墙施工中的关键工序。它受地层等自然条件影响最大,是影响工期、工程成本,甚至是决定工程成败的主要因素。现浇地下连续墙的厚度一般为0.80~1.50m,要高质量高效率进行槽段施工,选择合适的成槽机械是非常重要的。成槽机械常用的有:抓斗式(吊索、导板和导杆式)和钻头式(回转式、冲击式)两类。图4.6.3为目前我国大型桥梁基础使用的三种机械。

a)钢丝绳抓斗　　　　　b)冲击反循环钻机　　　　　c)液压铣槽机

图4.6.3　大型桥梁地下连续墙施工机械

旋转式挖槽机可分为独头钻及多头钻两种。采用多头钻机开槽时,需沿墙体的长度方向把地下墙划分成许多有一定长度的施工单元。在地质与水文条件、施工机具、土渣处理能力以及混凝土供应量都允许的情况下,宜采用较大的单元槽段长度,这样不仅可减少接头数量,还可提高墙体连续性和防渗能力,以及提高施工效率。一般每段槽孔长度为6~10m。采用抓斗或冲击钻机时,槽段长度可增大。

不同地层成槽方法有所不同,用旋转式钻机挖槽有"分层平挖"与"分层直挖"两种方法;用抓斗挖槽有"分条抓"与"分块抓"等方法;还有多种机械相结合的施工方法,如:"两钻一抓""三钻两抓""钻铣法""钻凿抓(铣)法"等,后两种方法在润扬长江公路大桥南汊北锚碇基础施工中有成功的运用。

挖槽质量控制应包括:槽位、槽深、槽宽和倾斜度。在挖槽过程中应经常检查单元槽段的垂直度,其倾斜率应不大于0.5%;槽位允许偏差为±30mm,槽底高程不得高于墙底设计高程;槽宽在任一深度上应保证地下连续墙的设计厚度;接头处相邻两槽段的挖槽中心线在任一深度的偏差值均不得大于设计墙厚的1/3。施工顺序规划的一般原则是:先内后外,新开挖的单元要尽可能远离刚完成的单元,要尽早灌注待完成接头的墙壁混凝土。

4.6.4　泥浆护壁

与钻孔灌注桩一样,地下连续墙在成槽过程中,槽壁保持稳定不坍塌的主要原因是由于槽内泥浆起到护壁作用,但地下连续墙挖槽施工对泥浆的要求比钻孔灌注桩高。地下连续墙挖槽时的护壁泥浆主要材料宜选用膨润土、外加剂,使用前应进行泥浆配合比试验。如采用其他黏质土时,应对其进行物理、化学分析和矿物鉴定。其黏粒含量应大于50%,塑性指数大于20,含砂量小于5%,二氧化硅与三氧化二硅含量的比值宜为3~4。泥浆的制备方法同钻孔灌注桩,其性能指标宜按表4.6.2控制,达不到表中规定的,应掺入外加剂改变性能。根据地质和水文情况,泥浆中除主要原料和水外,尚应按照需要添加分散剂、增黏剂、防漏剂和加重剂等外加剂。

护壁泥浆性能指标 表4.6.2

地层情况	相对密度	黏度 （Pa·s）	含砂量 （%）	失水量 （mL/30min）	泥皮厚度 （mm）	静切力 （mg/cm²）	稳定性 （%）	pH值
软土及易坍地层	1.15～1.5	19～21	<4	<10	1～2	10～20	100	8～9
一般地层	1.05～1.25	19～25	<4	<20	1～3	10～20	98	8～10

挖槽前,泥浆储备的数量宜按沟槽总体积、超挖数量和由于泥浆发生质变而废弃的损失数量等确定,据此经过试配后确定泥浆原料和外加剂数量。挖槽施工期间,槽内泥浆面必须高于地下水位0.5m以上,亦不宜低于导墙顶面0.3m。如地下水中含有盐分或泥浆受到化学污染,应掺入分散剂,维护泥浆性能。在挖槽过程中每一节段内,静止泥浆每挖深5m时,应从槽内上、中、下三处抽取泥浆试样;循环泥浆应从沉淀池或浆、渣分离后的入槽处取泥浆试样,对相对密度、黏度、含砂率、失水量和泥皮厚度进行试验;必要时还应对稳定性、pH值进行试验。泥浆循环回收后,应采用沉淀池、振动筛、旋流器等将土渣与泥浆分离,使泥浆净化再生处理后重复使用;无法回收使用的废泥浆不得随地淌流,应使用化学方法或机械方法进行泥、水分离处理。图4.6.4所示为BE500型泥浆净化系统,是BC30型液压铣槽机的配套设备。

图4.6.4 BE500型泥浆净化系统

4.6.5 槽段接头

地下连续墙施工接头一方面要满足结构受力和防渗的要求,另一方面要求施工简单、质量可靠,对下一槽段施工不会造成影响。地下连续墙施工技术发展至今,接头形式多种多样,主要有钻凿法连接、接头管法连接、接头箱法连接、隔板法连接、双反弧连接、铣削法连接以及在接缝中设置止水结构等。目前,国内使用最多的是用接头管连接的非刚性接头。在单元槽段内土体被挖去后,在槽段的两端先安放接头管,再吊入钢筋笼,浇筑混凝土后逐渐将接头管拔出,形成半圆形接头。图4.6.5所示即为接头管法的连接顺序图。

一般来说,对于受力和防渗要求较小的施工接头,宜采用接头管式接头。吊放接头管时,管底端应插入槽底以下100～150mm,管长应略大于地下连续墙设计值。接头管可分节于管内用销子连接固定,管外平顺无突出物,外径宜比墙厚小50mm。灌注水下混凝土时,应经常转动及小量提升接头管,待混凝土初凝后将接头管拔出,拔管时不得损坏接头处的混凝土。

对受力、防渗和整体性要求较大的接头装置宜采用接头箱式或隔板式接头。接头箱式吊放的钢筋骨架一端带有堵头板,堵头钢板向外伸出的水平钢筋可插入接头箱管中,灌注混凝土时,由堵头板挡住,使混凝土不流入接头箱管内。混凝土初凝后,逐步吊出接头箱管,先灌节段骨架的外伸钢筋可灌入邻段混凝土内。

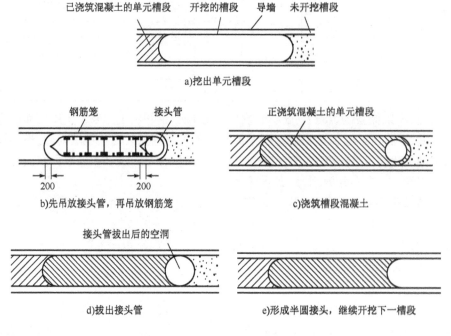

图4.6.5 接头管法的连接顺序(尺寸单位:mm)

当地下连续墙设计与梁、承台或墩柱连接时,应于连接处设置结构接头。施工时,应在连接处按照设计文件埋设连接钢筋,待墙体混凝土灌注并凝固后,开挖墙体内侧土体,并凿去混凝土保护层,露出预埋钢筋,将其弯成所需形状,与后浇的梁、承台或墩柱的主钢筋连接。

4.6.6 钢筋混凝土工程

地下连续墙钢筋骨架的制作和吊放,除可按照钻孔灌注桩的相关规定办理外,还应注意:钢筋骨架应根据设计图和单元节段的划分长度制作,并宜在胎架上试装配成型;骨架主筋的接长宜采用机械连接,骨架中间应留出上下贯通的导管位置;对钢筋骨架的刚度及吊点位置设置,应在制作前进行必要的验算;吊放钢筋骨架时,必须使骨架中心对准单元槽段中心。钢筋骨架应竖直、不变形并能顺利地下放插入槽内,下放时不得使骨架发生摆动(图4.6.6);全部钢筋骨架入槽后,应固定在导墙上,并应使骨架顶端高度符合设计要求;当钢筋骨架不能顺利插入槽内时,应重新吊起,查明原因并采取措施后,重新放入,不得强行压入槽内。

水下混凝土应采用导管法灌注。单元节段长度小于等于4m时,可采用1根导管灌注;单元节段长度超过4m时,宜采用2或3根导管同时灌注。采用多根导管灌注时,导管间净距宜不大于3m,导管距节段端部宜不大于1.5m。各导管灌注的混凝土表面高差宜不大于0.3m,导管内径宜不小于200mm。其他技术要求也可参照钻孔灌注桩相关规定。

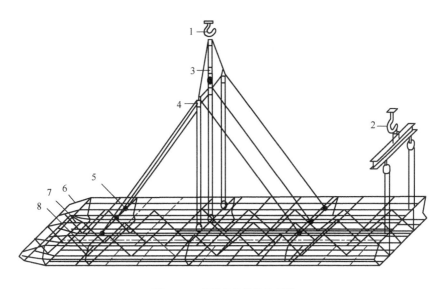

图 4.6.6 钢筋骨架吊装示意图
1-吊钩 A;2-吊钩 B;3-单门葫芦;4-双门葫芦;5-卸甲;6-端部倒箱;7-W 形筋片;8-横向架立筋片

4.6.7 质量标准

地下连续墙裸露墙面应平整,外轮廓线应平顺,无突变转折现象,施工质量应符合表 4.6.3 的规定。

地下连续墙施工质量标准 表 4.6.3

项 目	规定值或允许偏差	项 目	规定值或允许偏差
混凝土强度(MPa)	在合格标准内	外形尺寸(mm)	+30,0
轴线位置(mm)	≤30	顶面高程(mm)	±10
倾斜度	≤0.5%	槽底高程	不高于设计值
沉淀厚度	满足设计要求		

4.7 组合式基础施工

在水深流急,且有非常厚的覆盖层或地质条件很复杂的情况下,而施工能力又有限,无法将单一形式基础下沉达到预期的深度时,可以采用两种及两种以上不同形式的基础,以接力的方法来修筑桥梁深水基础,通常称这种形式的基础为组合式基础。所谓组合,仅指具有在外形结构上的组合,而不是指各种基础作用与性质上的组合。组合式基础在施工中,因先后要做不同形式的基础,如钢围堰、沉井、钻孔灌注桩、管柱等的施工,设备繁多,工艺复杂,而且要严格防止不同基础体系之间的沉降差与相对倾斜差,对施工水平和技术提出了很高的要求,同时也为桥梁建设事业开创了一条有着广泛应用前景之路。

组合式基础的形式很多,常用的有双壁钢围堰加钻孔桩基础,钢沉井加钻孔桩(管柱)基础浮运承台与管柱,井柱、钻孔桩基础以及地下连续墙加箱形基础等。可根据设计要求、桥址处的地质水文条件、现场施工机具设备情况、施工安全及通航要求等因素,通过综合技术经济分析,论证比较,根据具体工程特点而择优选用。

4.7.1 双壁钢围堰加钻孔灌注桩基础

大型双壁钢围堰加钻孔桩基础,是20世纪80年代开发的大型深水基础工程理想结构物,它不仅能起到深水基础工程的围水与施工平台作用,而且可以参与部分结构受力,并达到保护桩基承台防撞的作用,既增加了深水基础工程结构的整体性能,又提高了下部结构的防撞能力,方便施工,降低了工程造价。在水深流急的江河中,具有其他结构难以比拟的优越性。近年来,我国从技术和经济的角度出发,又发展了双壁钢吊箱围堰加钻孔桩高桩承台的基础形式,更加完善了此类基础的综合效益。表4.7.1列出了一些国内采用该组合式基础的桥梁实例。由表可见,这种基础形式有良好的优越性及发展前景。

国内桥梁基础形式(部分)　　　　　　　　　表4.7.1

工程名称	桥　型	基础形式	施工时最深水深(m)
苏通长江公路大桥	主跨1088m,连续钢箱梁双塔双索面斜拉桥	双壁钢吊箱围堰高桩承台钻孔灌注桩	50
南京长江第三大桥	(63+257+648+257+63)m,连续钢箱梁双塔双索面斜拉桥	双壁钢吊箱围堰高桩承台钻孔灌注桩	45
武汉白沙洲大桥	(50+180+618+180+50)m,钢-混凝土结合梁斜拉桥	双壁钢吊箱围堰高桩承台钻孔灌注桩(长江上首次采用)	20
武汉军山长江公路大桥	(48+204+460+48)m,连续钢箱梁双塔双索面半漂浮体系斜拉桥	异形双壁钢围堰钻孔灌注桩基础	17.5
钱江五桥	(68+3×120+68)m,五跨连续预应力混凝土箱梁桥	整体式双壁钢围堰钻孔灌注桩	8
瑞安飞云江三桥	主桥(240+170+60)m,三跨一联独塔双索面预应力混凝土边箱梁斜拉桥	单壁钢围堰钻孔灌注桩基础	7
黄石长江公路大桥	主跨245m,预应力混凝土连续刚构桥	双壁钢围堰钻孔灌注桩	25
铜陵长江大桥	主跨432m,预应力混凝土斜拉桥	双壁钢围堰钻孔灌注桩	50
重庆长江大桥	主跨174m,预应力混凝土T形刚构桥	浮式圆形钢围堰钻孔灌注桩	18

图4.7.1所示为苏通长江公路大桥南主塔墩(5号墩)基础构造布置图。5号墩基础设计为大直径深水超长高桩承台钻孔灌注桩基础。施工采用外包平面尺寸为120m×52m的巨型哑铃形双壁钢吊箱围堰加桩径2.5～2.8m、桩长114～120m的131根钻孔灌注桩基础,是当时世界上规模最大、入土最深的群桩基础。钢吊箱围堰双壁部分厚度为1.8m,高度为14.4m,单壁防浪板高2.5m。基础选用先成桩后拼装下放钢吊箱围堰的施

工方案,即先搭设168.15m×56.90m的钻孔施工平台,施工平台钻孔区的钢管桩基础也是钻孔桩的钢护筒,钻孔灌注桩施工完毕后,在钻孔施工平台上拼装底节双壁钢吊箱围堰,再拆除钻孔施工平台,在双壁中灌水下放底节钢吊箱围堰(整体下放质量达5880t),并不断接高下沉直至设计位置。固定就位后,水下浇筑封底混凝土封堵钢吊箱围堰与钢护筒之间的缝隙,并形成承台垫层,抽干水进行高桩承台的大体积混凝土施工。

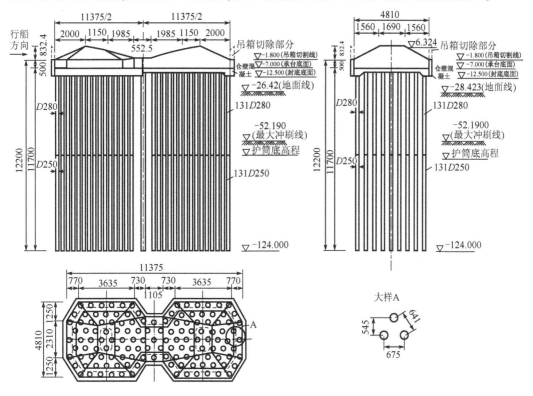

图4.7.1　苏通大桥主塔墩(5号墩)基础构造布置图(尺寸单位:cm)

图4.7.2所示为钱江五桥,其主桥6个桥墩均采用群桩基础,桩基均为直径1.8m的钻孔灌注桩,桩尖嵌入微风化岩层2m(摩擦嵌岩桩)。主墩、次边墩各墩单幅为8根(不含一根备用桩)3排群桩,单幅承台平面尺寸为12m×12m,厚度3.0m,封底混凝土厚度为3.0m。交界墩单幅为4根2排群桩,单幅承台平面尺寸为8.0m×7.5m,厚度3.0m,封底混凝土厚度为3.0m。各墩承台顶高程为1.0m。承台施工采用整体式双壁钢围堰,待所有基桩成孔后,利用钢管桩搭设钢围堰的拼装平台,进行钢围堰施工。钢围堰下沉就位后进行水底探模,基底整平处理,再进行承台混凝土封底工作,然后进行承台、墩身施工。

图4.7.2　钱江五桥

4.7.2 钢沉井加钻孔桩(管柱)基础

广东洛溪大桥(主桥为65m+125m+180m+110m四跨连续刚构桥,全长1916m),主河床受潮汐影响,平均水深7m以上,覆盖层为中细砂、黏土和泥质砂岩风化土,平均厚度20m。主墩基础采用钢沉井加钻孔桩基础(图4.7.3)。双壁钢壳浮运沉井呈Y形,底部直径23m,顶部直径28m,沉井全高20m。钢沉井分三节,岸上组拼好后,用2000kN浮式起重机吊放入水中,浮运就位,注水吹砂下沉,要求穿越河床11m。沉井内布置24根直径1.5m钻孔桩,平均桩长分别为47m和22m,平均嵌岩深度为3m和5m。此方案的特点是双壁钢壳沉井(壁厚1.5m)既是基础施工围堰挡水结构物,又是施工平台,建成后成为主墩的防撞岛。

图4.7.3 洛溪大桥

日本横滨港湾大桥(三跨连续钢斜拉桥,主跨460m),位于横滨港国际航道上,水深12～14m,海底覆盖层厚度为30～40m,主墩采用浮式承台加井柱组合式基础(图4.7.4)。浮式承台为预制的预应力混凝土空箱结构,平面尺寸为56m×54m,高度为12m;空箱内插入9根直径为10m,长度达47～75m的钢筋混凝土沉井;沉井分数节,底节长27m,重力达27000kN,用30000kN浮式起重机吊运就位与安装。该基础工程的主要特点首先是大型件预制化,多功能预应力混凝土浮式承台与巨型沉井都是在岸边干船坞与专设预制厂制作,不仅施工质量有保障,而且可以加快施工进度,降低海上作业难度;其次,采用专门研制成功的大型摇臂式水中挖掘机,开挖水下深层泥岩,挖掘机工作面直径可扩大到11m,保证井柱的嵌岩深度至14m左右;最后,施工中作业面较小,完全能保证国际航道的通行安全。该桥的顺利建成为海湾地区的桥梁工程快速建设提供了范例。

图 4.7.4　横滨港湾大桥

思 考 题

1. 简述桥梁基础的分类及主要施工方法。
2. 浅基础基坑开挖和围护的施工方法有哪些？其与陆地基础施工有何区别？
3. 简述沉入桩基础的施工方法，各自适用范围及特点。
4. 简述单桩承载力静压试验的加载要点。
5. 简述钻孔灌注桩基础的施工方法与施工工艺。
6. 沉井基础施工中，有哪些助沉施工技术及实施原理？
7. 简述地下连续墙基础的施工流程及成槽方法。
8. 简述组合式基础的组成和施工工艺。

第 5 章
桥梁墩台施工

5.1 概 述

墩台施工是桥梁建筑中的一个重要部分,建造好的墩台在位置、尺寸和强度、耐久性等方面都要符合设计要求。为此,在施工时,首先应精确地测定墩台位置,正确地进行模板制造和安装,同时采用经过试验合格的建筑材料,严格执行施工规则的规定,以确保工程质量。

桥梁墩台施工的方法主要有两类:一类是就地浇筑与石砌;一类是拼装预制混凝土砌块、钢筋混凝土与预应力混凝土构件。大多数的施工现场是采用前者,但是其施工期限较长,且要耗费较多的劳力与物力。近年来,随着起重机械、运输机械的发展,采用拼装预制构件,建造实心、空心墩台的施工方法有所进展,其特点是不仅可保证施工质量,降低劳动强度,而且可以加快工程进度,提高施工效益,尤其对缺少砂石地区、沙漠缺水地区建造墩台更有着重要意义。

5.2 墩台结构类型与构造

桥梁墩台是桥墩和桥台的合称,是支承桥梁上部结构的结构物。它与基础统称为桥梁下部结构。桥墩指多跨(两跨以上)桥梁的中间支承结构物,它除了承受上部结构传来的作用外,还要承受流水压力、风荷载以及可能出现的冰压力、船舶或漂流物的撞击作用或者桥下车辆的撞击作用(对于跨线桥)。桥台一般指桥头两端设置的支承与挡土的结构物,它既要支承上部结构,又要衔接两岸接线路堤、挡土护岸,承受台背填土及填土上汽车引起的土侧压力。

桥梁墩台不仅承受上部结构的作用，还承受桥位条件下可能产生的各种附加力以及施工时的临时施工荷载，并要将它们传给地基基础。因此，桥梁墩台不仅自身结构应具有足够的强度、刚度和稳定性，而且为确保上部结构的稳定，对地基的承载力、沉降量、地基与基础之间的摩擦力等也都提出了一定的要求，以避免在上述作用力的影响下产生过大的沉降、水平位移或者转动。

当前，世界各国的桥梁建设在结构受力与结构造型相协调的方向上迅速发展，提出了实现使用功能与增强人文景观并重的设计理念。这不仅反映在上部结构上，而且也反映在下部结构与上部结构的造型协调一致上。在桥梁的总体规划设计中致力于上下部结构在受力上相协调而实现桥梁的使用功能，致力于桥型与桥位环境以及上部结构形式与下部结构形式的相协调来增强桥梁的人文景观。因此，合理选择桥梁的墩台造型变得尤为重要。在确定桥梁墩台结构时应遵循：满足交通要求、安全耐久、造价低、维修养护少、施工方便、工期短、与周围环境相协调、造型美观和有利于环保等总原则。

5.2.1 基本类型

桥梁墩台一般由墩（台）帽（或拱座）、墩（台）身和基础三部分组成，如图 5.2.1 所示。

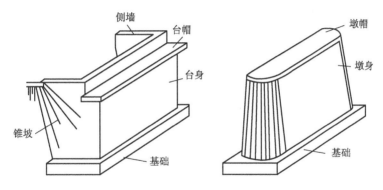

图 5.2.1　桥梁墩台结构示意图

墩（台）帽是指桥梁墩台顶端的承力与传力构件部分，它通过支座承托着上部结构，承受很大的竖向支承反力，并将支座传来的集中力分散给墩（台）身；拱座是特指拱桥墩台而言的，它直接承受由拱圈传来的竖向压力、水平推力和弯矩，并将它们分散给墩（台）身。墩（台）身是桥梁墩台的结构主体。墩身指墩帽（或拱座）以下、基础顶面以上的构造部分，它是一个承受压弯联合作用的构件。台身一般由前墙和侧墙（或耳墙）构成，它们结合成一体，兼有支撑墙和挡土墙的作用。基础是桥梁墩台直接与地基接触的最下构件部分，它的作用是保证桥梁墩台安全埋入土层之中，并将桥梁的全部作用传至地基。

桥梁上最常用、最基本的墩台类型总体上可分为重力式墩台和轻型墩台两种。

1. 重力式墩台

重力式墩台的主要特点是靠自身重力来平衡外力而保持其稳定。因此，墩（台）身比较厚实，可以不用钢筋，采用符合材料强度等级的石材或片石混凝土建成。它适用于地基良好的大、中跨径桥梁，或流水、漂流物较多的河流中。在砂石料供应方便的地区，小桥也往往采用重力式墩台。其主要缺点是圬工体积较大，因而其重力和阻水面积也较大。

2. 轻型墩台

一般而言,轻型墩台的墩(台)身承力截面较小、相对这一截面的长细比较大、整体刚度较小、受力后允许在一定范围内发生弹性变形。所用的建材通常以钢筋混凝土和少筋混凝土为主,但也有一些轻型墩台通过验算后可以用圬工材料浇(砌)筑。这种墩台外形轻巧美观,是目前公路桥梁中广泛采用的墩台形式之一,特别是在较宽较大的城市立交桥和高架桥中。

值得指出的是,重力式的实体桥墩从墩顶至基底各层以承压来传递竖向力,增加自身重力矩来抵消增大的偏心弯矩,这在一定墩身高度是可行的。但是,随着高墩的出现,实体墩身的底截面将越来越大,实体圬工量急剧增大,突显出环保与经济问题。因此,目前大量采用钢筋混凝土空心结构或薄壁结构的轻型桥墩。而且,近年来为了结构的纤细美观及避免干扰附近建筑物,更趋向广泛采用如Ⅰ形、T形、V形和框架桥墩,加大了对柔性墩、立体刚架墩的选用。由此,应用预应力混凝土也成为桥梁墩台经常采用的结构措施。另外,为了适应桥位软弱地基条件、解决拱桥推力问题,组合式桥台也成为了必不可少的墩台类型之一。

桥梁墩台按照桥型的不同可分为梁桥墩台和拱桥墩台等,现分述如下。

5.2.2 梁桥墩台

1. 梁桥桥墩

梁桥桥墩按其构造,可分为实体桥墩、空心桥墩、柱式桥墩、柔性排架桩墩及框架墩等;按墩身横截面形状,可分为矩形、圆端形、尖端形及各种空心截面组合成的墩;按受力特点,可分为刚性墩和柔性墩;按施工工艺,可分为就地浇(砌)筑桥墩和预制安装桥墩。

(1)实体桥墩

实体桥墩是由墩帽、墩身和基础构成的一个实体结构。按其截面尺寸和桥墩重力的大小不同,可分为实体重力式桥墩和实体薄壁式(墙式)桥墩。

墩帽是承力与传力的构件,因此对墩帽的厚度和材料的强度要求较高,其厚度随桥梁跨径而定,对于特大、大跨径桥梁不应小于50cm,对于中、小跨径桥梁不应小于40cm。墩帽一般要用C20以上的混凝土做成,内应设置构造钢筋。在一些桥面较宽、墩身较高的桥梁中,为了减小墩身及基础的圬工体积,常常利用挑出的悬臂或托盘来缩短墩身横向长度。悬臂式或托盘式墩帽一般采用C20或C25钢筋混凝土。

(2)空心桥墩

对于高大的桥墩或位于软弱地基桥位的桥墩,为了减少圬工体积、减轻自重以及减小地基的负荷,可将墩身内部做成空腔体或部分空腔体,形成空心桥墩。空心桥墩可归纳为部分镂空体桥墩(图5.2.2)和薄壁混凝土空心桥墩(图5.2.3)两种。

部分镂空体桥墩在外形上保持了实体重力式桥墩的基本特点,只是自重较实体桥墩轻,能节省一定量的圬工材料。镂空部分的墩身周围应设置适当的壁孔,作为泄水孔或通风孔,孔径宜为20~30cm。值得指出的是,空心墩身如不设泄水孔,将使墩壁承受静水压力,而且壁外河水通过墩壁微细缝向墩内渗透,使结构受损。此外,如果基础底面下是透水地基,河水尚对墩身和基础产生浮力,不利于稳定。对于水位以上及旱桥的空心墩墩壁也宜设通风孔,用以调节壁内外温差,但其孔径可适当减小。

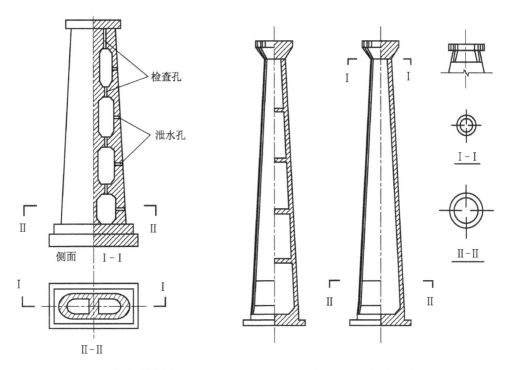

图 5.2.2 部分镂空体桥墩 图 5.2.3 圆形空心桥墩

薄壁混凝土空心桥墩除应满足部分镂空体桥墩规定的要求外,为保证薄壁空心墩墩壁的稳定以及桥墩的局部和整体的稳定,应在墩身内设横隔板或纵、横隔板,形成空格型结构。水平横隔板设置的间距受墩壁厚的限制,但对于 40m 以上的高墩,不论壁厚如何,均按 6~10m 的间距设置横隔板。

柱式桥墩(图 5.2.4)一般由墩顶的盖梁(即墩帽)、柱式墩身和桩基础或扩大基础组成。墩身的外形是圆截面、矩形截面或多边形截面的单根立柱或分离的两根及多根立柱。这种桥墩轻巧美观、材料节省、施工方便,是桥梁中广泛采用的墩形之一,特别是在较宽较大的城市高架桥和立交桥中。目前公路桥梁中常用的柱式桥墩的形式,有单柱式、双柱式、哑铃式以及混合双柱式四种。单柱式墩宜在斜交角大于 15°的斜交桥、河水流向不稳定的水中墩或立交桥上使用,其盖梁悬臂长度和尺寸较大。双柱式墩是目前双车道桥采用最多的柱式墩,特别是钻孔灌注桩柱式桥墩,适用于复杂的软弱地质条件以及较大跨径和较高桥墩的桥梁。它由地面下的钻孔灌注桩基与墩柱直接相连,当墩身柱的高度大于1.5 倍的桩中距时,宜在桩与柱连接面处布置横系梁,以增加桩与柱的整体刚度;当墩柱高度大于 6~7m 时,还应在高柱的中部设置双柱间的横系梁以加强墩柱横向联系。哑铃式和混合双柱式墩,是为了适应河道流水速度大且有流冰或漂流物等不利条件,用以加强墩身整体刚度。

框架墩的墩身是采用受力明确的压弯和挠曲构件组成的平面框架,在横桥向可以做成双层或多层的空间框架受力体系。为适应建筑艺术,使桥型更加轻巧美观,在桥梁纵、横向可建成 V 形、Y 形或 X 形(图 5.2.5)的墩身结构,在现代混凝土梁桥中较常采用。

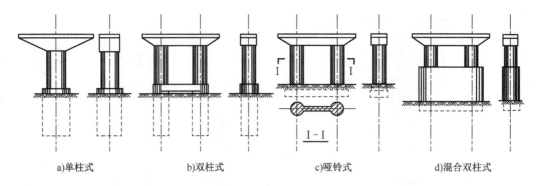

a) 单柱式　　b) 双柱式　　c) 哑铃式　　d) 混合双柱式

图 5.2.4　柱式桥墩

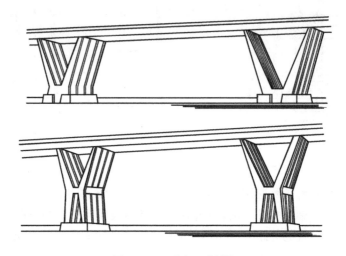

图 5.2.5　V 形和 X 形桥墩

2. 梁桥桥台

梁桥桥台从构造上可分为重力式桥台、轻型桥台和组合式桥台三种类型。重力式桥台主要靠自身重力来平衡台后的土侧压力,桥台台身一般由圬工材料采用就地浇(砌)筑施工建成,这类桥台常用的种类有重力式 U 形桥台和实体埋置式桥台等。

重力式 U 形桥台(图 5.2.6)因其台身是由前墙和两个侧墙在平面上构成的 U 字形结构而得名。其优点是构造简单,整体刚度大,可用混凝土或片、块石砌筑,适用于填土高度在 8~10m 以下的桥梁;缺点是桥台体积和自重较大,也增加了对地基的要求。此外,桥台的两个侧墙之间填土容易积水,结冰后冻胀,使侧墙产生裂缝。所以宜用渗水性较好的土夯填,并做好台后排水措施。

实体埋置式桥台(图 5.2.7)由圬工实体的台身、钢筋混凝土的台帽以及耳墙组成。台身埋在桥端的整体溜坡中,由于这种桥台的工作原理是将台身后倾,使重心落在基底截面的形心之后,以平衡台后填土的倾覆力矩。再则,台身前的溜坡填土对桥台的主动土压力,可以抵抗台身后的路堤填土的部分土侧压力。而且,它不设侧墙仅设薄小的钢筋混凝土耳墙。所以,这种桥台的体积较小、用材省。但由于溜坡伸入桥孔内,压缩了桥下净空,有时需要增加桥长。它适用于桥头为浅滩,溜坡受冲刷较小且路堤填土高度达 8m 以上的多跨桥的高桥台。

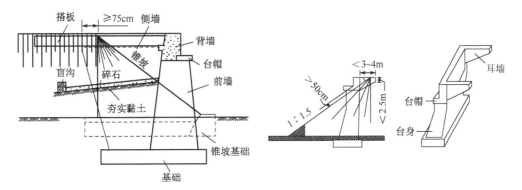

图5.2.6　梁桥重力式U形桥台　　　　图5.2.7　梁桥实体埋置式桥台

钢筋混凝土轻型桥台,其构造特点是利用结构的抗弯能力和整体刚度,来减少台身的体积而使桥台轻型化。它自重较小,能降低对地基强度的要求,为软土地基上的桥台提供了经济可行的结构形式。轻型桥台不设置侧墙,一般采用八字式或一字式翼墙挡土,也可做成耳墙,形成埋置式轻型桥台并设置溜坡。常用的轻型桥台可分为:设有支撑梁的轻型桥台、框架式轻型桥台以及薄壁轻型桥台等。

此外还有组合式桥台,其是由主要承受桥跨结构传来的竖向力和水平力的台体与承受台后土压力的其他结构组合而成。常用的形式有加筋土桥台、过梁式框架桥台以及台墙隔离桥台。

5.2.3　拱桥墩台

拱桥墩台同梁桥墩台一样,也分为两大类型,一类是重力式墩台,另一类是轻型墩台,其作用原理与梁桥墩台大致相同。

1. 拱桥桥墩

(1)重力式桥墩

拱桥是一种有推力结构,拱圈传给桥墩上的力,除了垂直力以外,还有较大的水平推力,这是与梁桥的最大不同之处。从抵御恒载水平力的能力来看,拱桥桥墩又可以分为普通墩和单向推力墩两种。普通墩除了承受相邻两跨结构传来的垂直反力外,一般不承受恒载水平推力,或者当相邻孔不相同时只承受经过相互抵消后尚余的不平衡推力。单向推力墩又称制动墩,它的主要作用是在它一侧的桥孔因某种原因遭到毁坏时,能承受住单侧拱的恒载水平推力,以保证其另一侧的拱桥不致遭到倾坍。施工中为了拱架的多次周转,或者当缆索吊装设计的工作跨径受到限制时,为了能按桥台与某墩之间或者按某两个桥墩之间作为一个施工段进行分段施工,在此情况下也要设置能承受部分恒载单向推力的制动墩。由此可见,为了满足结构强度和稳定的要求,普通墩的墩身可以做得薄一些[图5.2.8a)~c)],单向推力墩则要做得厚实一些[图5.2.8d)]。

拱桥实体重力式桥墩也由墩帽、墩身及基础三部分组成,与梁桥桥墩不同的一点是,梁桥桥墩的顶面要设置传力的支座,且支座距顶面边缘保持一定的距离;而拱桥桥墩则在其顶面的边缘设置呈倾斜面的拱座,直接承受由拱圈传来的压力。故无铰拱的拱座总是设计成与拱轴线呈正交的斜面。由于拱座承受着较大的拱圈压力,故一般采用C25以上的整体式混凝土预制块或MU40以上的块石砌筑。

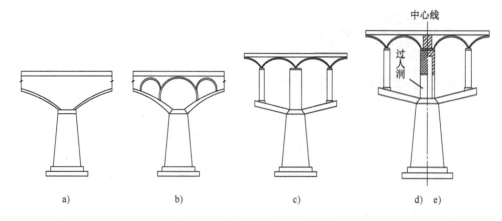

图 5.2.8 拱桥普通墩与单向推力墩

当桥墩两侧孔径相等时,则拱座均设置在桥墩顶部的起拱线高程上,有时考虑桥面的纵坡,两侧的起拱线高程可以略有不同。当桥墩两侧的孔径不等,恒载水平推力不平衡时,将拱座设置在不同的起拱线高程上(图5.2.9)。此时,桥墩墩身可在推力小的一侧变坡或增大边坡,以减小不平衡推力引起的基底反力偏心距。从外形美观上考虑,变坡点一般设在常水位以下,墩身两侧边坡和梁桥的一样,一般为 20:1~30:1。

因为上承式拱桥的桥面与墩顶顶面相距有一段高度,墩顶以上结构常采用的有以下几种不同形式。对于空腹式拱桥的普通墩,常采用立墙式、立柱加盖梁式或者采用跨越式[图5.2.8b)、c)]。对于单向推力墩,常采用立墙式和框架式[图5.2.8d)、e)]。

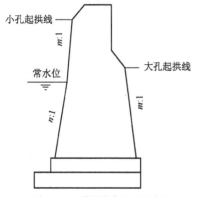

图 5.2.9 拱桥墩身边坡的变化

(2)轻型桥墩

拱桥轻型桥墩按构造形式不同,主要分为柱式桥墩、斜撑墩、悬臂墩。

①柱式桥墩。

拱桥桥墩上所用的轻型桥墩,一般为配合钻孔灌注桩基础的桩柱式桥墩(图5.2.10)。从外形上看,它与梁桥上的桩柱式桥墩非常相似。其主要差别是:在梁桥墩帽上设置支座,而在拱桥墩顶部分则设置拱座。当拱桥跨径在10m左右时,常采用两根直径为1m的钻孔灌注桩;跨径在20m左右时,可采用两根直径为1.2m或三根直径为1m的钻孔灌注桩;跨径在30m左右时,可采用三根直径为1.2~1.3m的钻孔灌注桩。桩墩较高时,应在桩间设置横系梁以增强桩柱刚性。桩柱式桥墩一般采用单排桩,跨径在40m以上可采用双排桩。在桩顶设置承台,与墩柱连成整体。如果柱与桩直接连接,则应在结合处设置横系梁。若柱高大于6m时,还应在柱的中部设置横系梁。

②斜撑墩[图5.2.11a)]。

在采用轻型桥墩的多孔拱桥中,每隔3~5孔应设单向推力墩。当桥墩较矮或单向推力不大时,可采用轻型的单向推力墩。这种桥墩的特点是在普通墩的墩柱上,从两侧对称地增设钢筋混凝土斜撑和水平拉杆,用以提高抵抗水平推力的能力。其优点是阻水面积小,并可节约圬工体积。为了提高构件的抗裂性,可以采用预应力混凝土结构。这种桥墩只在桥不太高的旱地上采用。

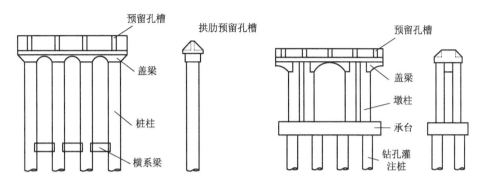

图 5.2.10 拱桥桩柱式桥墩

③悬臂墩[图 5.2.11b)]。

在桩柱式桥墩上加一对悬臂,拱脚支承在悬臂端。当一孔坍塌时,邻孔恒载单向推力对桩柱身产生的弯矩,被恒载竖直反力产生的反向弯矩抵消一部分,从而减小桩柱身的弯矩,而能够承受拱的单向恒载推力。

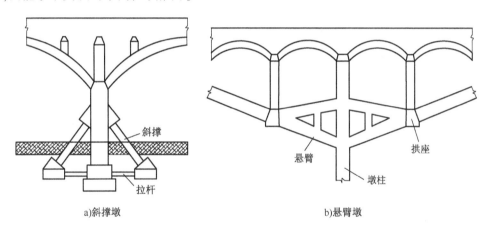

a)斜撑墩   b)悬臂墩

图 5.2.11 拱桥轻型单向推力墩

2. 拱桥桥台

拱桥桥台既要承受来自拱圈的推力、竖向力及弯矩,又要承受台后土的侧压力,从尺寸上看,拱桥桥台一般较梁桥桥台要大。根据桥址具体条件可选用不同的构造形式,可分为重力式桥台、轻型桥台、组合式桥台、齿槛式桥台和空腹式桥台等。

常用的重力式桥台为U形桥台(图 5.2.12),它由台帽、台身和基础三部分组成。U形桥台的台身是由前墙和平行于行车方向的两侧翼墙构成,其水平截面呈U形。U形桥台常采用锥形护坡与路堤连接,锥坡的坡度根据坡高地形等确定。U形桥台的优缺点与梁式桥中的U形桥台相同,在结构构造上除在台帽部分有所差别外,其余部分也基本相同。拱桥桥台只在向河心的一侧设置拱座,其尺寸可参照相应拱桥桥墩的拱座拟定。其他部分的尺寸可参考相应梁桥U形桥台进行设计。

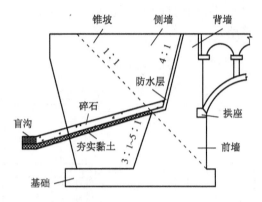

图 5.2.12 拱桥 U 形桥台

轻型桥台是相对于重力式桥台而言的。其工作原理是,当桥台受到拱的推力后,便发生绕基底形心轴而向路堤方向的转动,此时台后的土便产生抗力来平衡拱的推力,由于土参与提供部分抗力,从而使桥台的尺寸大大地小于实体重力式桥台,但此时必须验算由于拱脚位移而在拱圈内产生的不利附加内力的影响。采用轻型桥台时,要注意保证台后的填土质量。台后填土应严格按照规定分层夯实,并做好台后填土的防护工作,防止受水流的侵蚀和冲刷。常用的轻型桥台有八字形和 U 字形桥台,以及由此派生出来的日形和 E 形等背撑式桥台。

组合式桥台由台身和后座两部分组成。台身基础承受竖向力,一般采用桩基或沉井基础;拱的水平推力则主要由后座基底的摩阻力及台后的土侧压力来平衡。因此后座基底高程应低于拱脚下缘的高程。台身与后座间应密切贴合,并设置沉降缝,以适应两者的不均匀沉降,在地基土质较差时,后座基础也应适当处理,以免后座向后倾斜,导致台身和拱圈的位移和变形。

齿槛式桥台由前墙、侧墙、底板、撑墙等部分组成。其结构特点是:基底面积较大,可以支承一定的垂直压力;底板下的齿槛可以增加摩擦和抗滑的稳定性;台背做成斜挡板,利用它背面的原状土和前墙背面的新填土,共同平衡拱的水平推力;前墙与后墙板之间的撑墙可以提高结构的刚度。齿槛的宽度和深度一般不小于 50cm。这种桥台适用于软土地基和路堤较低的中小跨径拱桥。

空腹式桥台由前墙、后墙、基础板和撑墙等部分组成。前墙承受拱圈传来的荷载,后墙支承台后的土压力。在前后墙之间设置撑墙 3~4 道,作为传力构件,并对后墙起到扶壁作用,对基础板起到加劲作用。最外边的撑墙可以做成阶梯踏步,供人们上下河岸。空腹可以是敞口的,也可以是封闭的。如地基承载力许可时,也可在腹内填土。这种桥台一般是在软土地基、河床无冲刷或冲刷轻微、水位变化小的河道上采用。

5.3 墩台混凝土的浇筑

5.3.1 混凝土墩台的施工

就地浇筑的混凝土墩台施工有两个主要工序,一是制作安装墩台模板;二是混凝土浇筑。

1. 墩台的模板施工

根据《公路桥涵施工技术规范》(JTG/T 3650—2020)的规定,模板的设计与施工应符合如下要求:

(1)具有足够的强度、刚度和稳定性,应能承受施工过程中所产生的各种荷载;

(2)模板应能与混凝土结构或构件的特征、施工条件和浇筑方法相适应,应保证结构物各部位形状尺寸和相互位置的准确;

(3)模板的板面应平整,接缝处应严密且不漏浆;模板与混凝土的接触面应涂刷隔离剂,但不得采用废机油等油料,且不得污染钢筋及混凝土的施工缝;

(4)构造应简单、合理,结构受力应明确,安装、拆除应方便。

模板一般用木材或钢料制成。木模重量轻,便于加工成结构物所需要的尺寸和形状,但装拆时易损坏,重复使用少。对于大量或定型的混凝土结构物,则多采用钢模板,钢模板造价较高,但可重复多次使用,且拼装拆卸方便。

常用的模板类型有:

(1)拼装式模板:系用各种尺寸的标准模板利用销钉连接,并与拉杆、加劲构件等组成墩台所需形状的模板。如图 5.3.1 所示,将墩台表面划分为若干小块,尽量使每部分板扇尺寸相同,以便于周转使用。板扇高度通常与墩台分节灌注高度相同,一般可为 3~6m,宽度可为 1~2m。具体视墩台尺寸和起吊条件而定。拼装式模板由于在厂内加工制造,因此板面平整、尺寸准确、体积小、重量轻,拆装容易、快速,运输方便,故应用广泛。

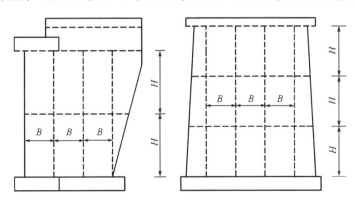

图 5.3.1　桥墩模板划分示意图

(2)整体吊装模板:系将墩台模板水平分成若干段,每段模板组成一个整体,在地面拼装后吊装就位(图 5.3.2)。分段高度可视起吊能力而定,一般可为 2~4m。整体吊装模板的优点:安装时间短,无需设立施工接缝,加快施工进度,提高了施工质量;将拼装模板的高空作业改为平地操作,有利施工安全,模板刚性较强,可少设拉筋或不设拉筋,节约钢材;可利用模外框架作简易脚手,不需另搭施工脚手架;结构简单,装拆方便,对建造较高的桥墩较为经济。

(3)组合型钢模板:系以各种长度、宽度及转角标准构件,用定型的连接件将钢模拼成结构用模板。其优点为体积小、重量轻、运输方便、装拆简单、接缝紧密等。适用于在地面拼装,整体吊装的结构上。

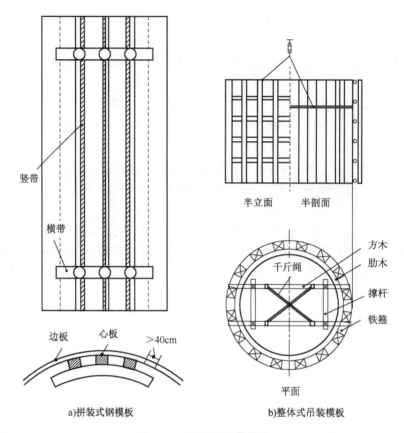

图 5.3.2　圆形桥墩整体模板

（4）滑动钢模板：适用于各种类型的桥墩（详见后节）。

各种模板在工程上的应用，可根据墩台高度、墩台形式、机具设备、施工期限等条件，因地制宜，合理选用。

模板安装前应对模板尺寸进行检查；安装时要坚实牢固，以免振捣混凝土引起跑模；安装要符合结构设计的位置要求。有关模板制作与安装的允许偏差见表 5.3.1、表 5.3.2。

模板制作的允许偏差　　表 5.3.1

项次	偏差名称	允许偏差（mm）
1	拼合板的长度和宽度与设计尺寸的偏差	5
2	不刨光模板的拼合板，相邻两板表面的高低差别	3
	刨光模板的拼合板，相邻两板表面的高低差别	1
3	拼合板中木板间的缝际宽度	2

模板构件安装的允许偏差　　表 5.3.2

项次	偏差名称		允许偏差（mm）
1	模板的立柱及撑杆间距与设计规定的偏差		75
2	模板竖向偏差	每 1m 高度	3
		在结构全高度内	30

续上表

项次	偏差名称		允许偏差(mm)
3	模板轴线与设计位置的偏差		20
4	模板横截面内部尺寸与设计尺寸的偏差		20
5	平板模板表面的最大局部不平（用2m直尺检查）	刨光模板	5
		不刨光模板	8

2. 墩台混凝土施工要点

(1) 混凝土拌制

在墩台混凝土施工中，要严格控制技术标准，主要应切实保证混凝土的配合比、水灰比和坍落度等指标要求。混凝土从搅拌处至浇筑地点的运输过程中，应采取措施使混凝土保持均匀性和规定的坍落度，不出现漏浆、失水、离析等现象，保证在初凝前有充分的时间进行浇筑和捣实。否则需在浇筑前进行二次搅拌。根据运输量大小和运距远近，采用不同的运输设备，总的要求是运输能力应适应混凝土凝结速度和浇筑速度的需要。当混凝土拌合物运距较近时，可采用无搅拌器的运输工具运输；当运距较远时，宜用搅拌运输车、混凝土泵车等运输工具。对于运输工具，要求不吸水，不漏浆。墩台混凝土的水平与竖向运输相互配合方式与适用条件可按照表5.3.3选用。如混凝土数量大，灌筑捣固速度快时，可采用混凝土泵和皮带运输机。运输带的转动速度应不大于1.0~1.2m/s，其最大倾斜角：当混凝土坍落度小于4cm时，向上传送为18°，向下传送为12°；当坍落度为4~8cm时，则分别为15°与10°。

墩台混凝土的水平与垂直运输相互配合方式与适用条件 表5.3.3

水平运输	竖向运输	适用条件	备注
人力混凝土手推车、内燃翻斗车、轻便轨人力推运翻斗车，或混凝土吊车	手推车	中小桥梁，水平运距较近	墩高 $H<10$m，搭设脚手架平台，铺设坡道，用卷扬机拖拉手推车上平台
	轨道爬坡翻斗车		$H<10$m，搭设脚手架平台，铺设坡道，用卷扬机拖拉手推车上平台
	皮带输送机	$H<10$m	倾角不宜超过15°，速度不超过1.2m/s，高度不足时，可用二台串联使用
	腰带（或轮胎）起重机，起吊高度≈20m	$10<H<20$m	用吊斗输送混凝土
	木制或钢制扒杆	$10<H<20$m	用吊斗输送混凝土
	墩外井架提升	$H>20$m	在井架上安装扒杆提升吊斗
	墩内井架提升	$H>20$m	适用于空心桥墩
	无井架提升	$H>20$m	适用于滑动模板

续上表

水平运输	垂直运输	适用条件	备注
轨道牵引车输送混凝土翻斗车或混凝土吊斗汽车倾卸车、汽车运送混凝土吊斗、内燃翻斗车	履带(或轮胎)起重机,起吊高度≈30m	大、中桥梁,水平运距较远 $20<H<30\mathrm{m}$	用吊斗输送混凝土
	塔式起重机	$30<H<50\mathrm{m}$	用吊斗输送混凝土
	墩外井架提升	$H<50\mathrm{m}$	井架可用万能杆件组装
	墩内井架提升	$H>50\mathrm{m}$	适用于空心桥墩
	无井架提升	$H>50\mathrm{m}$	适用于滑动模板
索道起重机		$H>50\mathrm{m}$	
混凝土输送泵		$H<50\mathrm{m}$	可用于大体积实心墩台

①混凝土搅拌的顺序宜按下列要求进行:

当无外加剂、混合料时,依次进入上料斗的顺序宜为粗集料→水泥→细集料。

当掺干粉状外加剂时,其顺序宜为粗集料→外加剂→水泥→细集料或粗集料→水泥→细集料→外加剂。

②为了保证混凝土拌合物的质量,对混凝土的拌制应根据不同的拌制方式和拌制设备采用相应的搅拌时间。

为保证混凝土拌合物搅拌均匀,对于拌和程序和时间,应通过拌和试验确定。一般而言,混凝土搅拌的最短时间,必须符合表5.3.4的规定。通常设置时间控制装置,以检查拌和时间。

混凝土的搅拌时间(单位:s)   表5.3.4

混凝土坍落度(mm)	搅拌机类型	搅拌机容量(L)		
		<250	250~500	>500
≤30	自落式	90	120	150
	强制式	60	90	120
>30	自落式	90	90	120
	强制式	60	60	90

注:1. 搅拌细砂或掺有外加剂的混凝土时,搅拌时间应适当延长。
2. 搅拌时间也不宜过长,每一工作班至少抽查两次。
3. 当采用其他形式的搅拌设备时,搅拌的最短时间应按设备说明书的规定或经试验确定。

在每次应用搅拌机拌和第一罐混凝土之前,应先开动搅拌机空机运转,运转正常后,再加搅拌料。搅拌好的混凝土要做到基本卸尽,在全部混凝土卸出之前不得再投入拌合料,不得采用边出料边进料的办法。

③冬期施工混凝土的搅拌。室外日平均气温连续5d稳定低于5℃时,混凝土拌制应采取冬期施工措施,并应及时采取气温突然下降的防冻措施。

冬期拌制混凝土应优先采用加热水的方法。水泥不得直接加热,宜在使用前运入暖棚内存放。当集料不加热时,水可加热到100℃,但水泥不应与80℃以上的水直接接触。对于投料顺序,与普通混凝土的投料顺序不同,先投入集料和已加热的水,然后再投入水泥。对于混凝土的拌制时间以及具体温度都有一定的限制,拌制时间应取常温的1.5倍;混凝土拌合物的出机温度不宜低于10℃,入模温度不低于5℃。

④采用搅拌运输车运输要求。

a. 混凝土运输车装料前应将搅拌筒内、车斗内的积水排净。

b. 运输途中搅拌筒应保持 3~5r/min 的慢速转动。

c. 混凝土应以最少的装载次数和最短时间,从搅拌地点运到浇筑地点。混凝土的延续时间不宜超过表 5.3.5 的规定。

混凝土从搅拌机中卸出到浇筑完毕的延续时间(单位:min)   表 5.3.5

混凝土强度等级	气温(℃)	
	≤25	>25
≤C30	210	180
>C30	180	150

⑤用混凝土泵送混凝土要求。

混凝土泵的选型、配管设计,应根据工程和施工场地特点、混凝土浇筑方案、要求的最大输送量及混凝土浇筑计划,参照现行《混凝土泵送施工技术规程》(JGJ/T 10)确定。对于混凝土的配合比,必须满足一定的规定。同时在采用混凝土泵时,应注意如下几点:

a. 输送管接头应严密,运送前应用水泥浆润滑内壁。

b. 混凝土运送作业宜连续进行,如有间歇应经常使混凝土泵转动,以防输送管堵塞,时间过长时,应将管内混凝土排出并冲洗干净。

c. 泵送时,应使料斗内经常保持约 2/3 的混凝土,以防管路吸入空气,导致堵塞。

d. 多台混凝土泵或泵车同时浇筑时,选定的位置要使其各自承担的浇筑量接近,最好能同时浇筑完毕,避免留置施工缝。

e. 混凝土输送管的固定,不得直接支承在钢筋、模板及预埋件上。

f. 应避免混凝土泵的油污染混凝土。

(2)混凝土的浇筑

①浇筑混凝土前的检查。

浇筑混凝土前,应对支架、模板、钢筋和预埋件进行检查,合格后方可进行,并将基础顶面冲洗干净,凿除表面浮浆。倘若运至浇筑地的混凝土有离析现象或坍落度不符合要求,应重新搅拌均匀,直到满足坍落度要求方能入模。

在明挖基础上浇筑墩台第一层混凝土时,要防止水分被基底吸收或基底水分渗入混凝土而降低强度。对桥梁墩台基底的处理,除可按有关要求和规定外,还应注意做到以下几点:

a. 基底为非黏性土或干土时,应将其湿润。

b. 基底为岩石时,应加以湿润,并铺一层厚为 2~3cm 的水泥砂浆。然后在水泥砂浆凝结前浇筑第一层混凝土。

②墩台混凝土浇筑速度。

控制混凝土的浇筑速度,以满足浇筑质量。其公式如下:

$$v \geqslant Ah/t \tag{5.3.1}$$

式中:v——混凝土配制、输送及浇筑的容许最小速度(m^3/h);

A——浇筑的面积(m^2);

h——浇筑层的厚度(m);

t——所用水泥的初凝时间(h)。

如混凝土的配制、输送及浇筑需要时间较长,则应符合:

$$v \leqslant Ah/(t - t_0) \tag{5.3.2}$$

式中:t_0——混凝土的配制、输送及浇筑所消耗的时间(h)。

③大体积墩台浇筑的水化热及温度应力控制。

桥梁墩台结构体积一般都偏大,属于大体积混凝土工程,对桥台与墩身来说,因常年浸泡在泥、水中,除需满足结构强度外,还必须具备良好的耐久性和抗渗性,同时还应有较好的抗冲击、抗震及耐侵蚀性能。因此,严格控制大体积墩台混凝土温度应力,减少温度裂缝的产生,是保证桥梁工程质量的关键。对于大体积混凝土而言,一般是降温收缩和自身收缩共同的作用。其主要是通过减少混凝土中的水化热,使其各部位的温差不超过25℃,温度梯度不超过10℃。为避免水化热过高,导致混凝土因内外温差引起裂缝,可采取如下措施:

a.掌握混凝土浇筑时的外界温度和控制出机温度。由于混凝土内部散热慢,而表面散热快,这样就造成了混凝土内外部温度差加大。所以,掌握好外界温度来降低混凝土的浇筑温度,不仅可以直接降低混凝土浇筑的温度,减小温度应力,同时还可以使浇筑温度降低到周围环境温度以下,形成负的初始温差。这种温差初期将在混凝土体内引起压应力,以抵消内外温差及温度梯度引起的表面拉力,有利于防止早期混凝土的表面裂缝。对于混凝土的浇筑,在正确掌握好外界温度的同时还要控制好出机温度。出机温度一般是根据搅拌前混凝土原材料总的热能与搅拌后混凝土总热量相等的原理来得出。因此如碰到高温天气,尽可能采取降温措施(必要时要加冰屑),可利用晚上气温低时浇筑,对于一些粗细集料最好搭设遮阳篷防止日晒,或在使用前用冷水冲洗。

b.控制混凝土水化热。桥梁墩台中混凝土强度一般较高,水泥的用量也较大,这样就造成浇筑完成的混凝土由于水泥的水化热引起内部温度急剧升高,体积膨胀也增大。对于这个问题,施工中尽量采用低水化热的水泥(如大坝水泥、矿渣水泥、粉煤灰水泥等)配制混凝土;或者在混凝土中掺入少量粉煤灰来取代部分水泥,不仅能改善混凝土的工作性和可泵送性,还能明显地降低混凝土的水化热。用改善集料级配、降低水灰比、掺加混合材料与外加剂、掺入片石等方法减少水泥用量,采用 C_3A、C_3S 含量小、水化热低的水泥,如大坝水泥、矿渣水泥、粉煤灰水泥、低标号水泥等,同时严格控制混凝土配合比。埋入石块,降低水泥用量。

c.合理的分层浇筑,减小浇筑层厚度,加快混凝土散热速度。

d.做好混凝土的养护及表面温度控制。为了降低温差,可采用蓄水养护。即在每层混凝土浇筑完毕待终凝后立即在上面作蓄水养护,蓄水深度应在30cm以上,以推迟混凝土表面温度的迅速散失,控制混凝土表面温度与内部中心温度或外界气温的差值,防止周围产生温度裂缝。除此以外,可采用塑料成膜养护法,即在混凝土外露部分全面均匀地喷洒一层塑料薄膜,进行面膜养护;外观无特殊要求时也可采用湿麻袋、草帘或湿砂遮盖,并经常洒水湿养。混凝土用料应避免日光曝晒,以降低初始温度。

e.采用降温法人为控制结构内部温度,在混凝土内埋设冷却管通水冷却。墩台施工时预埋一定数量的水平冷水管,利用流动冷水的冷却能有机地控制整个结构的内部温度,减少大体积混凝土内外温差。

④墩台分块浇筑。

对于墩台及基础混凝土,由于其体积庞大,不能在前层混凝土初凝或能重塑前浇筑完成次层混凝土时,一般整个平截面范围水平分层进行浇筑。对于大体积墩台基础混凝土,当平截面过大,不能在前层混凝土初凝或能重塑前浇筑完成次层混凝土时,可分块进行浇筑。分块时应注意:各分块面积不得小于 $50m^2$;每块高度不宜超过 2m;块与块间的竖向接缝面,应与墩台身或基础平截面短边平行,与平截面长边垂直;上下邻层间的竖向接缝,应错开位置做成企口,并应按施工接缝处理。

a. 在施工缝处浇筑混凝土时,已浇筑的混凝土的抗压强度必须达到 1.2MPa 以上。在施工缝施工时,应在已硬化的混凝土表面上,清除水泥薄膜和松动的石子以及软弱的混凝土层,同时还应加以凿毛,用水冲洗干净并充分湿润,一般不宜少于 24h,残留在混凝土表面的积水应予清除。并在施工缝处铺一层水泥砂浆或与混凝土内成分相同的水泥砂浆。

b. 施工缝位置附近需弯钢筋时,要做到钢筋周围的混凝土不受松动和损坏。钢筋上的油污、水泥砂浆及浮锈等杂物也应清除。

c. 重要部位及有抗震要求的钢筋混凝土结构,应在施工缝处补插锚固钢筋;有抗渗要求的施工缝宜做成凹形、凸形或设置止水带。

d. 施工缝为斜面时,应浇筑成或凿成台阶状。

混凝土中填放片石时应符合以下规定:

a. 埋放石块的数量不宜超过混凝土结构体积的 25%;当设计为片石混凝土砌体时,石块含量可增加为 50%~60%。

b. 应选用无裂纹、夹层且未被煅烧过的,高度不小于 15cm、具有抗冻性能的石块。

c. 石块的抗压强度不应低于 25MPa 或 30MPa 及混凝土强度等级。

d. 石块应清洗干净,应在捣实的混凝土中埋入一半以上。

e. 石块应分布均匀,净距小于 10cm,距结构侧面和顶面净距不小于 15cm。对于片石混凝土,石块净距可不小于 4~6cm;石块不得挨靠钢筋或预埋件。

f. 受拉区混凝土或当气温低于 0℃ 时,不得埋放石块。

为防止墩台基础第一层混凝土中的水分被基底吸收或基底水分渗入混凝土,对墩台基底处理除应符合天然地基的有关规定外,尚应符合以下规定:

a. 基底为非黏性土或干土时,应将其润湿。

b. 如为过湿土时,应在基底设计高程下夯填一层 10~15cm 厚片石或碎(卵)石层。

c. 基底面为岩石时,应加以润湿,铺一层厚 2~3cm 水泥砂浆,然后于水泥砂浆凝结前浇筑第一层混凝土。

墩台身钢筋的绑扎应和混凝土的浇筑配合进行。配置第一层垂直钢筋时,应有不同的长度,同一断面的钢筋接头应符合《混凝土结构工程施工质量验收规范》(GB 50204—2015)的规定。水平钢筋的接头,也应内外、上下互相错开。钢筋保护层的净厚度,应符合设计要求,如无设计要求时,则可取墩台身受力钢筋大于等于 3cm,承台基础受力钢筋大于等于 3.5cm。

⑤混凝土分层浇筑。

混凝土应按一定厚度、顺序和方向分层浇筑,应在下层混凝土初凝或能重塑前浇筑完成上层混凝土,上下层同时浇筑时,上层与下层前后浇筑距离应保持 1.5m 以上。在倾斜面上浇筑混凝土时,应从低处开始逐层扩展升高,保持水平分层。混凝土分层浇筑厚度不宜超过表5.3.6的规定。

混凝土分层浇筑厚度　　　　　　表5.3.6

捣实方法		浇筑厚度(mm)
用插入式振动器		300
用附着式振动器		300
用表面振动器	无筋或配筋稀疏时	250
	配筋较密时	150
人工捣实	无筋或配筋稀疏时	200
	配筋较密时	150

⑥混凝土振捣。

在振捣成型之前,应根据施工对象及混凝土拌合物性质选择适当的振捣器,并确定振捣时间。一般除少量塑性混凝土可用人工捣实外,宜采用振动器振实。用振动器捣实时应符合下列规定：

a.使用插入式振动器时,移动间距不应超过振动器作用半径的1.5倍;与侧模应保持50~100mm的距离;插入下层混凝土50~100mm;每一处振动完毕后应边振动边徐徐提出振动棒;应避免振动棒碰撞模板、钢筋及其他预埋件。

b.表面振动器的移位间距,应使振动器平板能覆盖已振实部分100mm左右为宜。

c.附着式振动器的布置距离,应根据构造物形状及振动器性能等情况并通过试验确定。

d.对每一振动部位,必须振动到该部位混凝土密实为止。密实的标志是混凝土停止下沉,不再冒出气泡,表面呈现平坦、泛浆。

⑦毛石混凝土的浇筑。

浇筑大体积的混凝土墩台及其基础,可在混凝土中填充厚度不小于15cm的块石,其填充量不得超过混凝土体积的20%,并且必须满足下列要求：

a.块石必须经过挑选,无裂纹和夹层且未被煅烧,具有抗冻性能。

b.块石的抗压强度不应低于30MPa及混凝土的强度等级。

c.块石在使用前应清洗干净,使用时再用水润湿。

d.块石应嵌在新浇筑的流态混凝土上,不应在初凝后混凝土上放置。块石应在捣实的混凝土中埋入一半左右,露出一半,与次层混凝土结合。

e.块石应均匀分布,间距不小于100mm,距结构侧面和顶面的净距不小于150mm,块石不得接触钢筋和预埋件。

⑧混凝土养护。

a.在养护工序中,应控制混凝土处在有利于硬化及强度增长的温度和湿度环境中,使硬化后的混凝土具有必要的强度和耐久性。应在浇筑完毕后12h以内对混凝土加以覆盖并保湿养护。

b.一般混凝土的养护时间为7d,但对于有抗渗要求或表观质量要求比较高的混凝土,混凝土浇水养护的时间宜为14d。

c.应根据施工对象、环境、水泥品种、外加剂以及对混凝土性能的要求,提出具体的养护方案,并严格执行规定的养护制度。为了满足清水混凝土的表观质量要求,宜采用覆盖塑料薄膜的方法进行养护,保证混凝土在不失水的情况下得到充足的养护,同时保持薄膜布内有凝结水。

d. 自然养护混凝土时,应每天记录大气气温的最高和最低温度以及天气的变化情况,并记录养护方式和制度。采用薄膜养护时,应经常检查薄膜的完整情况和混凝土的保湿效果。

e. 冬期浇筑的混凝土,应养护到具有抗冻能力的临界强度后,方可拆除养护措施。对于采用硅酸盐水泥或普通硅酸盐水泥配制的清水混凝土,其临界强度应为设计要求的强度等级标准值的30%。

f. 冬期施工时,模板和保温层应在混凝土冷却到5℃后方可拆除。当混凝土与外界温度相差大于20℃时,拆模后的混凝土应临时覆盖,使其缓慢冷却。

5.3.2 石砌墩台的施工

石砌墩台具有就地取材和经久耐用等优点,在石料丰富地区建造墩台时,在施工期限许可的条件下,为节约水泥,应优先考虑石砌墩台方案。

1. 石料、砂浆与脚手架

石砌墩台系用片石、块石及粗料石以水泥砂浆砌筑的。石料与砂浆的规格要符合有关规定。浆砌片石一般适用于高度小于6m的墩台身、基础、镶面以及各式墩台身填腹;浆砌块石一般用于高度大于6m以上的墩台身、镶面或应力要求大于浆砌片石砌体强度的墩台;浆砌粗料石则用于磨耗及冲击严重的分水体及破冰体的镶面工程以及有整齐美观要求的桥墩台身等。

将石料吊运并安砌到正确位置是砌石工程中比较困难的工序。当重量小或距地面不高时,可用简单的马凳跳板直接运送。当重量较大或距地面较高时,可采用固定式动臂起重机或桅杆式起重机或井式起重机,将材料运到墩台上,然后再分送到安砌地点。用于砌石的脚手架应环绕墩台搭设,用以堆放材料,并支承施工人员砌镶面定位行列及勾缝。脚手架一般常用固定式轻型脚手架(适用于6m以下的墩台)、简易活动脚手架(能用在25m以下的墩台)以及悬吊式脚手架(用于较高的墩台)。

2. 墩台砌筑施工要点

在砌筑前应按设计图放出实样,挂线砌筑。砌筑基础的第一层砌块时,如基底为土质,只在已砌石块的侧面铺上砂浆即可,不需坐浆;如基底为石质,应将其表面清洗、润湿后,先坐浆再砌石。砌筑斜面墩台时,斜面应逐层放坡,以保证规定的坡度。砌块间用砂浆黏结并保持一定的缝厚,所有砌缝要求砂浆饱满。形状比较复杂的工程,应先做出配料设计图(图5.3.3),注明块石尺寸;形状比较简单的,也要根据砌体高度、尺寸错缝等,先行放样配好料石再砌。

砌筑方法:同一层石料及水平灰缝的厚度要均匀一致,每层按水平砌筑,丁顺相间,砌石灰缝互相垂直,灰缝宽度和错缝按表5.3.7规定办理;砌石顺序为先角石,再镶面,后填腹。填腹石的分层高度应与镶面相同;圆端、尖端及转角形砌体的砌石顺序,应自顶点开始,按丁顺排列接砌镶面石。砌筑图例如图5.3.4所示,圆端形桥墩的圆端顶点不得有垂直灰缝,砌石应从顶端开始先砌石块[图5.3.4a)],然后依丁顺相间排列,接砌四周镶面石;尖端形桥墩的尖端及转角处不得有垂直灰缝,砌石应从两端开始,先砌石块[图5.3.4b)],再砌侧面转角,然后丁顺相间排列,接砌四周的镶面石。

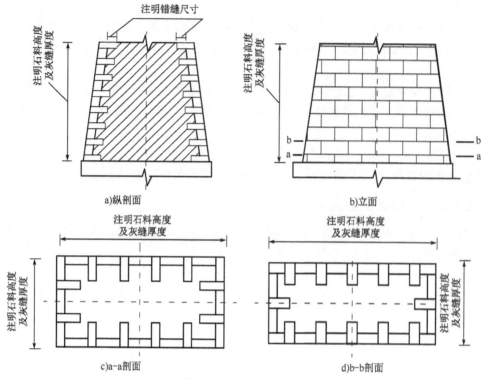

图 5.3.3 桥墩配料大样图

浆砌镶面石灰缝规定 表 5.3.7

种 类	灰缝宽度 (cm)	错缝 (层间或行列间)(cm)	三块石料相接处空隙 (cm)	砌筑行列高度 (cm)
粗料石	1.5~2	≥10	1.5~2	每层石料厚度一致
半细料石	1~1.5	≥10	1~1.5	每层石料厚度一致
细料石	0.8~1	≥10	0.8~1	每层石料厚度一致

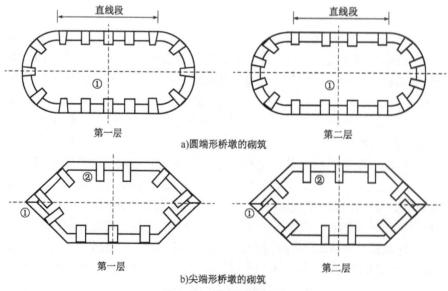

a)圆端形桥墩的砌筑

b)尖端形桥墩的砌筑

图 5.3.4 桥墩的砌筑图例

5.3.3 墩台顶帽的施工

墩台顶帽是用以支承桥跨结构的,其位置、高程及垫石表面,均要保证符合要求的精确度,以避免桥跨结构安装的困难或顶帽、垫石呈现裂纹,影响墩台的使用与寿命。墩台顶帽施工的主要工序为:

(1) 墩台帽放样。墩台混凝土或砌石浇(砌)筑至离墩、台帽下 30~50cm 高度时,即须测出墩台纵横中心轴线,并开始竖立墩台帽模板,安装锚栓孔或安装顶埋支座垫板、绑扎钢筋等。台帽放样时,应注意不要以基础中心线作为台帽背墙线。浇筑前应反复核实,以确保墩、台帽中心、支座垫石等位置方向与水平高程等不出差错。

(2) 墩台帽模板安装。墩、台帽系支承上部结构的重要部分,其尺寸位置和水平高程的准确度要求较严,混凝土应从墩台帽下 30~50cm 处至墩台帽顶面一次浇筑,以保证墩台帽底有足够厚度的紧密混凝土。图 5.3.5 为混凝土桥墩墩帽模板图,墩帽模板下面的一根拉杆可利用墩帽下层的分布钢筋,以节省铁件。台帽背墙模板应特别注意纵向支撑或拉条的刚度,防止浇筑混凝土时发生鼓肚,侵占梁端空隙。

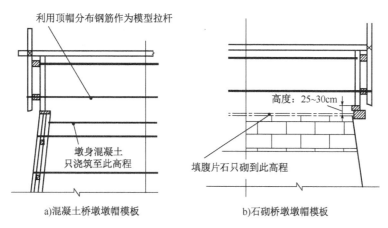

图 5.3.5 混凝土桥墩墩帽模板图

(3) 钢筋和支座垫板的安设。墩台帽钢筋绑扎应遵照现行《公路桥涵施工技术规范》(JTG/T 3650) 有关钢筋工程的规定。墩台帽上的支座垫板的安设一般采用预埋支座垫板和预留锚栓孔的方法。前者须在绑扎墩台帽和支座垫石钢筋时,将焊有锚固钢筋的钢垫板安设在支座的准确位置上,即将锚固钢筋墩台帽骨架钢筋焊接固定,同时将钢垫板作一木架,固定在墩台帽模板上。此法在施工时垫板位置不易准确,应经常检查与校正。后者须在安装墩台帽模板时,安装好预留孔模板,在绑扎钢筋时注意将锚栓孔位置留出。此法安装支座施工方便,支座垫板位置准确。

5.4 装配式墩台施工

装配式墩台适用于山谷架桥、跨越平缓无漂流物的河沟、河滩等的桥梁,特别是在工地干扰多、施工场地狭窄、缺水与砂石供应困难地区,其效果更为显著。装配式墩台的优点是：结构形式轻便，建桥速度快，圬工省，预制构件质量有保证等。目前经常采用的有砌块式、柱式和管节式或环圈式墩台等。

5.4.1 砌块式墩台施工

砌块式墩台的施工大体上与石砌墩台相同，只是预制砌块的形式因墩台形状不同而有很多变化。例如1975年建成的兰溪大桥，主桥墩身系采用预制的素混凝土壳块分层砌筑而成。壳块按平面形状分为口形和工形两大类，再按其砌筑位置和具体尺寸又分为5种型号，每种块件等高，均为35cm，块件单元重量为900～1200N，每砌三层为一段落。该桥采用预制砌块建造桥墩，不仅节约混凝土数量约26%，节省木材50m³和大量铁件；而且砌缝整齐，外貌美观；更主要的是加快了施工速度，避免了洪水对施工的威胁。图5.4.1为预制砌块与空腹墩施工示意图。

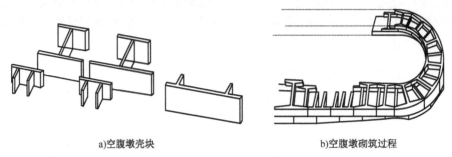

a)空腹墩壳块　　　　　　b)空腹墩砌筑过程

图5.4.1　兰溪大桥预制砌块与空腹墩施工示意图

5.4.2 柱式墩台施工

装配式柱式墩台系将桥墩分解成若干轻型部件，在工厂或工地集中预制，再运送到现场装配成桥梁。其形式有双柱式、排架式、板凳式和刚架式等。图5.4.2为各种装配式柱式墩构造示意图。

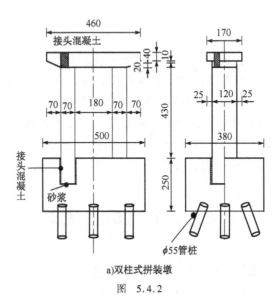

a)双柱式拼装墩

图　5.4.2

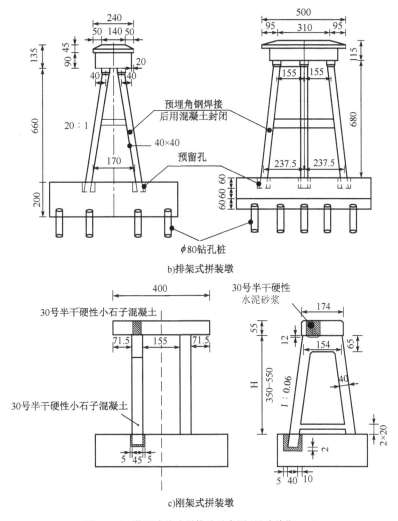

图 5.4.2 装配式柱式墩构造示意图(尺寸单位:cm)

装配式柱式墩台施工应注意以下几点:

(1)墩台柱构件与基础顶面预留杯形基座应编号,并检查各个墩、台高度和基座高程是否符合设计要求;基杯口四周与柱边的空隙不得小于2cm。

(2)墩台柱吊入基杯内就位时,应在纵横方向测量,使柱身竖直度或倾斜度以及平面位置均符合设计要求;对重大、细长的墩柱,需用风缆或撑木固定,方可摘除吊钩。

(3)在墩台柱顶安装盖梁前,应先检查盖梁口预留槽道位置是否符合设计要求,否则应先修凿。

(4)柱身与盖梁(顶帽)安装完毕并检查符合要求后,可在基杯空隙与盖梁槽眼处灌筑稀砂浆,待其硬化后,撤除楔子、支撑或风缆,再在楔子孔中灌填砂浆。

5.4.3 装配式预应力混凝土墩施工

装配式预应力钢筋混凝土墩分为基础、实体墩身和装配墩身三大部分。装配墩身由基本构件、隔板、顶板及顶帽四种不同形状的构件组成,用高强钢丝穿入预留的上下贯通的孔道内,张拉锚固而成(图5.4.3)。实体墩身是装配墩身与基础的连接段,其作用是锚固预应力钢筋,调节装配墩身高度及抵御洪水时漂流物的冲击等。

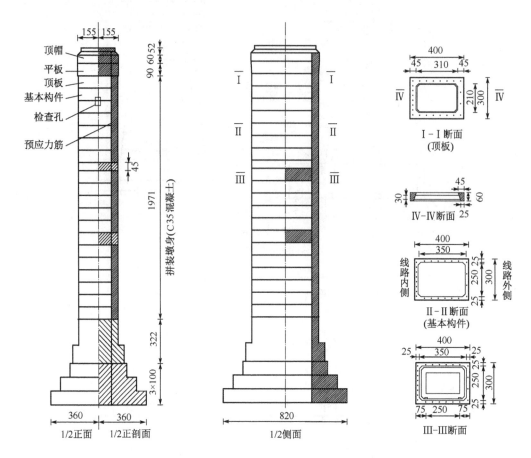

图 5.4.3 装配式预应力混凝土墩构造图(尺寸单位:cm)

施工工艺流程见图 5.4.4,分成施工准备、构件预制及墩身装配三方面。全过程贯穿着质量检查工作。实体墩身灌注时要按装配构件孔道的相对位置,预留张拉孔道及工作孔(图 5.4.5)。构件装配的水平拼装缝采用 35 号水泥砂浆,砂浆厚度为 15mm,便于调整构件水平高程,不使误差积累。安装构件的操作要领是:平、稳、准、实、通五个关键;即起吊平、构件顶面平、内外壁砂浆接缝要抹平;起吊、降落、松钩要稳;构件尺寸准、孔道位置准、中线准及预埋配件位置准;接缝砂浆要密实;构件孔道要畅通。张拉预应力的钢丝束分两种,一种是直径为 5mm 的高强度钢丝,用 18φ5 锥形锚;另一种为 7φ4mm 钢绞线,用 JM12-6 型锚具,采用一次张拉工艺。张拉顺序如图 5.4.6 所示。张拉位置可以在顶帽上,亦可在实体墩下,两者的利弊见表 5.4.1 的比较。一般多在顶帽上张拉。孔道压浆前先用高压水冲洗。采用纯水泥浆,为了减少水泥浆的收缩及泌水性能,可掺入水泥重量 0.8/10000～1.0/10000 的铝粉。压浆最好由下而上压注。压浆分初压与复压,初压后,约停一小时,待砂浆初凝即进行复压,复压压力可取为 0.8～1.0MPa,初压压力可小点。压浆时,构件上的砂浆接缝全部湿润,说明接缝砂浆中空隙压入了水泥浆,起到了密实接缝的作用。实体墩身的封锚采用与墩身同强度等级的混凝土。同时要采用防水措施;顶帽上的封锚采用钢筋网罩焊在垫板上,单个或多个连在一起,然后用混凝土封锚。

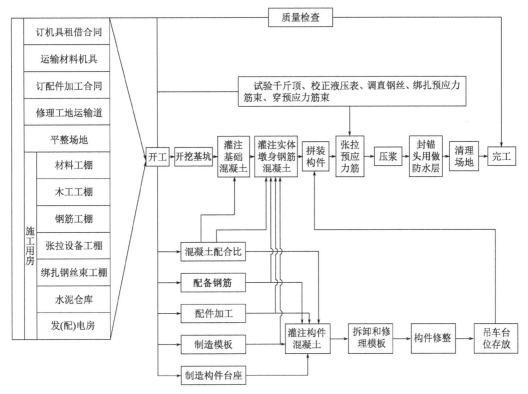

图 5.4.4 装配式预应力混凝土墩施工工艺流程图

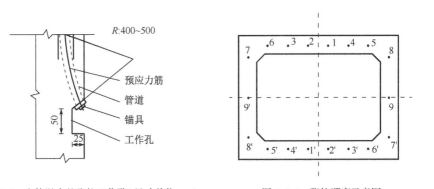

图 5.4.5 实体墩身的张拉工作孔(尺寸单位:cm)　　图 5.4.6 张拉顺序示意图

张拉预应力钢丝束的位置对比　　表 5.4.1

序号	顶帽上张拉	实体墩下张拉
1	高空作业,张拉设备需起吊,人员需在顶帽操作张拉,便于指挥与操作	地面作业,机具设备搬运方便。但因此看不见指挥,不如顶帽操作方便
2	在直线段张拉,不计算曲线管道摩阻损失	必须计算曲线管道摩阻损失
3	向下垂直安放千斤顶,对中容易	向上斜向安装千斤顶,对中较困难
4	实体墩开孔小,削弱面积小,无需隔断钢筋	实体墩开孔大,增大削弱面积,必须割断钢筋,增加封帽工作量

此外,当在基础或承台上安装预制混凝土管节、环圈作墩、台或索塔的外模时,应注意下列事项:

(1)为使混凝土基础与墩、台联系牢固,应由混凝土基础或承台中伸出钢筋插入管节、环圈中间的现浇混凝土内,插入钢筋的数量和锚固长度应按设计规定或通过计算确定;

(2)管节或环圈安装时,应严格控制轴线的设计位置,不得出现倾斜或上下错位现象;

(3)应使用砂浆将管节或环圈处的接缝填塞抹平;

(4)管节或环圈内的钢筋绑扎和混凝土浇筑,应遵循现行《公路桥涵施工技术规范》(JTG/T 3650)有关规定。

5.4.4 装配式混凝土墩台施工

装配式墩台是将高大的墩台沿垂直方向、按一定模数、水平分成若干构件,在桥址周围的预制场地上进行浇筑,通过车船运输至现场,起吊拼装。

装配式墩台的主要特点是:可以在预制场预制构件,受周围外界干扰少,但相对来说,对运输、起重机械设备要求较高。装配式柱式墩系将桥墩分解成若干构件,如承台、柱、盖梁(墩帽)等,在工厂或现场集中预制,再运送到现场装配成桥墩。其施工工序主要为预制构件、安装连接与混凝土填缝。其中拼装接头是关键工序,既要牢固、安全,又要结构简单便于施工。

1. 有黏结后张预应力筋连接

有黏结后张预应力筋连接构造往往配合砂浆垫层或环氧胶接缝构造实现节段预制桥墩的建造,方案中的预应力筋可采用钢绞线或精轧螺纹钢等高强钢筋。该连接构造的特点是预应力筋通过接缝,实际工程应用较多,设计理论和计算分析以及施工技术经验成熟。不足是墩身造价相对传统现浇混凝土桥墩要高许多,同时现场施工需对预应力筋进行张拉、灌浆等操作,施工工艺复杂,施工时间较长。

2. 灌浆套筒连接

预制墩身节段通过灌浆连接套筒连接伸出的钢筋,墩身与盖梁或承台之间的接触面往往采用砂浆垫层,墩身节段之间采用环氧胶接缝构造(图5.4.7)。该构造特点是施工精度要求较高,现场施工所需时间短,同时也不需要张拉预应力筋,现场工作量显著减小,其正常使用条件下的力学性能与传统现浇混凝土桥墩类似,因此具有一定的经济优越性。从国外应用经验看,灌浆套筒连接在低地震危险区已开始广泛应用,但在高地震危险区域的应用和科学研究还在进行中。

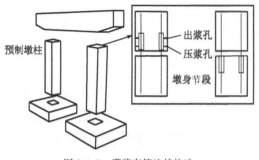

图5.4.7 灌浆套筒连接构造

3. 灌浆金属波纹管连接

该连接构造常用于墩身与承台或墩身与盖梁的连接,预制墩身通过预埋于盖梁或承台内的灌浆金属波纹管连接墩身内伸出的钢筋,在墩身与盖梁或承台之间的接触面往往采用砂浆垫层,墩身节段之间采用环氧胶接缝构造,如图5.4.7所示。该构造现场施工时间短,但需要满足纵筋足够的锚固长度,其力学性能与传统现浇混凝土桥墩类似。目前国外已有少数桥梁使用这种连接构造进行施工,高地震危险区域内应用较少,其抗震性能如何目前仍在研究中。

4. 插槽式连接

插槽式连接构造如图5.4.8所示,已在一些桥梁工程中得到应用,主要用于墩身与盖梁、桩与承台处的连接,与灌浆套筒、金属波纹管等相比,优点是所需施工公差可以大一些,现场需要浇筑一定的混凝土。

5. 钢筋焊接或搭接并采用湿接缝

预制拼装桥墩预先伸出一定数量的钢筋以便与相邻构件预留钢筋搭接,需设临时支撑,钢筋连接部位需通过后浇混凝土(湿接缝)方式连接,这也是目前国内较多采用的节段拼装桥墩的设计思路。采用该构造建造桥墩,力学性能往往与传统现浇混凝土桥墩类

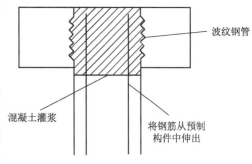

图5.4.8 插槽式连接构造

似,但湿接缝的存在会增加施工时间和现场钢筋搭接、浇筑的作业量,从快速施工角度考虑,该方案存在一定不足。

6. 承插式连接

承插式连接构造是将预制墩身插入基础对应的预留孔内,插入长度一般为墩身截面尺寸的1.2~1.5倍,底部铺设一定厚度的砂浆,周围用半干硬性混凝土填充。其优点是施工工序简单,现场作业量少;缺点是接缝处的力学行为如何,特别是抗震性能如何,尚需进一步研究。国内北京积水潭桥采用该连接构造建造,美国一些桥梁也采用该连接构造进行建造。

7. 质量标准

《公路桥涵施工技术规范》(JTG/T 3650—2020)规定的装配式墩台完成时的允许偏差为:

(1)墩台柱埋入基座内的深度和砌块墩、台埋置深度,必须符合《公路桥涵施工技术规范》(JTG/T 3650—2020);

(2)墩台倾斜为$0.3\%H$,H为墩台高;最大不得超过20mm;

(3)墩台顶面高程±10mm;墩、台中线平面位置±10mm;相邻墩、台柱间距±15mm。

5.4.5 预制装配化承台施工

除墩柱实现装配化外,承台的装配化施工也是近年来的发展趋势。港珠澳大桥是国

内首次应用埋床法预制基础,埋置式承台施工也是港珠澳大桥主体工程施工的关键技术难题之一,故本书以港珠澳大桥为例,来介绍埋置式承台施工方法。为了减少基础的阻水率,保证珠江口排洪纳潮及航道顺畅,港珠澳大桥非通航孔桥均采用埋床法预制基础,承台及墩身采用全预制装配化施工方案。港珠澳大桥非通航孔桥埋置式承台施工主要采用3种方案:其中深水区非通航孔桥采用钢圆筒围堰干法施工方案(CB03标)和分离式胶囊柔性止水方案(CB04标),浅水区非通航孔桥采用整体钢围堰干法施工方案(CB05标)。

1. 大圆筒干法安装施工方案

大圆筒干法安装施工方案为利用八锤同步液压振动锤组将大圆筒围堰振沉到海床,从而在海上形成干施工环境。其中海床不透水层实现底下止水,大圆筒围堰实现海上挡水。

该方案总体施工步骤为:桩基灌注桩施工完毕后,首先在桩基位置采用八锤同步液压振动锤组,振沉大圆筒围堰至不透水层;其次,在大圆筒围堰振沉完毕后,对其进行加固,筒内挖泥抽水,形成墩台安装的干施工环境;然后进行墩台整体安装及后浇混凝土施工;混凝土后浇施工完成并达到养护龄期后,整体拔出大圆筒围堰,运至下一个墩台位置周转使用。

2. 分离式胶囊柔性止水方案

分离式胶囊柔性止水方案为通过安装钢套箱围堰和分离式胶囊止水结构创造干施工环境,其中承台面钢套箱围堰实现海上止水,承台与钢管桩结合处通过分离式胶囊止水结构实现底下止水。

该方案总体施工步骤为:钻孔灌注桩施工完成后,进行基坑开挖,安装承台面止水围堰;利用海升号起重船(长110m,宽48m,最大吊重能力3200t)进行墩台整体安装;在墩台精确调整到位后,进行钢管复合桩与承台间的止水;然后进行围堰内抽水,形成干施工作业环境后进行后浇混凝土施工;混凝土后浇施工完成并达到养护龄期后,拆除钢套箱围堰周转至下一墩台施工使用。

3. 无内支撑结构双壁锁口钢套箱围堰方案

无内支撑结构双壁锁口钢套箱围堰方案为通过下沉无内支撑结构双壁锁口钢套箱围堰和浇筑封底混凝土创造干施工环境。其中无内支撑结构双壁锁口钢套箱围堰实现海上止水,浇筑封底混凝土实现底下止水。

该方案总体施工步骤为:钻孔灌注桩施工完成后,首先进行基坑开挖,首个施工阶段,需在桩基位置进行围堰分块拼装;其次利用浮式起重机进行整体下沉;接着,在围堰下沉到位后,进行水下封底混凝土施工;封底混凝土达到龄期后,在围堰内挖泥抽水,形成墩台安装的干施工环境;然后开始墩台整体安装及后浇混凝土施工;混凝土后浇施工完成并达到养护龄期后,利用浮式起重机整体拆除围堰,运至下一个墩台位置整体下沉使用。

以下简要介绍浅水区非通航孔桥埋置式承台施工实践情况。

港珠澳大桥主梁采用"开口钢箱+混凝土桥面板"的组合结构,下部结构(图5.4.9)采用整体式布置,钢管复合桩基础,埋置式承台,承台和墩身均采用预制施工。承台预制部分采用C45混凝土;现浇后浇孔部分采用微膨胀C45混凝土。承台顶埋入海床面,底节墩身与承台一起预制。

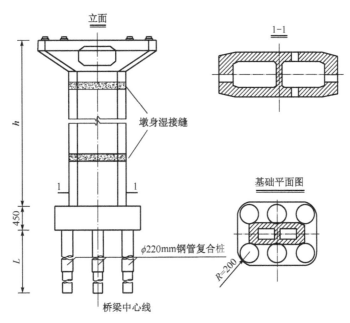

图 5.4.9 浅水区非通航孔低墩区下部结构(尺寸单位:cm)
L-桩长;h-上部结构加墩身高度

为确保预制墩台精确定位与安装,在《公路桥涵施工技术规范》(JTG/T 3650—2020)验收标准的基础上,《港珠澳大桥主体工程桥梁工程施工及质量验收标准》中钢管复合桩钻孔倾斜度规定值或允许偏差为"满足承台安装精度要求,但不得大于 1/200";预制承台、墩身竖直度或斜度规定值或允许偏差为"$H/3000$ 且不大于 20mm";承台加下段墩身安装实测项目见表 5.4.2。

承台加下段墩身安装实测项目　　　　表 5.4.2

实测项目	规定值或允许偏差(mm)	检查方法	权值
竖直度或斜度	$H/3000$ 且不大于 30	用垂线或经纬仪测量 2 点	2
墩顶面高程	±10	用全站仪或水准仪测量 5 点	2
轴线偏位	其他墩 ±10,测量优先墩 ±20	用 GPS、经纬仪测量纵横各 2 点	2
位置	5	用尺量	1
支承垫高程	±10	用全站仪或水准仪测量 5 点	1

根据设计要求,承台顶埋入海床面,浪溅区高程 +8m 以下墩身与承台一起预制,承台及底节墩身采用整体式桁架模板一次性预制。整套模板经加工厂散件运输至预制场地,现场组装成既定的整体部分,整套预制模板主要由底模体系、外侧模体系、外侧空间桁架体系、内侧模板体系、液压系统体系、自走行体系共 6 个体系组成。

承台及底节墩身预制节段钢筋在自动化钢筋加工车间制作,验收合格后运输至承台墩身预制场内进行钢筋绑扎安装。承台钢筋分成 3 部分在预制场内绑扎、绑扎完后在钢筋绑扎台座上组拼安装。墩身钢筋在底节墩身钢筋绑扎台座上单独绑扎,承台钢筋绑扎完后整体横移至预制台座上,墩身钢筋整体吊装插入承台钢筋,完成承台及底节墩身钢筋安装。钢筋安装好后模板合模进行预制节段的整体浇筑。承台及底节墩身预制节段施工流程如图 5.4.10 所示。

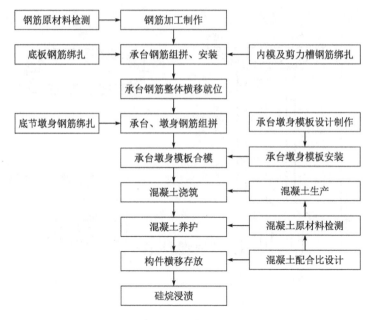

图 5.4.10 承台及底节墩身预制节段施工流程图

浅水区非通航孔桥埋置式承台采用整体钢围堰干法施工方案。该工法系成熟工法，其整体思路是双壁钢围堰整体拼装、整体下沉，基坑吸泥并进行封底混凝土施工，然后再抽水通过围堰抵挡风浪流形成干施工作业环境，吊装承台并进行承台后浇孔施工，后浇孔混凝土强度满足要求后再整体拔出围堰并倒用。埋置式承台安装施工主要共7个步骤：基坑初挖→围堰组拼、下沉及挖泥→封底混凝土施工→围堰抽水、支承系统布置→承台吊装及挂桩→桩基与承台连接→围堰拆除倒用。

相对于常规钢围堰干法施工，这里重点对承台吊装及挂桩体系转换施工进行介绍。

1. 承台吊点布置

施工方案中吊装时为保证承台受力合理，不出现较大的拉应力，且不对主体结构产生较大影响，预制承台采用四点吊装。吊点布置在承台的4根角桩处，每个吊点处设1根转换扁担梁（Q345B材质），扁担梁上端采用2根 PESH7-139 平行钢丝束与小天鹅吊重扁担连接，下端采用2根 ϕ130mm 吊装钢棒与承台连接，每根 ϕ130mm 吊装钢棒（40Cr 材质）预张拉400t。承台吊点布置见图5.4.11。

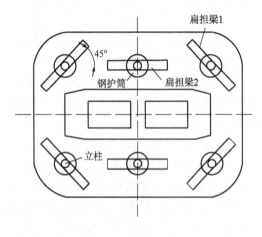

图 5.4.11 承台吊点布置

2. 承台安放

起重船浮式起重机吊装承台及底节墩身运至墩位处后，进行抛锚定位作业，使定位精度控制在±150mm以内，完成承台就位的第一次精度调整。第一次调位后，便可以进行承台下放工作，承台下放过程应缓慢进行，下放速度不得大于0.5m/min。承台顶面下放至低于承台顶设计位置约 10mm 时,通过承台顶面的水平调位装置进行准确调整,确保其平面位置正确。

6 台 600t 千斤顶主动起顶,使千斤顶与扁担梁接触,并保证每个点都能够均匀受力,起重船缓缓放松吊钩,将吊点受力转换到 6 个千斤顶上,6 个千斤顶同步起顶,保证同时受力,将预制承台起顶到设计高程,此时解除起重船吊钩和承台吊具,完成第一次体系转换(起重船受力转换为 6 根扁担梁挂桩受力)。

3. 桩与承台连接施工

承台后浇孔洞的混凝土分两次施工,第一次施工其底部 1.6m,第二次施工其上部 2.9m。

具体施工顺序为:挂桩完成后,并通过 6 台千斤顶将承台的高程与垂直度调至设计位置→浇注第一层孔洞混凝土→混凝土达到设计强度后,拆除千斤顶、钢立柱及吊挂系统(完成第二次体系转换,挂桩受力转换为桩与承台混凝土之间的黏结受力)→绑扎钢筋→施工第二层预留孔混凝土。

5.5 高墩施工与控制

5.5.1 高墩施工模板

公路或铁路通过深沟宽谷或大型水库时,常采用高桥墩。高桥墩可分为实体墩、空心墩与钢架墩。高桥墩的施工设备与一般桥墩所用设备大体相同,但其模板却另有特色。一般有滑升模板、提升模板、爬升模板、翻升模板、滑升翻模等几种,这些模板都是依附于已灌注的混凝土墩壁上,随着墩身的逐步加高而向上升高。高墩施工所用模板与桥塔施工所用模板类似,因此,在此只作简单介绍。

1. 滑升模板

在我国滑升模板首先应用于高烟囱施工。在修建成昆铁路时推广应用于空心桥墩。最初是采用人工手板式螺旋千斤顶提升,只能施工直坡式空心墩。经过不断实践改进,已能适用于各类桥墩的施工,高墩施工更能显示其优越性。目前滑模高度已达 70 多米。滑升模板施工的主要优点:施工进度快,在一般气温下,每昼夜平均进度能抽高 5~6m,混凝土质量好,系采用半干硬性混凝土,机械振捣,连续作业,可提高墩台质量;节省木材和劳力,以钢模代替木楔。有统计资料表明,可节省劳动力 30%,节约木材 70%;滑动模板本身附带有内外吊栏、平台、栏杆等,随模移动,安全可靠。但由于滑模是在混凝土强度还较低的情况下脱模的,故有可能使混凝土表面出现变形或环向沟缝,有时会因水平力的作用使得滑模产生旋转。滑模在动态下灌注混凝土,提升操作频繁,因而对中线的水平控制要求严格,施工中稍有不当就会发生中线水平偏差。由于滑模脱模快,对混凝土防冻十分不利,故一般不适宜于冬期施工。

(1)滑升模板构造

滑升模板系将模板悬挂在工作平台的围圈上,沿着所施工的混凝土结构截面的周界组拼装配,并随着混凝土的浇筑由千斤顶带动向上滑升。由于桥墩类型、提升工具的类型不同,滑升模板构造也稍有差异,但其主要部件与功能则大致相同。一般主要由工作平台、内外模板、混凝土平台、工作吊栏和提升设备等组成,如图5.5.1所示。

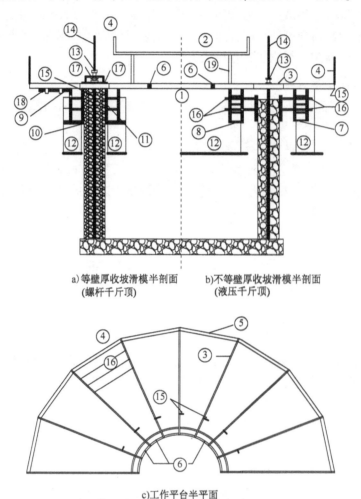

图 5.5.1 滑升模板构造示意图

①-工作平台;②-混凝土平面;③-辐射梁;④-栏杆;⑤-外钢环;⑥-内钢环;⑦-外立柱;⑧-内立柱;⑨-滚轴;⑩-外模板;⑪-内模板;⑫-吊栏;⑬-千斤顶;⑭-顶杆;⑮-导管;⑯-收坡丝杆;⑰-顶架横梁;⑱-步板;⑲-混凝土平台立柱

工作平台①由外钢环⑤、辐射梁③、内钢环⑥、栏杆④、步板⑱组成。除提供施工操作的场地外,还用它把滑模的其他部分与顶杆⑭相互连接起来,使整个滑模结构支承在顶杆上。可以说,工作平台是整个滑模结构的骨架。因此,应具有足够的强度和刚度。

内外模板⑩⑪采用薄钢板制作。用于上下壁厚相同的直坡空心桥墩的滑模,内外模板均通过立柱⑦⑧固定在工作平台的辐射梁上。用于上下壁厚相同的斜坡空心墩的收坡滑模,内外模板仍固定在立柱上,但立柱架(或顶梁⑰)不是固定在辐射梁上,而是通过滚轴⑨悬挂在辐射梁上,并可利用收坡丝杆⑯沿辐射方向移动立柱架及内外模板位置。用于斜坡式不等壁厚空心墩的收坡滑模,则内外立柱固定在辐射梁上,而在模板与立柱间安装收坡丝杆,以便分别移动内外模板的位置。

混凝土平台②由辐射梁、步板、栏杆等组成,利用立柱⑲支承在工作平台的辐射梁上,供堆放及灌注混凝土的施工操作用。

工作吊栏系悬挂在工作平台的辐射梁和内外模板的立柱上。它随着滑模的提升而向上移动,供施工人员对刚脱模的混凝土进行表面修饰和养生等施工操作之用。

提升设备由千斤顶⑬、顶杆⑭、顶杆导管⑮等组成。通过顶升工作平台的辐射梁使整个滑模提升。

（2）滑动模板提升工艺

滑升模板提升设备主要有提升千斤顶、支承顶杆及液压控制装置等。其提升过程为:
①螺旋千斤顶提升步骤(图5.5.2)。

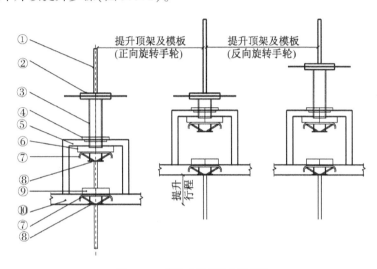

图5.5.2 螺旋千斤顶提升示意图
①-顶杆;②-手轮;③-螺杆;④-顶座;⑤-顶架上横梁;⑥-上卡头;⑦-卡瓦;⑧-卡板;⑨-下卡头;⑩-顶架下横梁

转动手轮②使螺杆③旋转,使千斤顶顶座④及顶架上横梁⑤带动整个滑模徐徐上升。此时,上卡头⑥、卡瓦⑦、卡板⑧卡住顶杆①,而下卡头⑨、卡瓦⑦、卡板⑧则沿顶杆向上滑行,当滑至与上下卡瓦⑦接触或螺杆③不能再旋转时,即完成一个行程的提升。

向相反方向转动手轮,此时,下卡头⑨、卡瓦⑦、卡板⑧卡住顶杆①,整个滑模处于静止状态。仅上卡头⑥、卡瓦⑦、卡板⑧连同螺杆③、手轮②沿顶杆①向上滑行,至上卡头⑥等与顶架上横梁⑤接触或螺杆③不能再旋转时为止,即完成整个一个循环。

②液压千斤顶提升步骤(图5.5.3)。

进油提升:利用油泵将油压入缸盖③与活塞⑤间,在油压作用时,上卡头⑥立即卡紧顶杆①,使活塞固定于顶杆①上[图5.5.3a)]。随着缸盖③与活塞⑤间进油量的增加,使缸盖③连同缸筒④、底座⑨及整个滑模结构一起上升,直至上、下卡头⑥⑧顶紧时[图5.5.3b)],提升暂停。此时,缸筒内排油弹簧完全处于压缩状态。

排油归位:开通回油管路,解除油压,利用排油弹簧⑦推动下卡头⑧使其与顶杆①卡紧,同时推动上卡头⑥将油排出缸筒④,在千斤顶及整个滑模位置不变的情况下,使活塞⑤回到进油前位置。至此,完成一个提升循环[图5.5.3c)]。为了使各液压千斤顶能协同一致地工作,应将油泵与各千斤顶用高压油管连通,由操纵台统一集中控制。

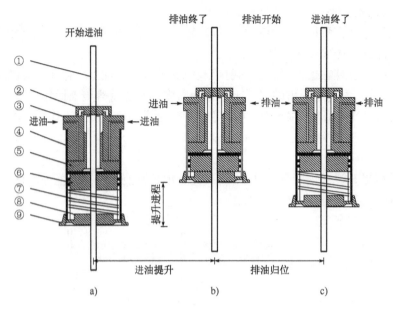

图 5.5.3 液压千斤顶提升示意图

①-顶杆;②-行程调整帽;③-缸盖;④-缸筒;⑤-活塞;⑥-上卡头;⑦-排油弹簧;⑧-下卡头;⑨-底座

提升时,滑模与平台上临时荷载全由支承顶杆承受。顶杆多用 A3 与 A5 圆钢制作,直径 25mm,A5 圆钢的承载能力约为 12.5kN(A3 则为 10kN)。顶杆一端埋置于墩、台结构的混凝土中,一端穿过千斤顶芯孔,每节长 2.0~4.0m,用工具式或焊接连接。为了节省钢材,使支承顶杆能重复利用,可在顶杆外安上套管,套管随同滑模整个结构一起上升,待施工完毕后,可拔出支承顶杆。

(3)滑升模板施工工序要点

① 滑模组装。

在墩位上就地进行组装时,安装步骤为:

a. 在基础顶面搭枕木垛,定出桥墩中心线。

b. 在枕木垛上先安装内钢环,并准确定位。再依次安装辐射梁、外钢环、立柱、顶杆、千斤顶、模板等。

c. 提升整个装置,撤去枕木垛,再将模板落下就位,随后安装余下的设施。内外吊架待模板滑升至一定高度,及时安装。模板在安装前,表面需涂润滑剂,以减少滑升时的摩阻力。组装完毕后,必须按设计要求及组装质量标准进行全面检查,并及时纠正偏差。

组装顺序:千斤顶架→围圈→绑扎结构钢筋→桁架、木檩→内模板→外挑三角架→外模板→平台铺板及栏杆→千斤顶→支承杆→标尺或水位计→液压操作台→液压管路→内外吊架。

组装方法:千斤顶架底面高程以基础表面最高点为准,偏低处应用木垫块垫好后再立千斤顶架。围圈用螺栓安装在千斤顶架上,其顺序应先内后外,先上后下。模板挂在围圈上,对直坡式墩、台滑模,其模板安装时应设锥度,其锥度以模板高度的 0.5%~1.0% 为宜。

在千斤顶空载试验后,插入第一批支承杆,并且按不同长度互相错开。安装支承杆时,为增加其稳定性,下端可焊 10mm 厚的钢板,如采用工具式,下端可套工具钢靴。插入支承杆时,必须保持垂直。支承杆弯曲不直、表面锈蚀者,不得使用。

内外吊架待模板滑升至一定高度时,及时安装。模板在安装前,表面需涂润滑剂,以减少滑升时的摩阻力。

滑模必须具备足够的强度、刚度和整体稳定性,并且结构布置合理,在组装后必须按设计要求及组装质量标准进行全面检查,并及时纠正偏差。

②灌注混凝土。

滑模宜灌筑低流动度或半干硬性混凝土,灌筑时应分层、分段对称地进行,分层厚度以 20~30cm 为宜,灌筑后混凝土表面距模板上缘宜有不小于 10~15cm 的距离;混凝土入模时,要均匀分布,应采用插入式振动器捣固,振捣时应避免触及钢筋及模板,振动器插入下一层混凝土的深度不得超过 5cm;脱模时混凝土强度应为 0.2~0.5MPa,以防在其自重压力下坍塌变形。为此,可根据气温、水泥标号经试验后选定一定量的早强剂掺入,以加速提升;脱模后 8h 左右开始养生,用吊在下吊架上的环绕墩身的带小孔的水管来进行。养生水管一般设在距模板下缘 1.8~2.0m 处效果较好。

③提升与收坡。

整个桥墩灌筑过程可分为初次滑升、正常滑升和末次滑升三个阶段。从开始灌注混凝土到模板首次试升为初次滑升阶段;初灌混凝土的高度一般为 60~70cm,分三次灌筑,在底层混凝土强度达到 0.2~0.4MPa 时即可试升。将所有千斤顶同时缓慢起升 5cm,以观察底层混凝土的凝固情况。现场鉴定可用手指按刚脱模的混凝土表面,基本按不动,但留有指痕,砂浆不沾手,用指甲划过有痕,滑升时能耳闻"沙沙"的摩擦声,这些表明混凝土已具有 0.2~0.4MPa 的脱模强度,可以开始再缓慢提升 20cm 左右。初升后,经全面检查设备,即可进入正常滑升阶段;即每灌筑一层混凝土,滑模提升一次,使每次灌注的厚度与每次提升的高度基本一致。在正常气温条件下,提升时间不宜超过 1h。末次滑升阶段是混凝土已经覆注到需要高度,不再继续灌注,但模板尚需继续滑升的阶段。灌完最后一层混凝土后,每隔 1~2h 将模板提升 5~10cm,滑动 2~3 次后即可避免混凝土与模板胶合。滑模提升时应做到垂直、均衡一致,顶架间高差不大于 20mm,顶架横梁水平高差不大于 5mm。并要求三班连续作业,不得随意停工。

随着模板的提升,应转动收坡丝杆,调整墩壁曲面的半径,使之符合设计要求的收坡坡度。

滑模施工分为初滑、正常滑升、停滑和空滑四个阶段。

a. 初滑。开始滑升,时间由试验决定。要防止过早滑升造成混凝土垮塌;或过晚滑升摩阻力太大,使滑升困难。一般滑模内灌入的混凝土高度达 50cm 以上,混凝土已初凝,方可进行滑升。经初滑后,对混凝土凝固情况观察得出结论,并且同时对施工机具、滑模、油路、电路系统进行一次检查,保证后续的正常滑升正常进行。

b. 正常滑升。滑升时混凝土应均匀对称入模,其入模速度与季节、滑模提升能力等因素有关。每浇筑一层混凝土时提升一次模板,一可以加快施工速度,二可以使新旧混凝土结合完整,保证新旧接缝看不出。在正常的气温下一般时间间隔不少于 1h。随着不断向上滑升,应将千斤顶支承杆不断接长。并利用混凝土自身的砂浆进行抹面,使桥墩光滑美观。

c. 停滑。按照墩身依次滑升浇筑混凝土,或一次滑升完成墩壁混凝土浇筑后再浇墩身横隔板混凝土的施工程序,混凝土浇至要求高程后,即停止滑升。停滑后,要防止混凝土黏模,故每隔1h需提动1次模板,一般经8h左右可不再提动模板。

d. 空滑。在依次滑升浇筑混凝土时,当滑模滑升至横隔板处需将滑模向上空滑1m,以便安置下节外侧模板,绑扎横隔板钢筋,浇横隔板混凝土。由于空滑时千斤顶支承杆自由长度大,为避免造成失稳,需进行加固。

④接长顶杆、绑扎钢筋。

模板每提升至一定高度后,就需要穿插进行接长顶杆、绑扎钢筋等工作。为不影响提升的时间,钢筋接头均应事先配好,并注意将接头错开。对预埋件及预埋的接头钢筋,滑模抽离后,要及时清理,使之外露。

⑤混凝土停工后的处理。

在整个施工过程中,由于工序的改变,或发生意外事故,使混凝土的灌注工作停止较长时间,即需要进行停工处理。例如,每隔半小时左右提升模板一次,以免黏结;停工时在混凝土表面要插入短钢筋等,以加强新老混凝土的黏结;复工时还需将混凝土表面凿毛,并用水冲走残渣,湿润混凝土表面,灌注一层厚度为2~3cm的1:1水泥砂浆,然后再灌筑原配合比的混凝土,继续滑模施工。

⑥滑模施工中的安全措施及质量检查。

滑升模板整体结构是混凝土成型的装置,也是施工操作的主要场地,必须具有足够的整体刚度、稳定性和合理的安全度。为了保证施工质量与安全,滑动模板各组成部件,必须按强度和刚度要求进行设计与验算。滑模施工是高空作业,要对施工人员进行经常的安全教育,严格执行高空作业安全制度和规定。要经常检查并保障支承工作台及上、下吊架铁木结构的可靠性和周围栏杆的牢固性。模板提升过程中,容易产生偏移和扭转,为了保证质量,在正常施工中,每天要用仪器测量墩中线和拱架水平度1~2次。每次提升后要用水平尺检查各个顶架本身的水平度和顶架横梁的水平度等,如发现偏移和扭转应及时纠正。

2. 提升模板

提升模板施工原理是利用墩身主钢筋格构化后,形成具有支承力的格构柱来悬挂提升工作平台。依靠工作平台从事钢筋安装、焊接、立模和混凝土浇筑,随着墩身钢筋骨架的接高,逐节提升工作平台,完成每次预定高度的墩身混凝土浇筑任务。如此反复循环至墩顶。

墩身钢筋格构化是将墩身内层和外层主钢筋用加强箍筋和斜向剪力筋焊成格构柱,即每隔一段距离(如60cm)设一道箍筋,在箍筋之间的主筋上焊接斜向剪力钢筋。但须按偏心受压验算格构柱的整体问题和局部稳定。

3. 爬升模板

爬升模板施工与滑升模板施工相似,不同的是支架通过千斤顶支承于预埋在墩壁中的预埋件上。待浇筑好的墩身混凝土达到一定强度后,将模板松开,千斤顶上顶,把支架连同模板升到新的位置,模板就位后,再继续浇筑墩身混凝土。如此往复循环,逐节爬升,每次升高约2m。优点是拆装方便,无须另外的吊装机具。

爬模主要适用于30～100m高的圆形、圆端形、矩形和方形空心高墩。

4. 翻升模板

翻升模板块件小,构造合理。解决了高桥墩墩身变坡和随桥墩高度上升而引起的直径曲率变化带来的问题,适用于变截面空心桥墩的施工。这种模板质量轻、拆装方便,可人工操作。

翻模法施工高墩柱,其垂直度的控制是比较关键的一环。首先在模板制作时,模板的几何尺寸要满足精度要求,否则由于模板制作不标准,误差的积累将会造成墩柱施工时的垂直度难以保证。其次,要保证模板的定位精度,在安装第一次模板前,用全站仪在承台或扩大基础顶墩柱外侧20cm处放出4个面的定位点,安装模板时用垂球吊线来初步调正模板的定位及垂直度。在安装好模板之后,均要用全站仪对模板进行垂直度校核。

图5.5.4所示的是桥梁高墩施工的专用液压自升式翻模,由工作平台、提升架(顶杆和导管)、内外吊杆、模板系统、液压提升设备、中线控制系统和附属设备组成。工作平台通过顶杆支撑在达到一定程度的墩身混凝土上,以液压千斤顶为动力提升工作平台到一定高度后悬挂吊架,工作人员在吊架上进行模板的拆卸、提升、安装以及绑扎钢筋等作业,混凝土灌注、捣固、中线控制等作业都在工作平台上进行。内外模板分3层,循环交替拆卸、提升、安装。第3层混凝土灌注完成后提升工作平台,拆卸第1层模板移装至第3层上方,安装核正后浇筑混凝土,循环往复,直至浇筑完整个墩身。

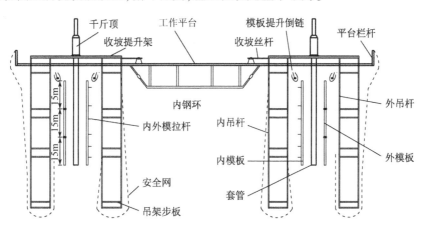

图5.5.4 自升平台式翻模

翻模施工的工艺流程为:施工准备→组装翻模→绑扎钢筋→灌注混凝土→提升工作平台→模板翻升→施工到墩顶拆除模板→拆除平台。模板翻升、钢筋绑扎、混凝土灌注和平台提升等工序是循环进行的,直到墩顶。在这个过程中还要进行平台对中调平、接长顶杆、混凝土、养护和埋设预埋等多项工作。

翻模施工有如下特点:

①平台与模板相互独立,消除了滑模施工中平台偏扭对模板的影响。

②施工组织相对简单,克服了滑模施工要求的连续性,混凝土表面光洁、边角顺直、外观质量明显提高。

③不需要普通翻模施工脚手架架立、拆除等高强度劳动,省工省时,施工速度快。

④机械化程度高,劳动强度低,安全系数大。

⑤施工技术容易掌握,短期培训后即可熟练操作,工人在护栏和安全网内工作,安全有保证。

在滑模和翻模结合的基础上,高墩施工中还出现了一种滑升翻模,即在一个大面模板的背面上设置竖向轨道,轨距2m,作为竖向桁架的爬升轨道。竖向桁架滑升带动水平桁架摇头扒杆及作业平台整体上升。桁架由万能杆件组拼,竖向桁架作为起重扒杆的中心立柱,与摇头扒杆共同受力。翻模共三节,每节2.5m,每块模板质量不超过1.5t,以适应扒杆起重量。

5.5.2 高墩混凝土配制与浇筑

1. 高墩混凝土的配制

墩台混凝土的配制与一般结构混凝土配制相同,其材料的质量和技术要求详见《公路桥涵施工技术规范》(JTG/T 3650—2020)。

2. 高墩混凝土的浇筑

采用滑升模板浇筑高墩混凝土时,应符合下列规定:

(1)采用低流动或半干硬性混凝土。

(2)浇筑应分层、分段进行,各段应浇筑到距模板上口不小于10~15cm的位置为止,若为排架柱式墩、台,各立柱应保持进度一致。

(3)应采用插入式振动器。

(4)为了加快模板提升,可掺入一定数量的早强剂。

(5)应防止千斤顶或油管在混凝土或钢筋处漏油。

(6)每一整体结构应连续浇筑,若因故中途停工,应按施工缝处理。

(7)混凝土脱模时的强度宜为0.2~0.5MPa。

3. 高墩泵送混凝土的施工

高墩采用泵送混凝土施工,既解决了混凝土的水平运输及垂直运输的难题,又避免了材料及混凝土的二次倒运;不但可以提高工效、缩短工期,而且还节省劳动力。

(1)高墩泵送混凝土施工要求

泵送混凝土属于大流态混凝土,与传统的混凝土相比,有坍落度大、砂率大、水泥用量多的特点。对混凝土的要求不仅要满足设计的强度、耐久性等,还要满足管道输送对混凝土拌合物的要求,即混凝土拌合物应具有良好的可泵性。所谓可泵性,是指混凝土拌合物应具有顺利通过管道、摩擦阻力小、不离析、不阻塞、塑性好等特点。鉴于这些特点,高墩泵送混凝土施工应满足以下几点要求:

①高墩泵送混凝土施工应严格按照混凝土泵送施工技术规程、规范进行。除满足设计强度、耐久性外,还要考虑泵送距离、具体的施工条件等因素,合理选定配合比,确定适宜的坍落度、适当砂率、水灰比、水泥用量。

②泵送混凝土的坍落度(8~12cm)较现场拌制的低塑性混凝土大,在混凝土浇筑后应及时压面和反复搓面,以改善混凝土表层结构,防止混凝土出现不均匀收缩,混凝土终凝前应及时密封,进行保湿和保温养护。这样可减少混凝土表面热扩散,降低内外温差,延缓散热时间,控制降温速率,有利于混凝土强度增长和应力松弛,避免产生贯穿裂缝。

③应均匀振捣,时间不宜过长(一般为10~30s),避免漏振或过振,防止混凝土拌合物离析和出现沉降裂缝。

④为提高混凝土的可泵性,降低水化热,增加密实度,增加混凝土的和易性,在满足混凝土强度的前提下,严格按照比例掺入粉煤灰和减水剂。

(2)高墩泵送混凝土施工注意事项

①原材料及混凝土实行全时制检验方法,对混凝土浇筑进行全过程监控。

②保证混凝土的均质性,控制好坍落度,不能时稀时干,以免在输送过程中发生管路阻塞。

③输送管路的布设应符合"路线短、弯管少、接头紧密"的原则,各管路必须连接牢固,弯管处加设固定装置,水平管路铺设不应悬空,必须有牢固的支撑固定。垂直向上布管时,弯管要与脚手架牢固连接,尽量减少泵送过程中管路的颤动。

④施工完毕后应及时清理管路,确保管路的畅通。

5.5.3 异形墩施工要点

作为桥梁造型的突出部分,异形桥墩被很多景观桥梁设计所采用,例如V形、Y形及X形桥墩具有结构新颖轻巧、外形美观匀称,能与桥址处山水环境相映衬,给人们增添美的享受等优点,在城郊与旅游区建造日渐增多。这类桥墩的施工方法与桥梁结构体系有密切关系。表5.5.1列有国内外几座同类型桥梁的结构特征和施工方法。

几座V形墩桥梁的结构特征及施工方法 表5.5.1

序号	项目桥名	跨径组合(m)	结构特征	斜腿角度(°)	V形墩连接方式		V形墩结构类型	V形墩及主梁施工方法
					上端	下端		
1	中国宝鸡金陵河桥	21.5+2×30+21.5	连续刚构	~60	固结	橡胶支座	RC	预制和无支架拼装
2	中国桂林漓江雉山桥	67.5+90+67.5	带挂钩的V形刚构	~45	固结	固结	PC	肩架和悬臂灌注
3	日本十王川桥	67.5+115+97.5	连续刚构	40	固结	固结	PC	承重支架、脚支架和悬臂灌注
4	泰国SATHORN桥	66+92+66	连续刚构	40	固结	固结	RC	固定伸臂膺架和纵向移动脚手架
5	荷兰布里斯勒马斯桥	80.5+112.5+80.5	连续刚构	40	固结	橡胶支座	PC	临时墩和悬臂灌注
6	德国格明登莱茵河桥	82+134.0+82.0	连续刚构	30	固结	混凝土+铰	RC	滑动模板、临时支柱和悬臂灌注
7	美国卡埃来斯库桥	71.9+132+71.9	连续刚构	~50	固结	固结	RC	膺架、临时支柱、悬臂灌注和预制

下面以V形墩和内倾式H形墩为例,对外倾和内倾两种类型的异形墩施工进行说明。

V形墩类桥梁属刚架桥系统,其施工方法除了具有连续梁桥的施工特点外,还有着本身结构的施工特点。通常对这类桥梁可分为V形墩结构、锚跨结构和挂孔部分三个施工阶段,其中V形墩结构是全桥的施工重点。V形墩结构的施工方法与斜腿刚构相类似,以桂林漓江雉山大桥为例,它由2个斜腿和其顶部主梁组成倒三角形结构(图5.5.5)。V

形腿可作成劲性预应力混凝土结构。

根据该类型桥梁的结构特点,可将墩座和斜腿合为一部分,斜腿间的主梁为另一部分,先后分别施工。施工顺序如图5.5.5所示,具体如下:

(1)将斜腿内的高强钢丝束、锚具与高频焊管连成一体,并和第一节劲性骨架一起安装在墩座及斜腿位置处,灌注墩座混凝土[图5.5.5a)]。

(2)安装平衡架、角钢拉杆及第二节劲性骨架[图5.5.5b)]。

(3)分两段对称灌注斜腿混凝土[图5.5.5c)]。

(4)张拉临时斜腿预应力拉杆,并拆除角钢拉杆及部分平衡架构件[图5.5.5d)]。

(5)拼装V形腿间墩旁膺架,灌注主梁0号节段混凝土,张拉斜腿及主梁钢丝束或粗钢筋。最后拆除临时预应力拉杆与墩旁膺架,使其形成V形墩结构[图5.5.5e)]。

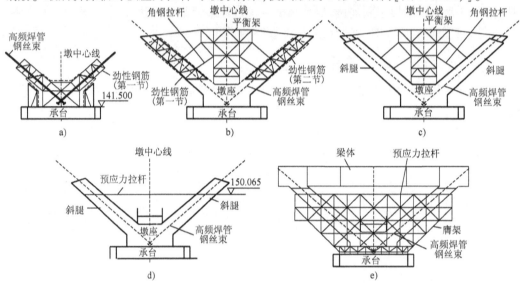

图5.5.5 V形墩施工步骤

斜腿内采用劲性骨架和在斜腿顶部采用临时预应力拉杆的作用:其一是吊挂斜腿模板及承受其他施工荷载;其二是在结构中替代部分主筋和箍筋;其三是可减少施工时的斜腿截面内力。为保证施工中结构自身的稳定和刚度,将两侧劲性骨架用角钢拉杆联结在平衡架上。施工中应十分重视斜腿混凝土的灌注与振捣,以确保其质量要求。两斜腿间主梁的施工,是在墩旁膺架上分三段灌注,其大部分重量由膺架承受并传至承台上,只有在V形墩顶主梁合龙时,合龙段有1/3的重量由斜腿承受。

V形墩类结构的施工工艺,还取决于工地现场条件、现有架设设备以及预制、架设构件的时间等。施工时选择架设拼装图式与程序,应尽可能地符合桥梁结构体系的最终受力要求,以减少施工过程中的安装应力等。

5.5.4 高墩施工注意事项

1. 施工准备

(1)现场准备

根据施工现场平面布置图,清理平整场地;接通用水用电线路;保证临时道路畅通;布置好材料堆放场地和设备机具安装位置;测量设定好控制桥墩垂直度和高程的基准点。

(2)设备物资准备

根据高墩施工选用的模板体系准备相应的物资,为施工顺利开始作准备。以爬模为例,根据爬模设计图清点检查各零部件的规格数量是否齐全和质量是否符合组装要求,清点液压千斤顶的质量是否符合组装要求并进行试转试爬等工作,确保爬模施工过程中液压动力设备正常运转;备齐各种连接用螺栓、垫圈、螺母等标准件,并应有一定数量的备用;准备好液压油、润滑剂、脱模剂等专用消耗材料;备齐各种工具和电气焊设备。

(3)劳动力准备

根据爬模施工特点进度安排,成立爬模施工专业班组,施工前应对作业人员进行专业技术培训,以保证施工顺利进行,编制相应的劳动力组织表。

2. 内倾式塔柱施工注意事项

对于较高的悬索桥或斜拉桥索塔,很多采用内倾式H形框架设计,随着塔柱施工的推进,在到达中横梁或上横梁前,内倾的塔柱根部的压应力呈不均匀分布,甚至可能出现拉应力。此时,需要根据计算和施工监控结果,在施工过程中适当假设临时横撑。临时横撑可采用钢框架或圆钢管,钢管与混凝土塔壁接触位置的局部应力需进行验算,避免造成塔柱混凝土损伤;为增加横撑对塔柱根部的应力改善效果,可以通过横撑对内倾的塔柱施加顶推力。

3. 高墩施工注意事项

(1)根据工程墩柱特点合理选用机械设备或支架的投入。例如,对于高度较高的墩柱,可以采用大吨位吊车与小吨位吊车搭配使用,墩柱较矮部分用小吨位吊车施工,较高部分用大吨位吊车,各尽其用,充分发挥不同吨位吊车的作用,以达到节约机械租赁费用的目的。对于机械设备无法施工的墩柱,可以采用支架法,但需要注意的是支架的稳定性及吊装设备的安全性。

(2)尽量保证一根墩柱施工的连续性,减少中间停顿时间,做好工序安排工作,加快进度。

(3)高墩墩身的垂直度要求较高,施工测量时采取相应的办法(如坐标法)控制墩身倾斜度和轴线偏位。

(4)根据墩柱高度及截面,设计合适的模板,在保证模板必要的强度和刚度的前提下,尽量减少模板的起吊、安装及对接次数,优先采用大钢模板,亦可采用表面特殊处理过的木模板以减小高空吊装、安装重量。为提高施工过程中支架和模板系统的刚度,可考虑在混凝土墩或塔柱中预埋劲性骨架。

(5)在恶劣环境(如高原地区)下的高墩施工,应采取措施解决混凝土快速施工与养护之间的矛盾,保证高墩施工的流水作业。可采取的措施有负温泵送混凝土技术、蒸汽加热和暖棚保温的混凝土综合养护技术,及一些混凝土施工温度控制技术等。

(6)混凝土布料应沿模板周边均匀多点布料。墩身混凝土浇筑完毕后,必须将墩顶冒出的多余水分及时清理,并做二次振捣,以保证墩顶混凝土的施工质量。

(7)高墩处风力达到6级及以上时,或遇有雷雨等天气时,须立即停止任何作业。

(8)安全施工是高墩柱施工的关键环节之一,要经常对施工操作人员进行安全教育,强化安全意识,各工序应按安全操作规程办事。

5.5.5 混凝土索塔施工

索塔是斜拉桥与悬索桥的重要组成部分,索塔的设计不仅要满足受力要求,还需获得好的美观效果。从横桥向看,常用的有单柱形、"A"形与倒"Y"形索塔等;从纵桥向来看,常用的有柱式、"门"式、"A"形以及倒"Y"形等。柱式索塔通常用于主梁抗扭刚度较大的桥梁;对于抗风抗震要求较高的大跨径桥梁,常用横向刚度大的"门"式、"A"形与倒"Y"形的索塔形式。

混凝土索塔结构由塔柱与横梁组成,塔柱一般为钢筋混凝土薄壁空心截面,受力较大的横梁一般为薄壁箱形预应力结构,为提高塔柱局部及整体稳定性,在塔柱空心截面中沿高度方向按一定间距设置横隔板,并在塔底设置一段实心截面,实现与塔座的刚度匹配。星海湾大桥采用了门式塔[图5.5.6a)];苏通长江大桥采用"A"形混凝土索塔[图5.5.6b)],塔柱采用空心箱形截面,根部塔柱为满足抵抗船舶撞击要求,下塔柱底部10m的范围内采用实心箱形截面;沪通长江大桥桥面以上索塔采用倒"Y"形钢筋混凝土索塔[图5.5.6c)],是结合其基础形式以及考虑抗风稳定性和经济性选取的,桥面以下塔柱内收为钻石形结构,桥塔高325m,塔柱及横梁全部采用C60高性能混凝土。

a)星海湾大桥"门"式索塔

b)苏通长江大桥"A"形索塔

c)沪通长江大桥倒"Y"形索塔

d)泰州长江大桥

图5.5.6 混凝土索塔

混凝土索塔是中国大跨径桥梁索塔的主要形式,对于塔身高、体积大的索塔工程,在混凝土索塔施工过程中,由于混凝土索塔的高度大,属于高空作业,所处环境较为恶劣,极易受到日照、降雨、大风等因素的影响,极易发生开裂病害,且会给模板工程的开展带来巨大的困难。此外,大跨径桥梁的施工周期一般较长,索塔结构的施工可能会经历不同的季节,其线形控制难度较大,再有索塔结构高且常常离岸远,施工测量精度难以保证,进而会影响到桥梁整体的施工质量。针对上述施工阶段的技术难题,中国成功研发了混凝土桥塔液压爬模技术、混凝土超高泵送技术以及配套技术,目前中国大跨径桥梁混凝土桥塔的浇筑最大节段长度达 6m,爬模施工的效率得到明显的提高(12d/节,节高 6m),塔顶倾斜度误差可控制在 1/42000 内,远小于规范 1/3000 的要求,相关技术达到世界先进水平,为未来中国乃至世界大跨径桥梁混凝土索塔结构的建设提供了重要的技术支撑。液压爬模索塔施工图参见图5.5.7、图5.5.8。

索塔混凝土施工技术不仅是影响索塔结构服役性能的关键因素,还是影响索塔结构施工质量和效率的决定性因素。随着中国桥梁结构朝着超长、大跨、深水等方向发展,具有高强度、高流动性、低黏度和优异耐久性能等特征的高性能混凝土是未来索塔结构材料的发展方向。

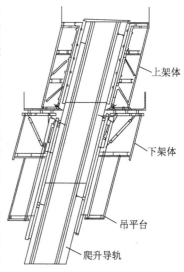

图5.5.7 塔柱爬模架体立面图

混凝土索塔的关键技术为混凝土索塔控制技术。

混凝土索塔的工程难点有:

(1)索塔高、柔,极易受日照、温变和风等因素影响,线性控制难度大;
(2)锚固区首次采用钢锚箱,精度要求高,施工控制难度大;
(3)索塔高且离岸远,测量精度难以保证;
(4)大风天气多,有效作业天数少。

5.5.6 钢索塔施工

索塔是斜拉桥与悬索桥的重要组成部分,索塔的设计不仅要满足受力要求,还需获得好的美观效果。相比混凝土索塔,钢结构索塔具有自重轻、抗震性能好、易于造型、工厂化制造现场安装利于缩短工期、环保等优点,但其要求更高的建造精度,中国建成的钢结构索塔以"人"形与倒"Y"形较为常见。

索塔按照结构材料可以分为钢筋混凝土索塔、钢索塔、钢管混凝土索塔以及钢-混凝土组合索塔,其中钢索塔与钢筋混凝土索塔由于施工简单而被广泛使用。本节中主要以介绍钢索塔为主。

钢索塔的施工模式一般为机加工厂房内节段制作加工和桥位现场吊装。大规模钢索塔架设方法可分为大型浮式起重机整体或大节段安装法、自立式起重机逐段安装法,主梁以下塔柱采用浮式起重机大节段安装,主梁以上塔柱采用走行起重机或爬升式起重机或升降式塔式起重机逐段安装法。

1. 逐段安装法

(1)钢混结合段安装

钢塔柱各节段采用高强螺栓连接,节段间传力方式为金属接触传力,这决定了在桥位进行钢塔柱的架设中不能对其线形进行局部调整。所以,钢混结合段的安装定位精度直接决定了钢塔柱的成塔线形。

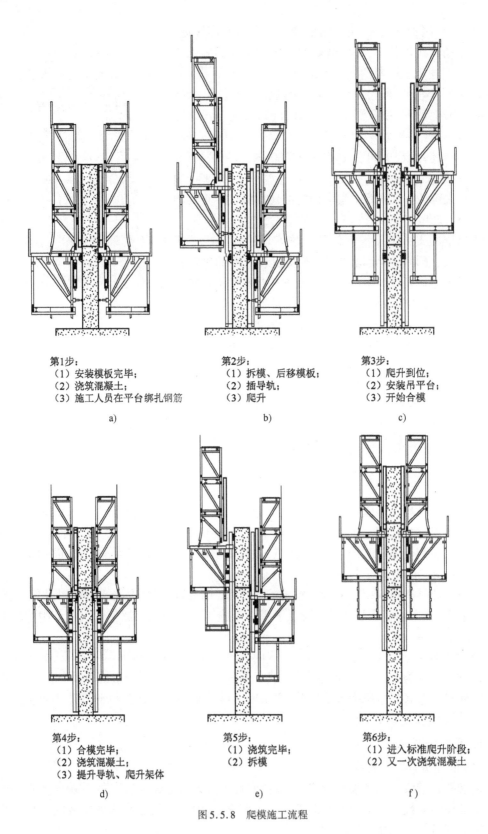

图 5.5.8 爬模施工流程

钢锚箱是钢塔安装的基础部分,其定位精度很重要。由于钢锚箱体积和重量均较大,较难控制定位,所以不宜直接对其进行定位。施工时先对其底座定位件和底座进行定位,由于底座定位件和底座体积小、重量轻,故定位调整难度相对较小。在对底座定位件进行定位过程中,如果难以使平面位置、高程同时达到最佳,则应以平面位置定位为主。对于高程,在底座定位件与底座之间另设置了高程微调千斤顶,通过千斤顶可调整底座的高程。对于因高程调整而在底座定位件和底座之间产生间隙,以致无法安装高强螺栓时,可改用焊板连接方式。在底座下设置底座定位件,目的是可对平面位置和高程进行分次逐步调整。在对底座定位件进行平面定位时,在其4个角点上各设桥轴向和垂直于桥轴向的水平向千斤顶和千斤顶的反力座。反力座必须具有足够大的刚度,以使在利用千斤顶调整平面位置的过程中,底座定位件的位移变化很小,不致调整、纠偏过量。在各角点、各轴向均设千斤顶进行调整,定位快、效率高。底座定位件和底座定位完成后,只需将钢锚箱与底座以拼接板形式进行直接连接,则钢锚箱位置即依底座而固定了。在底座定位件、底座、钢锚箱安装过程中,相应分次绑扎钢筋、PBL剪力键及浇筑混凝土,直至完成钢混结合段施工。

(2) 钢塔柱节段安装

节段安装,在已精确定位的钢锚箱基础上进行,操作难度相对较小,进度快。但需解决安装过程中的偏差问题。虽然节段采用实体放样、划分、预拼等方式精确加工、制作,而且也对作为基础的钢锚箱进行了精确定位,但由于温度等因素的影响,节段在拼装过程中仍然存在出现较大偏差的可能性。为此,在安装过程中需进行必要的纠偏。纠偏分次、逐步进行,采用在接头局部垫片的方式。垫片后,按实际情况对拼接板进行配孔,安装高强螺栓。

基础节段的精度越高越好,且下横梁浇筑可能影响钢锚箱的精度,所以选择下横梁接头处作为一个纠偏部位,进行一次纠偏调整。为保证上横梁与两个塔肢之间的顺利连接,应在上横梁接头部位也各进行一次纠偏调整。若上横梁以上节段基本上处在竖直的直线段,其精度易于保证,则不再进行纠偏调整。

为控制塔柱线形和应力,随着索塔的升高,逐步设置主动横撑。主动横撑可利用千斤顶对索塔进行横向施力,调整塔柱位置和内力。

塔式起重机吊具可对吊起的吊节段进行倾斜度调整,以方便倾斜节段之间接头的对接,保证端面接触率要求,降低安装难度。将节段吊至接头位置后,先在临时匹配接头之间打入冲销,使节段稳定,然后利用千斤顶等工具调整接触率,再进行高强螺栓的安装。

(3) 上横梁安装

预先在对应的塔柱节段上安装拼接板,将横梁吊入连接口内。先通过打入冲销对一端进行临时匹配,待夜间温度影响小时,通过手拉葫芦、千斤顶的施力调整位置,进行另一端匹配。此后进行拼接板和螺栓安装。由于测量定位的时间均在夜间温度影响小的时段,所以定位、匹配安装的时间也选择在夜晚。

(4) 其他临时措施

为避免安装中裸塔受风力作用产生较大应力,在下部钢塔与混凝土塔柱间设置了临时预应力索。为减少风振危害,在索塔安装中,分阶段安装了TMD减振装置,以确保施工安全和舒适性。

在节段外附设临时性的操作平台及上下爬梯，为接头连接、涂装及塔外壁的上下通行提供条件。

(5)施工测量定位技术

在对底座定位件、底座、钢锚箱进行平面定位测量时，如果不能满足测量精度要求，可在混凝土下塔柱两个塔肢内侧，通过设置牛腿平台，建立两个加密测点。因为钢锚箱依靠底座而定位，底座测量最重要，所以这两个加密测点高程高于底座顶高程，以便直接、准确对底座进行测量。对底座定位件、底座、钢锚箱的高程测量，是从一等水准点放点至索塔承台钢套箱上，建立二等水准点，再将二等水准点转至上述牛腿平台上，建立三等水准点。以此三等水准点对底座进行高程测量。底座高程确定后，钢锚箱高程也就相应确定了。

钢锚箱定位后，钢塔安装时只进行各节段平面位置和相对高差的调整。平面位置和相对高差决定索塔线形及上横梁能否与两肢塔顺利连接闭合。而塔的绝对高程，是由钢锚箱的高程和各节段的状态所决定的，在钢锚箱定位、钢塔制作、各节段平面位置精度很高的情况下，其精度也是较高的。即使其有一定偏差，也不会对索塔线形、上横梁安装和索塔受力及其他方面有不良影响。

2.大节段安装法

(1)定位支架系统施工

大节段吊装之前，在承台顶面搭设钢塔安装定位支架，主要用于下塔柱大节段的定位、调位。支架顺桥向设三层平联、三道水平撑，分别在每层水平撑和对应的塔肢上设环形走道，并在支架立柱上设置爬梯作为安全通道。水平撑两端做成可调整连接，在调位时先用千斤顶将塔肢调整到设计位置，把可调套管一端与塔柱一侧贴紧，另一端和水平横撑焊接牢固。

(2)大节段吊装辅助设施的安装

①临时工作平台及爬梯安装。工作平台在工厂加工、安装，与节段一起运输、吊装。

②节段运输。运输节段时应竖直存放，对节段底部进行保护处理，防止节段底口在运输过程中与船底接触变形，并对节段进行加固处理，保证钢塔节段安全拖运至施工现场。

③吊耳、吊具安装。每个节段顶口设置4个吊耳，吊耳螺栓孔与节段拼板螺栓孔相匹配，吊耳与节段通过M30 10.9级高强螺栓连接。吊具与浮式起重机主钩之间分别用4根吊带连接，吊具与钢塔节段上吊耳通过卸扣连接。

④导向装置和限位板安装。吊装过程中为使下一架设节段能够较容易地插入，在已安装节段与待安节段四边安装限位板。吊装过程中在牵引系统的配合下，待安节段下落时利用导向装置和限位板对位。

⑤牵引系统安装。节段截面面积大，安装过程中受风影响大，为保证节段能顺利进入限位板中，在已安节段与待安节段间设置牵引系统，帮助节段对位。牵引系统由4个手拉葫芦和8个卸扣组成，手拉葫芦通过卸扣与节段连接。

⑥调位工装安装。节段调位工装和设备主要包括竖向千斤顶和设置在接口上下的水平千斤顶以及设置在支架上横桥向水平撑和纵桥向水平撑。

(3)大节段吊装

①钢塔大节段采用浮式起重机进行吊装，为了不影响过往船只通航，浮式起重机在施工区水域内抛锚。

②吊具与节段上吊耳、吊带和浮式起重机主钩连接好,检查确认各个连接正确无误,浮式起重机起钩。

③浮式起重机起钩,将节段吊起1.0m,拆出节段底口保护装置,安装调位工装,并在D0节段顶口安装调节垫片;安装手拉葫芦及缆风绳。

④试吊。初步调整节段纵向坡度,保持姿态,持续10min。

⑤吊起节段,将节段移至待安节段正上方。

⑥浮式起重机缓慢下钩使节段底口至D0节段上方1.0m,通过调整浮式起重机两主钩之间的高差调节顺桥向坡度,安装手拉葫芦。

⑦节段下落至调位工装上20cm,二次调整节段姿态,并观察浮式起重机及节段在风和波浪影响下的摆动弧度及起浮高度。

⑧节段下落至调位工装上方5cm,第三次调整节段姿态,并再次观察浮式起重机及节段在风和波浪影响下的摆动弧度及起浮高度。

⑨节段姿态调整完成,确认无误后,浮式起重机分阶段下钩,每次下钩5cm,根据测量数据,对节段底口和顶口偏位调整,浮式起重机下钩节段下放到已安节段顶口。

⑩两个节段对接,安装拼接板,打入冲钉、施拧高强螺栓。

⑪在塔柱支架上的支撑位置,焊接型钢将节段临时支撑。

⑫浮式起重机摘钩,拆出吊耳、节段吊装完。

(4)定位及调位

吊装过程中为了有效控制节段定位及调位精度,采用了支架支撑调位系统和在节段上安装定位调位工装,实现节段定位及调位。吊装过程中为使下一架设节段能够较容易地插入,在已安装节段与待安节段安装了限位装置、牵引系统。安装时,应使已架设节段的拼接板处于敞开状态,此敞开的拼接板通过木制隔块及长螺栓进行固定。长螺栓的数量应满足节段内侧拼接板即使受压也不至于错位这一条件。

3. 整体式吊装安装法

钢索塔整体制造吊装技术将海上作业工厂化、高空作业地面化,有利于钢结构制造拼装质量控制,整体装配式施工可缩短海上作业时间,规避了安全风险。对于设计形式为超高、超重的钢桥塔,现场拼装时,施工设备繁多,焊接困难,易引发安全事故;整体吊装技术虽然具备刚度大、稳定性好、工期短等优点,但因为施工技术不成熟,之前未在桥梁建设中得以采用。港珠澳大桥江海直达船138号墩"海豚"型钢塔式起重机装施工技术为国内首创,刷新了国内单体吊装的记录,填补了桥塔整体吊装技术的空白。本节中以港珠澳大桥为例介绍整体式吊装施工过程。

港珠澳138号墩钢塔为"海豚"型全钢结构,高108.5m,主塔柱受力部分由下至上共分为Z0~Z12十三个节段。Z0基础段高度为3.5m,单独安装,Z1~Z12节段采用了整体吊装工艺,整体吊装段高105m,自重约2600t。

钢塔整体制造完成后,副塔柱朝下呈平卧姿态由驳船运输至施工现场海域,用"长大海升"3200t双臂架变幅式起重船与"正力"2200t起重船进行钢塔竖转,之后采用"长大海升"单独吊装就位的方法进行安装。

受浮式起重机起重能力及吊具安装空间的限制,吊具的自重、结构需进行合理控制。钢塔上吊具采用抗弯扭性能强、吊装工艺方便的箱梁式结构,通过高性能无接头绳圈与

"长大海升"起重船吊钩连接,为实现钢塔竖转过程,吊具与主塔连接部位使用了大吨位的悬臂销轴构造;下吊具采用桁架式结构,安装于钢塔底部,通过无接头绳圈与"正力"起重船连接。

吊具安装时首先浮式起重机四点起吊(吊点2、3)吊具支撑于四根钢管上,接着转换吊点(吊点1、4)且连同支撑钢管同时起吊至安装位置,钢管下放悬空部分采用临时支垫进行支撑。最后采用预设在钢管里面的4个300t三维千斤顶进行精确调位。

上下吊点连接完成、检查无误后进行钢塔抬吊竖转,其过程主要分为5个阶段。

(1)钢塔整体提升阶段。该阶段"长大海升"和"正力"工作角度分别为62°和60°。为保证驳船具备足够的安全空间撤离施工水域,"长大海升"和"正力"整体同步起吊主塔最底部离甲板面10m高度,每起升1m进行观测、调整。起升完成后,运输驳船从南面绞锚撤离。

(2)主吊点单独起升阶段。此阶段"长大海升"单独起升34.69m,分三次完成(5.6m+7.7m+21.39m),第二步结束时,钢塔塔尖开始进入"长大海升"臂架之间,此时臂架之间间距5.4m,塔尖宽度为3m,剩余空间净距为2.4m。

(3)浮式起重机变幅阶段。为减少浮式起重机绞锚前移的不规则运动对钢塔竖转的影响,在钢塔塔尖穿过浮式起重机臂架且空间不充裕的阶段,采用浮式起重机变幅来代替浮式起重机绞锚前移。

(4)"正力"前移配合主吊点起升阶段。为使钢塔竖转完成后钢塔底部距离海平面适当距离,此阶段"长大海升"提升8.85m,分两次完成,第一次提升4.87m;"长大海升"提升相应的高度后,"正力"移动相应的距离。

(5)"正力"下放并前移配合钢塔完成竖转阶段。此阶段"长大海升"保持不动,为减少过程中的水平力,将整个过程离散为多个小步骤。"正力"下方吊钩,再前移相应的距离,此阶段"正力"共下放30.43m,前移37m,最后以"正力"下放0.7m完成钢塔竖转。

钢索塔完成竖转,辅吊点解除后,"海升号"移船到塔位与Z0节段进行匹配,由于"主吊点-重心"连线与钢索塔轴线有夹角,故需在整体段底部安装牵引索调整轴线偏位。

钢塔就位后,在Z0和Z1节段间采用20套临时匹配构造连接(为了避免钢塔Z1节段底部与Z0节段的直接碰撞,在匹配件上安装了相应的缓冲橡胶垫片)。每个匹配件在Z1端安装千斤顶,利用千斤顶顶进插销,并在插销下端安装卡板。在匹配件安装的过程中应该采用对角安装的原则,匹配件安装后浮式起重机可以解钩。继而进行连接板及18096套高强螺栓安装,完成Z0节段与整体段的连接。

5.5.7 高墩施工控制

高墩施工控制包括变形控制和应力控制两部分。变形主要指索塔的垂直度和偏位,施工难度相对较小。高墩和桥塔应力监测主要用于了解索塔在施工过程中,以及后续上部结构施工过程中桥塔各控制部位的应力状态,温度监测则是用于掌握桥塔结构整体温度和横截面的温度场。桥塔结构测试元件应尽可能选用可同时测量应变与温度的传感器,同时应尽可能考虑后期监控监测或成桥载荷试验的需要,采用埋入式钢筋(或混凝土)应变计,特殊情况下亦可采用混凝土表面应变计。测试截面不宜过多,以能反映塔柱控制应力和温度在截面上和高度上的变化为原则。测试截面位置应在塔截面变化处,宜选靠塔底的控制截面。以某地锚式悬索桥索塔为例,主塔钢筋混凝土门式桥塔施工阶段,在塔底测试截面(4.5m处),沿周边及内侧空心段布置4~8个传感器(含温度传感器)。

高墩(索塔)施工控制的主要工作内容包括:

(1)高墩或索塔的应变计的安装及测试,即索塔每浇筑3~5个阶段后对主要应变计埋设截面进行一次观测;

(2)根据施工工序,对索塔的应力测量,主要以观测为主,掌握应力状态及其变化规律;

(3)分析混凝土的收缩与徐变对结构线形及内力的影响;

(4)加强温度观测,分析温变效应对索塔线形及内力的影响;

(5)索塔完成后,选择具有典型代表意义的天气(例如:高温天气或寒冷天气),对索塔塔顶位移进行24小时连续观测;

(6)了解索塔承台在施工过程中的沉降及变位情况,为后续主梁施工监控做准备。

思 考 题

1. 简述桥梁墩台的基本类型。
2. 简述预应力墩台施工的特点。
3. 简述墩台顶帽施工的主要工序。
4. 简述高墩施工与控制的要点。
5. 简述钢结构塔墩施工的主要工艺。

第 6 章
就地浇筑与砌筑施工法

6.1 概　述

原位现浇施工包括支架现浇施工、悬臂浇筑施工及移动模架逐孔现浇施工。

支架现浇施工法是在桥梁下部结构施工完毕后,在桥位处搭设支架并在支架上依次完成模板安装、钢筋绑扎、预应力孔道制作、混凝土浇筑等施工作业;待混凝土强度达到规定强度并对梁体施加预应力作业后拆除模板、支架,完成上部梁体的制作,如图6.1.1a)所示。该方法一般适用于整体式配筋混凝土连续梁桥。

支架现浇施工具有以下特点:桥梁上部结构整体现浇,受力钢筋未切断,结构整体性好;施工中无需设置桥梁预制场,可少占临时用地;无大型预制构件的移运和吊装作业,所需大型起重和运输设备少;需搭设大量的支架和模板,施工费用高;施工作业面大,工序交叉,对混凝土浇筑质量和施工组织要求高;施工受气候、环境等影响大,施工工期相对较长。

悬臂浇筑施工是以桥墩为中心,采用专用设备(简称挂篮)顺桥向由桥墩向两侧对称、平衡逐段向跨中浇筑梁体混凝土,并逐段施加预应力,最后在跨中(边跨)合龙后形成连续结构体系,如图6.1.1b)所示。悬臂浇筑施工广泛应用于预应力混凝土连续梁桥、连续刚构桥和预应力混凝土斜拉桥等较大跨径桥梁上部梁体的施工。

悬臂浇筑施工具有以下特点:主梁施工无需搭设支架,不受地形、地质条件限制,且不影响桥下通航、泄洪和行车;多孔桥跨结构可同时施工,施工速度快;施工设备(挂篮)构造简单,安装拆卸方便,且可重复使用,降低施工费用;主梁分段悬臂浇筑,可逐节调整施工误差,易于施工控制;对连续体系桥梁,支点处梁体施工阶段受力状态与运营阶段受力状态相接近,便于结构设计;对于铰接支撑体系梁体,悬臂施工时需将桥墩和梁体临时固结保证结构稳定性,待梁体合龙后再撤出临时固结装置,使梁体支承在永久支座上完成体系转换。

移动模架系统是将模板和支架设计为一个整体,支撑于桥梁墩台并能沿桥跨方向自行移动,用于现浇混凝土梁体或拼装预制梁体的大型设备。移动模架逐孔现浇施工采用沿桥墩纵向移动的支架(简称移动模架),在其上逐跨完成模板安装、钢筋绑扎混凝土浇筑及施加预应力等作业,如图6.1.1c)所示。移动模架逐孔现浇施工一般适用于桥位地质条件差、地基承载力小或深水、高墩等不适宜采用有支架施工的等截面预应力混凝土简支梁桥、连续梁桥等。

a)支架现浇施工　　　　　　b)悬臂浇筑施工　　　　　　c)移动模架逐孔现浇施工

图6.1.1　原位现浇施工方法

移动模架逐孔现浇施工具有以下特点:集梁体制作与架设于一体化,无需预制场地,无需大型运输和吊装设备;移动模架结构受力明确,承载力大,施工作业安全性高;环境适应性强,不受桥下地形、地质条件限制;施工机械化程度高,依靠自身重力装置,安装、拆卸方便;一次性投入大,但设备周转次数多,能更好地体现多跨现浇桥梁施工经济效益。

6.2　梁式桥的就地浇筑施工

6.2.1　准备工作

现场浇筑施工的梁式桥在浇混凝土前要进行周密的准备工作和严格的检查。一般来说,就地浇筑施工,在正常情况下一次灌注的混凝土工作量大,需要连续作业,因此准备工作相当重要,不可疏忽大意。

1. 支架与模板的检查

在浇筑混凝土之前应对支架和模板进行全面、严格的检查,核对设计图纸的要求,支架的接头位置是否准确、可靠,卸落设备是否符合要求;检查模板的尺寸,制作是否密贴,螺栓、拉杆、撑木是否牢固,是否涂抹模板油及其他脱模剂等。

2. 钢筋和钢索位置的检查

检查钢筋与套管是否正确地按设计图纸规定的位置布置,钢筋骨架绑扎是否牢固,套管端部、连接部分与锚具处应特别注意防止漏浆,检查锚具位置、压浆管和排气孔是否可靠。

3. 浇筑混凝土前的准备工作

应检查混凝土供料、拌制、运输系统是否符合规定要求,在正式浇筑前对灌注的各种机具设备进行试运转,以防在使用中发生故障,要依照浇筑顺序布置好振捣设备,检查螺帽紧固的可靠程度,对大型就地浇筑施工结构,必须准备备用的机械、动力。

在浇筑混凝土前,应会同监理部门对支架、模板、钢筋、预留管道和预埋件进行检查合格,对混凝土的均匀性和坍落度进行检测后,方可进行浇筑混凝土工作。

6.2.2 混凝土的浇筑

1. 混凝土的浇筑速度

为了保证浇筑混凝土的整体性,防止在浇筑上层混凝土时破坏下层,则增加浇筑层次须有一定的速度,使上层浇筑的混凝土能在先浇混凝土初凝之前完成,其最小增长速度可由式(6.2.1)计算。

$$h \geq \frac{S}{t} \quad (6.2.1)$$

式中:h——浇筑时混凝土面上升速度的最小允许值(m/s);

S——浇筑混凝土的扰动深度(m),在无具体规定值时,可取 $S = 0.25 \sim 0.5$m;

t——混凝土实际初凝时间(s)。

2. 梁式桥混凝土的浇筑顺序

无论对任何一种形式的梁式桥,在考虑主梁混凝土浇筑顺序时,应避免浇筑过程中模板和支架产生对结构不利的变形,为了对浇筑的混凝土进行振捣,应采用相应的分层厚度浇筑;当在斜面或曲面上浇筑混凝土时,一般从低处开始。

(1)简支梁混凝土的浇筑

①水平分层浇筑:对于跨径不大的简支梁桥,可在一跨全长内分层浇筑,在跨中合龙。分层的厚度视振捣器的能力而定,一般选用 15~30cm。为避免支架不均匀沉陷的影响,浇筑速度应尽量快,以便在混凝土失去塑性之前完成。

②斜层浇筑:简支梁桥的混凝土浇筑应从主梁的两端用斜层法向跨中浇筑,在跨中合龙;T梁和箱梁采用斜层浇筑的顺序,如图 6.2.1a)所示。当采用梁式支架,支点不设在跨中时,则应在支架下沉量大的位置先浇混凝土,使应该发生的支架变形及早完成,其浇筑顺序如图 6.2.1b)所示。采用斜层浇筑时,混凝土的倾斜角与混凝土的稠度有关,一般可用 20°~25°。

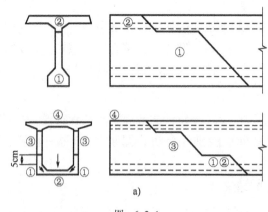

图 6.2.1

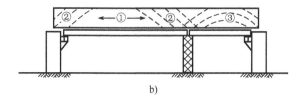

b)

图 6.2.1 简支梁浇筑示意图

当桥梁跨径较大时,可先浇筑纵横梁,待纵横梁完成浇筑后,再沿桥的全宽浇筑桥面混凝土,在桥面与纵横梁间应按设置工作缝处理。

③单元浇筑法:当桥面较宽且混凝土数量较大时,可分成若干纵向单元分别浇筑。每个单元可沿其长度分层浇筑,在纵梁间的横梁上设置连接缝,并在纵横梁浇筑完成后填缝连接。之后桥面板可沿桥全宽一次浇筑完成,桥面与纵横梁间设置水平工作缝。

(2)悬臂梁、连续梁混凝土的浇筑

悬臂梁和连续梁桥的上部结构在支架上浇筑时,由于桥墩为刚性支点,桥跨下的支架为弹性支撑,在浇筑时支架会产生不均匀的沉降,因此在浇筑混凝土时,应从跨中向两端墩、台进行浇筑。同时,其邻跨也从跨中或悬臂端向墩、台进行浇筑,在桥墩处设置接缝,待支架沉降稳定后,再浇筑墩顶处梁的接缝混凝土。连续梁桥的浇筑顺序如图 6.2.2a)所示,图 6.2.2b)为坡桥连续梁的分段示意。大跨径梁桥,除在桥墩处设置接缝外,还可在支架的硬支点附近设置接缝。

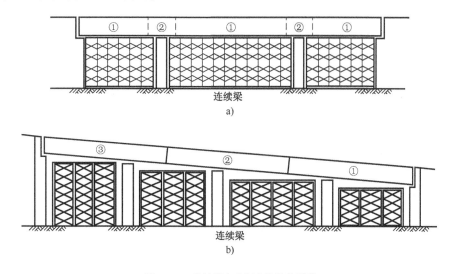

图 6.2.2 连续梁在支架上浇筑的顺序

梁段间的接缝一般宽 0.8~1.0m,两端用模板间隔,并留出分布加强钢筋通过的孔洞。浇筑时先将两端面浮浆除掉,凿毛,用清水冲洗后,绑扎接缝分布钢筋,浇筑接缝混凝土。当悬臂梁设有挂梁时,须待悬臂梁混凝土强度达到 70% 以上时方可进行挂梁施工。

(3)注意事项

①自高处向模板内倾卸混凝土时,应防止混凝土离析。直接倾卸时,其自由倾落高度宜不超过 2m;超过 2m 时,应通过串筒、溜管(槽)或振动溜管(槽)等设施下落;倾落高度

超过10m时,应设置减速装置。

②浇筑混凝土时,宜根据结构或构件的不同形式选用插入式、附着式或平板式等振动器进行振捣。对箱梁腹板与底板及顶板连接处的承托、预应力筋锚固区及其他预应力钢束与钢筋密集的部位,应采取有效措施加强振捣;对先张构件应避免振动器碰撞预应力筋;对后张构件应避免振动器碰撞预应力筋的管道、预埋件等。浇筑过程中应随时检查模板、管道、锚固端垫板等的稳固性,保证其位置及尺寸符合设计要求。

③混凝土浇筑过程中,应对支架的变形、位移、节点和卸架设备的压缩及支架地基的沉降等进行监测,如发现超过预警值的变形、变位,应及时采取措施。

6.2.3 混凝土养护、预应力筋张拉及模板拆除

1. 混凝土养护

混凝土浇筑完成后进行养护,能促使混凝土硬化,并在获得规定强度的同时,防止混凝土干缩引起的裂缝;防止混凝土受雨淋、日晒、受冻及受荷载的振动、冲击。由于混凝土在硬化过程中发热,在夏季和干燥的气候下应进行湿治养护,而冬期则主要保护其不受冻,采用加温的养护。

混凝土的洒水保湿养护时间应不少于7d,对重要工程或有特殊要求的混凝土,应根据环境湿度、温度、水泥品种以及掺用的外加剂和掺合料等情况,酌情延长养护时间,并应使混凝土表面始终保持湿润状态。当气温低于5℃时,应采取保温养护措施,不得向混凝土表面洒水。当采用喷洒养护剂对混凝土进行养护时,所使用的养护剂应不会对混凝土产生不利影响,且应通过试验验证其养护效果。

2. 预应力筋张拉

后张法预应力混凝土梁须待混凝土的强度、弹性模量(或龄期)符合设计规定后方可进行张拉施工。设计未规定时,混凝土的强度应不低于设计强度等级值的80%,弹性模量应不低于混凝土28d弹性模量的80%,当采用混凝土龄期代替弹性模量控制时,由于环境温度的影响,通常不少于7d。

3. 模板拆除及卸架

模板、支架的拆除期限和拆除程序等应根据结构物特点、模板部位和混凝土所应达到的强度要求确定,并应严格按其相应的施工图设计的要求进行。非承重侧模板应在混凝土抗压强度达到2.5MPa,且能保证其表面及棱角不致因拆模而受损坏时方可拆除。

芯模和预留孔道的内模,应在混凝土强度能保证其表面不发生塌陷或裂缝现象时,方可拆除。

钢筋混凝土结构的承重模板,应在混凝土强度能承受其自重荷载及其他可能的叠加荷载时,方可拆除。

对预应力混凝土结构,其侧模应在预应力钢束张拉前拆除,底模及支架应在结构建立预应力后方可拆除。

6.2.4 施工质量标准

支架上现浇梁施工质量标准应符合表6.2.1的规定。

支架上现浇梁施工质量标准 表6.2.1

项　　目		规定值或允许偏差
混凝土强度		在合格标准内
轴线偏位(mm)		≤10
梁、板顶面高程(mm)		±10
断面尺寸(mm)	高度	+5,-10
	顶宽	±30
	箱梁底宽	±20
	顶、底、腹板或梁肋厚	+10,-0
长度(mm)		+5,-10
横坡(mm)		±0.15
平整度(mm)		≤8

6.2.5 混凝土冬期施工

根据施工地点多年气温资料,室外昼夜的日平均气温连续五天低于5°C的时间起,至次年最后一阶段室外日平均气温连续五天低于5°C的期间作为冬期施工的时间。在此期间的混凝土施工,需要在用料和施工工艺方面采取一定措施,保护混凝土不受冻。

(1)拌制混凝土时各种材料的温度,应满足混凝土拌合物搅拌合成后所需要的温度。当材料原有温度不能满足要求时,应首先考虑对拌和用水加热;仍不能满足要求时,再考虑对集料加热。水泥仅能保温,不得加热。各种材料需要加热的温度应根据冬期施工热工计算公式计算确定,但不得超过规定值。搅拌混凝土时,应严格控制混凝土的配合比和坍落度,集料不得带有冰雪和冻结团块。投料前,应先采用热水或蒸汽冲洗搅拌机。加料顺序应先为集料、水,稍加搅拌后再加入水泥,且搅拌时间应比常温时延长50%。混凝土拌合物的出机温度宜不低于10°C。

(2)混凝土的入模温度应不低于5°C,浇筑前应清除模板、钢筋上的冰雪和污垢。浇筑完成后开始养护时的温度,采用蓄热法养护时应不低于10°C,采用蒸汽法养护时应不低于5°C,细薄结构应不低于8°C。冬期施工在浇筑混凝土时,应在新混凝土浇筑前对接合面加热,其温度应保持在5°C以上。浇筑完成后,应采取措施使混凝土接合面继续保持正温,直至新浇混凝土达到规定的抗冻强度。浇筑预应力混凝土构件的湿接缝时,应适当降低水胶比。浇筑完成后应加热或连续保温养护,直至接缝混凝土或水泥砂浆抗压强度达到设计强度的75%。应采取有效措施,防止水进入结构或梁板的孔道内,使其产生冻胀。

(3)冬期施工期间,采用硅酸盐水泥或普通硅酸盐水泥配制的混凝土,在其抗压强度达到设计强度的40%以前;采用矿渣硅酸盐水泥配制的混凝土,在其抗压强度达到设计强度的50%以前,均不得受冻。混凝土的养护时间宜较常温下的养护时间延长3~5d。混凝土的养护方法,宜根据技术、经济比较和热工计算确定。当室外最低温度不低于-15°C时,地面以下的工程或结构表面系数不大于15m^{-1}的结构,宜采用蓄热法养护;当蓄热法不能适应强度增长速度要求时,可根据具体情况,选用蒸汽加热、暖棚加热等方法进行养护。对即将进入冬期施工前在常温下浇筑但仍处于养护期内的混凝土,应按冬期施工的要求对其进行保温养护。

6.3 拱桥的就地浇筑和砌筑施工

6.3.1 钢筋混凝土拱桥的就地浇筑施工

在支架上就地浇筑拱桥可分三个阶段进行。第一阶段浇筑拱圈或拱肋混凝土;第二阶段浇筑拱上立柱、联系梁及横梁等;第三阶段浇筑桥面系。后一阶段混凝土应在前一阶段混凝土强度达到设计要求后进行。拱圈或拱肋的拱架,可在拱圈混凝土强度达到设计强度的85%以上时,在第二阶段或第三阶段开始施工前拆除,但应对拆架后的拱圈进行稳定性验算。

在浇筑主拱圈混凝土时,立柱的底座应与拱圈或拱肋同时浇筑,钢筋混凝土拱桥应预留与立柱的联系钢筋。主拱圈的浇筑方法主要根据桥梁跨径选定,其浇筑方法有:连续浇筑法、分段浇筑法和分环、分段浇筑法。

(1)连续浇筑法:跨径较小的混凝土拱圈或拱肋,主拱高度比较小,全桥的混凝土数量也较少,因此主拱可以从两拱脚开始对称向拱顶方向浇筑混凝土,而使全拱浇筑完毕时,最先浇筑的混凝土虽然部分可能因本身荷载使拱架下沉而随之下沉,但仍具有可塑性,不致使拱圈或拱肋开裂,即应在拱脚混凝土初凝前完成全部混凝土的浇筑。如果预计混凝土浇筑不能在限定时间内完成,则需在两拱脚处留出间隔槽缝,并于最后浇筑成拱。

(2)分段浇筑法:跨径较大的混凝土拱圈或拱肋,为避免先浇筑混凝土因拱架下沉而开裂,并为减少混凝土的收缩,而沿拱跨方向分段浇筑,各段之间留有间隔槽。这样,在拱架下沉时,拱圈各节段有相对活动的余地,从而避免拱圈开裂。

拱段的长度一般取6~15m,划分拱段时应使拱顶两侧保持对称、均匀。间隔槽宽0.5~1.0m,一般宜设在拱架受力的反弯点、拱架节点处、拱顶或拱脚。如在间隔槽内需要钢筋接头,其宽度尚应满足钢筋接头的需要。拱段的浇筑顺序应符合设计规定,在拱顶两侧对称进行,以使拱架变形保持均匀和最小。图6.3.1示出拱圈分段浇筑的顺序,可供参考选用。

间隔槽应在拱圈各段混凝土浇筑完成,且强度达到设计强度的85%以上后进行浇筑,浇筑的顺序可从拱脚向拱顶对称进行,在拱顶浇筑间隔槽使拱合龙。

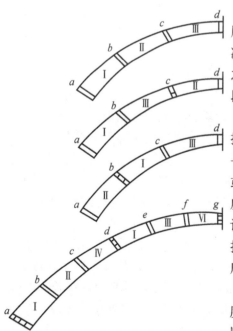

图 6.3.1 拱圈分段浇筑的顺序

拱圈合龙的温度应符合设计要求,设计未要求时,宜选择夜间气温较稳定时段的温度。拱圈合龙前如采用千斤顶对两侧拱圈施加压力的方法调整拱圈应力,拱圈混凝土的强度应达到设计规定的强度。

拱圈在浇筑过程中,应随时监测拱架的变形,如变形量超过计算值,应停止浇筑,及时查明原因,并采取加固拱架或调整加载顺序等措施后再继续浇筑,保证施工安全。

(3)分环、分段浇筑法:大跨径钢筋混凝土拱圈为减轻拱架负荷,通过计算可采用分环浇筑混凝土,即将拱圈高度分成二环或三环,先分段浇筑下环混凝土,分环合龙,再浇筑上环混凝土,可见分环浇筑的施工时间较长,但下环混凝土在达到设计强度后,与拱架共同承担上环浇筑混凝土的重量,可节省拱架。分环、分段浇筑法也可采取先分环分段浇筑,最后一次合龙,上下环间隔槽互相对应、贯通,一般宽度取用2m左右,有钢筋接头的槽宽可取用4m左右。按这样的浇筑顺序,仅减少每次浇筑的混凝土数量,而拱架必须按全部主拱圈自重设计。图6.3.2示出箱形拱主拱圈采用分环分段浇筑的顺序。

分环浇筑,由于各环混凝土龄期不同,混凝土的收缩和温差影响在环面间会产生剪力和结构的内应力,容易造成环间裂缝。因此,其浇筑程序、养护时间和各环间的结合必须按计算确定。

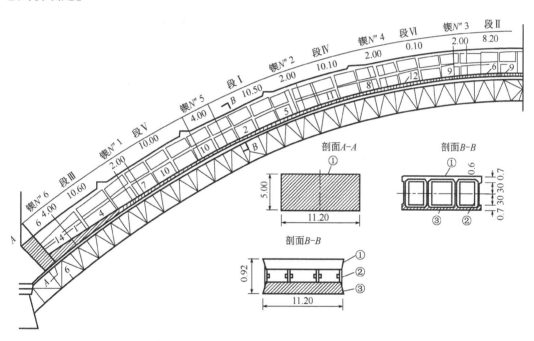

图6.3.2 箱形拱分环、分段浇筑顺序(尺寸单位:cm)

大跨径拱圈采用分环(层)、分段法浇筑混凝土时,纵向钢筋宜分段设置,且其接头应设在最后的几个间隔槽内,待浇筑间隔槽混凝土时再连接。若纵向钢筋为整根钢筋,将随拱架的下沉而使拱圈产生附加应力和变形,因此分段设置纵向钢筋能更好地适应其变形。

拱桥的立柱,宜从拱脚到拱顶一次浇筑。当立柱与横梁不能同时浇筑时,立柱上端的工作缝应设在横梁承托的底面上。现浇桥面板也宜在两相邻伸缩缝间一次浇筑完成。

现浇混凝土拱圈施工质量标准应符合表6.3.1的规定。

现浇混凝土拱圈施工质量标准　　　　　　表6.3.1

项　目		规定值或允许偏差
混凝土强度		在合格标准内
轴线偏位(mm)	板拱	≤10
	肋拱	≤5
内弧线偏离设计弧线(mm)	L≤30m	±20
	L>30m	±L/1500 且不超过±40
断面尺寸(mm)	高度	±5
	顶板、底板、腹板厚	+10,0
	宽度　板拱	±20
	肋拱	±10

6.3.2 在拱架上砌筑圬工砌体

在拱架上砌筑的拱桥主要是石拱桥和混凝土预制块拱桥。石拱桥按其材料规格分有粗料石拱、块石拱等。

1. 拱圈放样与备料

用于砌筑拱圈的拱石应采用粗料石或块石按拱圈放样尺寸加工成楔形。拱石的厚度应不小于200mm，加工成楔形时其较薄端的厚度应符合设计要求的尺寸或按施工放样的要求确定；其高度应为最小厚度的1.2~2.0倍，长度应为最小厚度的2.5~4.0倍。拱石应按立纹破料，岩层面应与拱轴线垂直，各排拱石沿拱圈内弧的厚度应一致。为了能合理划分拱石，保证结构尺寸准确，通常需要在样台上将拱圈按1:1的比例放出大样，然后用木板或锌铁皮在样台上按分块大小制成样板，进行编号，以利加工。

在划分拱石时，左右两批拱石间的砌缝横贯拱圈全部宽度，并垂直于拱圈中轴，成为贯通的辐射缝，见图6.3.3。上下两层拱石的砌缝为断续的弧形缝。其前后拱石间的砌缝则为断续的、与拱圈纵轴平行的平面缝。两相邻拱石的砌缝必须错开，其距离应不小于10cm，以利于拱圈传力和具有较好的整体性。

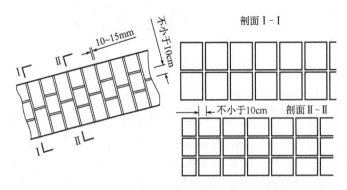

图6.3.3 石砌拱圈拱石的划分

2. 拱圈的砌筑

主拱圈的砌筑方法主要根据桥梁跨径选定，其浇筑方法有：连续砌筑法、分段砌筑法和分环、分段砌筑法。

(1)砌筑拱圈前,应根据拱圈的跨径、矢高、厚度及拱架等情况,设计并确定拱圈砌筑的顺序。砌筑时,应在适当的位置设置变形观测缝,随时监测拱架的变形情况,必要时应对砌筑顺序进行调整,控制拱圈的变形。

(2)跨径小于10m的拱圈,当采用满布式拱架砌筑时,可从两端拱脚向拱顶方向对称、均衡地砌筑,最后砌拱顶石;当采用拱式拱架砌筑时,宜分段、对称地先砌筑拱脚和拱顶段,后砌1/4跨径段。

(3)跨径10~20m的拱圈,不论采用何种拱架,每半跨均应分成三段砌筑,先砌拱脚段和拱顶段,后砌1/4跨径段,且两半跨应同时对称地进行。对分段砌筑的拱段,当其倾斜角大于砌块与模板间的摩擦角时,应在拱段下部设置临时支撑,避免拱段滑移。

(4)跨径大于20m的拱圈,其砌筑顺序应符合设计规定;设计未规定时,宜采用分段砌筑或分环分段相结合的方法砌筑,必要时应对拱架预加一定的压力。分环砌筑时,应待下环砌筑合龙、砌缝砂浆强度达到设计强度的85%以上后,再砌上环。

(5)多孔连续拱桥拱圈的砌筑,应考虑连拱的影响,并应专门制定相应的砌筑顺序。

(6)砌筑拱圈时,应在拱脚、拱顶石两侧和分段点等部位临时设置空缝;小跨径拱圈不分段砌筑时,应在拱脚附近临时设置空缝。空缝的填塞应在砌缝砂浆强度达到设计强度的85%后进行,填塞时应分层捣实。空缝的填塞顺序,可由拱脚逐次向拱顶对称填塞;或先填塞拱脚处,其次填塞拱顶处,然后自拱顶向两端对称逐条填塞;所有空缝亦可同时填塞。

(7)拱圈的封拱合龙宜在当日最低温度且温度场较为稳定的时段进行;分段砌筑的拱圈应待填塞空缝的砂浆强度达到设计强度的85%后再进行合龙;封拱合龙前如采用千斤顶施加压力的方法调整拱圈应力,砌筑砂浆的强度应达到设计规定的强度后方可合龙。

3. 拱上建筑施工

主拱圈的混凝土强度达到设计规定强度后,方可进行拱上结构的施工。施工前应对拱上结构立柱、横墙等基座的位置和高程进行复测检查,如超过允许偏差应予以调整,基座与主拱的联结应牢固;同时应解除支架拱架等约束。

对大跨径拱桥的拱上结构,施工时应严格按设计加载程序进行,设计未提供加载程序时,应根据施工验算由拱脚至拱顶均衡、对称加载。施工中应对主拱圈进行监测和控制。

对在支架或拱架上浇筑拱圈的中、小跨上承式拱桥,当不卸除支架或拱架进行拱上结构施工时,其主拱圈的混凝土强度应全部达到设计规定的强度;对下承式或中承式拱桥,其悬吊桥面系的混凝土应在支架或拱架卸落后进行浇筑。

在支架或拱架上浇筑拱圈的拱桥,其拱上结构混凝土浇筑施工时立柱的底座应与拱圈同时浇筑,立柱上端的施工缝应设在横梁承托的底面。桥面系的梁与板应同时浇筑,两相邻伸缩缝间的桥面板应一次浇筑完成。

石拱桥的拱上结构在拱架卸架前砌筑时,应待拱圈合龙段的砂浆强度达到设计强度的85%以上后进行。当先卸架后砌拱上结构时,应待拱圈合龙段的砂浆强度达到设计强度的100%后进行。石拱桥的拱上结构宜由拱脚至拱顶对称、均衡地砌筑。对大跨径石拱桥,其拱上结构的砌筑施工顺序应符合设计规定或进行专门设计。

6.4 桥梁工程模板设计

模板是混凝土结构或钢筋混凝土结构成型的模具。它由面板和支撑系统组成,面板是使混凝土成型的部分;支撑系统是稳固面板位置和承受上部荷载的结构部分。模板的质量关系到混凝土工程的质量,关键在于尺寸准确,组装牢固,拼缝严密,装拆方便。根据结构的形式和特点选用恰当形式的模板,才能取得良好的技术经济效果。大型的和特种工程的模板及支撑系统要进行计算,以验算其刚度、强度和稳定性。

6.4.1 模板的种类与构造

1. 模板种类

(1) 按照材料划分

根据模板所用材料,模板可分为钢模板、胶合板和木模板等。其中,木模板一般用于特殊部位混凝土的浇筑或小型构件制作。

(2) 按照用途划分

按照模板在施工中的用途功能,模板可分为组合式模板和整体式模板。

组合式模板为即拼即拆的作业方式,一般在混凝土浇筑地点现场拼装,待混凝土浇筑完毕、强度达到规定强度后拆除。该类模板可一次性使用,也可重复使用,主要用于现浇桥梁基础(承台)、墩台身、预制中小跨径梁板、现浇上部主梁等混凝土结构或构件。

整体式模板为一次拼装长期使用的作业方式,一般在混凝土浇筑地点初次拼装成型后,作为整体模板连续用于混凝土浇筑作业。该类模板主要用于浇筑高墩和索塔等高耸结构物,包括爬升模板、滑升模板及翻转模板等。

爬升模板又称"爬模"或"跳模",是一种能自动爬升的模板体系,其在完成某节段混凝土浇筑后,依靠自身的液压顶升系统提升就位后进行下一节段的混凝土浇筑,依次分节段循环作业完成混凝土构件制作。

滑升模板又称"滑模",以滑模千斤顶、电动提升机或手动提升器为提升动力,随混凝土连续浇筑而不断提升模板,一次完成混凝土浇筑作业。

翻转模板又称"翻模",一般由两节以上模板组成,初次安装就位后,依次浇筑各节段混凝土;待混凝土达到规定强度后,位于最上节的模板固定在混凝土结构上不予拆除,而将下面各节模板拆除后依次安装在其上,依次循环完成各节段混凝土浇筑。

(3) 按照受力划分

按照模板受力特点,模板可分为承重模板和非承重模板。

承重模板一般指底模板、内模板等,需承受结构自重、施工机具设备及施工人员等各种施工荷载,要求其具有足够强度、刚度和稳定性。

非承重模板一般指侧模板、端模板等,不需要承受结构自重、施工机具设备及施工人员等施工荷载,只承受一定的水平荷载和其他附加荷载。

2. 模板系统构造

模板系统主要包括面板、支承肋(次肋、主肋)、连接件、对拉螺杆、钢吊环等。

模板系统的构造应符合下列规定：

(1)模板面板以主肋和次肋作为其支承系统,主肋和次肋布置应根据模板的荷载和刚度要求进行。次肋配置方向应与模板配置方向垂直,应能直接承受模板传递的荷载,其间距应按荷载数值和模板力学性能计算确定;主肋应承受次肋传递的荷载,应能起到加强模板结构整体刚度和调整平直度的作用,支架或支撑着力点应设置在主肋上。

(2)模板配板应根据配模面的形状、几何尺寸及支撑形式确定。配板时宜选用大规格模板为主板,其他规格模板作为补充;配板板缝应规则,不得杂乱无章。

(3)对在墩柱、梁、板转角处使用的模板及各种模板面的交接部分,应采用连接简便、结构牢固、易于拆除的专用模板。

(4)当设置对拉螺杆或其他钢筋,需要在模板上钻孔时,应使钻孔的模板能多次周转使用,并应采取措施减少或避免在模板上钻孔。

6.4.2 模板设计

1. 设计原则

根据《公路桥涵施工技术规范》(JTG/T 3650—2020)的规定,模板的设计应注意以下事项：

(1)荷载的计算应准确,应将各种情况考虑周全,不能遗漏。
(2)所采用的材料的性能是否满足模板的受力要求。
(3)现场的施工设备是否满足模板在安装和拆除时的需要。
(4)应尽可能利用有定型设计的大型钢模板作为模板的材料,以提高施工效率。

2. 设计一般要求

(1)模板的设计应根据墩台形式、施工组织设计、荷载大小及有关的设计、施工规范进行。
(2)绘制模板总装图、细部构造图。
(3)制定模板的安装、使用、拆卸和保养等有关技术安全措施和注意事项。
(4)制定模板材料数量表。
(5)编制模板设计说明书。
(6)验算模板刚度时,其最大变形值不得超过下列允许值：
①结构表面外露的模板挠度为模板构件跨度的1/400;
②结构表面隐蔽的模板挠度为模板构件跨度的1/250;
③墩台盖梁的支架模板,其弹性挠度为相应自由跨度的1/400;
④钢模板的面积变形为1.5mm;
⑤钢模板的钢棱、柱箍变形为$L/500$和$B/500$(其中L为计算跨径,B为柱宽)。

3. 荷载种类及取值

(1)模板的自重标准值应根据模板设计图纸计算确定。
(2)新浇筑混凝土的重力密度,对普通混凝土可采用24kN/m³,对钢筋混凝土可采用25~26kN/m³(以体积计算的含筋量≤2%时采用25kN/m³,大于2%时采用26kN/m³)。
(3)施工人员及施工设备、施工材料等荷载:计算模板及直接支承模板的小愣时,均

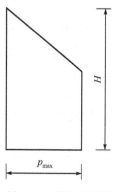

图 6.4.1 侧压力分布图

布荷载可取 $2.5kN/m^2$；计算直接支承小愣的梁或拱架时，均布荷载可取 $1.5kN/m^2$；计算支架立柱及支承拱架的其他结构构件时，均布荷载可取 $1.0kN/m^2$；当有实际资料时，可按实际荷载确定其标准值。

(4)振捣混凝土时产生的荷载(作用范围在有效压头高度之内)：对于水平模板可采用 $2.0kN/m^2$，对竖向模板可采用 $4.0kN/m^2$。

(5)采用内部振捣器，当混凝土的浇筑速度在 6m/h 以下时，新浇筑的普通混凝土作用于模板的侧压力可按式(6.4.1)和式(6.4.2)计算，侧压力分布如图 6.4.1 所示。

$$p_{max} = 0.22\gamma t_0 k_1 k_2 v^{1/2} \quad (6.4.1)$$

$$p_{max} = \gamma H \quad (6.4.2)$$

式中：p_{max}——新浇筑混凝土对模板的最大侧压力(kPa)；

H——有效压头高度(m)；

v——混凝土的浇筑速度(m/h)；

t_0——新浇混凝土的初凝时间(h)，可按实测确定；

γ——混凝土的重度(kN/m^3)；

k_1——外加剂影响修正系数，不掺外加剂时取 1.0，掺起缓凝作用的外加剂时取 1.2；

k_2——混凝土坍落度影响修正系数，当坍落度 <30mm 时，取 0.85；坍落度为 50～90mm 时，取 1.0；坍落度为 110～150mm 时，取 1.15。

考虑到不同的混凝土投放方式，会对模板产生不同的受力，对于吊斗投放，应考虑投放混凝土时的冲击力。冲击力的大小随吊斗的高度而定，要定量的计算难度较大。鉴于以往施工中，投放混凝土造成模板拉杆被拉断跑模或模板变形，通过加大安全系数的办法解决这一难题。同时在浇筑过程中，应进行技术交底，严禁吊斗过高投放。

(6)倾倒混凝土时对模板产生的水平荷载，按表 6.4.1 采用。

倾倒混凝土产生的水平荷载标准值(单位：kN/m^3) 表 6.4.1

向模板内供料方法	水 平 荷 载
溜槽、串筒或导管	2
容量小于 $0.2m^3$ 的运输器具	2
容量为 $0.2～0.8m^3$ 的运输器具	4
容量大于 $0.8m^3$ 的运输器具	6

(7)风荷载、流水压力、流冰压力，以及车辆、船只或其他漂浮物的撞击力等荷载的计算应符合现行《公路桥涵设计通用规范》(JTG D60)的规定。

(8)对其他可能产生的荷载，如雪荷载、冬期保温设施荷载等，可按实际情况考虑。

4.荷载组合

计算模板时，应考虑下列荷载并应按表 6.4.2 的规定进行荷载组合，分项系数如表 6.4.3 所示。

模板设计荷载组合值 表6.4.2

模板结构类别	强 度 计 算	刚 度 验 算
梁、板的底模板以及支撑板、支架等	(1)+(2)+(3)+(4)+(7)+(8)	(1)+(2)+(7)+(8)
缘石、人行道、栏杆、柱、梁、板等的侧模板	(4)+(5)	(5)
基础、墩台等厚大结构物的侧模板	(5)+(6)	(5)

模板支架作用组合荷载分项系数 表6.4.3

项 次	荷载类别	分项系数γ
1	模板支架自重	1.2
2	新浇混凝土自重	1.2
3	钢筋自重	1.2
4	施工人员及施工机具设备	1.4
5	振捣混凝土时产生的荷载	1.4
6	新浇筑混凝土对模板侧面的压力	1.2
7	倾倒混凝土时产生的荷载	1.4

(1)模板自重;
(2)新浇筑混凝土、钢筋、预应力筋或其他圬工结构物的重力;
(3)施工人员及施工设备、施工材料等荷载;
(4)振捣混凝土时产生的振动荷载;
(5)新浇混凝土对模板侧面的压力;
(6)混凝土入模时产生的水平方向的冲击荷载;
(7)设于水中的支架所承受的流水压力、波浪力、流冰压力,船只或其他漂浮物的撞击力;
(8)其他可能产生的荷载,如风荷载、雪荷载、冬期保温设施荷载、温度应力等。

6.4.3 计算实例

现设计高度为3m的墩模板(图6.4.2),其施工条件为:混凝土的浇筑速度为2m/h,采用内部振动器振捣,混凝土温度为25°C,坍落度为80mm,不掺加外加剂;混凝土浇筑采用0.8m³吊斗供料,水平荷载为4kN/m²,混凝土重度取26kN/m³。

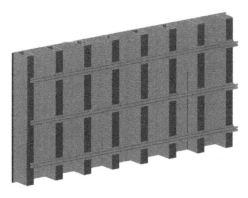

图6.4.2 爬模模板结构

材料技术参数：木材抗弯强度设计值取 13MPa，弹性模量取 9.5×10^3 MPa；钢材抗弯设计值取 215MPa，弹性模量取 2.1×10^5 MPa。

混凝土侧压力计算：

根据施工条件，混凝土的初凝时间为：$t_0 = 200/T + 15 = 5h$

由式(6.4.1)和式(6.4.2)计算模板承受混凝土侧压力标准值：

$$F_1 = 0.22\gamma t_0 k_1 k_2 v^{1/2} = 0.22 \times 26 \times 5 \times 1 \times 1 \times 2^{1/2} = 40.45 \text{kN/m}^2$$

$$F_2 = \gamma H = 26 \times 3 = 72 \text{kN/m}^2$$

取两者中的较小值作为侧压力标准值，则 $F = 40.45 \text{kN/m}^2$，并考虑倾倒混凝土产生的水平荷载标准值 4kN/m^2，分别取荷载分项系数为 1.2 和 1.4，则作用在模板的总荷载设计值为：

$$q = 40.45 \times 1.2 + 4 \times 1.4 = 54.14 \text{ kN/m}^2$$

模板采用 6mm 厚钢模板，内楞采用 50mm×100mm 木枋，外楞采用双 14 号槽钢。

1. 内楞计算

新浇混凝土侧压力作用在面板上，梁宽取 1000mm，作用在连续梁上的线荷载设计值 q_1 和标准值 q_1' 分别为：

$$q_1 = 54.14 \times 1.0 = 54.14 \text{kN/m}$$

$$q_1' = 40.45 \times 1.0 = 40.45 \text{kN/m}$$

（1）按强度要求：

$$M_{max} = \frac{1}{10} q l_1^2 \leqslant f \cdot W$$

故 $l_1 \leqslant \sqrt{\dfrac{10fW}{q_1}} = \sqrt{\dfrac{10 \times 215 \times \frac{1}{6} \times 1000 \times 6^2}{54.14}} = 488\text{mm}$

（2）按刚度要求：

$$\omega = \frac{5 q_1' l_1^4}{384 EI} \leqslant [\omega] = 1.5\text{mm}$$

故 $l_1 \leqslant \sqrt[4]{\dfrac{1.5 \times 384 \times EI}{5 q_1'}} = 323\text{mm}$

取 $l_1 = 300\text{mm}$。

2. 内楞间距计算

内楞的受荷宽度为 l_1，则作用在梁上的线荷载设计值和标准值分别为：

$$q_2 = 54.14 \times 0.3 = 16.24 \text{kN/m}$$

$$q_2' = 40.45 \times 0.3 = 12.14 \text{kN/m}$$

（1）按强度要求：

$$l_2 \leqslant \sqrt{\dfrac{10fW}{q_2}} = \sqrt{\dfrac{10 \times 13 \times \frac{1}{6} \times 50 \times 100^2}{16.24}} = 816\text{mm}$$

（2）按刚度要求：

$$\omega = \frac{5 q_2' l_2^4}{384 EI} \leqslant [\omega] = \frac{l_2}{400}$$

故 $l_2 \leqslant \sqrt[3]{\dfrac{384 \times EI}{400 \times 5q_2'}} = 855\text{mm}$

取 $l_2 = 800\text{mm}$。

3. 对拉螺栓间距计算

对拉螺栓设在内、外钢楞相交处,直接承受外钢楞传来的集中荷载。对拉螺栓为外钢楞的支点,梁的跨度即为对拉螺栓间距 l_3,梁上作用均布侧压力荷载的受荷宽度即为内楞间距 l_2。计算公式和 l_2 的公式相同。

$q_3 = 54.14 \times 0.8 = 43.31\text{kN/m}$

$q_3' = 40.45 \times 0.8 = 32.36\text{kN/m}$

(1) 按强度要求:

$l_3 \leqslant \sqrt{\dfrac{10fW}{q_3}} = \sqrt{\dfrac{10 \times 215 \times 161 \times 10^3}{43.31}} = 2827\text{mm}$

(2) 按刚度要求:

$l_3 \leqslant \sqrt[3]{\dfrac{384 \times EI}{400 \times 5q_3'}} = 1908\text{mm}$

取 $l_3 = 1300\text{mm}$。

4. 选对拉杆规格

对拉杆等效受拉力为:$N = 0.8 \times 1.3 \times 54.14 = 56.31\text{kN}$,拉杆采用 $\phi 22$ 拉杆,按 HPB300 钢拉杆考虑,其允许承受拉力为:$F = 11 \times 11 \times 3.14 \times 210 = 79.8\text{kN}$,满足要求。

6.5 支架设计与施工

6.5.1 支架的分类

现浇支架按支撑方式,可分为普通钢管满堂支架、梁式支架、组合支架等;按相交方式,可分为正交支架和斜交支架;按箱梁施工方式,可分为整跨现浇和分段现浇。一般按支撑方式进行分类。

满堂支架又分为碗扣式和扣件式[图 6.5.1a)]。满堂支架是通用桥梁施工的工法,施工时多点支撑,沉降容易控制,张拉时支架反弹量小,对主梁健康有利,线型也同样容易控制。适用于高度低于 20m 的墩身上部结构以及其他施工方法不经济的情况下建造桥梁上部结构,具有周转次数多,周转时间短,使用辅助设备少,减少了人力物资的浪费等特点,特别适用于多跨现浇梁施工,既保证了工程质量,又能加快施工进度,具有良好的经济效益。

梁式支架[图 6.5.1b)]又分为军用梁、贝雷梁、桁架梁、型钢梁等。梁式支架是在两端设立柱,上方设承重梁,模板直接承在承重梁上。依照跨径可采用工字钢、钢板梁或钢桁梁作为承重梁。梁可以支承在墩旁支架上,也可支承在桥墩预留的托架或在桥墩处临时设置的横梁上。

组合支架指的是上部为满堂支架、下部为梁式支架[图6.5.1c)]。

a)满堂支架

b)梁式支架

c)组合支架

图6.5.1 支架的分类

6.5.2 支架设计

1.荷载

(1)作用于模板支架上的荷载分类,如表6.5.1所示。

作用于模板支架上的荷载分类　　　　　　表6.5.1

永久荷载	可变荷载
①模板自重应包括模板和模板支承梁的自重	①作用在支架结构顶部模板面上的施工作业人员、施工设备、超过浇筑构件厚度的混凝土料堆放荷载
②模板支架自重应包括立杆、水平杆、斜杆和构配件自重	②作用在支架结构顶部的泵送混凝土、倾倒混凝土等未预见因素产生的水平荷载
③作用在模板上的新浇筑混凝土和钢筋自重	③风荷载

(2)作用于模板支架上的荷载标准值,如表6.5.2所示。

作用于模板支架上的荷载标准值　　　　　　表6.5.2

永久荷载	可变荷载
①模板自重标准值应根据混凝土结构模板设计图纸确定	①作用在模板支架上的施工人员及设备荷载标准值可按实际情况计算,一般情况下可取 $3.0kN/m^2$
②支架的架体自重标准值应按支模方案及规范计算确定	②泵送混凝土、倾倒混凝土等未预见因素产生的荷载等,其水平荷载标准值可取2%的垂直永久荷载标准值,并应以线荷载的形式水平作用在架体顶部
③新浇筑混凝土自重标准值,对普通梁钢筋混凝土自重可采用 $25.5kN/m^3$,对普通板钢筋混凝土自重可采用 $25.1kN/m^3$,对特殊钢筋混凝土结构应根据实际情况确定	③作用在支架上的风荷载标准值应按下式计算: $$\omega_k = \mu_z \mu_s \mu_0$$ 式中:ω_k——风荷载标准值(kN/m^2); μ_z——风压高度变化系数; μ_s——支架风荷载体型系数; μ_0——基本风压值(kN/m^2)

(3)荷载作用效应组合,如表6.5.3所示。

设计模板支架及脚手架承重构件时,应根据使用过程中可能出现的荷载取其最不利荷载作用效应组合进行计算。

荷载作用效应组合　　　　　　　表 6.5.3

受 力 计 算	最不利荷载作用效应组合
立杆稳定	永久荷载 + 施工均布荷载
	永久荷载 + 0.9(施工均布荷载 + 风荷载)
支架抗倾覆稳定	永久荷载 + 0.9(施工均布荷载 + 风荷载 + 未预见因素产生的水平荷载)
水平杆承载力与变形	永久荷载 + 施工均布荷载

(4)当杆件变形量有控制要求时,应按正常使用极限状态验算其变形量。受弯构件的挠度不应超过的容许值,如表 6.5.4 所示。

受弯构件容许挠度　　　　　　　表 6.5.4

构 件 类 型	容许挠度[v]
受弯构件	$L/150$ 和 10mm

注:L 为受弯构件跨度。

(5)模板支架立杆长细比不得大于 150。

2. 盘扣支架计算

(1)支架立杆轴向力设计值应按式(6.5.1)和式(6.5.2)计算:

不组合风荷载时:

$$N = 1.2\sum N_{GK} + 1.4\sum N_{QK} \tag{6.5.1}$$

组合风荷载时:

$$N = 1.2\sum N_{GK} + 0.9 \times 1.4\sum N_{QK} \tag{6.5.2}$$

式中:N——立杆轴向力设计值(kN);

$\sum N_{GK}$——模板及支架自重、新浇混凝土自重和钢筋自重标准值产生的轴向力总和(kN);

$\sum N_{QK}$——施工人员及施工设备荷载标准值和风荷载标准值产生的轴向力总和(kN)。

(2)模板支架立杆计算长度应按式(6.5.3)计算,并应取其中的较大值:

$$\begin{cases} l_0 = \eta h \\ l_0 = h' + 2ka \end{cases} \tag{6.5.3}$$

式中:l_0——支架立杆计算长度(m);

a——支架可调托座支撑点至顶层水平杆中心线的距离(m);

h——支架立杆中间层水平杆最大竖向步距(m);

h'——支架立杆顶层水平杆步距(m),宜比最大步距减少一个盘扣的距离;

η——支架立杆计算长度修正系数,水平杆步距为 0.5m 或 1m 时,可取 1.60,水平杆步距为 1.5m 时,可取 1.20;

k——悬臂端计算长度折减系数,可取 0.7。

(3)立杆稳定性应按下列公式计算：
不组合风荷载时：

$$\frac{N}{\varphi A} \leq f \quad (6.5.4)$$

组合风荷载时：

$$\frac{N}{\varphi A} + \frac{M_W}{W} \leq f \quad (6.5.5)$$

式中：M_W——计算立杆段由风荷载设计值产生的弯矩(kN·m)，按 $M_W = 0.9 \times 1.4 M_{WK} = \frac{0.9 \times 1.4 \omega_K l_a h^2}{10}$ 计算，其中 M_{WK} 为风荷载产生的立杆段弯矩标准值(kN·m)，ω_K 为风荷载标准值(kN/m²)，l_a 为立杆纵距(m)；

f——钢材的抗拉、抗压和抗弯强度设计值(kN/mm²)；

φ——轴心受压构件的稳定系数；

W——立杆截面模量(cm³)；

A——立杆的截面积(mm²)。

(4)立杆底部地基承载力应满足式(6.5.6)和式(6.5.7)的要求：

$$p_k \leq f_g \quad (6.5.6)$$

$$p_k = \frac{N_k}{A_g} \quad (6.5.7)$$

式中：p_k——相应于荷载效应标准组合时，立杆基础底面处的平均压力(kPa)；

N_k——立杆传至基础顶面的轴向力标准组合值(kN)；

A_g——可调底座底板对应的基础底面面积(m²)；

f_g——地基承载力特征值(kPa)，应按现行《建筑地基基础设计规范》(GB 50007)的规定确定。

6.5.3 支架施工

1. 支架制作与安装

支架虽为临时结构，但它要承受桥梁的大部分恒载，因此必须有足够的强度和刚度，同时支架的基础应可靠，构件结合要紧密，并要有足够的纵、横、斜向的连接杆件，使支架成为整体。

(1)支架的制作应符合下列规定：

①支架宜采用标准化、系列化、通用化的钢构件制作拼装。

②制作木支架时，两相邻立柱的连接接头宜分设在不同的水平面上，并应减少长杆件接头。主要压力杆的接长连接，宜使用对接法，并宜采用木夹板或铁夹板夹紧；次要构件的连接可采用搭接法。

(2)支架的安装应符合下列规定：

①支架应按施工图设计的要求进行安装。立柱应垂直，节点连接应可靠。

②高支架应设置足够的斜向连接、扣件或缆风绳，横向稳定应有保证措施。

③支架在安装完成后，应对其平面位置、顶部高程、节点连接及纵、横向稳定性进行全

面检查,符合要求后,方可进行下一工序。

(3)支架预压。支架宜根据其结构形式、所用材料和地基情况的不同,在施工前确定是否对其进行预压,并应符合下列规定:

①对位于刚性地基上的刚度较大且非弹性变形可确定控制在一定范围内的支架,在经计算并通过一定审核程序,确认其满足强度、刚度和稳定性等要求的前提下,可不预压;但在施工过程中应对支架的材料和安装施工质量采取严格的管控措施。

②对位于软土地基或软硬不均地基上的支架,宜通过预压的方式,消除地基的不均匀沉降和支架的非弹性变形。

③对支架进行预压时,预压荷载宜为支架所承受荷载的 1.05~1.10 倍,预压荷载的分布宜模拟需承受的结构荷载及施工荷载。

④对采用定型钢管脚手架作为承重杆件的满布式支架进行预压时,可按现行《钢管满堂支架预压技术规程》(JGJ/T 194)的规定执行。

2. 卸架

支架的拆除在支架施工过程中是至关重要的,应顺利拆除支架并保证施工人员的安全。拆除应符合下列规定:

(1)支架的拆除期限和拆除程序等应根据结构物特点、模板部位和混凝土所应达到的强度要求确定,并应严格按其相应的施工图设计的要求进行。

(2)钢筋混凝土结构的支架,应在混凝土强度能承受其自重荷载及其他可能的叠加荷载时,方可拆除。

(3)对预应力混凝土结构,支架应在结构建立预应力后方可拆除。

(4)支架的拆除应遵循后支先拆、先支后拆的原则顺序进行。

(5)简支梁、连续梁结构的支架宜从跨中向支座方向依次循环卸落;悬臂梁结构宜从悬臂端开始顺序卸落。

3. 拱桥支架拆除

(1)拱架卸落

拱圈混凝土强度达到设计强度,按照设计要求裸拱拆除满堂支架,对称均匀卸落拱架。为了保证主拱支架逐渐均匀地降落,以使拱架所支承的桥跨结构重量逐渐转移给主拱圈自身来承担,因此拱架不能一次性进行大量卸架,严格按 6 次卸架方式逐段卸架(顶托),保证拱圈受力逐渐加载,并作好沉降监测。

(2)拱架卸落的原则和方法

总原则是对称、少量、多次、逐渐完成,使结构物逐渐承受荷载,避免发生开裂。在纵向对称均衡卸落,在横向一起同时卸落。拱架卸落在横桥向每一排立杆必须同时由中间向两侧卸落,在纵桥向从拱顶向拱脚逐排卸落。支架拆除过程中,严格监测主拱圈的沉降和变形,将沉降变形观测数据传给设计确认。各点的卸落量可按二次抛物线比例分配,保证拱圈体逐渐均匀地降落和受力。

卸落前应在卸架支架上用油漆在钢尺辅助下标定出卸落量,画好每次卸落量的标记。拆卸支架时,设专人用仪器观测拱圈挠度及拱座位置的变化情况,提前在主拱圈上口和下口布置好沉降观测点,并做好详细记录。

(3)支架拆除顺序

整个支架脱离拱圈后,按先搭设的后拆,后搭设的先拆,从上到下的顺序拆除支架。最先拆除底模木方、钢管,再逐层往下拆,分层拆除连接加强杆件,拆除水平锁杆和剪刀撑,再拆除横杆、立杆。

(4)拆除吊装方法

在主拱支架拆除底板后,应观察主拱底板有无质量缺陷,应安排人员打磨修饰平整。在逐层往下拆除支架过程中,应每6m高在主拱外侧搭设卸料平台,卸料平台外侧设置好防护栏杆,每层铺设好跳板,作为供工人搬运材料的通道,钢管木方应人工往外面传递运输,不能随意乱扔钢管扣件,严禁高空抛物。材料集中搬运到卸料平台堆放,采用塔式起重机集中吊装施工,吊装严格按照操作规程执行。

(5)监控量测

监控量测是桥梁施工中一个极其重要的环节,在拱圈施工中的监控量测工作尤为重要。加强监控量测工作,确保拱圈施工的工程质量安全。

拱圈施工的监控量测工作主要是:拱架预压的监控量测、拱圈混凝土浇筑的监控量测、拱架卸落的监控量测、拱上建筑施工期间主拱的沉降变形监测。

拱圈的监控量测工作是观察控制点的空间位置的变化情况。在拱座、拱架、拱圈规定位置设置拱架预压、拱圈混凝土浇筑、拱架卸落的控制点,在施工过程中全过程观测其空间位置变化情况,利用观测数据及时指导施工。采用全站仪对控制点进行精确放样,观测点布设在拱脚、$L/8$、$L/4$、$3L/8$、拱顶($L/2$)处,每断面2点,分布在拱圈两侧。控制点布置好后作明显标识,并注意保护,防止破坏。设置好测量控制点后,用水准仪精确测量控制点高程并做好记录。

6.5.4 盘扣支架设计

承插型盘扣式钢管支架由立杆、水平杆、斜杆、可调底座及可调托座等构配件构成,如图6.5.2和图6.5.3所示。立杆采用套管承插连接,水平杆和斜杆采用杆端和接头卡入连接盘,用楔形插销连接,形成结构几何不变体系的钢管支架。其优点为:

图6.5.2 盘扣支架

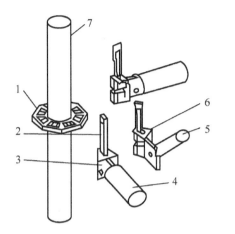 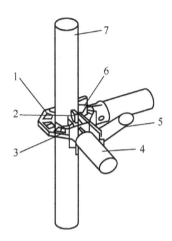

图 6.5.3 盘扣节点
1-连接盘；2-插销；3-水平杆杆端扣接头；4-水平杆；5-斜杆；6-斜杆杆端扣接头；7-拉杆

(1) 抗扭能力强，强度、刚度、稳定性可靠，施工安全得到有效保证。

(2) 模块化、工具化作业，搭拆快捷，大幅度提高施工效率。

(3) 节约用钢量，高承载力的盘扣支架搭设密度远低于传统支架，有效降低施工成本及各项配套费。

(4) 无零散配件，不易丢失，损耗极低，并方便运输及清点。

(5) 构件全部采用热镀锌防腐工艺，较传统脚手架提高 10 倍以上使用寿命，同时不会因锈蚀而降低承载力。

1. 盘扣支架配件材质及配件尺寸

盘扣式钢管支架主要配件材质见表 6.5.5。钢管外径及允许偏差见表 6.5.6。

盘扣式钢管支架主要配件材质　　表 6.5.5

立杆	水平杆	竖向斜杆	水平斜杆	扣接头	立杆连接套管	可调底座、托座	可调螺母	连接盘、插销
Q345A	Q235A	Q195	Q235B	ZG230-450	ZG230-450 或 20 号无缝钢管	Q235B	ZG270-500	ZG230-450 或 Q235B

盘扣式钢管支架主要配件尺寸　　表 6.5.6

外径 D(mm)	外径允许偏差(mm)
33、38、42、48	+0.2
	-0.1
60	+0.3
	-0.1

2. 盘扣支架布置原则

(1) 模板支架搭设高度不宜超过 24m；当超过 24m 时，应另行专门设计。

(2) 模板支架应根据施工方案计算得出的立杆排架尺寸选用定长的水平杆，并应根据支撑高度组合套插的立杆段、可调托座和可调底座。

(3)模板支架的斜杆或剪刀撑设置应符合下列要求：

①当搭设高度不超过8m的满堂模板支架时，步距不宜超过1.5m，支架架体四周外立面向内的第一跨每层均应设置竖向斜杆，架体整体底层以及顶层均应设置竖向斜杆，并应在架体内部区域每隔5跨由底至顶，纵、横向均设置竖向斜杆或采用扣件钢管搭设的剪刀撑。当满堂模板支架的架体高度不超过4个步距时，可不设置顶层水平斜杆；当架体高度超过4个步距时，应设置顶层水平斜杆或扣件钢管剪刀撑(图6.5.4)。

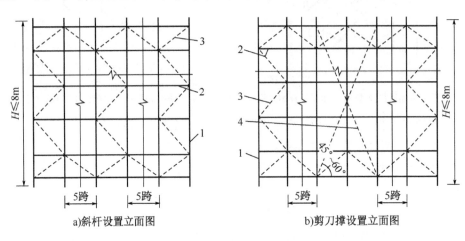

图6.5.4 满堂支架高度不大于8m水平斜杆和剪刀撑立面图
1-立杆；2-水平杆；3-斜杆；4-扣件钢管剪刀撑

②当搭设高度超过8m的满堂模板支架时，竖向斜杆应满布设置，水平杆的步距不得大于1.5m，沿高度每隔4~6个标准步距应设置水平层斜杆或扣件钢管剪刀撑(图6.5.5)。周边有结构物时，宜与周边结构形成可靠拉结。

③当模板支架搭设成无侧向拉结的独立塔状支架时，架体每个侧面每步距均应设竖向斜杆。当有防扭转要求时，在顶层及每隔3~4个步距应增设水平斜杆或钢管水平剪刀撑(图6.5.6)。

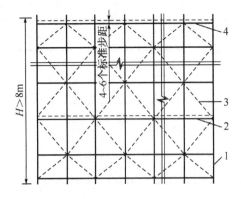

图6.5.5 满堂支架高度大于8m水平斜杆设置立面图
1-立杆；2-水平杆；3-斜杆；4-水平斜杆或扣件钢管剪刀撑

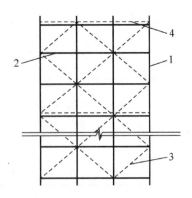

图6.5.6 无侧向拉结塔状模板支架立面图
1-立杆；2-水平杆；3-斜杆；4-水平斜杆

(4)对长条状的独立高支模架,架体总高度与架体的宽度之比 H/B 不宜大于3。

(5)模板支架可调托座伸出顶层水平杆或双槽钢托梁的悬臂长度(图6.5.7)严禁超过650mm,且丝杆外露长度严禁超过400mm,可调托座插入立杆或双槽钢托梁长度不得小于150mm。

(6)大模板支架最顶层的水平杆步距应比标准步距缩小一个盘扣间距。

(7)模板支架可调底座调节丝杆外露长度不应大于300mm,作为扫地杆的最底层水平杆离地高度不应大于550mm。当单肢立杆荷载设计值不大于40kN时,底层的水平杆步距可按标准步距设置,且应设置竖向斜杆;当单肢立杆荷载设计值大于40kN时,底层的水平杆应比标准步距缩小一个盘扣间距,且应设置竖向斜杆。

(8)模板支架宜与周围已建成的结构进行可靠连接。

(9)当模板支架体内设置与单肢水平杆同宽的人行通道时,可间隔抽除第一层水平杆和斜杆形成施工人员进出通道,与通道正交的两侧立杆间应设置竖向斜杆;当模板支架体内设置与单肢水平杆不同宽的人行通道时,应在通道上部架设支撑横梁(图6.5.8),横梁应按跨度和荷载确定。通道两侧支撑梁的立杆间距应根据计算设置,通道周围的模板支架应连成整体。洞口顶部应铺设封闭的防护板,两侧应设置安全网。通行机动车的洞口,必须设置安全警示和防撞设施。

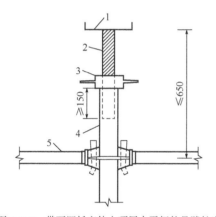

图6.5.7 带可调托座伸出顶层水平杆的悬臂长度
(尺寸单位:mm)
1-可调托座;2-螺杆;3-调节螺母;4-立杆;5-水平杆

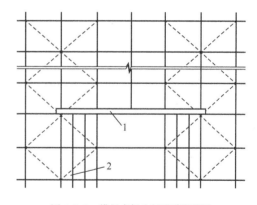

图6.5.8 模板支架人行通道设置图
1-支撑横梁;2-立杆加密

3. 盘扣支架计算案例

(1)支架概况

主梁支架:垫层采用20cm厚度C25混凝土垫层,盘扣架立杆为$\phi60mm \times 3.2mm$钢管,材质Q345。立杆横距:底板0.9m,翼缘板1.2m。立杆纵距:箱梁2m厚以下0.9m,箱梁2m厚以上0.6m。立杆步距:中间层标准步距1.5m,顶层步距不超过1m。立杆顶托超出顶层水平杆不超过0.5m。盘扣架上方为横向I12.6主龙骨;主龙骨上方为纵向100mm×100mm方木次龙骨@200mm+18mm竹胶板(图6.5.9)。

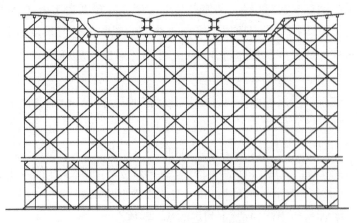

图 6.5.9 主梁支架布置示意图

(2)验算内容

①面层体系强度、刚度验算(模板、次龙骨、主龙骨)。
②立杆稳定验算(选择不利位置立杆→组合风荷载与不组合风荷载验算)。
③架体抗倾覆稳定验算。
④地基承载力验算。

(3)设计依据

①工程施工图纸及现场概况。
②《建筑施工承插型盘扣式钢管脚手架安全技术标准》(JGJ/T 231—2021)。
③《建筑结构荷载规范》(GB 50009—2012)。
④《钢结构设计标准》(GB 50017—2017)。
⑤《公路桥涵设计通用规范》(JTG D60—2015)。
⑥《公路桥涵地基与基础设计规范》(JTG 3363—2019)。
⑦《建筑工程模板支撑系统安全技术规程》(DB29-203—2010)。

(4)荷载参数

结构自重:盘扣架本身自重,盘扣架较低,自重较小,可忽略。
模板荷载:取2kPa。
施工荷载:包括施工作业人员、施工设备、零星材料,取3.0kPa。
振捣荷载:取2.0kPa。
混凝土荷载:混凝土重度,取26.0kN/m³。
风荷载:
作用在支架上的风荷载标准值应按下式计算:

$$\omega_k = \mu_z \mu_s w_0$$

式中:ω_k——风荷载标准值(kN/m²);
 μ_z——风压高度变化系数,本例取1;
 μ_s——支架风荷载体型系数(表6.5.7);
 w_0——基本风压值(kPa),取0.3kPa。

支架风荷载体型系数 μ_s 表6.5.7

背靠建筑的状况		全封闭墙	敞开式、框架和开洞墙
支架状况	全封闭、半封闭	1.0ϕ	1.3ϕ
	敞开	μ_{stw}	

注:1. μ_{stw} 值可将支架视为桁架,按现行《建筑结构荷载规范》(GB 50009)的规定计算。
2. ϕ 为挡风系数,$\phi = 1.2 A_a/A_w$,其中 A_a 为挡风面积;A_w 为迎风面积。
3. 密目式安全立网全封闭脚手架挡风系数 ϕ 不宜小于 0.8。
①立杆纵向间距 0.9m,竖向步距 1.5m。挡风系数如下:

$$\phi = 1.2 \frac{A_n}{A_w} = 1.2 \times \frac{1.5 \times 0.06 + 0.9 \times 0.048 + 1.0 \times 0.048 \times \sqrt{0.9^2 + 1.5^2}}{0.9 \times 1.5} = 0.19$$

单榀桁架体型系数:

$\mu_{st} = \phi\mu_s = 0.19 \times 1.2 = 0.228$

$\mu_z\omega_0 d^2 = 1.0 \times 0.3 \times 0.06^2 = 0.001 < 0.002$,圆形构件体型系数 $\mu_s = 1.2 \times$ 整体体型系数(横向29排)

$\eta = 0.85, \mu_{stw} = \mu_{st}\frac{1-\eta^n}{1-\eta} = 1.53$

$\omega_k = \mu_z\mu_{stw}w_0 = 1.53 \times 1.0 \times 0.3 = 0.46\text{kPa}$

②立杆纵向间距 0.6m,竖向步距 1.5m。挡风系数如下:

$$\phi = 1.2\frac{A_n}{A_w} = 1.2 \times \frac{1.5 \times 0.06 + 0.6 \times 0.048 + 1.0 \times 0.048 \times \sqrt{0.6^2 + 1.5^2}}{0.6 \times 1.5} = 0.26$$

单榀桁架体型系数:

$\mu_{st} = \phi\mu_s = 0.26 \times 1.2 = 0.31$

$\mu_z\omega_0 d^2 = 1.0 \times 0.3 \times 0.06^2 = 0.001 < 0.002$

$\eta = 0.736, \mu_{stw} = \mu_{st}\frac{1-\eta^n}{1-\eta} = 1.2$

$\omega_k = \mu_z\mu_{stw}w_0 = 1.2 \times 1.0 \times 0.3 = 0.36\text{kPa}$

(5)结构计算

①模板($t = 18\text{mm}$)计算。

纵向方木中心间距 200mm,混凝土高度 3.24m,模板厚度 18mm。模板按三跨连续梁进行计算,宽度取 1000mm,跨度取 200mm。

模板线荷载标准值:$q = (3.24 \times 26 + 3 + 2 + 2) \times 1 = 91.24\text{kN/m}$

模板线荷载设计值:$q = (3.24 \times 26 + 2) \times 1 \times 1.2 + (3 + 2) \times 1 \times 1.4 = 110.5\text{kN/m}$

最大弯矩设计值:$M_{max} = 0.1ql^2 = 0.44\text{kN} \cdot \text{m}$

最大剪力设计值:$V_{max} = 0.6ql = 13.26\text{kN}$

最大弯应力设计值:$\sigma_{max} = \frac{M_{max}}{W} = 8.2\text{MPa} < 15\text{MPa}$

最大剪应力设计值:$\tau_{max} = 1.5\frac{V}{A} = 1.1\text{MPa} < 1.2\text{MPa}$

最大挠度标准值:$\omega_{max} = 0.677\frac{ql^4}{100EI} = 0.33\text{mm} < \frac{l}{400} = 0.5\text{mm}$

满足要求。

②纵向方木(100mm × 100mm)计算。

a. 立杆纵距 0.9m 区段。

纵向方木中心间距 0.2m,跨度 0.9m,箱梁厚度 2m,按三跨连续梁计算。

方木线荷载标准值:$q = (2 \times 26 + 3 + 2 + 2) \times 0.2 = 11.8\text{kN/m}$

方木线荷载设计值：$q = (2 \times 26 + 2) \times 0.2 \times 1.2 + (3 + 2) \times 0.2 \times 1.4 = 14.36 \text{kN/m}$

最大弯矩设计值：$M_{\max} = 0.1ql^2 = 1.16 \text{kN} \cdot \text{m}$

最大剪力设计值：$V_{\max} = 0.6ql = 7.75 \text{kN}$

最大弯应力设计值：$\sigma_{\max} = \dfrac{M_{\max}}{W} = 7\text{MPa} < 13\text{MPa}$

最大剪应力设计值：$\tau_{\max} = 1.5\dfrac{V}{A} = 1.16\text{MPa} < 1.4\text{MPa}$

最大挠度标准值：$\omega_{\max} = 0.677\dfrac{ql^4}{100EI} = 0.7\text{mm} < \dfrac{l}{400} = 2.25\text{mm}$

满足要求。

b. 立杆纵距0.6m区段。

纵向方木中心间距0.2m，跨度0.6m，箱梁厚度3.24m，按三跨连续梁计算。

方木线荷载标准值：$q = (3.24 \times 26 + 3 + 2 + 2) \times 0.2 = 18.25 \text{kN/m}$

方木线荷载设计值：$q = (3.24 \times 26 + 2) \times 0.2 \times 1.2 + (3 + 2) \times 0.2 \times 1.4 = 22.1 \text{kN/m}$

最大弯矩设计值：$M_{\max} = 0.1ql^2 = 0.8 \text{kN} \cdot \text{m}$

最大剪力设计值：$V_{\max} = 0.6ql = 7.96 \text{kN}$

最大弯应力设计值：$\sigma_{\max} = \dfrac{M_{\max}}{W} = 4.77\text{MPa} < 13\text{MPa}$

最大剪应力设计值：$\tau_{\max} = 1.5\dfrac{V}{A} = 1.19\text{MPa} < 1.4\text{MPa}$

最大挠度标准值：$\omega_{\max} = 0.677\dfrac{ql^4}{100EI} = 0.21\text{mm} < \dfrac{l}{400} = 1.5\text{mm}$

满足要求。

③主龙骨(I12.6)计算。

a. 立杆纵距0.9m区段。

主龙骨跨度0.9m，最大间距0.9m，箱梁厚度2m，按照简支梁计算。

主龙骨线荷载标准值：$q = (2 \times 26 + 2) \times 0.9 + (3 + 2) \times 0.9 = 53.1 \text{kN/m}$

主龙骨线荷载设计值：$q = (2 \times 26 + 2) \times 0.9 \times 1.2 + (3 + 2) \times 0.9 \times 1.4 = 64.62 \text{kN/m}$

最大弯矩设计值：$M_{\max} = 0.125ql^2 = 6.54 \text{kN} \cdot \text{m}$

最大剪力设计值：$V_{\max} = 0.5ql = 29.08 \text{kN}$

最大弯应力设计值：$\sigma_{\max} = \dfrac{M_{\max}}{W} = 84.53\text{MPa} < 215\text{MPa}$

最大剪应力设计值：$\tau_{\max} = \dfrac{VS}{It} = 52.68\text{MPa} < 125\text{MPa}$

最大挠度标准值：$\omega_{\max} = 0.677\dfrac{ql^4}{100EI} = 0.451\text{mm} < \dfrac{l}{400} = 2.25\text{mm}$

满足要求。

b. 立杆纵距0.6m区段。

主龙骨跨度0.9m,最大间距0.6m,箱梁厚度3.24m,按照简支梁计算。
主龙骨线荷载标准值:$q = (3.24 \times 26 + 2) \times 0.6 + (3 + 2) \times 0.6 = 54.74 \text{kN/m}$
主龙骨线荷载设计值:
$q = (3.24 \times 26 + 2) \times 0.6 \times 1.2 + (3 + 2) \times 0.6 \times 1.4 = 66.3 \text{kN/m}$
最大弯矩设计值:$M_{max} = 0.125ql^2 = 6.71 \text{kN} \cdot \text{m}$
最大剪力设计值:$V_{max} = 0.5ql = 29.08 \text{kN}$
最大弯应力设计值:$\sigma_{max} = \dfrac{M_{max}}{W} = 86.7 \text{MPa} < 215 \text{MPa}$
最大剪应力设计值:$\tau_{max} = \dfrac{VS}{It} = 54 \text{MPa} < 125 \text{MPa}$
最大挠度标准值:$\omega_{max} = 0.677 \dfrac{ql^4}{100EI} = 0.47 \text{mm} < \dfrac{l}{400} = 2.25 \text{mm}$
满足要求。
④主梁立杆计算。
a. 立杆纵距0.9m区段。
计算长度取下列两式子较大值。(要求立杆伸出顶层水平杆不超过0.5m,立杆顶层水平杆步距不得超过1m)
$\begin{cases} l_0 = \eta h = 1.2 \times 1.5 = 1.8 \text{m} \\ l_0 = h' + 2ka = 1 + 2 \times 0.7 \times 0.5 = 1.7 \text{m} \end{cases}$
取 $l_0 = 1.8 \text{m}$
则 $\lambda = \dfrac{l_0}{i} = \dfrac{1800}{20.1} = 89.6$,查表得立杆稳定系数 $\varphi = 0.55$
负担的混凝土截面面积 $S = 0.9 \times 2 = 1.8 \text{m}^2$,纵向间距 $l_a = 0.9 \text{m}$,横向宽度 $l_b = 0.9 \text{m}$,风荷载标准值 $\omega_k = 0.46 \text{kPa}$,步距 $h = 1.5 \text{m}$。
单根立杆恒载轴力标准值:$\sum N_{GK} = 26Sl_a + 2l_a l_b = 43.74 \text{kN}$
单根立杆活载轴力标准值:$\sum N_{QK} = (2 + 3) l_a l_b = 4.05 \text{kN}$
组合风荷载:
风荷载引起弯矩设计值:$M_W = \dfrac{0.9 \times 1.4 \omega_k l_a h^2}{10} = 0.12 \text{kN} \cdot \text{m}$
轴力设计值:$N = 1.2 \sum N_{GK} + 0.9 \times 1.4 \sum N_{QK} = 57.59 \text{kN}$
稳定应力设计值:$\sigma = \dfrac{N}{\varphi A} + \dfrac{M_W}{W} = 199 \text{MPa} < 300 \text{MPa}$
不组合风荷载:
轴力设计值:$N = 1.2 \sum N_{GK} + 1.4 \sum N_{QK} = 58.16 \text{kN}$
稳定应力设计值:$\sigma = \dfrac{N}{\varphi A} = 185 \text{MPa} < 300 \text{MPa}$
满足要求。
b. 立杆纵距0.6m区段。
负担的混凝土截面面积 $S = 0.9 \times 3.24 = 2.916 \text{m}^2$,纵向间距 $l_a = 0.6 \text{m}$,横向宽度 $l_b = 0.9 \text{m}$,风荷载标准值 $\omega_k = 0.36 \text{kPa}$,步距 $h = 1.5 \text{m}$。

单根立杆恒载轴力标准值：$\sum N_{GK} = 26Sl_a + 2l_al_b = 46.57\text{kN}$

单根立杆活载轴力标准值：$\sum N_{QK} = (2+3)l_al_b = 2.7\text{kN}$

组合风荷载：

风荷载引起弯矩设计值：$M_W = \dfrac{0.9 \times 1.4\omega_k l_a h^2}{10} = 0.06\text{kN} \cdot \text{m}$

轴力设计值：$N = 1.2\sum N_{GK} + 0.9 \times 1.4\sum N_{QK} = 59.29\text{kN}$

稳定应力设计值：$\sigma = \dfrac{N}{\varphi A} + \dfrac{M_W}{W} = 196.73\text{MPa} < 300\text{MPa}$

不组合风荷载：

轴力设计值：$N = 1.2\sum N_{GK} + 1.4\sum N_{QK} = 59.66\text{kN}$

稳定应力设计值：$\sigma = \dfrac{N}{\varphi A} = 189.98\text{MPa} < 300\text{MPa}$

满足要求。

⑤整体抗倾覆稳定性验算。

根据《建筑施工临时支撑结构技术规范》(JGJ 300—2013)规定，符合下列之一时，可不进行支撑结构的抗倾覆稳定性验算：

a. 支撑结构与既有结构有可靠连接时；

b. 支撑结构高度小于或等于支撑结构横向宽度的3倍时。

本工程支撑架高宽比小于3，符合上述规定的情况b，满足抗倾覆稳定性设计要求，故不需要进行抗倾覆验算。

⑥基础检算。

按照硬化层45°角传力，底座经过0.2m厚混凝土硬化层传至地基表面的扩散面积为 $S = (0.2 + 0.15 + 0.2) \times (0.2 + 0.15 + 0.2) = 0.303\text{m}^2$。

单根立杆轴力标准值最大：$N = 46.57 + 2.7 = 49.3\text{kN}$（纵距0.6m区段）

基底压力：$p = N/S = 163\text{kPa}$

要求混凝土硬化层厚度不小于0.2m，地基承载力特征值不小于200kPa。

综上所述：支架的强度、刚度、稳定性均满足规范要求。

思 考 题

1. 简述就地浇筑方法的分类、特点及适用性。
2. 简述混凝土冬季施工的注意事项。
3. 主拱圈的浇筑方法有哪些？
4. 简述常用模板的类型，以及适用性。

第 7 章
装配式施工法

7.1 概　　述

　　在早期的桥梁建设中,桥梁施工多采用支架施工,施工效率偏低,随着科学技术的进步和经济实力的增强,桥梁工程界迫切需要效率更高、速度更快的施工方式,在这样的大背景下,桥梁装配式施工应运而生。

　　桥梁装配式施工起源于 20 世纪的欧洲,最开始用于施工钢筋混凝土简支梁桥。后来,随着预应力技术的广泛应用和吊装设备起重能力的提高,中小跨径的装配式预应力混凝土简支梁桥得到了普遍推广。随着桥梁跨径不断增大,整孔架设存在较大难度,针对这一问题,随即出现了节段预制拼装的施工方法。1948 年,法国学者 Freyssinet 首次采用节段预制拼装的方法施工预应力混凝土桥梁,成功地在马恩河上架设起了 Luzancy 桥等五座桥梁。1962 年 Jean Muller 在设计巴黎南部塞纳河上地 Choisy-Le-Roi 桥时,改进了节段剪力键构造、密接匹配预制及拼装工艺。从此之后桥梁装配式施工技术开始逐渐走向成熟,应用也更加广泛,不仅应用于梁桥中,在拱桥、斜拉桥和悬索桥的施工中也开始广泛应用。1997 年,装配式施工方法开始应用到跨海大桥的修建中,加拿大诺森伯兰海峡大桥在建设过程中就采用了该方法。随着桥梁建造技术的进一步发展,装配式施工的使用范围不再局限于桥梁上部结构的施工,下部结构(桥墩、承台和基础)也开始采用装配式技术进行施工,例如 1996 年,英国塞文二桥引桥下部结构采用了装配式预制沉箱基础和节段拼装桥墩技术。我国在装配式桥梁建设方面的尝试开始于 20 世纪 60 年代,进入新世纪以后,我国开始了装配式施工在桥梁工程中的大规模应用,例如东海大桥、杭州湾跨海大桥等。在港珠澳大桥的建设中,工程师们对装配式技术进行了充分的应用,所有上部结构、盖梁、桥墩和承台全部采用装配式施工,取得了良好的效果,成为了桥梁工程界的典范。

　　桥梁装配式施工相比于传统施工方法,其主要的优点有:

　　①加快了施工进度。通过工厂预制和现场拼装的方法,提高了施工效率,缩短了施工

周期,减少了对既有交通的影响,也降低了通行安全风险。

②提升了结构质量。桥梁装配式施工能够实现"工厂化、标准化、装配化、智能化"施工,结构的质量更容易得到保证。

③有利于环境保护。传统施工方法采用现场施工的方式进行,对周边环境影响巨大,装配式施工可极大减轻对环境的干扰。

④机械化程度高。构件的预制、运输和安装都采用大型机械进行作业,可大幅节省人力成本。

本章节将从不同桥梁结构的体系出发,对梁桥、拱桥以及索结构桥梁三种不同结构类型的桥梁的装配式施工应用进行介绍。

7.2 梁桥的装配式施工

装配式施工是在预制厂内进行整体或节段的预制、存储和养护,然后将梁段运输到现场,利用大型起吊设备进行架设安装的施工方法。装配式施工的主要环节是预制、运输和架设安装,因此主要从这三个方面介绍梁桥的装配式施工。

7.2.1 梁的预制

梁的预制方式主要有:混凝土梁的整体预制、节段预制和钢梁的预制。

1. 混凝土梁的整体预制

(1)先张法

先张法施工起步较早,施工技术已经较为成熟,应用十分广泛,目前先张法在预应力混凝土简支板梁中的应用最多,其工艺流程如图7.2.1所示。

先张法需要设置固定的张拉台座,而在该台座上需要进行多次张拉施工。在张拉过程中,台座需要承受巨大的荷载,因此台座必须具有足够的强度、刚度和稳定性。另外,台座的制作质量关乎施工过程的安全,其制作过程需要严格控制。台座可按照受力形式分为墩式台座和槽式台座。墩式台座由台墩、台面、横梁和锚固夹具组成。墩式台座是利用台墩借自重及土压力以平衡张拉力矩,依靠土的反力和摩阻力平衡张拉力产生的水平滑动,所以台墩结构体积庞大,埋设深度大,投资较大。槽式台座由钢筋混凝土端柱、传力柱、柱垫和横梁台面等组成,其既可以承受张拉力又可以作蒸汽养护槽,适应张力吨位较大的大型构件。

采用先张法进行梁的预制,往往预制梁段的数量较多,预制梁的养护起吊、运输和存储都需要细致的考虑,因此,建设一个满足各项需求的梁场非常有必要。一般来讲,梁场需要包含制梁区、存梁区和办公生活区等区域,需要临时电力设施和一定吨位的起吊设备(图7.2.2)。具体梁场规划需要根据实际项目综合考虑,力求满足施工的各项需求。

采用先张法预制混凝土梁的过程中需要注意以下问题:

①内模移动。

空心板预制时多采用充气胶囊内模,但由于其固定方式欠佳,易产生下沉及上浮,从而造成顶、底板厚度难以控制,所以要特别注意胶囊支架的固定效果,以防止胶囊产生位移。

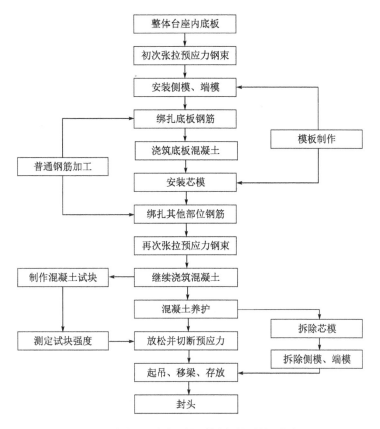

图 7.2.1　先张法预应力混凝土简支板梁预制工艺流程图

图 7.2.2　梁场布置实图

②张拉断丝。

在进行预应力钢束张拉时有时会发生断丝,发生这种情况时必须在混凝土浇筑前更换新的钢束,然后重新进行张拉。

③空心板两端易开裂。

因先张法预应力空心板梁两端的预应力放张较早,易造成两端混凝土因强度不足而开裂。针对这种情况,须在施工中在设计规定的放张长度内套塑料管,并做到塑料管不漏、不裂。另外,预应力的放张必须在混凝土抗压强度大于设计强度的70%后均匀、缓慢地进行。

(2) 后张法

在后张法预应力混凝土梁的施工中,除了模板、支架和钢筋等方面的常见质量问题以外,其他质量问题多发生于混凝土浇筑、预应力钢束张拉、封锚和孔道灌浆等过程中,如孔道塌陷、孔道位置不正或堵塞,锚垫板位置不准确、锚下混凝土不密实,预应力钢束滑丝、断丝、应力超标,张拉伸长率不达标,孔道压浆不实或压浆困难等。防止这些质量问题发生的关键在于:严格检查预应力孔道成孔器和锚垫板的定位情况;各部位混凝土浇筑振捣要充分,同时要注意对成孔器的保护,避免孔道损坏及走位。图7.2.3、图7.2.4所示为后张法预应力混凝土T梁和箱梁的预制工艺流程。

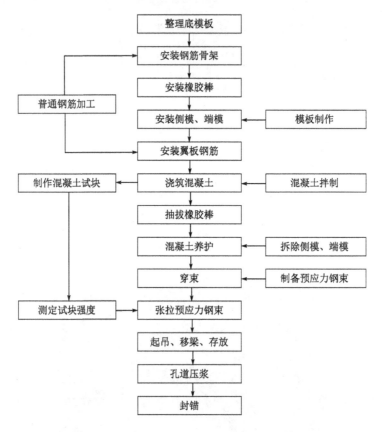

图7.2.3 后张法预应力混凝土T梁预制工艺流程图

2. 混凝土梁的节段预制

混凝土梁桥的节段预制方法一般有长线预制和短线预制两种。

长线预制法就是按照设计的制梁线形在预制场上制作相应的底座,然后在底座上搭设模板,在模板上按照预定的次序进行块件预制,依据台座形成一个自然面(图7.2.5)。

构造预制梁下缘底座有多种方法:若在预制场,可以利用预制场的地形堆筑土胎,经加固夯实后铺垫砂石层或铺筑混凝土形成梁段预制底座;若在山区,可利用石料砌筑成所需的梁下缘形状;若地质条件较差的预制场地,可采用短桩基础进行地基加固,再搭设由木质排架或型钢排架构成的梁段底模支撑台座,如图7.2.6所示。

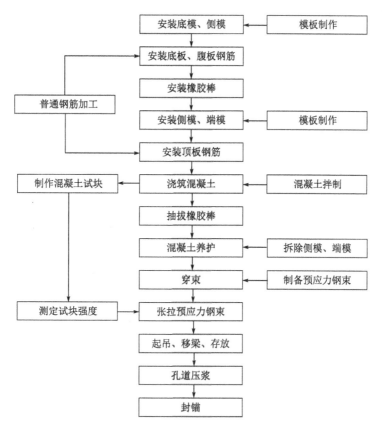

图 7.2.4 后张法预应力混凝土箱梁预制工艺流程图

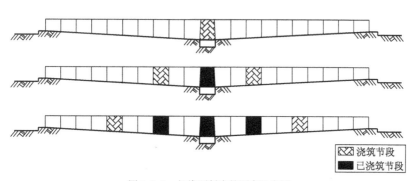

图 7.2.5 长线预制浇筑顺序示意图

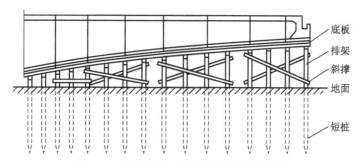

图 7.2.6 长线预制法中利用排架预制悬拼梁段

长线预制法的优点是容易控制几何形状,而且在预制过程中不积累偏差,对于已制块件的偏差可以通过下一个块件及时调整,更可多点同时匹配预制,加快施工进度。除此之外,使用该方法预制构件完成脱模后,不必立刻转运到储放地。但是该方法也有如下不足:①占地面积大;②台座必须建筑在坚固的基础上,如果地基不够牢固,则需要采取措施进行地基处理;③弯桥需形成所需曲度;④浇筑、养生等设备都是移动式的。

短线预制是将梁体划分成若干段,根据相邻的梁段分别制作模板,然后将模板安装在可移动台车上进行梁段的预制。短线预制法的优点是占用的预制场地较小,设备可重复利用,施工效率较高,因此短线预制非常适合工厂化施工。短线预制法的不足之处主要在于要求匹配段必须非常精确地放置,因而需要精密的测量仪器设备以及精确的测量和控制方法。

利用短线预制法进行节段梁的预制时,通常通过调整内部模板台车和外部模板台车的高程以及端模板的位置,以多批次的方式完成全部梁段的预制。在每一批次的梁段预制中,前一梁段混凝土浇筑完成后,紧随其后安装下一悬拼梁段的模板,并利用前一梁段混凝土的后端面作为后续梁段混凝土的前端模板。因此,短线预制法特别适合工厂化梁段的预制,其设备可周转使用,每条生产线平均5d可生产4个梁段;但是短线预制法中梁段模板的尺寸和相对位置的调整要复杂一些。短线预制法施工示意如图7.2.7所示。梁段预制如图7.2.8所示。

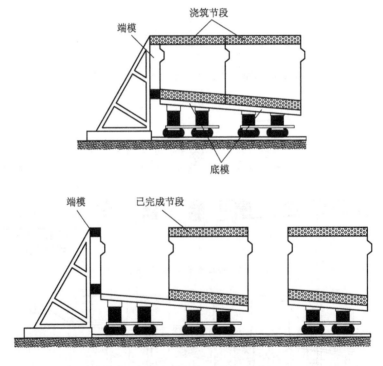

图7.2.7 短线预制法施工示意图

对于节段梁而言,在完成基本的预制工序后,节段梁的吊运和存储也十分重要。

当匹配梁段完成匹配任务后,且强度达到设计强度的75%以上时,即可编号转运、存放。匹配梁段转运时,先利用布置在底模上的千斤顶将其与新浇梁段分离,再利用运行小车通过牵引系统将其牵引至合适的位置,然后利用起吊设备吊运至修整区、存梁区存放。梁段转运起吊采用专用吊具,各梁段的吊点位置应当符合节段梁的受力要求,如图7.2.9所示。对于墩顶块(包括部分相邻梁段),采用预埋精轧螺纹镦粗钢筋;对于其他梁段,则采取预留孔道。

图7.2.8 梁段预制

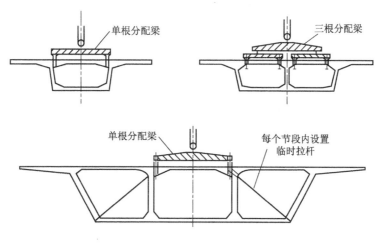

图7.2.9 吊点位置安排示意图

节段箱梁在存放时一般设计为三层,单榀梁段存放于相邻的两个堆存台座上。考虑到箱梁断面尺寸较小,为避免在堆存过程中产生过大的拉应力使箱梁损伤,支点采用条形支垫形式。节段梁堆放如图7.2.10所示。

梁段堆放时梁底应放置均布支承垫块,均布支承垫块采用一定尺寸的枕木,外用硬塑料包裹;枕木的支承点与吊点一致,上下层垫木必须在同一条直线上;支承牢固,避免损伤构件。预制梁段堆放尽量遵循由下至上梁段重量递减、腹板厚度递减的原则。

一般情况下,由于先堆存的梁段在安装时需先安装,为了按顺序出梁,防止梁在出运时上、下层梁多次倒腾,梁按每相邻两梁段堆存一次,即梁段在作为匹配梁段施工完下一梁段时,吊到修整台座上临时存放和修整,待下一相邻梁段作为匹配梁施工完成后,先将下一相邻梁段吊至堆存区台座上进行堆存,然后再将修整台座的梁段吊至其上面进行堆存,从而减少梁段在出运时的倒运。

为便于出梁,梁场的设计应当符合出梁的运输顺序,避免混乱,同一跨的箱梁宜放在同一个地方。

 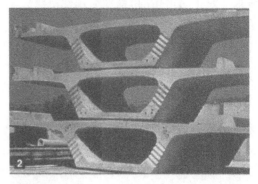

图 7.2.10　节段梁堆放

7.2.2　构件的运输

预制梁从预制厂运至施工现场称为场外运输,常用大型平板车、驳船或火车运至桥位场;预制梁在施工现场内的运输称为场内运输,可以采用平车或滚筒拖曳法,也可采用运输轨平板车运输,或轨道龙门架运输等方法。预制梁的运输如图 7.2.11 所示。

图 7.2.11　预制梁的运输

由于梁的自重大，又有较复杂的高空作业，因此，在梁起吊、移动过程中要选择合适的方法，认真进行施工组织，确定合理的路线。采用两台起重机同时吊运一根梁时，必须运行平稳、同步。对预应力混凝土梁的吊点选择必须保证梁的自重起作用。在牵引运输时，钢丝绳应与梁的行走方向一致，滚筒放置的方向与梁长方向垂直。运输转向时，梁的走向应由牵引的钢丝绳通过导向轮借滚筒的偏斜来改变。梁在牵引向前时，它的后面应设有制动索，以控制速度。运输平车要装有制动装置。长距离运输梁，车辆转弯时应保证梁在车上自由转动，梁上应设置整体式斜撑，并用绳索将梁、斜撑和车架三者组成整体，使梁在运输过程中有足够的稳定性，以防倾覆、发生意外。

7.2.3 梁的架设安装

近年来公路与铁路的建设正如火如荼地进行着，在这样的背景下，规模化施工中、小跨径梁桥成为了桥梁工程界的热点，这使得梁桥的装配化施工技术进一步发展成熟。梁桥装配式施工法按架设安装工艺来分类，主要可分为整体架设法和节段预制拼装法两类，以下分别做介绍。

1. 整体架设法

整体架设法是将在预制厂预制好的梁段运输到桥址处，采用吊装设备将梁段整体吊装到位的施工方法。整体架设法按适用条件不同，可分为自行式吊车架设法、浮式起重机架设法和架桥机架设法。

(1) 自行式吊车架设法

在桥墩不高，场内又可设置行车便道的情况下，用自行式吊车(汽车吊车或履带吊车)架设中小跨径的桥梁相当方便。自行式吊车本身有动力，不需要架设桥梁用的临时动力设备，施工时也不必进行任何架设设备的准备工作，不需要其他方法架梁时所需要的特殊技术工种，架设迅速、施工工期短。近年来，大型的自行式起重机起吊能力得到了相当大的提升，目前国产最大自行式吊车起吊质量已达1200t，完全能够胜任一般中小跨径桥梁的安装架设，因此，现在的中小跨径的装配式桥梁在条件符合的情况下主要采用自行式吊车进行架设。

(2) 浮式起重机架设法

在海上和深水大河上修建桥梁且桥墩不太高时，往往采用伸臂式浮式起重机架梁比较方便。这种架梁方法吊装能力强，施工效率高，可减少高空作业，是一种水中架设多孔桥梁的有效施工方法。浮式起重机架设法在施工过程中需要将浮式起重机船妥善锚固，以保证架设施工的安全和施工精度。

经过几十年的发展，我国浮式起重机船的建造技术取得了巨大的进步，能够生产起吊重量为数百吨至数千吨的各类浮式起重机船，目前已经能够生产起吊吨位超过了10000t的浮式起重机船。浮式起重机架设法施工如图7.2.12所示。

(3) 架桥机架设法

随着改革开放、国民经济的高速发展，我国的公路铁路建设快速增长，出现了成规模的架设大型预制构件的需求，而架桥机架梁速度快，不受桥高、水深的影响，也不影响桥下的通航，因此在公路铁路建设中应用广泛。我国的第一台架桥机问世于1948年，经过几十年的发展进步，我国的现代架桥机及其配套设备的制造取得了巨大的进步，已经能够生产所有门类的架桥机，整体水平已经达到或超过国外的同类架桥机。在新建福厦高铁的施工中，由我国自主研发、设计、制造和应用的世界上首台千吨级一体式架桥机"昆仑号"，已经开始架设长 40m、重达 1000t 的标准箱梁。架桥机架设法施工如图 7.2.13 所示。

图 7.2.12 浮式起重机架设法施工

图 7.2.13 架桥机架设法施工

架桥机种类繁多，一般可按结构特点与工作模式分为导梁式架桥机、导梁式定点起吊架桥机、运架一体式架桥机、步履式架桥机。

公路早期的架桥机以联合架桥机和拼装式双梁架桥机为主。近年来，随着高速铁路建设的快速发展，出现了众多适用于大吨位的架桥机，这些架桥机稍作改进就可用于架设公路桥梁。

虽然目前架桥机的种类非常多，但架桥机的工作原理没有太大差别，故以下以导梁式架桥机为例介绍架桥机的基本组成和施工流程。

导梁式架桥机由吊梁行车、箱形主梁及横联、前支腿、后支腿、后支腿台车及顶升装置、辅助支腿、悬臂梁、下导梁、下导梁天车、轨道、电气控制系统、液压系统和动力系统等组成。图7.2.14所示为DF900D型导梁式架桥机，其起重能力达到了900t。

导梁式架桥机施工工艺流程如图7.2.15所示。

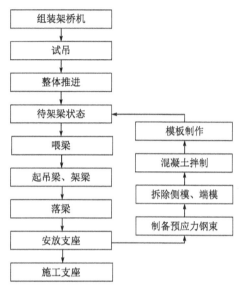

图7.2.14　导梁式架桥机　　　　图7.2.15　导梁式架桥机施工工艺流程图

2. 节段预制拼装法

节段梁的架设方法主要有三种，即支架架设法、逐跨架设法和平衡悬臂法。

支架架设法是在地基搭设支架，在支架上进行节段梁的拼装（图7.2.16）。支架架设法施工难度低，但施工效率低，且要求地基牢固，对于地基较为柔软的地方，则需要对地基进行处理。

图7.2.16　支架架设法拼装施工

逐跨架设法是节段梁按一个方向架设，架设完一跨后，张拉预应力钢束，使之成为整体后再施工下一跨（图7.2.17）。在施加预应力前，各个节段还未形成一个整体，无法承受自重,所以在施工过程中一般将梁段悬吊在架桥机的下方。该方法适合中小跨径、全体外和体内外混合的预应力混凝土简支梁桥、逐跨简支变连续的连续梁桥。

图7.2.17 逐跨架设法拼装施工

平衡悬臂法是以一个桥墩为中心,利用架桥机对称向两侧拼装节段的施工方法(图7.2.18)。平衡悬臂法每向两侧施工一个节段之后都需要张拉预应力钢束,使新架设节段与原结构形成一个整体。同时,为了保证施工过程中稳定性,需要对桥墩顶部的0号块进行临时锚固。平衡悬臂法是目前较为常用的预制节段架设方法。

图7.2.18 平衡悬臂法拼装施工

三种架设方法适用范围各有不同,平衡悬臂法主要应用于连续梁和连续刚构桥的施工中。逐跨架设法施工工序简单,但需要设置临时支撑,主要适用于那些跨径不大但线路较长的高架桥。平衡悬臂法施工过程较为复杂,但能最大程度地减少支架的使用,同时不影响桥下交通,适合施工跨度较大且不影响桥下交通的桥梁。

由于平衡悬臂法的施工过程较为复杂,故以平衡悬臂法为例,简要介绍预制拼装的施工工艺。

步骤1:架桥机准备到位,吊装0号块至墩顶,施工0号块并完成临时锚固,架桥机进入待架梁状态(图7.2.19)。

步骤2:运梁车喂梁到指定位置,天车移动到指定位置将梁段提起,在梁段提升到一定高度之后,人工涂抹环氧树脂(图7.2.20)。

步骤3:移动吊梁天车,将梁段与0号块精确拼接,张拉临时预应力钢束。

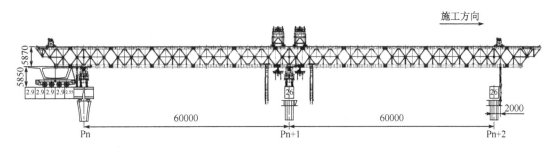

图7.2.19 待架梁状态(尺寸单位:mm)

图7.2.20 人工涂抹环氧树脂

步骤4:安装悬挂吊杆,再将该梁段吊挂于架桥机主桁架上。

步骤5:重复以上步骤,施工完T构的最后一片节段梁后,施工过渡墩节段梁现浇端隔墙及养生(图7.2.21)。

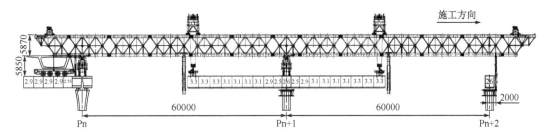

图7.2.21 完成T构阶段施工(尺寸单位:mm)

步骤6:每联首个T构架设完成后,进行首跨半孔节段梁悬挂施工,依旧采用步骤2~5的方法进行节段梁的架设(图7.2.22)。

步骤7:利用吊梁天车进行调整,完成精确对位,调整接缝尺寸,然后张拉临时预应力钢束,并浇筑湿接缝混凝土。

步骤8:待湿接缝混凝土强度达到设计要求后,半孔悬臂施工完成,依次解除各梁段悬挂吊杆、吊具,进行架桥机过孔工作(图7.2.23)。

步骤9:过孔工作完成后,重复以上步骤架设剩余节段梁,完成整个架设工作。

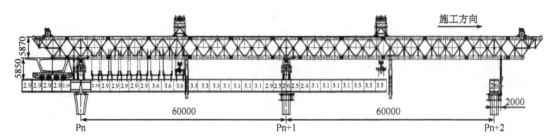

图7.2.22 完成边跨节段梁施工(尺寸单位:mm)

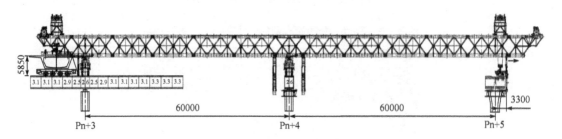

图7.2.23 完成过孔工作(尺寸单位:mm)

3. 钢梁悬臂拼装法

钢梁桥的悬臂拼装法是以桥梁墩台为起点,在桥下不设连续支架的情况下,沿桥梁跨径方向逐段拼装成桥的施工方法。悬臂拼装法施工不影响桥下通航通车,可不用或少用支架,辅助工程量小,施工速度较快。但是,悬臂施工过程中会产生较大的施工内力,一般适用于结构在施工过程中的受力状态与成桥时的受力状态相近的桥梁,如连续梁桥、悬臂梁桥等。

(1)拼装方式

悬臂拼装法施工方式主要有以下几种:

①全悬臂拼装:在整个桥梁跨径内不设置任何临时支承,整个结构完全由悬臂拼装完成,如图7.2.24所示。

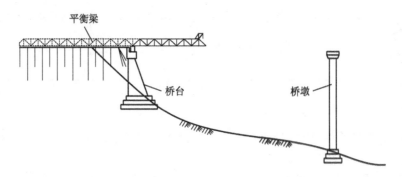

图7.2.24 全悬臂拼装

②半悬臂拼装:在桥跨中设置临时支承,以减小拼装时的悬臂长度,如图7.2.25所示。

③平衡悬臂拼装:从桥梁中间某个桥墩开始,沿桥梁跨径方向两侧对称平衡施工,直至合龙,如图7.2.26所示。

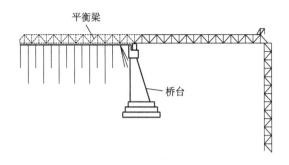 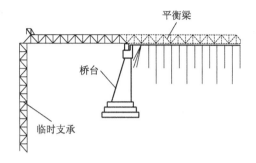

图 7.2.25 半悬臂拼装

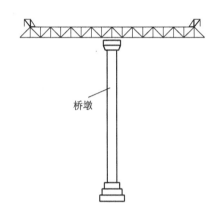 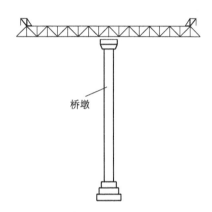

图 7.2.26 平衡悬臂拼装

(2) 施工常用措施

在钢梁的悬臂拼装施工中,随着悬臂长度的增大,伸臂端点的下挠度和悬臂支承处附近的杆件应力将逐步增大。同时,随着悬拼长度的加大,悬臂梁的抗倾覆能力也会逐渐减弱。因此,悬拼长度过大,将带来很大的施工难度,同时增加了安全风险,应当采取措施,进行控制。

①墩旁设托架。

为了减小悬臂拼装的长度,减小部分杆件施工过程中的内力和伸臂端点的下挠度,常在桥墩一侧安装一定长度的临时托架,如图 7.2.27 所示。

②平衡梁。

在采用悬臂法架设钢梁时,悬臂拼装出的梁段会产生较大的不平衡力矩,为了平衡该力矩,需要在拼装方向的另外一侧拼出一段平衡梁,或设置其他的平衡稳定设施。平衡梁一般在路堤或支架上进行拼装。平衡梁与悬拼梁在墩台顶应连成整体,若两个端节点处设两个支点时,则前方支点设固定支座,后方支点及平衡梁其余支点均应设成活动支座。

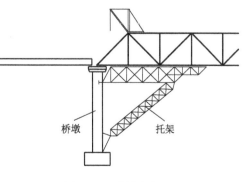

图 7.2.27 墩旁托架

③跨中合龙。

跨中合龙是以桥墩为起点,沿桥梁轴线方向向两侧同步拼装,在跨中进行合龙。跨中合龙的方式可将钢梁的悬臂长度减小一半,使钢梁杆件内力和悬臂端挠度大大减少。采用这种施工方法主要难点在于控制施工精度,因为成功的前提是钢梁拼装到跨中时,两端梁段在高程上的差距需要控制在很小的范围内。为了满足精度要求,施工过程中,需要进行实时监控,并及时根据情况进行调整。

4. 拖拉法

拖拉法架设钢梁是在桥头路堤上或脚手架上组拼钢梁,并在钢梁与路堤或脚手架之间设置滑道、安装滚轴,然后将钢梁拖拉至桥位上并落梁完成施工。

拖拉法施工在路堤上进行钢梁的组拼,施工条件好,组拼质量有保证,并且在组拼的同时也可以进行下部结构的施工,可缩短工期。但拖拉法施工的缺点也十分明显,拖拉时部分梁体杆件的受力较大,且很多杆件的受力与运营阶段的内力相反,这就需要对某些杆件进行特殊设计或加固。除此之外,施工对于精度的控制要求较高,滑道的安装拆除工作都较为麻烦。

拖拉法架设钢梁适合多孔中小跨径的连续梁施工,目前钢桁架梁施工采用该方法最多。

(1)拖拉法的架梁方式

拖拉法架梁按照是否在桥跨中设置临时支撑分为全悬臂纵向拖拉法和半悬臂纵向拖拉法。

全悬臂纵向拖拉法是在拖拉钢梁的施工过程中不设置临时支撑,直接将整座桥梁拖拉至前方桥墩上的施工方法(图7.2.28)。这种施工方法适用于跨径相对较小、钢梁自身的强度和刚度较大且架设临时支撑难度大的情况。

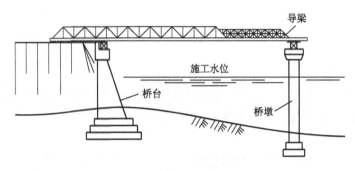

图7.2.28 全悬臂纵向拖拉法施工

采用全悬臂纵向拖拉法施工,由于跨径较大,所以钢梁内力较大,施工难度也较大,为了减小钢梁内力,一般在钢梁前端安装钢导梁。钢导梁一般采用钢桁梁或临时杆件拼装,钢导梁的长度一般为主梁的1/6~1/4。

半悬臂纵向拖拉法是指在桥跨内设置临时支墩以减小施工中钢梁结构内力,降低施工难度的架设法,如图7.2.29所示。

该方法适用于河床稳定,水深浅,水流速度较小的场合。当水深较深,不便搭设临时支架但水位稳定时,可以考虑采用浮船支撑钢梁进行拖拉。

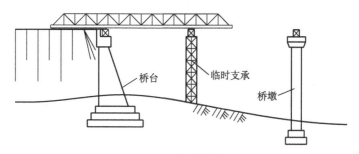

图 7.2.29 半悬臂纵向拖拉法施工

（2）滑道

采用拖拉法架设钢梁，滑道显得尤其重要。拖拉钢横梁的滑道，对于钢箱梁，可以直接利用钢梁下缘作为上滑道，如图 7.2.30 所示。对于桁架梁，滑道可以布置在主桁下。

下滑道设置于墩顶上时，可采用 LD 型履带式滑板式连续滑道。滑道底座锚固在帽梁上，垫石厚度应满足落梁时安放竖向千斤顶的净空要求。连续的滑块在前后承托轮的承托下，随着梁体向前移动，周而复始地沿滑道顶面的不锈钢板和腹腔内的导向板运行。由于它具有自动导向板，每当从进口滑进滑道开始承受梁体压力时，滑块都能自动地处于正确位

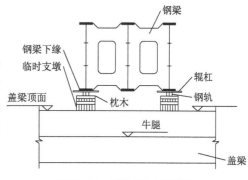

图 7.2.30 滑道布置在纵梁下

置，而当滑块滑出后，解除工作状态的滑块又能相对发生一定量的位移。施工实践证明，这样做能使滑块每次偏移量控制在允许的范围内，而重新进入工作状态的滑块总能处于正确位置。连续滑块由一定长度的普通四氟橡胶板滑块和连接件构成"履带"状。滑道由不锈钢板、铸钢承压板、腹板、底板、前后承托轮及自动导向装置等构成。

（3）施工关键问题及其控制

拖拉法的施工需要经过拖拉、滑行及落梁等工序，钢结构桥梁的装配化施工对施工精度要求相当高，因此在施工过程中需要进行合理的监测和控制，最终才能达到设计要求。

①桥梁轴线控制。

在钢梁的拖拉过程中，钢梁处在悬臂状态，这时有可能因为拖拉力的偏心和误差，导致桥梁纵轴线偏移。对此，应当在每段钢梁的中线做好标记点，同时设置观测塔，架设经纬仪对梁体中轴线进行观测和精确的纠偏，使钢梁首尾中线偏差控制在允许值范围，最后就位时箱梁首尾中线偏差控制在允许值以内。

②滑道的控制。

滑道的质量与几何误差对钢梁的架设效果有着重要的影响。应当严格控制滑道高程，箱梁底面尤其是与滑道相关的部分，必须平整，误差应在规定范围内。滑块的连接销钉应做抗剪和抗弯试验，使其既保证相邻滑块的连接强度，又应允许相邻滑块有一定的横移量，只有这样才能使滑块协调运行并便于纠偏。

③落梁控制。

落梁是拖拉法施工的关键工序。落梁时，必须通过计算桥墩反力和竖向千斤顶在墩

顶所占的位置和最小高度,来确定落梁竖直千斤顶的位置和最小高度。当千斤顶位置不够时可分段分批落梁。

顶梁时,墩顶用于顶升的各千斤顶应按设计要求统一指挥,均匀施力。由于施工荷载的影响,当各墩千斤顶达到设计反力而梁尚未顶起时,各墩油泵应稳压3min,并将稳压数值向总指挥报告,然后决定最后加载,直至梁体脱空3~5cm即稳压。

确认箱梁已脱离各个滑道后,可拆除所有滑块、滑道和附属物,并安装永久盆式橡胶支座。由于落梁时箱梁变形有滞后现象,故应控制千斤顶速度,保证千斤顶匀速下降,不可操之过急。当箱梁整体落座在支座后,复核梁底高程,确认无误,整个落梁工作完成。

7.2.4 施工要点

1. 梁的预制

(1)检查模板时,应重点检查模板的尺寸是否正确,安装是否紧密,螺栓、拉杆、撑木是否牢固,模板表面的脱模剂等是否涂抹均匀等。

(2)检查钢筋和预应力钢束的位置。检查钢筋的位置时,应检查钢筋骨架的定位是否牢固,垫块的布置是否符合要求,避免钢筋与模板直接接触;检查预应力钢束的位置时,应检查预应力钢束套管是否按设计图纸的规定进行了准确定位,要保证套管端部、套管连接部位及锚具周围不能漏浆,还要确保压浆管和排气孔不被堵塞。

(3)对于后张法预应力混凝土梁,预应力钢束须待混凝土强度达到设计要求后才能进行张拉,一般要在混凝土强度达到设计强度的70%以上时才能进行张拉。

(4)由于混凝土在硬化过程中将产生大量的热量,因此在夏季和干燥气候下施工混凝土工程时,混凝土浇筑完成后必须在规定时间段内进行保湿或湿润养护;在冬期施工混凝土工程时,在混凝土浇筑过程中及浇筑完成后,为保护混凝土免遭冻害,必须采取一定的保温或加温养护措施。

(5)在寒冷地区,宜选用早期强度较高的混凝土配合比,使混凝土能较早达到耐冻的强度标准;若混凝土中掺有矿粉或粉煤灰等胶凝材料,其早期强度增长较慢而后期强度较高,则混凝土施工早期宜优先考虑采用蒸汽养护手段,以确保混凝土工程的质量。

2. 梁的安装

(1)在进行梁的安装施工时,无论采用何种起吊设备,在使用之前都应当进行多次试吊,测试设备的性能是否符合设计要求以及是否存在缺陷。

(2)架桥机在架设完一片节段梁时,需要完成过孔作业,此时需要特别注意起重天车和前后腿参与的配重,应当采取严密的措施加强过孔时架桥机的稳定性。

(3)在进行节段预制时,接缝间应当涂隔离剂,以利于节段脱离。

7.3 拱桥的装配式施工

近年来,装配式桥梁结构以其施工工期短、劳动力精简、质量保证率高等优点,逐步得到业界的肯定。装配式桥梁所具备的优势,使其拥有广袤的发展前景。从双曲拱桥及以后发展至桁架拱桥、刚架拱桥、箱形拱桥、桁式组合拱桥、钢管混凝土拱桥,均沿着这一方向发展。

在无支架施工或脱架施工的各个阶段,对拱圈截面强度和稳定性均有一定要求。实际施工过程中拱圈的强度和稳定安全度常低于成桥后的安全度,因此,在预制、吊运、搁置、安装、合龙、裸拱卸架及施工加载等各个阶段必须对拱圈进行强度和稳定性的验算,以确保桥梁安全和工程质量。对于在吊运、安装过程中的验算,应根据施工机械设备、操作熟练程度和可能发生的撞击等情况,考虑 1.2~1.5 的冲击系数。在拱圈及拱上建筑施工过程中,应经常对拱圈(或拱肋)进行挠度观测,以控制拱轴线的线形。

装配式拱桥主要包括肋拱、组合箱形拱、悬砌拱、桁架拱、钢管拱、刚架拱和扁壳拱等。本节对常用的钢管混凝土拱桥(图 7.3.1)以及钢筋混凝土拱桥(图 7.3.2)的装配式施工作以简单介绍,包括构件的预制、运输以及拱肋的缆索吊装施工等。

图 7.3.1 钢管混凝土拱桥

图 7.3.2 钢筋混凝土拱桥

7.3.1 构件的预制

1. 混凝土拱肋预制

目前混凝土拱肋的预制多采用卧式预制。

(1)卧式预制

卧式预制的拱肋的形状和尺寸较易控制,特别是空心拱肋,浇筑混凝土时操作方便,且节省木材,但起吊时容易损坏。预制拱肋数量较多时,宜采用木模。浇筑截面为 L 形或倒 T 形时,拱肋的缺口部分可用黏土砖或其他材料垫砌;土模卧式预制是指在平整好的土地上,根据放样尺寸,挖出与拱肋尺寸大小相同的土槽,然后将土槽壁仔细抹平、拍实,铺上油毛毡或铺筑一层砂浆,进而浇筑拱肋。虽然此法节省材料,但土槽开挖较费工且容易损坏,尺寸也不如木模精确,仅适用于预制少量的中小跨拱桥。采用卧式预制的拱肋混凝土强度达到设计强度的30%以后,在其上安装侧模,浇筑下一片拱肋,如此连续浇筑称为卧式叠浇。卧式叠浇一般可达5层。浇筑时每层拱肋接触面用油毛毡、塑料布或其他隔离剂将其隔开。卧式叠浇的优点是节省预制场地和模板,但先期预制的拱肋不能取出,影响工期。

(2)拱肋分段与接头

拱肋跨径在30m以内时,可不分段或仅分两段;在30~80m范围时,可分三段;大于

80m时一般分5段。拱肋分段吊装时,理论上接头宜选择在拱肋自重弯矩最小的位置及其附近,但一般为等分,这样各段重力基本相同,吊装设备较省。

为方便预制,简化构造,拱肋分两段吊装时多采用对接形式。吊装时先使中段拱肋定位,再将边段拱肋向中段拱肋靠拢,以防中段拱肋搁置在边段拱肋上,增加扣索拉力及中段拱肋搁置弯矩。对接接头在连接处为全截面通缝,要求接头的连接材料强度高,一般采用螺栓或电焊钢板等。分三段吊装的拱肋,因接头处在自重弯矩较小的部位,一般宜采用搭接形式。拱肋吊装时,采用边段拱肋与中段拱肋逐渐靠拢的合龙工艺,拱肋通过搭接混凝土接触面的抗压来传递轴向力而快速成拱。然而中段拱肋部分质量搁置在边段拱肋上,扣索拉力和中段肋自重弯矩较大,设计扣索时必须考虑这种影响。分5段安装的拱肋,边段与次边段拱肋的接头也可采用搭接形式。搭接接头受力较好,但构造复杂,预制也较困难,须用样板校对、修凿,确保拱肋安装质量;用简易排架施工的拱肋,可采用主筋焊接或主筋环状套接的现浇接头。

接头连接方法及要求:用于拱肋接头的连接材料,有电焊型钢、钢板螺栓、电焊拱肋钢筋、环氧树脂水泥胶等,接头处的混凝土强度等级应比拱肋混凝土强度等级高一级。钢筋的焊缝长度,应满足《公路钢筋混凝土及预应力混凝土桥涵设计规范》(JTG 3362—2018)的有关规定。

2. 钢管拱肋预制

(1)以直代曲形成吊装段拱肋单管

采用直缝钢管的拱肋由于受钢板尺寸限制,每节圆管长度均较短,一般采用若干直管节以直代曲方式拟合拱肋曲线。有些钢管混凝土桥在制作拱肋时,先将若干直管节焊接成10m左右的直管,然后再煨弯成拱肋曲线,以若干曲线拟合拱肋线形。放样时,折点应在计入预拱度后的拱轴曲线上,为避免以直代曲可能造成的拱肋拱轴曲线和设计拱轴偏差过大,参照《日本道路桥梁设计计算书》中钢桥篇钢管构造一章第12.6.7条规定,以分段直线代替曲线时的分段长度应符合下式的要求,且相邻管节长度不应过于悬殊(图7.3.3)。

$$\theta \leqslant 0.04D/L \tag{7.3.1}$$

式中:θ——折角,圆弧拱时 $\theta = L/R_0$;

D——钢管直径(m);

L——直线段长(m);

R_0——拱的曲率半径(m)。

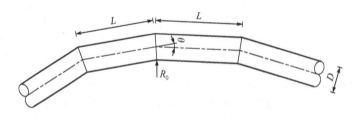

图 7.3.3 以直代曲示意图

(2)采用煨弯形成吊装段拱肋单管

煨弯成型基本原理是将由若干直焊缝管节焊接而成或由螺旋焊缝加工的钢管放置在胎具上方,经加热钢管呈塑性后,通过施力将钢管弯制成设计线形。目前国内对钢管拱主弦管煨弯主要采用氧气、乙炔火焰加热弯制,中频弯管机弯制及远红外线全液压自动弯管机弯制三种方法。

钢管热弯可以采用图7.3.4所示两种方法,图7.3.4a)为加热点固定式热弯,钢管被顶推前进并沿靠模线型弯曲成形;图7.3.4b)为钢管固定式热弯,采用拆装式加热器组分段加热钢管,同时予以顶压弯曲成形。

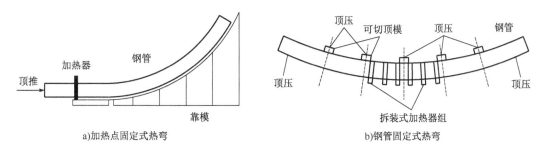

图7.3.4 钢管热弯方式示意图

钢管煨弯注意事项:

①钢管超弯量确定。

钢管加热受外力作用会弯曲,温度降低外力撤除后,会发生一定的反弹。如果不设置钢管超弯量,可能会造成钢管弧线线形偏离靠模或定型托架的预设线形。因此,在设计靠模、定型托架线形时应设置超弯量,超弯量的大小应根据工艺措施等试弯制后确定。

②加热程序。

钢管煨弯顺序一般从中间向管端逐个环带进行,可采用从中间开始向两侧对称加热或先从管中向端煨弯,完成后再将加热箱移至另一侧,从中间向另一端煨弯。

③加热温度控制。

加热温度宜控制在700~800℃之间,不宜超过900℃。钢材在加热到250℃左右时,钢材性能变脆,称为蓝脆,在此温度下不能对钢管进行弯制加工,以防钢管出现裂纹。火工弯曲矫正后不得用冷水方法降温,宜在空气中缓慢冷却,因为骤冷会使普通低合金钢变脆。钢材温度低于600℃时,应停止对钢管施加应力,降至室温前,不得锤击钢材。

(3)吊装段拱肋组拼

吊装段拱肋单钢管加工完成、验收合格后,可将单钢管通过缀板连接在一起,形成哑铃形拱肋或桁架式拱肋。吊装段拱肋组拼应在专用胎架上进行,桁架式或哑铃形拱肋吊装拱段组拼一般采用卧位法。缀板和钢管的焊接可采用单面坡口焊缝,下垫陶瓷垫片,这样一个工况时即可进行两侧缀板的焊接,可避免吊装拱段的翻身,减少吊装作业量,加快施工进度。

7.3.2 拱肋的运输与堆放

1.场内起吊

拱肋移运起吊时的吊点位置应按设计图上的设计位置实行,如图上无要求应结合拱肋的形状、拱肋截面内的钢筋布置以及吊运、搁置过程中的受力情况综合考虑确定,以保证移运过程中的稳定安全。大跨径拱桥拱肋构件的脱模起吊一般采用龙门架。

2. 构件运输

场内运输可采用龙门架、胶轮平板挂车、汽车平板车、轨道平车或船只等机具进行。

钢结构先在工厂预制加工，并进行预拼装及检验，拆分后利用汽车运输至施工现场，在现场设置钢结构组拼焊接及存储场地，在组拼场地内组拼焊接成吊装节段。利用龙门架、运梁车将组拼完成的节段运输至缆索起重机下方的起吊平台，通过缆索起重机提升、运输和安装就位。

3. 构件堆放

拱肋堆放时应尽可能卧放，特别是对于矢跨比小的构件。卧放时应垫三点，垫木位置应在拱肋中央及离两端 0.15L 处，三个垫点应同高度。如必须立放时，应搁放在符合拱肋曲度的弧形支架上，如无此种支架，则应垫搁三个支点，其位置在中央及距两端 0.2L 处，各支点高度应符合拱肋曲度，以免拱肋折断。堆放构件的场地应平整夯实，不致积水。当因场地有限而采用堆垛时，应设置垫木。堆放高度根据构件强度、地面承载力、垫木强度以及堆放的稳定性而定，一般以 2 层为宜，不应超过 3 层。构件应按吊运及安装次序顺序堆放，并留适当通道，防止吊运难度加大。

7.3.3 缆索吊装施工

1. 拱肋吊装原则

在合理安排拱肋的吊装顺序方面，需考虑下列原则：

(1) 对于单孔桥跨，拱肋合龙的横向稳定决定了吊装拱肋的顺序。

(2) 对于多孔桥跨，应尽可能在每孔内多合龙几片拱肋后再推进，一般不少于两片拱肋。但合龙的拱肋片数不能超过桥墩强度和稳定性所允许的单向推力下的拱肋片数。

(3) 对于高桥墩，还应根据桥墩的墩顶位移值控制单向推力，墩顶位移值应小于 $L/600 \sim L/400$。

(4) 对于设有制动墩的桥跨，可以制动墩为界分孔吊装，先合龙的拱肋可提前进行拱肋接头、横系梁等的安装工作。

(5) 采用缆索吊吊装时，为了便于拱肋起吊，拱肋起吊位置处的桥孔一般安排在最后吊装。必要时，该孔最后几根拱肋可在两肋之间用"穿孔"的方法起吊。用缆索吊吊装时，为了减少主索横向移动的次数，可将每次需吊装的拱肋预制段全部悬挂于缆索上后再移动主索。

(6) 为了减少扣索往返拖拉的次数，可按吊装推进方向顺序进行吊装。拱肋安装的顺序一般为：首先进行拱脚定位区的拱段吊装、悬拼及悬挂、张拉扣索，其次进行中间区的拱段吊装、悬拼及悬挂、张拉扣索，最后进行拱顶合龙区的拱段吊装、悬拼及悬挂、张拉扣索。当拱肋的线形和合龙口精确调整到位后，再安装合龙段。

2. 拱上立柱的吊装原则

(1) 拱上立柱采用在工厂加工成节段，由船舶或车辆运抵桥位后吊装安装。拱肋节段安装完成后，进行拱上立柱、帽梁的安装。

(2) 主拱合拢后，拱上立柱节段及斜撑杆件可利用拱肋间空间进行竖直起吊，再纵向运输到位安装,钢帽梁、行车道钢梁则由拱肋外侧垂直起吊,起吊高度高过拱肋后纵向运输到位安装。

(3)为加快施工进度,将立柱节段的吊装安装与节间焊接和斜撑安装工序合理组织,进行平行流水作业。即:立柱节段采用主缆吊与辅助工作天线两岸对称多点吊装,立柱墩一个节段安装就位并采取临时稳固措施后,缆机安装其余位置处的立柱节段,同时焊接立柱节间连接焊缝,安装立柱间斜撑。立柱墩分段安装时,应及时安装立柱间斜撑,确保其稳定。

3. 缆索吊装系统

缆索吊装系统按其工作性质可分为四个基本组成部分:主索、工作索、塔架及锚碇。其中工作索包括起重索、牵引索和扣索等,塔架主要包括缆塔与扣塔,二者可以独立设置,也可以合二为一。缆索吊装的工作原理是利用主缆承受吊重和作为跑车的运行轨道,主索跑车上的起重装置和牵引装置将构件吊起、升降、运输和安装。缆索吊装系统立面见图7.3.5。

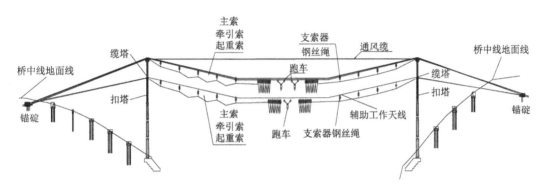

图7.3.5 缆索吊装系统立面图

①塔架系统。

塔架是缆索起重机的主要结构之一,一般是由临时杆件组拼而成的桁架结构,塔架横向为临时杆件组成的立柱塔柱,由临时杆件横联将上、下游塔柱连成整体,形成门形框架,并分别铰接于扣索塔架顶部。

对于塔较高的情况,为减小塔架底部的弯矩,也可以采用铰接;对于塔底铰接的塔架,应设置足够的缆风绳以确保塔架稳定。用于锚固扣索的扣塔可以单独设置,也可以将扣索锚固在塔架上,即塔扣一体化。采用塔扣一体化时,由于后续吊装段会对塔架变形产生影响,需要进行大量计算,考虑此影响对拱轴线形影响,并设置预拱度。对于底部固结的塔架,塔顶位移限值为 $H/400$ (H 为塔高);对于底部铰接的塔架,塔顶位移限值为 $H/150 \sim H/100$。缆索吊机索塔构造如图7.3.6所示,缆索吊机铰脚构造如图7.3.7所示。

②索鞍系统。

索鞍布置在主塔顶部,一般设计为滑轮结构,牵引索、主缆起重索从其滑轮轮槽内穿过,主要作用是保证牵引索、主缆、起重索不和塔架直接接触,避免塔架杆件棱角刻伤缆索,同时减小缆索和塔架摩擦阻力。使用工字钢在临时杆件吊塔塔顶滑道梁铺设两层分配梁,在工字梁上相应的位置安置索鞍,并将索鞍与工字梁固定。主索索鞍构造见图7.3.8。

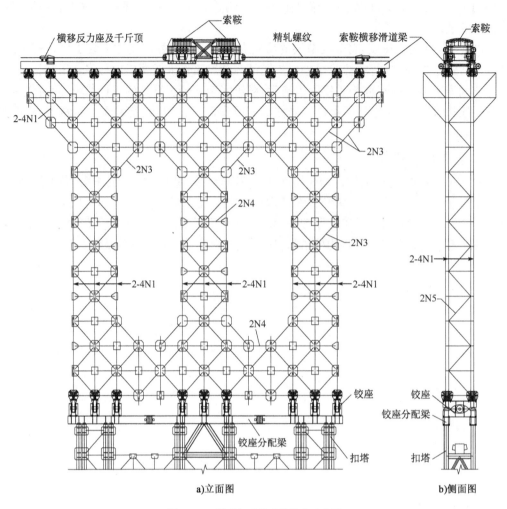

图 7.3.6 缆索起重机索塔构造示意图

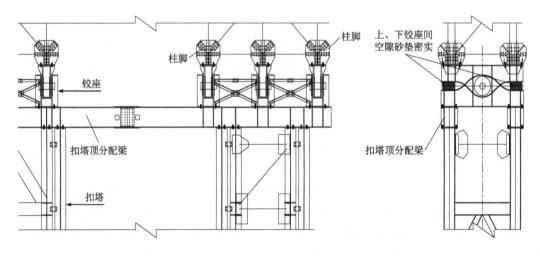

图 7.3.7 缆索起重机铰脚构造示意图

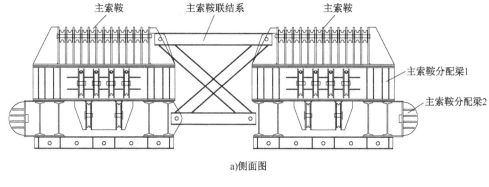

a)侧面图

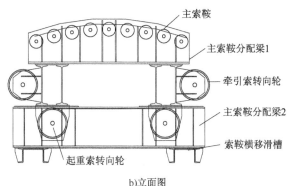

b)立面图

图 7.3.8　主缆索鞍构造示意图

③绳索系统。

绳索系统主要包括承重索、起重索、牵引索和扣索等。

承重索支承于两岸塔架的索鞍上。承重索根据吊运构件的重量、垂度、计算跨径(两塔架中心距离)等因素进行设计。在进行拱肋节段吊装施工时,由两组主索上的跑车共同抬吊,拱肋合龙后,两组主索则独立工作,安装拱上立柱墩、钢梁等。

起重索用于控制吊运构件的垂直升降,其一端缠绕于一岸的卷扬机滚筒上,另一端跨过塔架,缠绕于对岸的起重卷扬机卷筒上,由两台卷扬机承载一台跑车,这样的布置方式可提高缆吊系统的工作效率。起重索走线见图 7.3.9。

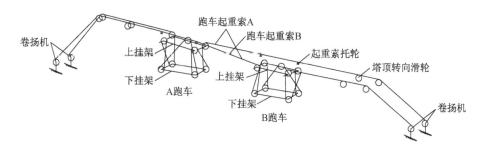

图 7.3.9　起重索走线示意图

牵引索用于牵引跑车在承重索上沿桥跨方向移动(即水平运输)。起重机牵引索走线见图 7.3.10。

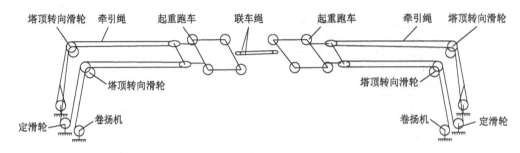

图 7.3.10　起重机牵引索走线示意图

拱肋分段吊装时,为暂时固定拱肋和调整拱肋高程所用的钢丝索称为扣索。扣索的一端系在拱肋接头附近的扣环上(钢筋混凝土)或分配梁上(钢管拱肋),另一端可直接锚固在墩台、地锚或扣塔上,兼作张拉端用。扣索布置见图 7.3.11。

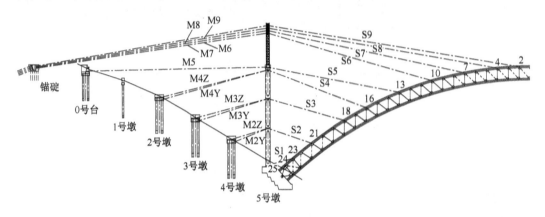

图 7.3.11　1/2 扣索立面布置图

扣索由低松弛高强度钢绞线束组成,锚固端采用群锚夹片工作锚和 P 型挤压锚。根据拱肋悬拼施工阶段受力确定扣索钢绞线的配置。扣索张拉端设置在扣塔上,在拱肋和后锚索地锚处设置锚固端。张拉端由锚梁、锚座、工作锚具及张拉机具组成。

④锚固系统。

主缆锚碇系统是用来锚固承重索(主索)、扣索、起重索及绞车等。锚固系统的可靠性对整个缆索系统的安全有着决定性影响,设计和施工都必须高度重视。按照承载能力的大小及地形、地质条件的不同,地锚的形式和构造可以是多样的。

当锚碇位置处地质条件较差,破碎岩石的覆盖层较厚,如采用斜向岩锚直接受力则钻孔较深,且易塌孔,既不经济也不安全,可采用重力式锚碇。当锚碇位置处地质条件较好,岩石为弱分化岩,其整体性及承载力均能满足岩锚的受力要求,可采用斜向岩锚直接传力。条件允许时,还可以利用桥梁墩、台作为锚碇,以节约材料。

拱肋上扣点锚座布置见图 7.3.12,承台上后锚索锚座布置见图 7.3.13,后锚索岩锚锚座布置见图 7.3.14。

⑤吊塔缆风系统。

缆风系统为平衡主索吊重时产生的水平力而设。塔式起重机纵向稳定因地形限制,河心一侧无法设置前缆风,因而采用通风缆(或称压塔索)作为稳定措施。为不影响索鞍横向移动,缆风索设置在缆塔两侧,后缆风先通过一个预埋件锚固在扣索锚碇上,在塔顶上的滑道梁两侧通过滑轮转向后再次回到扣索锚碇上的另一个缆风预埋件上锚固。整套吊装系统在吊塔上、下游各对称布置钢丝绳作通风缆和后风缆。

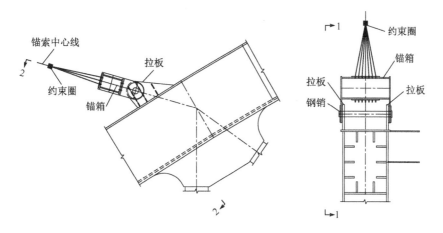

图 7.3.12 拱肋上扣点锚座布置示意图

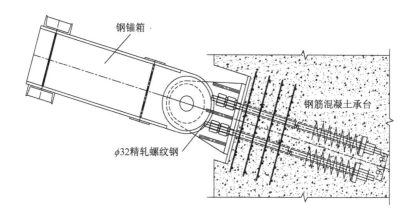

图 7.3.13 承台上后锚索锚座布置示意图

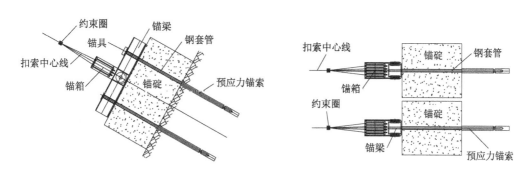

图 7.3.14 后锚索岩锚锚座布置示意图

⑥吊具。

拱肋吊装系统吊具由缆索跑车、起吊滑车组、吊点分配梁、吊点、夹具等组成。为保证两组缆索在吊重时受力均衡,设置上、下扁担梁对吊重进行分配。拱肋钢箱顶面设置吊点,与下扁担梁间用轴销连接,上、下扁担梁间钢板拉板用轴销形成铰接。吊具构造如图 7.3.15 所示。

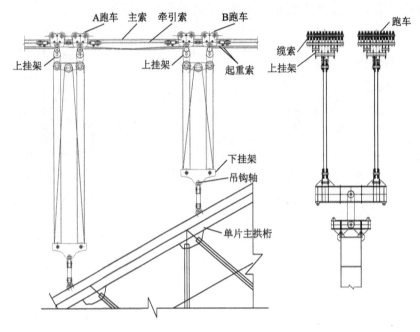

图 7.3.15　吊具构造示意图

4. 缆索系统安装工艺流程

缆索系统安装工艺流程如图 7.3.16 所示。

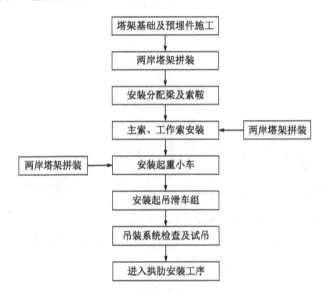

图 7.3.16　缆索系统安装工艺流程图

5. 缆索吊装施工顺序

(1) 钢筋混凝土缆索吊装

钢筋混凝土拱桥的缆索吊装顺序及主要内容如表 7.3.1 所示。

缆索吊装的施工顺序及主要内容   表7.3.1

步骤	名称		内容
1	试吊	施工准备	质量检查,尺寸检查,测点布置
		试吊	跑车空载,静试吊和吊重
2	吊装主拱箱	拱脚段	①侧向缆风索横移、调整
			②准确对位
			③扣索固定,收紧侧向缆风索
		次拱段	①次拱段定位
			②调整高程,安上接头螺栓
			③反复收紧扣索,松起重索
		拱顶段	①拱顶段预抬高
			②取走临时钢板楔
			③放松扣索,反复循环
			④安装接头螺栓,并旋紧
			⑤锚固各扣索、侧向缆风索
			⑥焊接底、顶板接头,检查高程,调整轴线
			⑦将拱顶段交由天扣
			⑧拱肋接头部件焊接
3	吊装肋间系梁		拱箱吊装完成后,将主索分开,沿两肋轴线布置,方便肋间系梁及其他拱上建筑的吊装
4	浇筑拱上混凝土		①拱箱纵缝、拱箱接头现浇
			②肋间系梁与拱箱的接头现浇
			③顶板现浇层、柱座及柱间接头的现浇
5	吊装立柱与柱间系梁		①立柱就位
			②焊接接头钢筋钢板
			③浇筑接头混凝土
			④其吊装顺序同肋间系梁吊装顺序
6	吊装盖梁		盖梁用索道天线滑车运送到指定位置,拴好横向缆风索,调节横向缆风索,使盖梁两端同时缓缓就位
7	吊装桥面板		①放出桥面板的边缘线
			②准备薄钢板垫板
			③安装支座
			④安装桥轴线左右两道桥面板
			⑤对称安装其余桥面板
8	拆除索道		①拆除各扣架
			②拆除主索和天线滑车
			③拆除索鞍、横梁
			④拆除塔架

(2)钢管混凝土吊装

如前所述,为方便吊装施工,设计图中会将钢管混凝土拱桥拱肋划分成若干吊装段。对于设置两根拱肋的拱桥,每个吊装段会在地面上将两个拱肋通过横撑连接在一起,吊装时整体起吊;对于设置三个以上拱肋,可先进行两个拱肋吊装段的安装、合龙,然后再进行其他拱肋吊装段的安装、合龙。

靠近拱脚的第一吊装段和拱脚之间可采用铰接,也可采用刚接。采用铰接有利于后期拱肋线形的调整。拱肋吊装段安装完成后,应及时在吊装段前端设置八字缆风,以增加拱肋的抗风稳定性。吊装时应在吊装拱肋前、后端分别设置吊点。两吊点应独立设置起重系统,以方便吊装拱段前后端高程的调整,便于钢管拱肋空间对位。

吊装拱肋段间一般采用高强螺栓连接,待全桥合龙、调整完拱肋线形后,再施焊连接为整体。吊装拱段前端高程应根据计算,考虑后续节段吊装、扣索拆除等影响,设置预拱度。在吊装拱肋过程中,应及时观测拱肋中线偏差,并通过缆风调整中线偏差。

拱肋合龙是钢管混凝土拱桥安装施工的关键工艺之一。安装合龙段前,应在设计合龙温度附近多次、反复测量两拱肋悬臂端距离,根据此距离确定合龙段长度,通过调整扣索拉力,使拱肋两端抬起,将合龙段起吊到设计位置,缓慢调整两端拱肋高程,将合龙段和两端拱肋焊接在一起。

钢管混凝土拱桥缆索吊装施工顺序见图7.3.17。

a)基础的施工(端横梁处桥墩及基础,拱脚拱座以及主拱承台及下部基础)

b)现浇边拱肋、端横梁及边拱肋间横梁

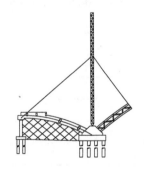 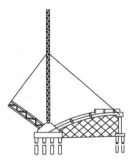

c)缆索吊装塔架施工以及第一段拱肋吊装

图 7.3.17

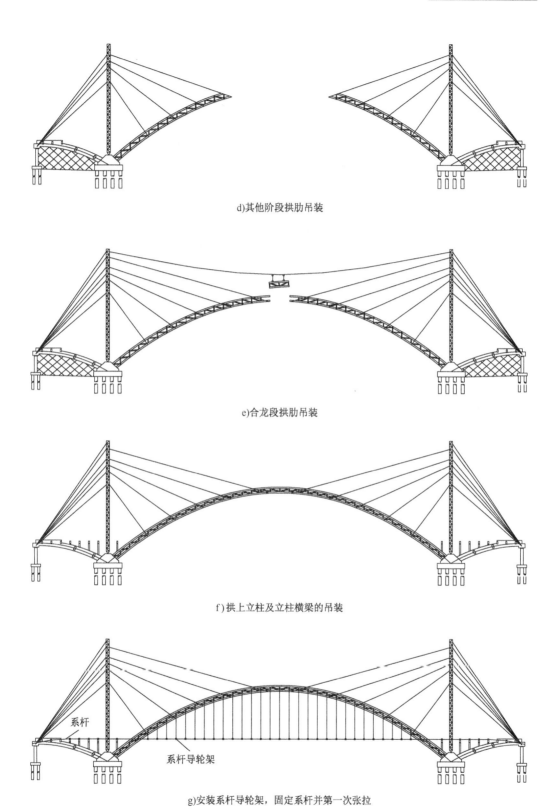

d) 其他阶段拱肋吊装

e) 合龙段拱肋吊装

f) 拱上立柱及立柱横梁的吊装

g) 安装系杆导轮架,固定系杆并第一次张拉

图 7.3.17

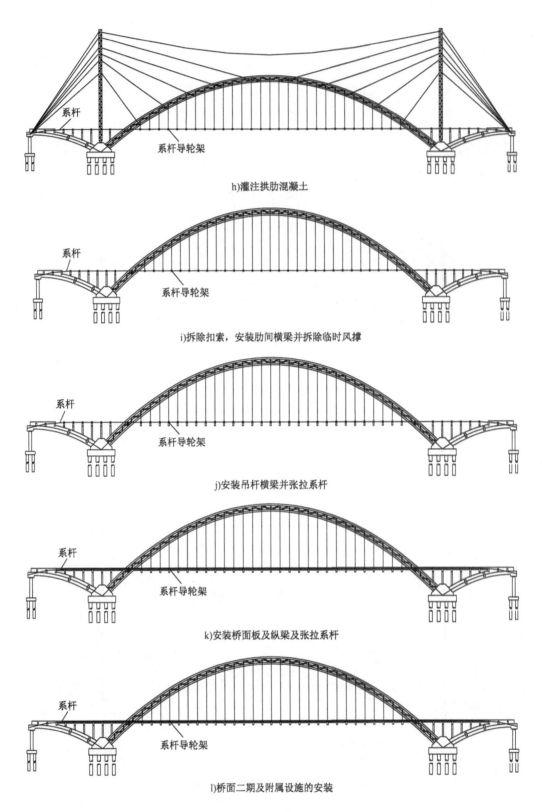

图 7.3.17 钢管混凝土拱桥缆索吊装施工顺序

7.3.4 施工要点

1. 缆索起重机施工要点

(1)缆索起重机为空中运行的起吊设备,其加工制造和安装质量尤其重要。缆索起重机结构的钢结构、焊接构件、机加工销轴、铸造件滑轮片及一些外购件等,其设计、制造标准,完全与永久结构相同,加工前应严格制定加工工艺和操作细则,并进行技术交底,确保满足设计要求的工艺、精度及技术要求。

(2)原材料要使用正规厂家的合格产品,要有产品质量证明书、合格证,并按有关规定进行验收。对旧钢丝绳必须详细检查,对其承载力作出评估报告。

(3)对使用的销轴、铸造件滑轮片等要对其原材料和加工成品进行探伤和验收,对销轴要按设计图纸要求进行调质。

(4)对外购件(如轴承等)、委托加工件等要有材质说明书、合格证,并检查验收符合设计要求后方可使用。

(5)对缆索起重机起重跑车、索鞍及分配梁、主索锚头及锚碇预埋件等产品要专项检查验收,并有验评报告。

(6)现场施工时应深刻领会设计意图,制定安全操作细则并进行技术交底,使缆索起重机的安装工作根据设计图纸及工艺与技术要求,按章有序进行。

(7)为确保施工安全,在施工过程中,应组织专门人员负责施工观察与通信的联系,及时发现问题及时采取处理措施,避免事故发生。

2. 扣索施工要点

(1)挂索阶段,应逐层对称施工,确保挂索过程中由于索体自重及风力组合产生的不平衡水平力在设计文件的允许范围内。

(2)扣(锚)索张拉应分级进行,每一张拉阶段完成后观测塔顶水平位移,确保主体桥墩基础承受的不平衡力不致过大。

(3)为确保塔顶不产生过大不平衡水平力,张拉过程中严格采用张拉力与塔顶位移双控制。张拉时同步观察张拉机具油表读数,确保张拉过程中锚(扣)索水平力相等,同时进行塔顶位移观测。

(4)拱肋安装过程中,扣塔顶纵、横桥向水平位移须满足规范要求。

3. 体系转换施工要点

无论采用何种方法架设,都要经过合龙和体系转换才能成为无铰拱。钢管拱肋合龙应尽可能选择在设计合龙温度下合龙。由于钢结构必须在无应力状态下焊接,因此必须采取临时锁定措施,将拱肋锁定。

体系转换与拱桥跨径大小和施工稳定性有关。对于中小跨径的拱桥,拱肋安装过程中的稳定性一般都能满足要求,合龙时一般要求拱肋处于两铰拱状态。这样有利于调整拱肋轴线,也有利于减小拱脚处的弯矩。对于跨径较大的拱桥,拱脚处的施工临时铰将使合龙前拱肋稳定性降低,因此采用缆索悬臂拼装时,可以考虑在拼装一定节段后将临时铰固接,以提高稳定系数,后续节段的高程与线形控制可利用拱肋本身的变形来实现。但这种施工方法有可能使拱脚产生较大弯矩,施工时必须予以重视。

7.4 索桥的装配式施工

索桥的装配式施工方法是近些年来兴起的一种施工方法，这种施工方法可以提升索桥的结构性能，同时装配式施工方法也大大减少了施工步骤，缩短了施工工期，为施工提供了更大的便捷。索桥的装配式施工在桥梁建设中已经得到了很广泛的应用。

相比于采用传统施工方法施工的索桥而言，采用装配式施工技术建造的索桥，减少了许多施工过程，同时其装配式部件可以在工厂大批量制造，因此整个施工过程更加工业化、机械化。同时采用装配式施工技术施工的索桥，在施工过程中结构体系受力更加明确，降低了施工风险。以港珠澳大桥为例，与采用常规施工方法施工的桥梁相比，其施工方法具有显著优势：构件制造工厂预制化，减小了施工周期，保证了施工质量；由于采用装配式施工方法，其施工过程更具有程序性，施工阶段安排也更加合理和规范。港珠澳大桥的完工，不仅体现了我国建造技术的高水平，也为装配式施工技术在桥梁施工中的运用提供了宝贵的施工经验。

本章节将围绕索桥关键结构的预制、预制构件的运输安装以及索桥装配式施工中的一些关键过程，进行简要介绍。

7.4.1 构件的预制

1. 索塔的预制

索塔在索结构桥梁中的主要作用是支承桥梁拉索，承受桥梁结构所产生的竖向荷载。对于悬索桥、斜拉桥等柔性结构来说，索塔的存在增大了索结构桥梁在地震荷载以及风荷载作用下的整体刚度。

索塔按照形式可分为单柱式索塔，双柱式索塔，门架式索塔，H形、A形以及钻石形索塔：

单柱式索塔，适用于主梁抗扭刚度较大的单索面桥梁，如国内的广东海印大桥、安徽黄山的太平湖大桥等。

双柱式索塔和门架式索塔，适用于桥面宽度适中的索式桥梁结构，如上海泖港大桥、广东西樵大桥等。

H形、A形以及钻石形索塔，适用于对抗风抗震要求较大的桥梁结构，如建立在土质较为松软地区的上海南浦大桥、安徽铜陵大桥以及湖南岳阳洞庭湖大桥等。

索塔按照所采用材料分类，可分为混凝土索塔以及钢索塔。对于混凝土索塔来说，其施工技术已比较成熟，可通过就地浇筑、支架爬模的方式来完成索塔塔身的施工。钢索塔因具有自重较轻、工厂化加工、施工速度快等特点，随着近些年来国内装配式施工技术的不断成型，已有多座斜拉桥和悬索桥采用钢索塔，如南京长江第三大桥、泰州长江大桥等。

尽管目前国内已有许多索桥采用了钢索塔结构，但总体上来说，装配式施工技术在钢索塔上的运用还处于起步阶段。因此，本节将以钢索塔为例，介绍钢索塔在预制过程中的一些技术以及难点。

(1) 钢索塔的节段预制流程

钢索塔的节段预制主要分为以下步骤：根据设计图纸进行索塔板单元件和块体的工

厂化预制；将块体连接后形成节段，进行节段的端面机加工、立式预拼以及涂装；最后进行索塔的运输以及桥位安装。

（2）关键预制工艺

①索塔节段的板单元及块体划分方法。

为了方便对焊接变形以及块体的几何精度进行控制，提高生产效率，需要对钢索塔的节段进行合理的分块。对于宽度较大的内外壁板、侧壁板和内外腹板单元，需要根据钢板轧制宽度和运输条件等因素进行合理分块。

②节段的组装。

制作板块并对接成板单元后，需要对内外块体进行组装，然后按照合理的顺序组装为箱体，一般的组装顺序为内块体→中间横隔板及锚箱→外块体→侧壁板。组装时应以胎架为外胎和基准进行组装。节段上各个单元之间的关系通过设计的纵横基准线进行控制。

③节段的焊接。

板块上的纵肋焊缝可采用 CO_2 气体保护焊双面对称施焊工艺；板单元的对接可利用双面埋弧自动焊来保证焊接的紧密性，并通过预变形和设置马板控制焊接变形；块体和箱体可采用实芯焊丝气体保护焊，通过对称施焊、小线能量焊接方法、设置工艺支撑和马板等手段来控制焊接变形。对于节段块体、箱体焊接变形可利用火焰修整。

④制孔工艺。

由于钢塔柱断面大，后孔法施钻难度大，对于壁板以及腹板可采用后孔钻工艺；为了保证连接质量，对于拼接板可采用一端先孔、一端后配孔的工艺方法。对于节段上的连接件孔道，可采用数控钻床以及摇臂钻倒角工艺。

（3）钢索塔节段与横梁匹配过程

钢索塔各节段箱体与横梁的匹配，是整个钢索塔制作成型的关键步骤，大致环节可分为：

①预拼前的准备。

用水准仪对预拼胎架进行水平粗调，保证水平度≤2mm。

②节段及横梁预拼吊装。

根据《横梁预拼图》中的要求对节段及横梁进行吊装定位，通过调整支撑千斤顶，纵基线水平度及横梁水平度均≤1mm。

③预拼检测项目。

节段与横梁匹配预拼检测项目包括柱端面中心铅垂度、纵基线水平度、柱面轴线对角线等。这些项目的检测值是桥位横梁安装复位的重要依据。

④安装工艺拼接板。

横梁预拼检测合格后，在纵肋上安装工艺拼接板，对横梁的空间位置进行固定。

⑤拼接板的量测投孔。

对横梁接头四个壁板上的大拼接板用投孔器进行精确投孔。投孔位置、数量必须满足拼接板钻孔时钻模定位要求，对所有纵肋拼接板上孔群位置进行量测。

⑥划桥位检查线。

在横梁接头的端部距横梁接缝两侧的第一、二排孔之间划相距300mm检查200mm，并打样冲眼,用以在桥位安装时调整横梁位置。

⑦横梁预拼解体及横梁拼接板钻制。

节段与横梁水平预拼装结束后,解体进入下道工序。拼接板配孔时需将桥位两个塔柱间距安装误差考虑在内。

2. 索桥主梁的预制

近些年来随着学者以及工程技术人员对预制拼装技术研究的深入,"搭积木"似的主梁搭建方法已在桥梁施工领域得到广泛应用。主梁节段拼装施工法,是将桥梁的主梁梁体沿桥梁纵向方向分成若干节段,各节段分别在预制场地以长线台座法或短线台座法进行预制,待节段养护至强度要求后,用大型吊装器械吊装到施工场地,进行节段截面键齿的连接以及预应力筋的张拉来形成整体。预制拼装施工法在其施工过程中结构体系会发生类似于现浇桥梁的转变,包括简支-连续、悬臂-连续以及悬吊体系-连续,因此在施工过程中施工人员要结合设计图纸并考虑到结构的受力来对结构进行一定的施工调整。索桥主梁的预制可根据材料分为混凝土主梁、钢主梁的预制,本节将主要介绍索桥常用的钢梁的预制工艺及要点。

(1)钢梁的分类

从制造角度看,钢梁结构可分为以下三类:

①杆系结构,如板梁、桁架等,是由一根根杆单元构件组成,杆构件(H形、口形、T形断面)在工厂焊接制造并制孔,工地用高强度螺栓连接成桥。

②板系结构,如大断面箱梁,是由一块块带纵横加劲肋的板单元构件组成,板单元构件在工厂焊接制造,箱梁节段在便于运输的现场组装、焊接,然后吊装连接成桥。

③管系结构,如钢管拱、网架等,是由一根根管单元构件组成,管构件(或管构件组成的节段)在工厂焊接制造,工地通过管-管对接和相贯线连接构成整体结构。

(2)设计对于索桥钢梁的制造要求

大跨度钢斜拉桥一般采用平衡悬臂法逐段安装架设,悬索桥一般采用逐段吊装铰接连接法架设,即钢箱梁应按照设计要求分段预制,然后运至桥位逐段吊装。钢箱梁节段之间全断面对焊连接,直至合龙。成桥后钢箱梁拱度应符合设计设定的要求。由此可见,钢箱梁制造中,不仅焊接质量是重要控制项目,其几何精度的控制是另一项难度更大的课题,它包括钢箱梁长、宽、高和所有板的平整度,相邻钢箱梁节段端口和全部纵向肋的精密匹配,以及数十段钢箱梁连接成桥后的拱度、中心线偏差和桥梁总长度。

钢箱梁为正交异性板结构,即由互为垂直的面板、纵肋和横肋组成的箱体结构,如图7.4.1所示。基于这一构造特点和设计要求,钢箱梁制造应周到考虑以下要素:

①制定合理的整体工艺设计方案。对于大型钢箱梁制造,首先应设计合理的工艺流程,便于质量控制和施工作业。为了提高工效、降低成本、缩短工期,应提高机械化、自动化程度。

图7.4.1 钢箱梁预制

②影响焊接质量的因素。一个箱梁节段中焊缝累计长度约5000m以上,采用CO_2焊、手工弧焊和埋弧自动焊等多种焊接方法,施焊位置包括平焊、立焊和仰焊;钢箱梁制造周期在一年以上,往往在露天作业,需要考虑春夏秋冬季节变化及温度、湿度、风雨等环境因素的影响。

③影响几何精度的因素。钢箱梁的几何精度受组装精度和焊接变形两大因素的影响。组装精度受胎架精度及露天作业时日照变化引起的温差影响;焊接变形受焊接方法、焊缝断面、施焊顺序及约束状态的影响。

7.4.2 预制构件的运输与施工安装

1. 预制构件的运输

索桥的索塔和主梁在加工厂通过一定的方法加工制造完成后,还需要采用合适的运输方式发运到施工地点进行拼装施工。对于预制构件的运输,要针对不同的施工环境,采用合适的运输方式发运构件,保证构件的质量以及安装的精度。

(1) 预制构件的公路运输

对于建设在城市里以及各高速公路上的索桥,预制构件的运输可通过运梁车来实现发运(图7.4.2)。为了保证运输过程顺利,公路运输时需注意以下几点:

①选择合适的运输车辆。考虑到索桥的索塔以及主梁等构件,各预制节段的质量不同,因此在运输前应计算好各节段的吨位,选择合适的运输车,避免在运输途中车辆出现事故造成节段构件的损坏,影响施工。

②项目部应设置公路排障组,负责沿线道路的排障工作,保证运输车能够顺利通行。

③预制构件的运输过程中,应和交警等部门协调工作,监督检查运输工作质量,防止运输事故的发生。

④桥梁构件装车后,应进行封刹加固,保证运输安全。

(2) 预制构件的水上运输

跨海(江河)斜拉桥和悬索桥的预制构件主要以水上发运的方式进行运输,从陆地至水上的转运普遍采用浮式起重机或轨道小车方案。构件海上起吊如图7.4.3所示。梁段在运输过程中涉及安全因素较多,为了确保梁段运输的安全、顺利,应成立梁段运输指挥小组,由组长统一指挥。

图7.4.2 运梁车运梁

图7.4.3 构件海上起吊

梁段运输的流程为：根据运输计划和潮位涨落的规律确定时间→船停靠码头→浮式起重机或轨道小车装梁上船定位→梁段绑扎→拖航→桥下定位→卸船→船舶返航。

(3)高山峡谷索桥的构件运输

对于高山峡谷建桥来说，构件运输往往是一个难题。对于一些桥址选在悬崖山谷的索桥，谷底的河流往往不具有通航能力，而索桥各预制构件节段常重达几百吨，需要一定吨位的船只才能运送到现场。在通航能力很差的情况下，水上运输的可能性几乎为零。赤水河大桥钢桁梁吊装如图7.4.4所示。

为了解决这个难题，工程师们往往通过就地预制的方式来实现各节段的制造。即在距离桥位不远的位置建立构件预制场地，将各设计节段分解为更小的"积木"：几吨至十几吨的小型结构构件，再进行运输与吊装。

2. 预制构件的施工安装

索桥的预制构件在经历了预制场地的预制和通过一定运输方法发运到施工场地后，将会通过施工安装形成最终桥体。作为整个桥梁建设期最为关键的一个阶段，施工阶段的质量和精度会对今后桥梁的运营效果起到十分重要的作用。本节将介绍装配式施工过程中，一些适合索桥预制构件的施工安装方法。

(1)索塔的装配式施工安装

①斜拉桥混凝土索塔钢锚箱装配式施工。

钢锚箱作为索塔普遍采用的结构形式之一，其制作精度和制作质量将影响整个索塔的施工质量。钢锚箱主要由锚腹板、承锚板、锚垫板、加劲板等部件组成。近年来随着装配式施工方法的发展，钢锚箱各部分零件运输至现场后，采用一定的焊接工艺进行组装。混凝土索塔钢锚箱施工如图7.4.5所示。

图7.4.4　赤水河大桥钢桁梁吊装　　图7.4.5　混凝土索塔钢锚箱施工

钢锚箱施工控制的主要过程包括：钢锚箱各节段测量，保证节段精度满足设计要求；钢锚箱节段进行预拼装；测量预拼装后的整体线形，调整误差；砂浆垫板的打磨及准确安装；进行整体钢锚箱安装。

②钢索塔的装配式施工。

钢结构索塔相对于混凝土索塔来说，建造难度较大，施工成本更高。但因其具有自重轻、抗震性能好、工厂化预制程度高和施工周期短等优点,且随着钢结构一些关键性能,比如疲劳性能研究的不断成型,钢索塔越来越受到桥梁建设者的青睐。我国在南京长江三桥的建造时,首次采用了钢索塔,此后相继建成的长江大桥、港珠澳大桥等均采用了钢索塔结构。

钢索塔的装配式施工主要包括两大部分:工厂分节段制作部分以及现场架设部分。工厂分节段制作部分需满足设计索塔的图纸要求,相对于现场浇筑索塔,有着成品质量更高、方便运输等特点,同时工厂预制并不影响施工航道的正常通行。钢索塔总体制作方案应考虑结构形式、制作精度控制、运输及安装等因素。一般在厂内完成节段制作、端面加工、预拼装、涂装等工序后,运输至桥位再完成节段吊装、高强螺栓连接或焊接连接、成塔检查、最后一道面漆的涂装等作业。

钢索塔节段预拼装有立式预拼装和水平预拼装两种方式。由于其精度要求较高,预拼装应在恒温厂房内进行。立式预拼装能够直观反映钢索塔节段在重力作用下的状态,适用于钢索塔节段长度较短、起重能力要求不高的钢索塔项目;水平预拼装适用于钢索塔节段较长、重量较大的钢索塔项目,但水平预拼时很难保证较高的金属接触率。目前,随着钢索塔节段设计长度增加、重量增大,钢索塔的预拼装由开始的厂房内立式预拼装发展为水平预拼装。

钢索塔架设顺序可大致分为:钢锚箱安装→第1节段安装→下塔柱安装→合龙段安装→下横梁安装→上塔柱安装→上横梁安装。钢索塔现场安装如图7.4.6所示。

图7.4.6 钢索塔现场安装

(2)索桥主梁的装配式施工安装

①逐跨拼装法。

逐跨拼装法施工主梁时,主梁主体结构沿纵向一个方向进行架设,一次性架设一跨所需节段。在各节段施加预应力之前,胶接缝节段可通过键齿临时对接,湿接缝节段需要通过下悬梁或者架桥机来实现临时支撑。各跨架设完毕后,进行预应力筋的张拉来实现整体的连接,架设完的主梁可以简支在墩台上。

逐跨预制拼装技术在索桥施工领域的应用,可以很大程度上缩短施工周期,节约施工成本。同时混合配束(体外束和体内束结合)的应用可以简化各截面预应力筋的布置,减少预应力筋由于摩擦及混凝土收缩徐变产生的预应力损失。目前,逐跨拼装法主要用于国内外中小跨径桥梁的施工中,取得了良好的效果。节段梁吊装如图7.4.7所示。

②悬臂拼装法。

节段梁体悬臂拼装法施工(图7.4.8),是利用运输吊装设备将已预制梁段运送到架桥机上,进行对称悬臂拼装,并在匹配梁段间涂抹环氧树脂胶体等黏结剂,张拉预应力钢束锚固压浆,循环此步骤形成T形平衡悬臂,最后进行合龙段施工,将各段平衡悬臂进行连接,形成主梁整体。

图7.4.7 节段梁吊装

图7.4.8 悬臂拼装法施工

③缆索吊装法。

缆索吊装法是通过缆索系统把预制构件吊装成桥梁的方法。缆索吊装系统按其工作性质可分为四个基本组成部分:主索、工作索、塔架及锚固装置,其中工作索包括起重索、牵引索和扣索等。缆索吊装的工作原理是利用主缆承受吊重和作为跑车的运行轨道,主索跑车上的起重装置和牵引装置将构件吊起、升降、运输和安装。

缆索吊装法施工(图7.4.9)灵活性好,机动性强,能够适用于复杂的地质地貌条件中。并且在水平方向和竖直方向行动自如,使桥梁施工更加立体化、工业化。对于大跨径或超大跨径的索桥来说,更是具备了很强的优越性。

图7.4.9 缆索吊装法施工

7.4.3 施工要点

索桥的装配化施工过程中,除了要采用合适的方法将预制构件安装,还要注意其余构件的施工控制以及施工精度,保障整个施工过程的安全和质量。本小节将从斜拉桥及悬索桥两种不同桥型出发,提出一些施工过程中值得注意的重点和对应的解决措施。

1. 悬索桥装配式施工要点

(1) 主缆架设施工

悬索桥的主缆是构成桥梁悬索系统的永久性结构,其安装质量标志着悬索桥的建造水平,直接影响悬索桥的设计与使用寿命(图7.4.10)。

对于主缆各部件的施工技术,如下所述:

①牵引系统。对于门架式单线往复式牵引系统,牵引路径尽量保持在一根轴线上,以减少牵引过程中索股的扭转。

②放索系统。采用被动式放索架,设有刹车装置,可以保持索股牵引过程中的后张力。

③主缆线形控制。

④索股牵引。索股牵引成败的关键在于牵引过程中指挥协调是否一致。对于可能出现的股丝现象要及时处理,杜绝钢丝交叉、弯折现象。对于放索时可能出现的"呼啦圈"苗头要及时处理。

⑤索股的张拉、整形、入鞍。用于索股张拉的连接夹具要反复检查。严格保持只有一根索股承载在猫道上。入鞍前要严格检查索股标识丝的位置,确保无扭转。

(2) 猫道施工

猫道系统是悬索桥上部结构安装最重要的临时工程之一,作为上部结构安装最大的施工平台,贯穿上部结构安装的始终(图7.4.11)。猫道系统的好坏直接关系到整个上部结构安装的施工安全与质量。

图7.4.10 悬索桥主缆施工

图7.4.11 悬索桥猫道施工

猫道的就位、测量及调整通过经纬仪观测主跨各索的切线与水平面间的夹角,塔顶实测纵向偏移值及塔顶和塔底的温度平均值,计算出各索的调整长度,据此在连接滑轮组上进行调整。同时需要根据施工进展,对猫道索长进行阶段性的放松调整。在主缆架设完毕后,将猫道转载于主缆上。根据猫道施工的要求,在工程后期对锚固点进行调整。

2. 斜拉桥装配式施工要点

(1) 拉索施工

斜拉桥拉索施工主要包括单根拉索的挂索、单根拉索张拉、斜拉索架设后的零部件安装、整体张拉以及最后的防护处理等重要步骤。

①单根挂索。

每一根钢绞线完成下料后先拉到穿索点处,以方便后续作业的开展,由工人手动操作将其一端穿过聚乙烯管;再按照提前设定好的顺序将钢绞线穿过钢管,保持穿管状态,一直通过前面的所有管材,最终超过预埋管口,前端钢绞线与牵引绳位置穿束器连接妥善后,在牵引绳作用下使钢绞线穿过锚具,确保其张拉应力符合技术标准,长度满足工作要求;完成前端钢绞线的准备后,再对后端钢绞线及牵引绳进行连接操作,并借助牵引绳使钢绞线顺利穿过锚具,确保其张拉应力符合技术标准,长度满足工作要求;前后钢绞线均安装调试到位后对其进行挂索操作。

②单根张拉。

对单根钢绞线完成穿挂后,立即借助千斤顶对其实施张拉以及锚固处理,确保每对斜索内的钢绞线都达到逐根穿挂、张拉和锚固效果,初步形成单股斜索。在作业环节所用到的工艺较多,主要有以下事项:

a. 单根钢绞线实际应力值达到设计值的20%时测量其伸长初始值。

b. 借助压力表工具,根据其显示数值严格控制最后一级张拉力,与传感器所显示的数值相同时测定终止伸长量,然后安装工作夹片,并保证其牢固性,卸压值达到3MPa时测量回缩量,再对其进行锚固处理。

c. 在完成挂索后拆除传感器,并依据传感器拆除时的读数实施补张拉处理。完成对每一根绞线单根张拉后,严格控制工作夹片平整度。实施单根张拉期间,保证两侧同时均衡加载,使两端伸长值的不均匀值在设计允许范围内。

③斜拉索架设后的零部件安装。

在此环节中涉及诸多内容,主要包括梁端的紧索、管口的索夹、减振器和防松装置的安装;塔端索箍、连接装置和锚固装置的安装等。在紧索处理时,对管口的索夹旁位置实施一套相应型号的紧索器安装,对索收紧处理后,把预先裁好约1.0m长度的钢绞线填入到索体位置空隙内,成为设计断面;把完成组装的减振器向调整的护管内推入,一直到减振器的端面和调整护管的端口持平,再对螺栓收紧,依据内缩外胀的原理,让其内外和索体、调整的护管壁分别紧贴;把成型索体相应的位置进行索夹安装并对螺栓收紧,索和索夹实现紧密接触;安装防松装置前,先通过手提的砂轮机将锚头两端位置处多出来的绞线切除,并预留一定长度,要求其绞线端头具有良好平整性和光滑性;装设防松装置,对锁紧螺母拧紧处理,以避免夹片出现松动。对抗滑锚完成楔紧后,按照塔端锚固装置、索箍、连接装置和减振器顺序依次实施安装。安装期间,注意对减振器位置索体间做好密封处理,确保抗滑锚位置在灌浆期间,不会发生漏浆情况。

④整体张拉。

在整体张拉中,当锚具螺母发生松动且与垫板呈现脱离时,将其当作其伸长值测量的起始位置,把此时油表读数所对应的张拉力当作整体张拉的初始拉力。确定整体张拉的初始动力后,将其当作起点分级来使张拉加载到设计要求标准,并测量各级的伸长值。再对螺母旋紧处理,对千斤顶做好回油并锚固。对斜拉桥的主梁以挂篮悬臂的方式浇筑,在混凝土的箱梁节段施工进程与边中跨相继合龙中,斜拉索的索力也发生了相应改变。悬浇箱梁施工期间,要尤其对现浇箱梁与斜拉索应力的应变进行监测。在主梁安装到某一段时,控制点出现高程反常或者线形旁弯过大等情况时,与调整索力法配合使用。张拉期间,要求中、边跨保持同步对称状态,把级差控制在设计允许范围内。

⑤防护处理。

分别在梁端锚外露的钢绞线保护罩以及梁端预埋管内,填注无黏结筋专用防护油脂;在锚具套筒和塔端锚固装置内灌注环氧砂浆,以起到防护作用。灌注防护油脂以及环氧砂浆时,为确保其密实度满足要求,除了使用专用型高压灌浆泵外,还要注意保持灌浆孔在下、排气孔在上。为确保环氧砂浆体和钢绞线间具有良好的黏结力,一定要清洗干净钢绞线油脂的附着层。斜拉索安装施工如图7.4.12所示。

(2)钢-混凝土叠合梁斜拉桥施工

钢-混凝土叠合梁斜拉桥上部结构叠合梁考虑到由两种材料组成,质量较大,起吊梁段的重量加上桥面起重机的重量容易造成已安装梁段变形,因此如何设置桥面起重机防止叠合梁变形,以及确保叠合梁起吊安全是该类桥型施工的重点和难点。

针对这一问题,解决措施如下:

①进行桥面起重机的吊装测试。

零号块叠合梁焊接完毕、第一对斜拉索安装完成并进行第一次张拉后,利用浮式起重机将已经拼装成整体的桥面起重机吊至桥面。桥面起重机安装完成后进行载荷试验,以验证起重机的主要技术性能。

图7.4.12 斜拉索安装施工

②吊装标准梁段。

桥面起重机安装调试完成后,在桥塔两侧对称、同步进行标准梁段的悬拼施工。标准梁段的悬拼施工顺序为运梁船抛锚定位→桥面起重机扁担梁与叠合梁连接起吊→叠合梁临时匹配→叠合梁精确定位→段间栓焊连接→挂索并第一次张拉→桥面板湿接缝浇注并养护至90%设计强度→前移桥面起重机就位→斜拉索第二次张拉→吊装下一梁段。

③标准梁段调位及匹配。

由于桥面设有纵向坡度,且桥面起重机所在的叠合梁在前支点反力和斜拉索拉力的作用下,出现中间下挠、两边上翘的临时状态,同时吊装的叠合梁在大钩和自重作用下出现的变形状态正好相反,这些因素均给梁的调位及临时匹配件的连接带来困难。因此,施工时应进行梁段调位及匹配操作。

④梁段焊接连接、起重机前移。

叠合梁精确定位后,将相邻两节叠合梁在顶板处用螺栓连接,并对称安装临时连接件、全截面焊接后拆除临时连接件、挂索并第一次张拉斜拉索。依次解除叠合梁与扁担梁间的连接、提升扁担梁、解除起重机后锚点的约束后,按照顶升桥面起重机→前移行走轨道→锚固轨道→落放桥面起重机→顶推前移桥面起重机→锚固桥面起重机的顺序完成桥面起重机前移作业。桥面起重机行走到位后进行斜拉索的第二次张拉。钢-混凝土叠合梁施工如图7.4.13所示。

图 7.4.13 钢-混凝土叠合梁施工

思 考 题

1. 简述钢梁的预制工艺流程。
2. 简述梁桥的架设方法。
3. 简述缆索吊装的原理和缆索起重机的主要组成部分。
4. 简述混凝土拱桥和钢管混凝土拱桥的缆索吊装步骤及主要内容。
5. 简述装配式索塔的主要制造工艺。
6. 简述长线台座法和短线台座法的区别。

第 8 章
悬臂施工法

8.1 概 述

悬臂施工法是指在桥墩两侧设置工作平台,平衡地逐段向跨中悬臂浇筑或拼装梁段,直至桥跨结构合龙的施工方法,其工作原理均可用工作平台移位(挂篮或起重机)、施工梁段就位(浇筑或拼装)和施工梁段联结(强拉预应力)三个主要工作环节来说明。悬臂施工法最早主要是用来修建预应力混凝土 T 形刚构桥,由于此法的独特优越性,后来又被推广应用于建造预应力混凝土悬臂梁桥、连续梁桥、斜拉桥和拱桥等。悬臂施工法在桥梁建设的蓬勃发展过程中,起了开创性的推动作用。图 8.1.1 为采用悬臂施工法进行桥梁建造的工程实践。

a)挂篮悬臂浇筑施工示例

图 8.1.1

b)悬臂拼装施工示例

图 8.1.1　桥梁悬臂施工法示例图

8.1.1　悬臂施工法的分类

1. 悬浇与悬拼

悬臂施工法通常分为悬臂浇筑[图 8.1.1a)]和悬臂拼装[图 8.1.1b)]。

悬臂浇筑是用挂篮(即悬吊模架)就地分段浇筑,待每段混凝土养护并张拉加力后,再将挂篮前移,以供浇筑下一节段之用。悬臂浇筑的每个节段长度一般 3~4m,特大桥也不超过 6m。因为节段太长,一方面将增加混凝土自重与挂篮结构的重量,另一方面还要相应增加平衡重。当这两者之和过大时,由施工荷载产生的内力会过大。悬臂浇筑混凝土分 2 次或 3 次浇筑时,为使后浇的混凝土重力不致引起挂篮变形,从而避免混凝土开裂,可采取相应措施,如浇筑混凝土前,先用水箱灌以相当于混凝土重的水,代替混凝土重,然后在浇筑混凝土过程中,逐渐放水使挂篮的负荷和挠度基本不变。一般,大跨径桥梁均采用悬臂浇筑法,因此,其施工工艺日趋成熟。对于连续梁,一般有逐跨连续悬臂施工法、T 构-单悬臂梁-连续梁施工法、T 构-双悬臂梁-连续梁施工法。在浇筑混凝土时,应注意浇筑方法、拆模时间等。

悬臂拼装是将预制好的节段,用支承在已完成悬臂上的专门悬排起重机悬吊于梁位上逐段拼装。一个节段张拉锚固后,再拼装下一节段。悬臂拼装的预制长度,主要决定于悬拼起重机的起重能力,一般为 2~5m 为宜。节段过长则块件自重大,需要庞大的起重设备。节段过短则拼装接缝多,并使工期延长。一般在悬臂根部,因截面面积较大,节段长度较短,以后向端部逐段增长。悬臂拼装法施工的主要工序包括:块件预制、移运、整修、吊装定位、预应力张拉、施工缝接缝处理等,各道工序均有不同要求,并对整个拼装质量具有密切影响。块件拼装接缝一般分为湿接缝与胶接缝;湿接缝用高强细石混凝土,胶接缝则用环氧树胶为接缝料。

两种方法的优缺点比较如下:

(1)施工进度方面

悬臂拼装的节段预制工序,和悬臂浇筑法大体相同,但其预制工作是在预制场提前进行的。拼装时占用施工周期的仅有吊装定位和穿束张拉等工序。故从施工进度方面看,悬臂拼装要比悬臂浇筑快得多。

(2) 施工质量方面

用悬臂浇筑法施工时，梁体的钢筋连续性好，混凝土的整体性亦较好。但空中作业工作量大，工作面小，节段混凝土浇筑质量较难保证。悬臂拼装法施工时，块件在预制场预制，振捣、养护条件均较好，预制块的质量易于保证。梁的整体性在采用湿接缝和环氧树脂胶接缝以后，也能得到改善。

(3) 施工变形的控制

悬臂拼装时对施工变形较不易控制，个别桥在拼装过程中，上挠值有达30cm以上。通过许多桥的悬拼施工实践，已从多方面研究摸索了一些控制施工上挠的有效方法。悬臂浇筑时，对施工过程中的变形则较易控制，可以逐段测量调整。

(4) 适应性

悬臂浇筑用挂篮施工一般不受桥孔下的地形、地质、水文、船只或建筑物的影响，而悬臂拼装就必须要求桥孔下的地形或水文情况允许安全运送块件、吊装预制段。

悬臂浇筑施工时，一般希望气温比较高，使混凝土易于早强。若冬季施工，在悬浇挂篮上采用蒸汽养生则比较复杂。悬臂拼装预制节段时，就不受或少受气候的影响。拼装时若用干接缝结合，则不怕低温影响。即使是环氧树脂胶接缝，也有在零下15℃施工成功的实例。

2. 其他悬臂施工法

悬臂施工法除上述悬拼和悬浇两大类外，在大跨径钢筋混凝土拱桥的无支架施工中还按拱圈在施工过程中保持悬臂状态的措施和方法不同分为塔架斜拉索法、斜吊式悬浇法、刚性骨架与塔架斜拉索联合法和悬臂桁架法等。

8.1.2 悬臂施工法的特点

悬臂施工法具有许多突出的优点：如可以不用或少用支架；施工时不影响通航或桥下交通；适用于变截面桥梁结构的施工；对于墩顶承受负弯矩的桥梁，施工时的受力状态与建成后的受力状态基本一致，因而可减少或节省施工用材。但是，悬臂施工也有其不利的一面：施工技术要求较高，对于墩梁非固结的桥梁结构，还需采取临时固结措施，因而会产生施工阶段体系转换。此外，桥墩在施工过程中的受力较为不利，特别是当两个悬臂长度非对称时，桥墩将承受很大的不平衡弯矩。

悬臂施工的主要特点是：

(1) 桥梁在施工过程中产生负弯矩，桥墩也要求承受由施工产生的弯矩，因此悬臂施工宜在营运状态的结构受力状态与施工状态的结构受力状态比较接近的桥梁中选用，如预应力混凝土T形刚构桥、变截面连续梁桥和斜拉桥等。

(2) 非墩桥固结的预应力混凝土梁桥，采用悬臂施工时应采取措施，使墩、梁临时固结，因而在施工过程中有结构体系的转换存在。

(3) 采用悬臂施工的机具设备种类很多，就挂篮而言，也有桁架式、斜拉式等多种类型，可根据实际情况选用。

(4) 悬臂浇筑施工简便，结构整体性好，施工中可不断调整位置，常在跨径大于100m的桥梁上选用；悬臂拼装法施工速度快，桥梁上、下部结构可平行作业，但施工精度要求比较高,可在跨径100m以下的大桥中选用。

(5)悬臂施工法可不用或少用支架,施工不影响通航或桥下交通。

本章就悬臂施工的两种主要方法:悬臂浇筑施工与悬臂拼装施工,作以详细论述,并对其施工控制内容进行简要介绍。

8.2 悬臂浇筑施工

悬臂浇筑是采用移动式挂篮作为主要施工设备,以桥墩为中心,对称向两岸利用挂篮逐段浇筑梁段混凝土,待混凝土达到要求强度后,张拉预应力束,再移动挂篮,进行下一节段的施工。为了拼制挂篮,在墩柱两侧常先采用托架支撑浇筑一定长度的梁段,这个长度称为起步长度。在用悬臂施工法建造预应力混凝土悬臂梁桥和连续梁桥时,需采取措施使墩梁临时固结,待合龙后再恢复原结构状态。施工时应根据设备情况及工期,选择合适的节段长度。节段过长,将增加混凝土自重及挂篮结构重力,而且要增加平衡重及挂篮后锚设施;节段过短,影响施工进度。悬臂浇筑每个节段长度一般为2~6m。

悬臂浇筑法施工是桥梁施工中难度较大的施工工艺,需要一定的施工设备及一支熟悉悬臂浇筑工艺的技术队伍。由于80%左右的大跨径桥梁均采用悬臂浇筑法施工,通过大量实桥施工,使悬臂浇筑施工工艺日趋成熟。图8.2.1为悬臂浇筑施工的简要施工步骤。

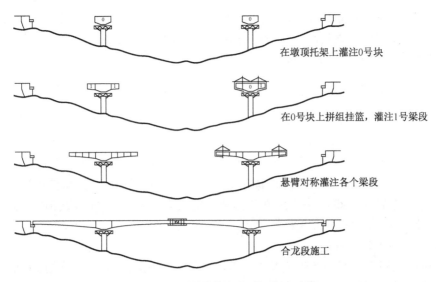

图 8.2.1 悬臂浇筑法施工简要施工步骤

下面按悬臂浇筑法施工程序、0号块施工、梁墩临时固结措施、施工挂篮、浇筑梁段混凝土、结构体系转换、合龙段施工几个方面进行较详细介绍,并对斜拉桥的挂篮悬臂浇筑施工作一简要介绍。

8.2.1 悬臂浇筑法施工程序

连续梁桥采用悬臂浇筑法施工时,根据施工程序的不同,分为以下三种基本方法,即逐跨连续悬臂施工法、T构-单悬臂梁-连续梁施工法和T构-双悬臂梁-连续梁施工法。

1. 逐跨连续悬臂施工法

施工步骤如下：

(1) 首先从 B 墩开始将梁墩临时固结，进行悬臂施工；

(2) 岸跨边段合龙，B 墩临时固结释放后形成单悬臂梁；

(3) 从 C 墩开始，梁端临时固结，进行悬臂浇筑施工；

(4) B、C 跨中间合龙，释放 C 墩临时固结，形成带悬臂的两跨连续梁；

(5) 从 D 墩开始，D 墩进行梁墩固结悬臂施工；

(6) C、D 跨中间合龙，释放 D 墩临时固结，形成带悬臂的三跨连续梁；

(7) 按上述方法以此类推进行；

(8) 最后岸跨边段合龙，完成多跨一联的连续梁施工。

上述逐跨连续悬臂法施工，从一端向另一端逐跨进行，逐跨经历了悬臂施工阶段，施工过程中进行了体系转换(图8.2.2)。逐跨连续悬臂法施工可以利用已建成的桥面进行机具设备、材料、混凝土运输，方便了施工。该法每完成一个新的悬臂并在跨中合龙后，结构稳定性、刚度不断加强，所以逐跨连续悬臂法常在多跨连续梁及大跨长桥上采用。

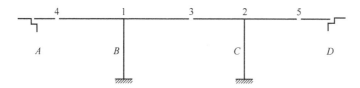

图 8.2.2　逐跨连续悬臂施工法施工程序

2. T构-单悬臂梁-连续梁施工法

施工步骤如下：

(1) 首先从 B 墩开始，梁墩固结，进行悬臂施工；

(2) 岸跨边段合龙，释放 B 墩临时固结，形成单悬臂梁；

(3) C 墩进行施工，梁墩固结，进行悬臂施工；

(4) 岸跨边段合龙，释放 C 墩临时固结，形成单悬臂梁；

(5) B、C 跨中段合龙，形成三跨连续梁结构。

本方法(图8.2.3)也可以通过多增设两套挂篮设备，实现 B、C 墩同时悬臂浇筑施工，再两岸跨边段合龙，释放 B、C 墩临时固结，最后中间合龙，成三跨连续梁，以加速施工进度，达到缩短工期的目的。多跨连续梁施工时可以采取几个合龙段同时施工，以加速施工进度；也可以逐个进行。本法在 3~5 跨连续梁施工中是常用的施工方法。

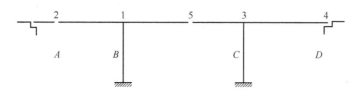

图 8.2.3　T构-单悬臂梁-连续梁施工法施工程序

3. T构-双悬臂梁-连续梁施工法

施工步骤如下：
(1) 首先从 B 墩开始，梁墩固结后，进行悬臂施工；
(2) 再从 C 墩开始，梁墩固结后，进行悬臂施工；
(3) B、C 跨中间合龙，释放 B、C 墩的临时固结，形成双悬臂梁；
(4) A 端岸跨边段合龙；
(5) D 端岸跨边段合龙，完成三跨连续梁施工。

本方法(图 8.2.4)当结构呈双悬臂梁状态时，结构稳定性较差，所以一般遇大跨径或多跨连续梁时不采用本方法。

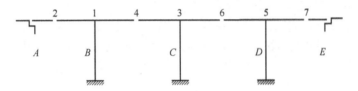

图 8.2.4　T构-双悬臂梁-连续梁施工法施工程序

上述连续梁采用的三种悬臂施工方法是悬臂施工的基本方法。遇到具体桥梁施工时，可选择合适的一种方法，也可综合各种方法优点选用合适的施工程序。

8.2.2　0号块施工

采用悬臂浇筑法施工时，墩顶0号块采用在托架上立模现浇，并在施工过程中设置临时梁墩锚固，使0号块能承受两侧悬臂施工时产生的不平衡力矩。

施工托架有扇形、门式等形式，托架可采用万能杆件、贝雷梁、型钢等构件拼装，也可采用钢筋混凝土构件做临时支撑。托架总长度视拼装挂篮的需要而决定。横桥向托梁宽度要考虑箱梁外侧主模的要求。托架顶面应与箱梁底面纵向线形一致。

扇形施工托架与门式施工托架形式，如图 8.2.5 所示。

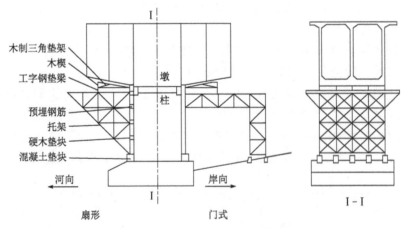

图 8.2.5　扇形施工托架与门式施工托架形式图

在托架上浇筑0号块混凝土，托架变形对梁体质量影响很大。在作托架设计时，除考虑托架强度要求外，还应考虑托架的刚度和整体性；采用万能杆件、贝雷梁、板梁、型钢等做托架时,可采取预压、抛高或调整等措施,以减少托架变形。

8.2.3 梁墩临时固结措施

大跨径预应力混凝土桥梁采用悬臂施工法施工,如结构采用T形刚构,则不存在梁墩临时固结问题,因墩身与梁本身采用刚性连接。悬臂梁桥及连续梁桥采用悬臂施工法,为保证施工过程中结构的稳定可靠,必须采取0号块与桥墩间临时固结或支承措施。图8.2.6为0号块临时锚固的示意图。

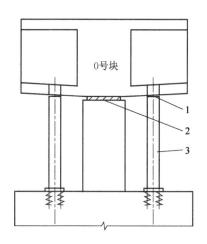 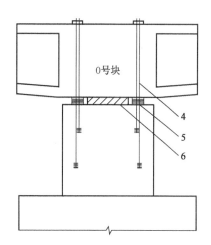

图8.2.6 0号块临时锚固示意图
1-临时支座;2-永久支座;3-临时支撑;4-锚固钢筋;5-临时支座;6-永久支座

临时固结措施或支承措施有下列几种形式:
(1)将0号块与桥墩钢筋或预应力筋临时固结,待需要解除固结时切断。
(2)在桥墩一侧或两侧加临时支承或支墩。
(3)将0号块临时支承在扇形或门式托架的两侧。
(4)临时支承可用硫黄水泥砂浆块、砂浆或混凝土块等,以使体系转换时,能够较方便地撤除临时支承。梁墩临时固结要考虑两侧对称。施工时有一个梁段超前的不平衡力矩,应验算其稳定性,稳定性系数不小于1.5。

当采用硫黄水泥砂浆块做临时支承,要采取高温熔化撤除支承时,必须在支承块周围设置隔热措施,以免损坏永久支座部件。

8.2.4 施工挂篮

挂篮是一个能够沿轨道行走的活动脚手架,悬挂在已经张拉锚固与墩身连成整体的箱梁节段上。在挂篮上可进行下一节段的模板、钢筋、管道的安设,混凝土浇筑和预应力张拉、灌浆等作业。完成一个循环后,新节段已和桥墩联成整体,成为悬臂梁的一部分,挂篮即可前移一个节段,再固定在新的节段位置上。如此循环直至悬臂梁浇筑完成。所以挂篮既是空间的施工设备,又是预应力筋未张拉前梁段的承重结构。

1.挂篮形式

挂篮从适应的桥型来看,主要有斜拉桥、连续梁桥、T形刚构桥和连续刚构桥。T形刚构桥已经被连续刚构桥所代替,现在基本上不再修建,连续梁桥在悬臂施工时,墩顶要临时固结,与连续刚构桥基本一致,所以,连续梁、T形刚构、连续刚构挂篮可以看作是同一类,可以通用。斜拉桥由于桥面有斜拉索的影响,桥梁底面又往往有横隔板,斜拉桥挂篮必须考虑挂篮行走时,不受斜拉索和横隔板的影响,挂篮形式与连续刚构类相差较大,所以把斜拉桥挂篮单独分成一类。

根据构造形式和受力体系的区别,挂篮形式可分为桁架式挂篮、斜拉式挂篮、牵索式挂篮及复合式挂篮。其中,桁架式挂篮按其受力主桁架的不同结构形式,常见的有平行桁架式挂篮、弓弦式挂篮、三角式挂篮、菱形挂篮等。

根据平衡方式,挂篮可分为压重式、锚固式和半压重、半锚固式。

根据行走方式,挂篮可分为滚动式、滑动式和组合式。

根据锚固方式,又可分为梁桥一般采用的后支点挂篮及斜拉桥一般采用的前支点挂篮(牵索式挂篮)。

一般梁桥悬臂浇筑施工时常见挂篮有以下几种:

(1)平行桁架式挂篮

平行桁架式挂篮的受力主桁架一般为等高度桁梁,其总体方案如图8.2.7所示。

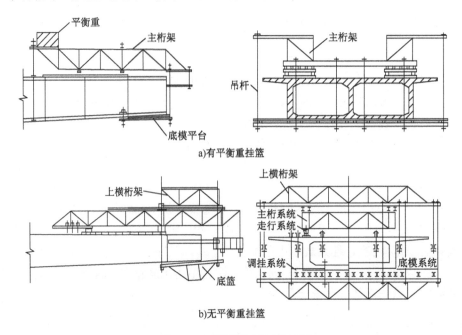

图8.2.7 平行桁架式挂篮示意图

平行桁架式挂篮根据其是否压重有两种形式,即有平衡重与无平衡重,采用较多的是尾部一般设有一平衡重(可用混凝土块制作),其作用是防止挂篮在行走时因前重后轻,失稳导致倾覆。

该挂篮的优点是结构简单,可以充分利用常备式万能杆件、军用梁或贝雷梁制作挂篮的受力主桁架,可减少一次性投入。缺点是挂篮自重大,工作系数(挂篮自重/梁体分段最大重量)较大,一般在1.0以上,对梁体在施工阶段的荷载承受能力要求较高;挂篮本身承受荷载能力有限,施工节段不能太重;悬灌时挠度变形也比较大,近年已很少应用。

(2) 三角式挂篮

三角式挂篮是在平行桁架式挂篮的基础上,将受力主桁架改为三角形组合梁结构,其总体方案如图8.2.8所示。三角式挂篮各杆件之间通常用铰销连接,工作系数一般在0.3~0.6之间。

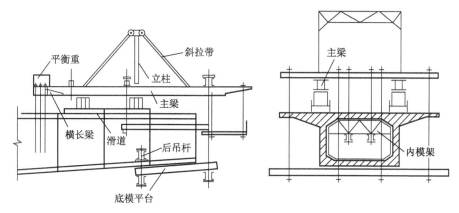

图8.2.8 三角式挂篮示意图

当然,该型挂篮亦有不足:主桁架纵梁通常是压弯构件,如果纵梁过长,会使得长细比过大,水平分力(压力)大,容易导致压弯失稳,因此悬灌重量和节段长度受限制,一般不宜大于4m。

(3) 菱形挂篮

菱形挂篮的主受力桁架为菱形结构,其顶部结构为菱形,两端有双侧伸臂小梁,可用于挂篮底模和侧模移动的滑道,结构后侧在箱梁顶部板上锚固,结构较为简单。可认为是在平行桁架式挂篮的基础上简化而来,其总体方案如图8.2.9所示。

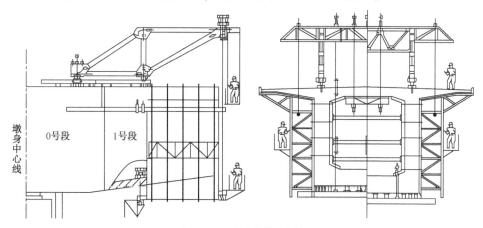

图8.2.9 菱形挂篮示意图

菱形挂篮的主桁结构较简单,受力明确,各杆件均是拉压杆件,节点受力,不存在受弯现象,因此具有较大的承载能力,工作系数一般在0.3~0.6之间。

菱形挂篮与三角式挂篮相比,构件稍多,重量稍大。但其受力更加合理,承载力更大,在主梁截面高、节段荷载大时比较适用。

(4) 前支点挂篮(牵索式挂篮)——用于斜拉桥

斜拉桥采用的前支点挂篮由于在施工过程中利用了斜拉索来对挂篮进行支承,使得挂篮可以设计得较轻巧,降低了挂篮造价,减小了挂篮移动、锚固的难度。为了进一步减小挂篮的受力,充分地利用斜拉索对挂篮的支承作用,在混凝土的浇筑过程中一般需要对斜拉索进行多次张拉,除了转移锚固的最后一次张拉对结构的受力和线形影响较大外,其余的各次中间张拉对结构的永久受力和线形影响都较小,中间张拉的主要目的是为了改善挂篮的受力。

斜拉索中间张拉的次数可以是一次、两次甚至更多,一般来说,中间张拉次数越多,挂篮的受力就越好,但是实际施工就比较麻烦;另外对于不同的中间张拉力,挂篮受力不同,因此合理地确定中间张拉次数及中间张拉力应综合考虑施工的方便和挂篮的受力。按照施工方法和每次浇筑块件的重量的不同,中间张拉可定为1~3次。跨径小,每一阶段长度短,则中间张拉次数少;跨径大,每一阶段长度长,则中间张拉次数多。

前支点挂篮主要由承重系统、模板系统、牵索系统、锚固系统及行走系统五大部分组成。其主要受力结构为主纵梁、前锚杆和后锚杆。中间张拉索力的确定,主要需考虑的即这三个构件的受力。

同时挂篮要设置强大的剪力键,以克服斜拉索的水平分力。在行走时要通过可以起降的挂卡和反顶轮系统,满足行走的需要。前支点挂篮总体方案图如图8.2.10所示。

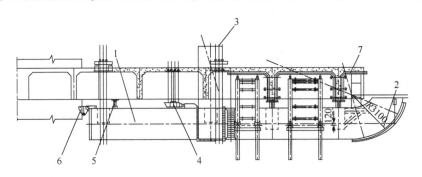

图8.2.10 前支点挂篮示意图(尺寸单位:mm)
1-承载平台;2-张拉机构;3-锚固系统;4-止推机构;5-顶升机构;6-行走反滚轮;7-模板系统

(5) 复合式挂篮

此类挂篮结构主要应用于桥面较宽的单索面斜拉桥中。

采用复合式前支点挂篮施工悬浇段时,以斜拉索作为主要承重结构之一,配合挂篮主承载平台承受新浇筑混凝土重量。根据箱梁结构形式,复合式前支点挂篮分为桥面以下部分和桥面以上部分进行设计。复合式前支点挂篮由下部主承载平台、承受斜腹板与翼缘板重量的下桁架、桥面以上的上桁架、用于行走的牵引系统、锚固系统、用于平衡挂篮纵桥向荷载的止推装置、用于调节挂篮的顶升机构及悬吊系统等结构组成,另外设置斜拉索张拉系统、人员行走通道和操作平台等附属结构。挂篮主要承重结构,包括主承载平台、下部桁架等结构。主承载平台前端与斜拉索连接,施工过程中承受较大的竖向荷载和水平荷载。为保证结构整体刚度,主承载平台采用箱式杆件。桥面以上部分主要用于辅助主承载平台行走、调节挂篮高程,同时承受部分施工过程中的荷载,采用三角桁架结构。复合式挂篮总体方案如图8.2.11所示。

复合式前支点挂篮通过在梁顶设置承重桁架作为行走系统的方案,解决了中央索面斜拉桥无法使用C型挂腿作为行走机构的难题,成功将前支点挂篮应用于中央索面预应力混凝土斜拉桥中。复合式前支点挂篮借助斜拉索将主梁混凝土荷载传递至索塔上,使索塔与主梁共同承受新施工梁段混凝土的重量,充分发挥了前支点挂篮的优势,减小了预应力混凝土主梁在施工过程中承受的临时荷载,对于提高斜拉桥预应力混凝土主梁的施工质量起到了积极的作用。

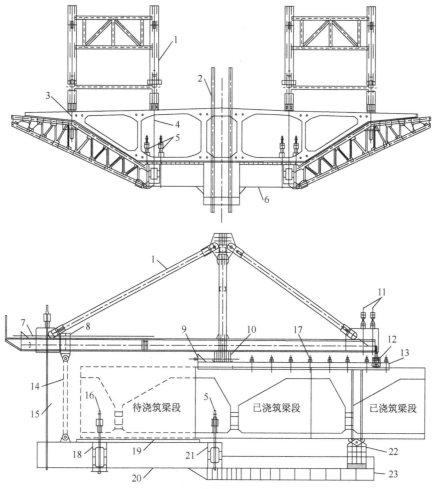

图8.2.11 复合式挂篮示意图

1-上桁架;2-斜拉索;3-下桁架前悬吊;4-边纵梁前悬吊;5-边纵梁后锚(下放吊杆);6-承载平台;7-牵引装置(底篮);8-行走滑轮;9-牵引装置(上架);10-行走滑船;11-上架后锚;12-行走小车;13-上桁架轨道;14-联系钢管;15-前悬吊;16-边纵梁下放吊杆;17-轨道锚;18-前横梁;19-底模;20-边纵梁;21-后横梁;22-反挂滑车;23-行走滑梁

2. 挂篮组成

前文从挂篮的不同分类入手,对挂篮的种类进行了简单说明。一般来说,挂篮都是由以下几个部分组成的(图8.2.12)。

(1)承重系统

承重系统是挂篮工程中的重要一员,它不仅是自身重量的支撑板块,同时也是桥梁建设中所产生负荷的支撑结构。因此,可以说,如果缺少了必要的承重系统,挂篮在实际运用中的操作是十分危险的。承重系统的作用不可小觑,挂篮系统的整体安全性就是通过承重系统来得到保障的。

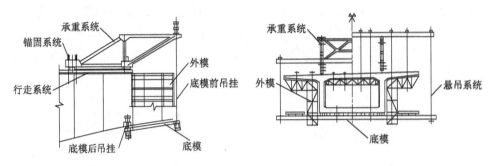

图 8.2.12 挂篮结构组成示意图

(2) 悬吊系统

挂篮的悬吊系统主要包括其前后吊挂、缀板缀条等,是将挂篮的工作平台与其承重系统相互连接的结构组成。

(3) 行走系统

顾名思义,该系统的内涵就是可供施工人员通行和运输材料构件的一个场所,它能够在挂篮施工系统中起到协调各方的重要作用。同时,行走系统的质量如果不合格,那么将会对施工人员的生命安全带来极大威胁。因此,在具体施工中,应对行走系统充分重视。

(4) 锚固系统

该结构的关键在于"固",为了使施工进入良好的安全环境之中,必须使挂篮的各个环节处于固定的状态。所以,该结构的设立旨在保证挂篮的稳定性,提供施工的安全性。

(5) 支撑模板

支撑模板主要包括底模及外模两部分,其作用是举足轻重的,如果缺少了它,混凝土的荷载就会超出预期范围,滋生安全隐患,导致安全事故频发。支撑模板同承重结构一起,共同担当着整个施工中所产生的负荷,共同维护着施工者的人身安全,保障着施工的效率。

(6) 工作平台

该平台即施工人员进行梁段施工作业的主要平台。

3. 挂篮安装

(1) 挂篮组拼后,应全面检查安装质量,并做载重试验,以确定其各部位的变形量,并设法消除其永久变形。

(2) 在起步长度内梁段浇筑完成并获得要求的强度后,在墩顶拼装挂篮。有条件时,应在地面上先进行试拼装,以便在墩顶熟练有序地开展拼装挂篮工作。拼装时应对称进行。

(3) 挂篮的操作平台下应设置安全网,防止物件坠落,以确保施工安全。挂篮应呈全封闭,四周设围护,上下应有专用扶梯,方便施工人员上下挂篮。

(4) 挂篮行走时,须在挂篮尾部压平衡重,同时必须保证在浇筑混凝土梁段时,挂篮尾部与梁进行锚固,以防倾覆。

用于悬臂浇筑施工的挂篮,其结构除应满足强度、刚度和稳定性要求外,还应符合规范的其他要求:挂篮与悬浇梁段混凝土的质量比不宜大于 0.5,且挂篮的总重应控制在设计规定的限重之内。挂篮的最大变形(包括吊带变形的总和)应不大于 20mm。挂篮在浇筑混凝土状态和行走时的抗倾覆安全系数、自锚固系统的安全系数、斜拉水平限位系统的安全系数及水平限位的安全系数均不应小于 2。挂篮的支承平台应有足够的平面尺寸,应能满足梁段现场施工作业的需要。挂篮模板的制作与安装应准确、牢固,安装误差应符合规范要求。后吊杆和下限位拉杆孔道应严格按设计尺寸准确预留。挂篮制作加工完成后应进行试拼装。挂篮在现场组拼后,应全面检查其安装质量,并应进行模拟载荷试验,符合挂篮设计要求后方可正式投入使用。

8.2.5　悬臂浇筑梁段混凝土

悬臂浇筑梁段的混凝土施工控制宜遵循变形和内力双控原则,且宜以变形控制为主。悬浇过程中梁体的中轴线允许偏差为 ±5mm,高程允许偏差为 ±10mm。此外,悬臂浇筑梁段混凝土时还应注意以下几点:

(1)挂篮就位后,安装并校正模板吊架,此时应对浇筑预留梁段混凝土进行抛高,以使施工完成的桥梁符合设计高程。抛高值包括施工期结构挠度,因挂篮重力和临时支承释放时支座产生的压缩变形等。

(2)模板安装应核准中心位置及高程,模板与前一段混凝土面应平整密贴。如上一节段施工后出现中线或高程误差需要调整时,应在模板安装时予以调整。

(3)安装预应力预留管道时,应与前一段预留管道接头严密对准,并用胶布包贴,渗入管道。管道四周应布置足够的定位钢筋,确保预留管道位置正确,线形平顺。

(4)浇筑混凝土时,可以从前端开始,应尽量对称平衡浇筑。浇筑时应加强振捣,并注意对预应力预留管道的保护。

(5)在设计混凝土配合比时,一般加入早强剂或减水剂,以提高混凝土早期强度,从而加快施工速度。混凝土梁段浇筑一般 5~7d 为一个周期。为防止混凝土出现过大的收缩、徐变,应在配合比设计时按规范要求控制水泥用量。

(6)梁段拆模后,应对梁端的混凝土表面进行凿毛处理,以加强接头混凝土的连接。

(7)箱梁梁段混凝土浇筑,一般采用一次浇筑法,在箱梁顶板中部留一窗口,混凝土由窗口注入箱内,再分布到底模上。当箱梁断面尺寸较大时,考虑梁段混凝土数量较多,每个节段可分二次浇筑,先浇筑底板到肋板倒角以上,待底板混凝土达到一定强度后,再支内模,浇筑肋板上段和顶板。其接缝按施工缝要求进行处理。

(8)箱梁梁段分次浇筑混凝土时,为了防止挂篮因后浇混凝土的重力产生变形,导致先浇混凝土开裂,一般可采取下列措施:

①水箱法,即浇筑混凝土前先在水箱中注入相当于混凝土重量的水,在混凝土浇筑中逐渐放水,使挂篮负荷和挠度基本不变。

②浇筑混凝土时根据混凝土重量变化,随时调整吊带高度。

③将底模梁支承在千斤顶上,浇筑混凝土时,随混凝土重量的变化,随时调整底模梁下的千斤顶,以抵消挠度变形。

当挂篮就位后,即可在上面进行梁段悬臂浇筑施工的各项作业。

8.2.6　结构体系转换

悬臂梁桥及连续梁桥采用悬臂施工法时,一般边跨先合龙,释放梁墩锚固,结构由双悬臂状态变成单悬臂状态,最后跨中合龙,成连续梁受力状态,这样有利于保证施工阶段的稳定。此过程中就存在体系转换,施工时应注意以下几点:

(1) 结构由双悬臂状态转换成单悬臂受力状态时，梁体某些部位的弯矩方向发生转换。所以在拆除梁墩锚固前，应按设计要求，张拉一部分或全部布置在梁体下部的正弯矩预应力束。对活动支座还需保证解除临时固结后的结构稳定，采取措施限制单悬臂梁发生过大纵向水平位移。

(2) 梁墩临时锚固的放松，应对称进行，坚持均衡原则。在放松前应测量各梁段高程，在放松过程中，注意各梁段的高程变化，如有异常情况，应立即停止作业，找出其中原因，研究应对措施，以确保施工安全。

(3) 对超静定结构，需考虑钢束张拉、支座变形、温度变化等因素引起的结构次内力。若按设计要求，需进行内力调整时，应以高程、反力等多因素控制，相互校核；如出入较大时，应分析原因。

(4) 在结构体系转换中，临时固结解除后，将梁落于正式支座上，并按高程调整支座高度及反力。支座反力的调整，应以高程控制为主，反力作为校核。

8.2.7 合龙段施工

合龙段施工时通常由两个挂篮向一个挂篮过渡，所以需先拆除一个挂篮，将另一个挂篮跨过合龙段并移至另一端悬臂施工梁段上，形成合龙段施工支架；也可采用吊架的形式形成支架。

在合龙段施工过程中，工程的质量与昼夜温差、现浇混凝土的早期收缩和水化热、已完成梁段混凝土的收缩和徐变、结构体系的转换及施工荷载等因素有关。因此，为保证合龙段的质量，需采取必要措施：

(1) 合龙段长度在满足施工操作要求的前提下，应尽量缩短，一般取 1.5~2.0m。

(2) 一般宜选择在低温环境下合龙，遇夏季应在晚上合龙，并用草袋等覆盖，还要加强接头混凝土养护，使混凝土早期结硬过程中处于升温受压状态。

(3) 合龙段混凝土中宜加入减水剂、早强剂，以便及早达到设计要求强度，及时张拉预应力束筋，防止合龙段混凝土出现裂缝。

(4) 合龙段采取临时锁定措施，采用劲性型钢或预制的混凝土柱安装在合龙段上下部作支撑，然后张拉部分预应力束筋，待合龙段混凝土达到要求强度后，张拉其余预应力束筋，最后再拆除临时锁定装置。

为方便施工，也可将劲性骨架作预应力束筋的预留管道打入合龙混凝土内，将劲性钢管安装在截面顶板和底板管道位置，钢管长度可用螺纹套管调节，两端支承在梁段混凝土端面上，并在部分管道内张拉预应力筋，待合龙段混凝土达到强度要求后，再张拉其余预应力束筋；也可在合龙段配置加强钢筋成劲性管架。

(5) 为保证合龙段施工时混凝土始终处于稳定状态，在浇筑之前各悬臂端应附加与混凝土质量相等的配重（或称压重），加配重量依桥轴线对称加载，按浇筑重量分级卸载。如采用多跨一次合龙的施工方案，也应先在边跨合龙，同时需经大量计算，进行工艺设计和设备系统的优化组合。

8.2.8 斜拉桥挂篮悬臂浇筑施工

斜拉桥的挂篮悬臂浇筑施工基本工艺流程与所采用的设备均与连续梁、连续刚构桥等相差无几,主要区别在于多了斜拉索张拉这一工序。

常规悬臂浇筑的工艺流程为:支架上立模现浇 0 号和 1 号块→拼装挂篮→对称浇筑 2 号梁段→挂篮分解前移→对称悬浇梁段并挂斜拉索→依次对称悬浇梁段混凝土、挂索。

采用前支点挂篮(索引挂篮)的工艺流程:挂篮制作、运输→挂篮现场拼装验收→挂篮静载试验→挂篮调整就位→调整高程微调机构、底模安装与立模定位→拉索导管定位→斜拉索梁端安装、拉索第一次张拉→钢筋、预应力筋安装→外模及预埋件安装→拉索第二次张拉→混凝土浇筑完毕、养护待强、纵向预应力张拉→索力转换到主梁(挂篮前支点张拉)、挂篮与斜拉索分离、拉索第三次张拉→脱模、松下挂篮、解除约束→挂篮索引前移→主梁接缝处理、节段循环推进→依次依序、对称、重复上述步骤直至主梁合龙→中跨合龙、体系转换(挂篮整体下放拆除)。下面就斜拉桥的前支点挂篮悬臂浇筑施工展开介绍。

1. 无索区主梁施工(0 号、1 号块)

该工序的施工工艺与连续梁桥、连续刚构桥的 0 号块施工基本相同,施工采用支架法施工,其工艺流程为:施工准备→工程测量→支架体系施工→0 号、1 号块底模安装→预压→临时固结系统(临时支座)→安装支座→0 号、1 号块模板安装、绑扎钢筋(预应力管道铺设)→预埋件安装→浇筑混凝土→养护→张拉预应力筋。

0 号、1 号块浇筑前将挂篮主纵梁作为现浇支架置于其底模下,主纵梁的前端用一组钢绳临时锚固在索塔,以保证浇筑过程结构安全。

当设计采用非塔梁固结形式时,必须采取相应措施使塔梁临时固结,并按照经设计确认的解除程序逐步解除临时固结,在解除过程中还必须对拉索索力、主梁高程、塔梁内力与索塔位移进行必要的测量与控制。

主梁 0 号块及其两旁的梁段,在支架和塔下托架上浇筑时,应消除温度、弹性和非弹性变形及支承等因素对变形和施工质量的不良影响。

2. 前支点挂篮设计制作与拼装

悬臂浇筑的节段长度应根据斜拉索的梁上锚固位置、梁段质量进行划分;悬臂浇筑节段的划分,一般采用 1 个或 1/2 个索距;应根据最大梁段重力设计挂篮,并经设计确认。挂篮主要结构(承重系统、模板系统、挂索系统、锚固系统、水平止推系统及行走系统)设计应符合现场工况要求。前支点挂篮(索引挂篮)的悬臂梁及挂篮全部构件制作后均应进行检验和试拼,合格后方能用于现场整体组装,并按设计荷载及技术要求进行预压,同时测定悬臂梁和挂篮的弹性挠度、调整高程性能及其他技术性能。同时,挂篮设计应考虑抗风振的刚度要求。

挂篮属于大型施工设备,其自身的质量和安全与施工中的斜拉桥的质量和安全密切相关,为此对挂篮必须进行荷载顶压试验;试验的目的是为了检验挂篮各构件的受力特性、整体刚度、变形协调性能,为施工控制提供实测参数。试验模拟主梁标准节段的实际悬浇施工过程工况,并消除影响其非弹性变形,弹性变形通过预抬高程来予以调整。

挂篮现场拼装可在已施工的主梁现浇段正下方(索塔两侧)进行,或在索塔附近其他位置拼装好以后平移到该处,再提升就位;挂篮现场拼装也可在主梁现浇段支架平台上组拼到位,并作为支架法浇筑梁段的施工平台。挂篮挂腿在主梁现浇段施工完成后安装焊接。试验加载按 0→50%→75%→90%→100%→110%→120%→100%→90%→75%→

50%→0 的顺序进行,其加载方式为以堆袋装砂、加堆钢筋、封闭内灌水等形式,挂篮检测合格后,方可投入正常使用。

3. 挂篮悬浇施工

(1)挂篮前移就位。

每只挂篮的前移可通过安装在挂篮两侧的千斤顶(采用两台穿心式千斤顶),通过两根 $\phi32$ 精轧螺纹钢筋牵引来实现。

(2)安装止推机构。

挂篮初定位后,安装止推座,通过止推机构微调挂篮的纵向定位,并形成水平抗力点。

(3)顶升锁定。

在挂篮行走到位后通过设置在挂腿内的顶升千斤顶提升挂篮,使模板的后部定位在正确的高程位置。

(4)高程及水平偏位调整。

①高程调整:高程调整是调整空载挂篮的前端高程,是通过挂篮尾部的高程调节机来实现。

②水平偏位调整:挂篮的横桥向位移是通过在尾导架与主梁间以及挂腿与主梁间架设千斤顶来予以纠正。

(5)安装并张拉锚杆组。

(6)安装、张拉斜拉索。

安装斜拉索并与牵索系统进行连接,即将挂篮张拉机构与斜拉索冷铸锚连接,并对斜拉索进行第一次张拉以形成挂篮的前支来实现挂篮的悬浇施工(按设计值预拉斜拉索到一定吨位,控制挂篮高程到设计值,并注意索力值误差不超过50kN,此时挂篮尾端因受拉而有离开梁底的趋势,需将后锚点锚紧,防止挂篮脱位)。

检查斜拉桥拉索冷铸锚的锚环是否离开模板上的锚垫板,其间距应大于40mm,如有差异,应通过索塔上的千斤顶与牵索系统的千斤顶进行调节。

(7)支立模板、绑扎钢筋、安装预应力管道、准备浇筑混凝土。

检查挂篮连接情况及模板、钢筋安装情况,使其均满足设计要求;悬臂浇筑肋板混凝土,从挂篮前端分层向后浇,并预留下一段挂篮锚固孔,此时挂篮尾端受向上的压力,检查梁底与挂篮间的支垫,以保持挂篮的正确位置。

(8)浇筑本节段一半质量的混凝土,同时在塔内张拉斜拉索至控制索力(第二次斜拉索张拉)。观测挂篮前支点高程,检查是否符合设计要求;当满足设计要求后,浇筑顶板及横隔梁混凝土,此时梁段混凝土已全部浇筑完毕。

(9)混凝土养护,待强度达到设计规定值后拆除模板,施加预应力。

(10)索力转换。

当一个节段浇筑完毕后,将索力由挂篮转换到已浇梁段上,并使挂篮与斜拉索分离。

①将斜拉索锚固端的冷铸锚锚环紧密地锚固在梁体锚垫板;

②松开牵索系统的锚固螺栓,千斤顶回油,解除牵索系统与斜拉索的连接,通过锚环将斜拉索由牵索系统转换至梁体结构上,从而实现体系转换;

③第三次张拉斜拉索至设计值,并进行锚固。
(11)拆除止推座、接长钢板滑道、撤除锚杆组。
(12)放松顶升机构、下降挂腿、挂篮落架。
解除挂篮的前后约束,降下中挂点千斤顶,使梁体与挂篮脱离,做好挂篮前移准备。
(13)安装牵引机构,挂篮向前行走,准备下一梁段的施工。
经过以上步骤的反复进行直至斜拉桥主梁合龙段位置。

4. 合龙段施工

由于斜拉桥中跨合龙受边跨合龙的影响,边跨合龙又受相邻跨的影响。为了很好地控制主梁线形及斜拉桥体系转换的关键工序,也为中跨合龙的顺利进行,应首先进行边跨合龙,边跨合龙完成后即可进行中跨合龙施工。

斜拉桥的合龙段施工工艺与连续梁桥、连续刚构桥合龙施工基本相同,在此不做赘述。需要注意以下几点合龙控制措施:

(1)在合龙段混凝土浇筑之前,将全部已张拉的斜拉索索力重新测一次,并调整设计数值。

(2)观测合龙前连日的昼夜温度场变化与合龙高程及合龙口长度变化的关系,选定适当的合龙浇筑时间。

(3)合龙段混凝土浇筑宜选择在一天中的最低温度时间进行,使混凝土在早期凝结过程中处于升温的受压状态,避免出现不利的拉应力。

(4)为保证合龙段混凝土不出现拉应力,可在合龙段混凝土浇筑前,用千斤顶将合龙空隙顶宽几厘米,在保持支顶力不变的状态下绑扎钢筋,安装模板,并在浇筑混凝土时稍加吹支顶力,待合龙段混凝土达到设计强度的80%时放松支顶力,或在合龙段两侧主梁内预埋型钢,用千斤顶将合龙空隙顶宽后,将预埋件焊接成一整体撑架,起到刚性连接的作用。

(5)合龙两端高程在设计允许范围内时,可视情况进行适当压重。

(6)合龙梁段浇筑后至纵向预应力索张拉前应禁止施工荷载的超平衡变化。

5. 斜拉桥悬臂施工中的注意事项

由于斜拉桥为大跨径柔性结构,其悬臂浇筑施工相比于一般梁桥来说无论是施工难度还是施工精度要求都有很大提升,因此斜拉桥在整个挂篮平衡悬臂浇筑施工过程中需特别注意以下事项:

(1)无索区主梁进行施工后,再进行拼装挂篮,进行主梁的悬臂浇筑。

(2)挂篮的悬臂梁及挂篮全部构件制作后均应进行检验和试拼,合格后方能用于现场整体组装检验。

(3)在浇筑混凝土前,应按设计荷载及技术要求对挂篮进行预压,同时应对悬臂梁和挂篮的弹性挠度、调整高程性能及其他技术性能进行测定。预压方法主要有砂袋法、加水法、千斤顶加载法等。

(4)挂篮设计和主梁浇筑时应考虑风振的刚度要求。

(5)拉索张拉时应对称同步进行,以减少其对塔与梁的位移和内力的影响。

(6)漂浮体系的斜拉桥采用悬臂法进行主梁施工时,为确保结构的安全,一般在施工中都需采用适当的措施进行塔梁临时固结,待施工完毕后再拆除。

(7)对于塔梁墩固结的斜拉桥不需进行临时固结。

(8)拉索位置和锚头尺寸要精确,否则会使结构内力发生较大的变化,影响工程质量。

(9)为保证梁体的结构安全和线形的平顺,在主梁悬臂浇筑施工过程中,必须进行施工跟踪监控。监控的主要对象是梁体的高程、斜拉索索力和塔柱变位等,同时必须考虑主梁受体系温差影响所引起的高程变化。

(10)可通过设置反向斜拉杆或设水平反力支座的方法,平衡斜拉索在挂篮上引起的水平分力并将其传递给主梁。

(11)斜拉索套管定位要准确,以保证斜拉索受力符合设计要求。

(12)长拉索在抗振阻尼支点尚未安装前,应采用钢索或杆件(平面索时)将一侧拉索联结以抑制和减小拉索的振动。

(13)大跨径主梁施工时应缩短双向长悬臂持续时间,尽快使一侧固定,以减少风振的不利影响,必要时应采取设置风缆等临时抗风措施。

(14)混凝土施工和预应力施工要严格按设计要求进行。

(15)严格进行施工合龙控制,确保合龙段混凝土施工质量。

8.3 悬臂拼装施工

悬臂拼装是将预制好的节段,用支承在已完成悬臂上的专门悬排起重机悬吊于梁位上逐段拼装。一个节段张拉锚固后,再拼装下一节段。悬臂拼装的预制长度,主要决定于悬拼起重机的起重能力,一般为 2~5m 为宜。节段过长则块件自重大,需要庞大的起重设备。节段过短则拼装接缝多,使工期延长。

悬臂拼装法施工的主要工序包括:块件预制、移运、存放、梁段拼装,体系转换,合龙段施工等,各道工序均有不同要求,并对整个拼装质量具有密切影响。本节主要介绍箱形 T 构的悬拼施工以及悬拼法架设钢梁。

8.3.1 T构悬拼施工

1.块件预制

(1)预制方法

箱梁块件通常采用长线浇筑或短线浇筑的预制方法。桁架梁段则采用卧式预制方法。

①长线预制。

长线预制是在工厂或施工现场按桥梁底缘曲线制作固定的底座,在底座上安装底模进行块件预制工作。形成梁底缘的底座有多种方法:它可以利用预制场的地形堆筑土胎,经加固夯实后,铺沙石层并在其上做混凝土底板;盛产石料的地区可用石材砌成所需的梁底缘形状;地质情况较差的预制场,常采用打短桩基础,之后搭设排架形成梁底曲线。排架可用木材或型钢。图 8.3.1 示出预应力混凝土 T 形刚构桥的一侧箱梁预制台座的构造。

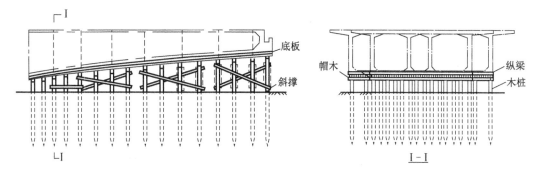

图8.3.1 长线法预制箱梁节段的台座

箱梁节段的预制在底板上进行。模板常采用钢模,每段一块,以便于装拆使用。为加快施工进度,保证节段之间密贴,常采用先浇筑奇数节段,然后利用奇数节段混凝土的端面弥合浇筑偶数节段。也可以采用分阶段的预制方法。当节段混凝土强度达到设计强度70%以上后,可吊出预制场地。

②短线预制。

短线预制是将连续梁或连续刚构桥划分成若干短节段,考虑混凝土收缩、徐变、预拱度等因素,将成桥整体坐标转换为预制工厂局部坐标后,在预制台座内以固定端模为基准,调整已生产相邻梁段(匹配梁段)的平面位置及高程,在预制台座的固定模板系统内逐榀匹配、流水预制箱梁节段的一种施工工艺(图8.3.2)。即利用已浇筑节段作为下一待浇筑节段的匹配段,本节段浇筑完成后,将匹配段移走,然后将本节段作为新的匹配段浇注再下一节段的预制方法。

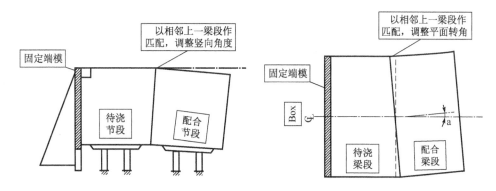

图8.3.2 短线预制示意图

短线预制适合工厂节段预制,设备可周转使用,每条生产线平均五天可生产四块,但节段的尺寸和相对位置的调整要复杂一些。此法亦称活动底座法。

一般短线预制施工流程如下:

a.通过对相邻两个节段梁(已浇梁段与待浇梁段)的线形匹配控制,进行平面、高程的误差修正,消除累计误差,从而达到成桥线形的要求。

b.以连续箱梁跨一个"T"的所有节段梁为一个匹配预制单元,从墩顶块开始预制,分对称两条生产线分别向"T"的两侧逐段匹配预制,完成每个"T"的节段梁预制。

c.按照单个节段梁的结构尺寸设置一个或多个独立、固定的台座和模板系统,所有的节段梁均在设定的几个台座上完成。

d. 台座和模板系统固定,通过移动已浇节段梁至各个台座处进行线形匹配,然后浇筑下一个节段梁。

e. 线形控制是通过精确调整已浇筑节段梁在匹配位置的线形数据(空间转换坐标),使相邻两片梁获得设计规定的平曲线、竖曲线及超高线形。

施工步骤是:预制墩顶块(0号块)→移动0号块作为匹配梁→浇筑1号块(单向)→移动1号块作为匹配梁→浇筑2号块(单向)→移动2号块作为匹配梁→浇筑3号块(单向)→……→依次匹配至一个"T"的末块(单向)→运回0号块至预制台座作为匹配梁→浇筑1′号块(单向)→……→依次匹配至一个"T"的末块(单向)→重复循环下一个"T"的预制。

节段梁预制顺序。针对每个"T",预制的顺序从0号块(墩顶块)开始,向两侧逐段预制。

该方法具有预制速度快、劳动强度低、制梁效率高等优点,但要求梁段预制的几何尺寸非常精确。采用预制节段悬臂拼装施工时,国外几乎全是采用短线法进行梁体节段预制。短线法特别适合于有纵向和横向曲线的桥梁。对于弯桥上行车道有超高过渡段的桥梁,短线法制梁不会增加投资,而且台座和模板略加改造后即可用于其他桥梁项目。

③卧式预制。

桁架梁的预制节段,常采用卧式预制。

卧式预制,要有一个较大的地坪。地坪的高低要经过测量,并有足够的强度,不致产生不均匀沉陷。对相同的节段还可以在已预制完成的节段上安装模板进行叠制,两层构件间常用塑料布或涂机油等方法分隔。桁架梁预制节段的起吊、翻身工作要求操作细致,并注意选择吊点和吊装机具。

无论是箱梁或桁架构件的预制,都要求相邻构件之间接触密贴,故必须以前面浇筑块件的端面作为后来浇筑构件的端模,同时必须采用隔离剂(薄膜、废机油、皂类等)使块件出坑时互相容易从接缝处脱离。这种构件预制方法,国外一般叫做"配合浇筑"法。

(2)定位器和孔道形成器

设置定位器的目的是使预制梁块在拼装时能准确而迅速地安装就位。有的定位器不仅能起到固定位置的作用,而且能承受剪力。这种定位装置称抗剪楔或防滑楔。

块件预制时除注意预埋定位器装置外,尚须注意按正确位置预埋孔道形成器和吊点装置(吊环或竖向预应力粗钢筋)等。

2. 块件运输

箱梁块件自预制底座上出坑后,一般先存放于存梁场。拼装时块件由存梁场至桥位处的运输方式,一般可分为场内运输、块件装船和浮运三个阶段。

(1)场内运输

当存梁场或预制台座布置在岸边,又有大型悬臂浮式起重机时,可用它直接从存梁场或预制台座将块件吊到运梁驳船上浮运。

当预制底座垂直于河岸时,存梁场往往设于底座轴线的延长线上。此时,块件的出坑和运输一般用预制场上的门式起重机,块件上船也可用预制场的门式起重机。

预制底座平行于河岸时,场内运输应另备运梁平车进行。栈桥上也必须另设起重起重机,供运块件上船。

块件的运输,当预制场与栈桥距离较远时,应首先考虑采用平车运输。起运前要将块件安放平稳。底面坡度不同的块件要使用不同厚度的楔形木来调整。块件用带有花篮螺丝的缆索保险。

当采用无转向架的运梁平车时,运输轨道不能设平曲线,纵坡一般应为平坡。当地形条件限制时,最大纵坡也不得大于1%,下坡运行时,平车后部要用钢丝绳牵引保险,不得溜放。

块件的起吊应该配有起重扁担。每块箱梁四个吊点,使用两个横扁担用两个吊钩起吊。如用一个主钩以人字千斤起吊时,还必须配一根纵向扁担以平衡水平分力。

(2)块件装船

块件装船在专用码头上进行,码头的主要设施是施工栈桥和块件装船起重机。栈桥的长度应保证在最低施工水位时驳船能进港起运。栈桥的高度要考虑在最高施工水位时栈桥主梁不应被水淹。栈桥宽度要考虑到运梁驳船两侧与栈桥之间需有不少于0.5m的安全距离。栈桥起重机的起重能力和主要尺寸(净高和跨度)应与预制场上的相同。

(3)浮运

浮运船只应根据块件重量和高度来选择。可采用铁驳船、坚固的木䒦船、水泥驳船或用浮箱装配。

为了保证浮运安全,应设法降低浮运重心。开口舱面的船应尽量将块件置于船舱底板。必须置放在甲板面上时,要在舱内压重。

块件的支垫应按底面坡度用碎石子堆成满铺支垫或加设三角形垫木,以保证块件安放平稳。块件一般较大,还需以缆索将块件系紧固定。

3. 梁段悬臂拼装

(1)悬拼方法

预制块件的悬臂拼装可根据现场布置和设备条件采用不同的方法来实现。当靠岸边的桥跨不高且可在陆地或便桥上施工时,可采用自行式吊车、门式吊车来拼装。对于河中桥孔,也可采用水上浮式起重机进行安装。如果桥墩很高或水流湍急而不便在陆上、水上施工时,就可利用各种起重机进行高空悬拼施工。

①悬臂起重机拼装法。

悬臂起重机由纵向主桁、横向起重桁、锚固装置、平衡重、起重系、行走系和工作吊篮等部分组成(图8.3.3)。

纵向主桁为起重机的主要承重结构,可由贝雷片、万能杆件、大型型钢等拼制。一般由若干桁片构成两组,用横向联结系联成整体。前后用两根横梁支承。

横向起重桁是供安装起重卷扬机直接起吊箱梁块件之用的构件。纵向主桁的外荷载就是通过横向起重桁传递给它的。横向起重桁支承在轨道平车上。轨道平车搁置于铺设在纵向主桁上弦的轨道上。起重卷扬机安置在横向起重桁上弦。

设置锚固装置和平衡重的目的是防止主桁架在起吊块件时倾覆翻转,保持其稳定状态。对于拼装墩柱附近块件的双悬臂起重机,可用锚固横梁及吊杆将起重机锚固于0号块上,对称起吊箱梁块件,不需要设置平衡重。单悬臂起重机起吊块件时,也可不设平衡重而将起重机锚固在块件吊环上或竖向预应力筋的螺丝端杆上。

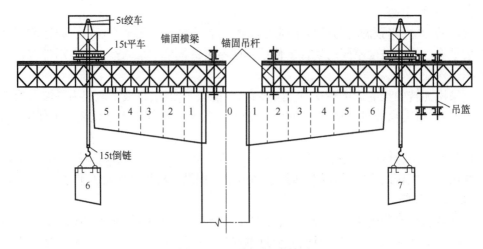

图 8.3.3 悬臂起重机构造图

起重系一般是由 5t 电动卷扬机、吊梁扁担及滑车组等组成。起重系的作用是将由驳船浮运到桥位处的块件,提升到拼装高度以备拼装。滑车组要根据起吊块件的重量来选用。

起重机的整体纵移可采用钢管滚筒,在木走板上滚移,由电动卷扬机牵引。牵引绳通过转向滑车系于纵向主桁前支点的牵引钩上。横向起重桁架的行走采用轨道平车,用倒链滑车牵引。

工作吊篮悬挂于纵向主桁前端的吊篮横梁上,吊篮横梁由轨道平车支承以便工作吊篮的纵向移动。工作吊篮供预应力钢丝穿束、千斤顶张拉、压注灰浆等操作之用。可设上、下两层。上层供操作顶板钢束用,下层供操作肋板钢束用。也可只设一层,此时,工作吊篮可用倒链滑车调整高度。

这种起重机的结构较简单,使用最普遍。当吊装墩柱两侧附近块件时,往往采用双悬臂起重机的形式,当块件拼装至一定长度后,将双悬臂起重机改装成两个独立的单悬臂起重机。但在桥的跨径不太大,孔数也不多的情况下,有的工地就不拆开墩顶桁架而在起重机两端不断接长进行悬拼,以免每拼装一对块件将对称的两个单悬臂起重机移动和锚固一次。

当河中水位较低,运输箱梁块件的驳船船底高程低于承台顶面高程,驳船无法靠近墩身时,双悬臂起重机的设计往往要受安装 1 号块件时的受力状态所控制。为了不增大主桁断面以节约用钢量,对这种情况下的双悬臂起重机必须采取特别措施,例如斜撑法和对拉法。

斜撑法即以临时斜撑增加纵向主桁的支点以改善主桁的受力状况。斜撑的下端支于墩身牛腿上,上端与主桁加强下弦杆铰接。当块件从驳船上吊起并内移至安全距离以后,将块件临时搁置于承台的临时支架上。再以千斤顶顶起重机,松除斜撑,继续起吊块件,内移就位。

用此法起吊块件安全可靠,但增加了起吊工序和材料耗量。

对拉法即将横向起重桁放置于起吊安全距离内,将块件直接由船上斜向起吊。两横向起重桁用钢丝绳互相拉住以平衡因斜向起吊而产生的水平分力,防止横向起重桁向悬臂端滚移。

对拉法不需附加任何构件,起吊程序简单,但必须确保块件与承台不致相撞。这个方法一般适用于起吊钢丝绳的斜向角度很小的情况。

岸孔 T 构的安装较常使用的方案是在墩柱岸边一侧疏出一条运梁驳船航道,使装载块体的驳船能停靠到岸边一侧墩柱旁。这时对悬臂起重机的吊装方案要进行相应的改变。

改变方法有二:一是在块件向前拼装时,起重机不向前移动,只是连续向前接拼纵向主桁。块件在墩柱旁起吊,由横向起重桁架悬吊着块件外移至待拼位置,就位,顺次安装伸入河岸上的块件。二是在起重机拼装好一个块件后,它仍按正常程序向前移动,只是从起吊位置起,在桥面铺设轨道供下台车行驶。操作程序是:将上、下台车放在起吊位置,由上台车吊起块件,下台车连同上台车和悬吊着的块件向前移动,直至与起重机尾衔接。接通下台车上弦的轨道,再向前移动上台车到安装位置。

②连续桁架(闸式起重机)拼装法。

连续桁架悬拼施工可分移动式和固定式两类。移动式连续桁架的长度大于桥的最大跨径,桁架支承在已拼装完成的梁段和待拼墩顶上,由吊车在桁架上移运块件进行悬臂拼装。固定式连续桁架的支点均设在桥墩上,而不增加梁段的施工荷载。

图 8.3.4 表示移动式连续桁架,其长度大于两个跨度,有三个支点。这种起重机每移动一次可以同时拼装两孔桥跨结构。

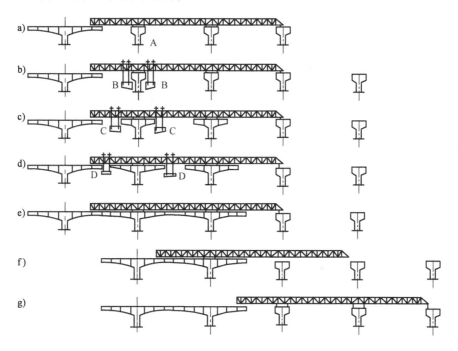

图 8.3.4 移动式连续桁架拼装法

③起重机拼装法。

也可采用伸臂起重机、缆索起重机、门式起重机、人字扒杆、汽车起重机、履带起重机、浮式起重机等起重机进行悬臂拼装。根据起重机的类型和桥孔处具体条件的不同,起重机可以支承在墩柱上、已拼好的梁段上或处在栈桥上、桥孔下。

不管是利用现有起重设备或专门制作,悬臂起重机需满足如下要求:
a. 起重能力能满足起吊最大块件的需要;
b. 起重机能便于作纵向移动,移动后又能固定于一个拼装位置;
c. 起重机处在一个位置上进行拼装时,能方便地起吊块件作三个方向的运动:竖向提升和纵、横向移动,以便调整块件拼装位置;
d. 起重机的结构尽量简单,便于装拆。

(2)接缝处理及拼装程序

梁段拼装过程中的接缝有湿接缝、干接缝和胶接缝等几种。不同的施工阶段和不同的部位,将采用不同的接缝形式。

①1号块和调整块用湿接缝拼装。

1号块即墩柱两侧的第一块,一般与墩柱上的0号块以湿接缝相接。1号块是T形刚构两侧悬臂箱梁的基准块件。T构悬拼施工时,防止上翘和下挠的关键在于1号块定位准确,因此,必须采用各种定位方法确保1号块定位的精度。定位后的1号块可由起重机悬吊支承,也可用下面的临时托架支承。为便于进行接缝处管道接头操作、接头钢筋的焊接和混凝土振捣作业,湿接缝一般宽 0.1~0.2m。

1号块件拼装和湿接缝处理的程序如下:
a. 块件定位,测量中线及高程;
b. 接头钢筋焊接及安放制孔器(非暗管结构的箱梁,无此要求);
c. 安放湿接缝模板;
d. 浇筑湿接缝混凝土(用高标号砂浆或小石子混凝土);
e. 湿接缝混凝土养护,脱模;
f. 穿1号块预应力筋(束),张拉,锚固。

跨度大的T形刚构桥,由于悬臂很长往往在伸臂中部设置一道现浇箱梁横隔板,同时设置一道湿接缝。这道湿接缝除了能增加箱梁的结构刚度外,也可以调整拼装位置。

在拼装过程中,如拼装上翘的误差很大,难以用其他办法补救时,也可以增设一道湿接缝来调整。但应注意,增设的湿接缝宽度必须用凿打块件端面的办法来提供。

②其他块件用胶接缝或干接缝拼装。

其他块件的拼装程序如下:
a. 利用悬拼起重机将块件提升,内移就位,进行试拼;
b. 移开块件,与已拼块件保持约 0.4m 的间距;
c. 穿束;
d. 涂胶(双面涂胶);
e. 块件合龙定位(利用定位器并施加一定压力),测量中线及高程,检查块件出坑前所作跨缝弹线是否吻合;
f. 张拉预应力筋(束),观察块件是否滑移,锚固。

③胶浆成分和调胶程序。

胶接缝中所涂环氧树脂脉浆层厚 1.0mm 左右。它在施工中起润滑作用,使接缝面密贴,完工后可提高结构的抗剪能力、整体刚度和不透水性。干接缝,即接缝间无任何填充料,以往很少采用,主要担心接缝不密封会导致钢筋锈蚀。

环氧树脂胶浆由下列材料拌和而成：

a.黏结剂。主要是环氧树脂。多选用牌号为6101的环氧树脂。这种环氧树脂分子量低(420~500)，软化点18~22℃，工艺性能好，施工方便，可加入大量填料，既能改善胶料性能，又能节约树脂用量。

b.固化剂。环氧树脂在加入固化剂以前不会硬化，加入固化剂后才能在很短时间内固化。胶接缝常采用胺类固化剂：乙二胺、间苯二胺和多元胺(如二乙烯三胺、三乙烯四胺等)。

固化剂的用量可以通过计算确定。

在10g环氧树脂中所需胺类固化剂的重量G为：

$$G = \frac{M}{H_m} \cdot h$$

式中：M——固化剂的克分子；

H_m——固化剂中活性氢原子数；

h——在100g树脂中环氧基的含量(即环氧值)。

固化剂的用量一般多按实验法求得经验数值。应当注意，固化剂的用量必须适当，用量不够时不固化；用量较多时发脆；用量过多时也不固化。

c.增塑剂。它能减低树脂的黏度，固化后增加胶体的塑性，提高其抗冲击、抗弯、抗拉、抗压强度。增塑剂有活性(与环氧能起化学反应)与非活性(与环氧不起化学反应)两种。胶接缝常用非活性增塑剂，如苯二甲酸二丁酯、苯二甲酸二辛酯、磷酸三甲苯酯等。价格低，但时间长易挥发，影响老化。

增塑剂的用量决定于树脂的性能、填料的多寡以及胶接缝的强度要求和塑性要求，一般为10%~20%，不宜过大，否则胶体的其他物理性能会急剧下降。

d.稀释剂。加入稀释剂的主要作用是降低树脂的黏度、增加流动性，便于施工。工程中采用的非活性稀释剂有丙酮、甲苯、二甲苯等，在一般情况下，其用量不超过树脂用量的30%。在涂抹后应促使其完全挥发，以减少对树脂强度和老化性能的影响。

e.填料。为了降低成本，改善拌合料的稠度和胶体的物理力学性能(如强度、抗冲击性能、收缩率、弹性模量等)，一般均要选择适当的填料加入。胶接缝的墩料一般使用水泥。对水泥的要求是干燥、无水，细度为200~250。

f.改性剂。加入改性剂的目的是改进树脂本身性能的某些缺陷和固化条件。为了改善胺类固化剂的低温固化性能，可以使用双组分固化剂。其中一个组分为胺类固化剂，另一个组分为用适当配方经高温合成的改性快速固化剂。视施工温度的不同，随时调整两个组分固化剂的掺用配比。

调胶程序一般是在涂胶前一天将树脂加热到60~100℃熔化称量，加入二丁酯，搅拌降温至30~40℃，加稀释剂，混匀装入容器中备用，称之为甲组分。涂胶前再将装入容器的甲组分预热至20~30℃，然后按比例加入固化剂搅拌均匀，再与填料混合成胶泥即可涂抹。

(3)穿束及张拉

①穿束。

T形刚构桥纵向预应力钢筋的布置有两个特点：(1)较多集中于顶板部位。(2)钢束对称布置于桥墩。因此拼装每一对对称于桥墩块件用的预应力钢丝束须按锚固这一对块件所需长度下料。

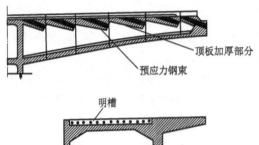

图 8.3.5 明槽钢丝束布置

明槽钢丝束通常为等间距排列,锚固在顶板加厚的部分(这种板俗称"锯齿板"),加厚部分预制有管道(图 8.3.5),穿束时先将钢丝束在明槽内摆放平顺,然后再分别将钢丝束穿入两端管道之内。钢丝束在管道两头伸出长度要相等。

暗管穿束比明槽难度大。经验表明,60m 以下的钢丝束穿束一般均可采用人工推送。较长钢丝束穿入端,可点焊成箭头状缠裹黑胶布。60m 以上的长束穿束时可先从孔道中插入一根钢丝与钢丝束引丝连接,然后一端以卷扬机牵引,一端以人工送入。

②张拉。

钢丝束张拉前要首先确定合理的张拉次序,以保证箱梁在张拉过程中每批张拉合力都接近于该断面钢丝束总拉力重心处。

钢丝束张拉次序的确定与箱梁横断面形式、同时工作的千斤顶数量、是否设置临时张拉系统等因素关系很大。在一般情况下,纵向预应力钢丝束的张拉次序按以下原则确定:

a. 对称于箱梁中轴线,钢束两端同时成对张拉;

b. 先张拉肋束,后张拉板束;

c. 肋束的张拉次序是先张拉边肋,后张拉中肋(若横断面为三根肋,仅有二对千斤顶时);

d. 同一肋上的钢丝束先张拉下边的,后张拉上边的;

e. 板束的次序是先张拉顶板中部的,后张拉边部的。

4. 体系转换

桥梁体系转换施工主要包括滑动支座约束解除、临时支座拆除(预应力混凝土连续刚构桥无临时支座)和后期预应力张拉等内容,其施工顺序应严格按照设计文件规定进行。在桥梁合龙段施工过程中,主梁由悬臂状态向固定状态转变。桥梁体系转换施工也同步进行。此时梁段处于比较复杂的受力状态,其施工的好坏将直接影响到整个桥梁的结构安全和质量,因此在施工时需注意以下事项:

(1)保证劲性骨架及临时预应力束的施工质量,因为劲性骨架及临时预应力束锁定的好坏将决定着合龙段的施工好坏。

(2)滑动支座和现浇段的约束应及时解除,保证现浇段能随主梁温度变化自由伸缩。

(3)临时支座拆除应严格按照设计要求的时间和方法进行,确保桥梁整个体系与设计一致。

(4)后期预应力束一般比较长,制索、穿索及张拉施工均比较麻烦,应认真做好施工组织安排和施工质量控制工作,确保成桥质量。

5. 合龙段施工

箱梁 T 构在跨中合龙时初期常用剪力铰,使悬臂能相对位移和转动但挠度连续。现在箱梁T构和桁架T构的跨中多用挂梁连接。预制挂梁的吊装方法与装配式简支梁的安装相同。但须注意安装过程中对两边悬臂加荷的均衡性问题,以免墩柱受到过大的不均衡力矩。有两种方法:

(1)采用平衡重。

(2)采用两悬臂端部分批交替架梁,以尽量减少墩柱所受的不平衡力矩。

用悬臂施工法建造的连续刚构桥、连续梁桥和悬臂桁架拱,则需在跨中将悬臂端刚性连接、整体合龙。这时合龙段的施工常采用现浇和拼装两种方法:

(1)现浇合龙段预留1.5~2m,在主梁高程调整后,现场浇筑混凝土合龙,再张拉预应力索筋,将梁连成整体。

(2)节段拼装合龙对预制和拼装的精度要求较高,但工序简单,施工速度快。

8.3.2 钢梁悬拼施工

悬臂拼装法架设钢梁是在桥位上不用膺架支撑,而是将杆件依次拼装悬拼至另一墩(台)上。悬拼出去的钢梁由于自重会产生一定的挠度,为了平衡此重量,必须在悬拼第一孔前拼装一段平衡梁(往往在满布脚手架上进行)。悬拼一孔中未设临时支墩的叫全悬臂拼装,若在桥孔中设置一个或一个以上的临时支墩的叫半悬臂拼装。对于多孔钢梁的悬臂拼装,第一孔钢梁多采用半悬臂拼装。

1. 悬臂拼装架梁适用范围

在钢梁施工中,悬臂法架设钢梁适用于以下情况:

(1)跨径大、桥高,通航河流水深流急,有流冰或有较多水排的河流,当不宜浮运或采用其他架设方法架设钢梁时,可采用悬臂法架设。

(2)钢梁的结构形式有利于悬臂架设的,比如连续桁梁、悬臂桁梁以及多孔简支桁梁等可采用悬臂法架设。

(3)对于单孔大跨径简支梁,能借用其他钢梁作平衡梁的,亦可采用。

2. 施工工艺

(1)杆件预拼

由桥梁工厂按材料发送表发往工地的都是单根杆件和一些拼装件,为了减少拼装钢梁时桥上的高空作业,减少吊装次数,从而加快施工进度、节约工期,通常将各个杆件预先拼装成吊装单元,把能在桥下进行的工作尽量在桥下预拼场内进行。

(2)钢梁杆件拼装

由预拼场预拼好的钢梁杆件经检查合格后,即可按拼装顺序先后运至提升站,由提升站起重机把杆件提运至在钢梁下弦平面运行的平板车上,由牵引车运至拼梁起重机下拼装就位。拼梁起重机通常安放在上弦,遇到上弦为曲弦时,也可安放在下弦平面。

钢梁拼装必须按一定的拼装顺序进行。在确定拼装顺序时应坚持以下原则:

①充分考虑拼梁起重机的性能,如运用方法、起吊能力、最大吊距等。

②先装的杆件,不应妨碍后续杆件的安装与起重机的运行。

③拼装时,应尽快将主桁架杆件拼成闭合的三角形,形成稳定的几何体系并尽快安装纵横联结系,保证钢梁结构的空间稳定。

④主桁架杆件拼装,应两侧对称进行,防止受偏载的不利影响。

伸臂拼装第一孔钢梁时,根据悬臂长度大小,需要一定长度的平衡梁,并应保证倾覆稳定系数不小于1.3(倾覆稳定系数为稳定力矩与倾覆力矩之比值)。平衡梁通常是在路堤上(无引桥的情况)或引桥上(通常是预应力钢筋混凝土梁或钢板梁)或满布膺架上进行拼装。

(3)高强度螺栓施工

在高强度螺栓施工中,目前常用的控制螺栓预拉力的方法有扭角法和扭矩系数法。安装高强度螺栓时应设法保证各螺栓中的预拉力达到其设计值,避免超拉和欠拉。

(4)安装临时支承布置

临时支承主要类型有:临时活动支座、临时固定支座,这些支座随拼梁阶段变化与作业程序的变化将互相更换交替使用。

(5)钢梁纵移

钢梁在悬臂拼装过程中,由于梁的自重、温度变化、制造误差、临时支座的摩阻力等因素对钢梁变形的影响,导致钢梁纵向长度几何尺寸的偏差,致使钢梁各支点不能按设计位置落在各桥墩上,使桥墩偏载。为了调整这一误差至允许值范围内,需要对钢梁进行纵移。

常用的纵移方法有以下两种:

①温差法。

温差法,即利用一天的气温差倒换支座的性质达到纵移的目的。

②顶落梁法。

在连续梁中,利用钢梁中间某一个支点的顶落及两旁支点的支座变"固"或变"活"的相互转换,使钢梁向着预定的方向蠕动。

(6)钢梁的横移

钢梁在伸臂安装过程中,由于受日光偏照和偏载的影响,加之杆件本身的制造误差(如梁中线位置会随时改变,有时偏向上游侧,有时偏向下游侧),以致到达墩顶后,钢梁不能准确地落在设计位置上,造成对桥墩偏载。为此必须进行钢梁横移,使偏心值控制在允许设计范围之内。横移可用专用的横移设备,如图8.3.6所示,也可以根据情况临时采取措施。

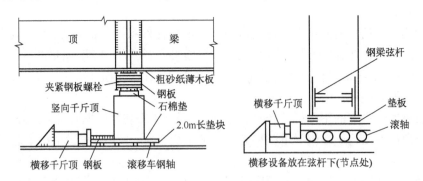

图8.3.6 钢梁横移设备

3. 施工关键问题及措施

钢梁在悬臂架设中,随着悬臂长度的增大,伸臂端的下挠度和悬臂支承处附近的杆件应力达到最大值,甚至超过允许设计值。因此,降低钢梁架设应力和伸臂挠度,保证钢梁架设时的稳定性,是悬臂架设方法中的关键问题。

通常采用以下几种措施来降低钢梁架设应力和减少伸臂端挠度:增强梁的刚度,减少悬臂长度,设斜拉索减少悬臂应力和挠度,减小施工荷载等。下面介绍的是几种常规的方法。

(1)悬臂架设应力最大区域采取的加强措施

①把这部分杆件换用大截面的杆件,或者把压杆中间加支承以减少压杆的自由长度,从而提高杆件的承载力。这种方法的效果非常显著,但换用的杆件一般不再拆换。对于多孔悬臂架设的钢梁,需加强的杆件较多,所需钢材用量加大,应作经济比较。

②在局部区段上增加一段加劲梁(叠加一段桁梁),使加劲梁与主桁梁结合成一整体,共同受力,从而增加该段梁的刚度和强度,降低该段架设应力和伸臂端的挠度。这种方法可借用暂不架设的钢梁杆件,当该孔钢梁架设完后,可把加劲梁拆除移至另一孔使用。这种方法效果较好,但架设钢梁的施工量有所增加。

(2)墩旁设托架减少伸臂长度

为了避免钢梁超过架设应力或使用过多的加强杆件,悬臂架设钢梁时,可在前方墩台一侧安装一定长度的临时钢托架,以减少悬臂长度、降低悬臂架设应力和伸臂端挠度。图8.3.7为使用墩旁托架进行悬臂架梁的示意图。托梁通常是用拆装式杆件(万能杆件)拼成,其长度根据施工计算来确定。

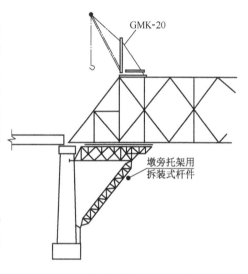

图8.3.7 采用墩旁托架进行悬臂架梁

(3)半悬臂架设法

半悬臂架设法,即在桥孔中设几个临时墩,来减小悬臂长度。临时墩多采用万能杆件拼成,当临时墩高度不够时,可采用枕木束、钢轨束、型钢束等垒成。临时墩的基础必须坚实可靠,以防沉陷引起钢梁增加附加应力。

(4)中间合龙法

为了减小悬臂长度,还可采用中间合龙法。即由桥跨两边墩台同时向跨中拼装钢梁,在跨中进行合龙。中间合龙法可将钢梁的悬臂长度减小一半,使钢梁杆件内力和悬臂端挠度大大减小。这种施工方法的关键是保证两钢梁架设到跨中时,两端杆件无相对偏差,并且两端钢梁的端截面保持垂直于水平面。为达到这样的要求,可调整锚固梁前后支座的相对高度,并使合龙处的截面弯矩和剪力均为零,使合龙处节点在不受力的情况下架设,合龙后再进行应力调整。

8.4 悬臂施工控制

悬臂施工的施工控制是一项非常重要的环节,它直接影响着桥梁建设的成果好坏,除了可以为整个桥梁建设带来一定的安全保障,也可以为以后的相似建设带来相应的服务作用。结合我国当前的一些实际桥梁病害案例,正是因为缺乏相应建设阶段的预防控制工作,安全与实用性达不到预期。因此,悬臂施工控制是桥梁悬臂施工过程中的一个必不可少的控制环节。施工控制内容主要包括结构变形控制、结构应力控制、结构稳定控制及结构安全控制等。

8.4.1 施工控制的内容

悬臂施工桥梁的施工控制包括两个方面的内容:变形控制和内力控制。变形控制就是严格控制每一节段箱形梁的竖向挠度及其横向偏移,若有偏差并且偏差较大时,就必须立即进行误差分析并确定调整方法,为下一节段的施工更为精确做好准备工作。关于控制方法,针对不同情况亦必然有所差异。内力控制则是控制主梁在施工过程中以及成桥后的应力,尤其是合龙时间的控制,使其不致因内力过大而偏于不安全,甚至在施工过程中造成破坏。

悬臂施工属于典型的自架设施工方法。由于在施工过程中的已成结构(悬臂节段)状态是无法事后调整的,所以,施工控制主要采用预测控制法。连续刚构桥施工控制主要体现在施工控制模拟结构分析、施工监测(包括结构变形与应力监测等)、施工误差分析以及后续施工状态预测几个方面。具体包括如下几个方面。

(1)施工过程控制模拟分析。按照设计要求、施工工序安排以及设计所提供的基本参数,对施工过程进行符合性分析,复核设计计算所确定的成桥状态和施工状态,得到各施工状态以及成桥状态下的结构受力和变形等控制数据,包括:①各施工工况以及成桥状态下状态变量的理论数据(主梁高程、桥墩墩顶位移、墩台沉降以及控制截面应力应变);②监控数据理论值(主梁各节段立模高程)。

(2)监控所需基础资料、试验数据收集。包括:①混凝土 3d、7d、14d、28d、90d 的弹性模量试验以及按规定要求的强度试验,钢筋混凝土重度,悬臂浇筑节段混凝土方量及实际断面尺寸;②钢绞线的实际弹性模量和截面面积;③气候资料:晴雨、气温等;④实际工期与未来进度安排;⑤挂篮支点反力及其他施工荷载在桥上的布置位置与数值,挂篮载荷试验资料;⑥钢绞线管道摩阻损失的测定等。

(3)施工监控工况划分。桥墩施工每 20m 为一个工况。主梁每梁段施工为一工况,为了改善施工过程中的挂篮和混凝土主梁的受力,每阶段分成 4 个工况,每梁段施工工况又分为 4 步:挂篮前移并定位立模、主梁混凝土浇筑一半、浇筑全部混凝土和预应力张拉。

(4)对施工过程中结构变位、应力、应变、温度及裂缝等进行观测。具体包括:①主梁挠度、平面位置观测;②桥墩沉降测量;③截面钢筋应力或混凝土应变测试;④温度场观测;⑤温度对结构变形和受力影响的测量;⑥裂缝观测。

(5)实时将实测值与理论值进行比较,出现影响结构安全的情况及时预警。

(6)误差分析与识别。根据实测及理论分析结果,对出现的施工误差进行分析与识别,特别注意:①挂篮刚度对高程的影响;②梁段自重误差对结构的影响;③梁和墩的刚度误差对结构的影响;④混凝土收缩、徐变对结构的影响;⑤混凝土弹性模量对结构的影响;⑥施工荷载变动对结构的影响;⑦温度场对结构的影响;⑧预应力误差的影响。

(7)误差预测。根据既有施工情况,对后续施工误差进行预测,以便做出施工状态调整的决定。

(8)预告主梁下一节段施工立模高程。在误差分析、预测与调整基础上,给出主梁下一节段施工立模高程指令。

(9)出现较大施工误差时进行的重大设计修改,如设计参数作重大修改、合龙施工方案作重大调整等。

8.4.2 施工控制结构分析(计算)

当桥梁的施工采用分阶段逐步完成的悬臂施工方法时,结构的最终形成必须经历一个漫长而又复杂的施工过程。对施工过程中每个阶段进行详细的变形计算和受力分析,是施工控制中最基本的内容之一。为了达到施工控制的目的,我们首先必须通过施工控制计算来确定桥梁结构施工过程中每个阶段在受力和变形方面的理想状态(施工阶段理想状态),以此为依据来控制施工过程中每个阶段的结构行为,使其最终成桥线形和受力状态满足设计要求。

在主梁的悬臂浇筑过程中,梁段立模高程的合理确定,是关系到主梁的线形是否平顺、是否符合设计的一个重要问题。如果在确定立模高程时考虑的因素比较符合实际,而且加以正确的控制,则最终桥面线形较为良好;如果考虑的因素与实际情况不符合,控制不力,则最终桥面线形会与设计线形有较大的偏差。

众所周知,立模高程并不等于设计中桥梁建成后的高程,总要设一定的预拱度,以抵消施工中产生的各种变形(挠度)。其计算公式如下:

$$H_{lmi} = H_{sji} + \sum f_{1i} + \sum f_{2i} + f_{3i} + f_{4i} + f_{5i} + f_{gli} \tag{8.4.1}$$

式中:H_{lmi}——i 节模板的立模高程;

H_{sji}——i 节模板的设计高程;

$\sum f_{1i}$——各节梁自重在 i 节段产生的挠度总和;

$\sum f_{2i}$——由张拉各节段预应力在 i 节段产生的挠度总和;

f_{3i}——混凝土收缩徐变在 i 节段产生的挠度总和;

f_{4i}——施工临时荷载在 i 节段产生的挠度;

f_{5i}——使用荷载在 i 节段产生的挠度;

f_{gli}——挂篮变形值。

其中挂篮变形值是根据挂篮加载试验,综合各项测试结果,最后绘制得到的挂篮荷载-挠度曲线,进行内插而得。而 $\sum f_{1i}$、$\sum f_{2i}$、$\sum f_{3i}$、$\sum f_{4i}$、$\sum f_{5i}$ 五项在前进分析和倒退分析计算中已经加以考虑,倒退分析输出结果中的预抛高值 H_{ypgi} 就是这五项挠度的综合,因此上式简化为:

$$H_{lmi} = H_{sji} + H_{ypgi} + f_{gli} \tag{8.4.2}$$

混凝土浇筑后模板高程为:

$$H_{yji} = H_{lmi} - f_i - f_{gli} \tag{8.4.3}$$

式中:H_{yji}——块件浇筑后的预计高程;

f_i——块件浇筑后该节段的下挠值。

8.4.3 施工监测

1. 施工监测内容

主梁在每一节段的施工过程中,都需要观测箱梁顶面、底面的挠度,为控制分析提供实测数据;同时,在节段立模、混凝土浇筑、预应力张拉前后,也需要观测主梁挠度变化和相应的应力变化,以便与分析预测值作比较,并为状态修正提供依据。在进行这些观测的同时,还需要对梁体的温度进行观测,对混凝土的弹性模量、徐变收缩系数及重度进行测试;对于预应力钢绞线,还需测定预应力管道的摩阻损失。施工监测的具体内容如下。

(1) 主梁结构部分设计参数的测定

在进行结构设计时,结构设计参数主要是按规范取用,不过由于部分设计参数的取值一般小于实测值,因此,大多数情况下,采用规范设计参数计算的结构内力及位移均较实测值大,这对设计是偏于安全的,但对于结构施工控制来说是不容忽视的偏差,因为它将直接影响到成桥后结构线形及内力是否符合设计要求。因此,应对部分主要设计参数提前进行测定,以便在施工前对部分结构设计参数进行一次修正,从而进一步修正原设计线形,为该桥成桥后满足设计要求奠定基础。

影响结构线形及内力的基本技术参数有很多个,就其对结构行为影响程度大小而言,可将基本技术参数分为两大类:主要技术参数与次要技术参数。主要技术参数对结构行为影响较大,次要技术参数对结构行为影响相对较小。在这些基本技术参数中,有些参数是可以测定的,而另一些则是难以用试验来确定的。在此只考虑主要的,而且可测定的参数。具体测定工作的进行,应根据该桥所在的自然环境情况、所用材料情况、施工工艺及工序情况来加以测定。需测定的参数如下:

①混凝土弹性模量;
②预应力钢绞线弹性模量;
③混凝土重度;
④混凝土收缩徐变系数;
⑤材料热胀系数;
⑥施工临时荷载。

(2) 主梁结构变形监测

主梁结构变形监测主要包括:①在每一节段施工完成后(挂篮行走就位后)与下一阶段底模高程定位前的桥面高程观测;②混凝土浇筑前后,预应力张拉前后,挂篮行走前后的挠度观测。为了尽量减少温度对观测的影响,观测时间安排在早晨太阳出来之前。在施工过程中,对每一节段需进行数次(至少一次)的观测,以便观察各点的挠度及箱梁曲线的变化历程,保证箱梁悬臂端的合龙精度及桥面的线形。

(3) 主梁应力监测

主要测试大桥的桥墩和箱梁截面的应力。一般来说,桥墩上测点布置在墩底、横系梁及墩顶截面处。主梁上,测点布置在悬臂根部、$L/4$、$L/2$ 等关键截面上。测试仪器有各种应变仪(应变片)、测力计、应变式测力传感器、钢弦式应力计等。

(4) 温度观测

温度是影响主梁挠度的主要因素之一。温度变化包括季节温度变化和日照温度变化两个部分。在季节温度变化和日照温度变化两种因素中，日照温度变化最为复杂，尤其是日照作用会引起主梁顶、底板的温度差，使主梁发生挠曲，同时，也会引起墩身两侧的温度差，使墩身产生偏移。而季节温差对主梁挠度的影响比较简单，由于其变化的均匀性，既不会使主梁发生挠曲，也不会使墩发生偏转，而是通过使墩身产生轴向伸缩从而对主梁的挠度产生影响。由于日照温度变化的复杂性，在挠度理想状态计算时难以考虑日照温度的影响，日照温度的影响只能通过实时观测来加以修正。日照温差测试一般采用测点埋设铂电阻，引出测试导线，再用温度测试显示仪进行适当的观测，摸清箱梁日照温变的情况。季节温差可采集各节段在各施工阶段的温度，输入计算机中，分析其对挠度产生的影响。

(5) 混凝土弹性模量、重度及收缩、徐变系数的测试

混凝土的收缩、徐变对主梁的内力与挠度均有较大影响，应专门进行混凝土 7d、14d、28d、90d 四个加载龄期的收缩、徐变试验，得出相应的收缩、徐变系数和弹性模量值。同时，采用现场取样的方法分别测定混凝土在 3d、7d、14d、28d、60d 龄期的弹性模量值，以得到完整的 E-t 曲线，为主梁预拱度的修正提供数据。混凝土重度的测定也应采用现场取样，在试验室用常规方法测定。

(6) 管道预应力摩阻损失的测定

本测试旨在定量地测定长钢绞线的摩阻损失以确定实际有效的预应力吨位和预应力筋的延伸量。如果张拉千斤顶不宜回缩，可采用将波纹管开孔，在钢绞线上贴电阻片的方式来进行测量。一般情况下，选择竖弯索和平、竖弯空间索各一组进行。

2. 现场测试主要内容

(1) 现场测试主要程序

① 主墩施工阶段。

根据施工工序，本阶段对主墩的应力和变形进行测量，主要以观测应力为主，掌握应力状态及其变化，同时了解主墩在施工过程中的沉降及墩顶变位情况，为后续主梁施工监控做准备。主要工作内容是应变计埋设截面的应力观测和桥墩沉降观测。

② 主梁 0 号块施工阶段。

由于主梁 0 号块采用支架现浇的施工工艺，因此监控的主要内容为落架前后主梁的高程及控制截面应力应变变化。

③ 主梁悬臂施工阶段。

主梁悬臂施工过程中主要对主梁的结构变形和控制截面的应力(应变)进行监测，包括：梁段平面轴线偏位、混凝土浇筑前立模高程测量、混凝土浇筑过程中主梁位移测量、节段施工完成后几何状态测量。主梁应力(应变)主要测试内容包括主梁边、主跨的控制截面的应力(应变)。

主梁采用悬臂浇筑，每个梁段作为一个阶段，每一阶段又分为四个工况。

a. 挂篮立模、轴线定位。

施工单位按监控指令中的立模高程进行挂篮定位，并复核其轴向定位，然后由监控单位监测其高程值。本工况测试内容如下。

主梁高程：针对已完成梁段(包括挂篮上的测点)。其中，必须确保空挂篮处于悬臂支承状态，检测时间应避开局部温差影响，立模高程误差要求小于 ±10mm，测量精度：±1mm。

主梁轴线:桥轴线误差小于±10mm;测距精度:±(1mm+1×10^{-6}mm);测角精度:±1s。

b.浇筑节段混凝土的1/2。

主梁高程:针对本梁段。需控制好1/2混凝土的质量。

c.浇筑完混凝土。

主梁高程:针对前3个梁段;主梁及墩身应力测试;墩顶偏位测试。其中,需回避或修正温度影响,高程误差控制在±20mm。

d.主梁预应力张拉完成。

主梁高程:已完成梁段,墩顶偏位,控制截面应力应变,预应力钢束的预应力效率测试。其中,每幅纵向预应力筋取至少1束进行预应力效率测试;每幅竖向预应力筋(精轧螺纹钢筋)取至少两根进行预应力效率测试。需回避温度影响,高程误差控制在±20mm。

(2)合龙段施工阶段

合龙段施工是全桥的关键阶段,主要内容为主梁的高程和控制截面应力应变的变化。故分为以下四个工况:①安装合龙段平衡重;②合龙段劲性骨架锁定并连续观测24h;③浇筑合龙段混凝土(同步拆除平衡重);④张拉完毕合龙段预应力束。

①安装合龙吊架及平衡重。

合龙吊架及平衡重的质量、合龙时挂篮的位置对主梁高程及控制截面的应力影响很大,最终的合龙方案需符合控制分析要求。本工况测试内容包括:①立模高程:复检立模高程准确性;②合龙段两端各3段梁高程。其中,立模高程误差要求小于±5mm;注意回避或修正局部温差影响。

②浇筑合龙段混凝土。

本工况测试内容:合龙段两端各3段梁高程。其中,挂篮上底模高程误差控制在±20mm以内;以高程控制为主;需注意回避日照温差影响并注意温度影响的修正。

a.拆除合龙吊架后。

本工况测试内容:①合龙段两端各3段梁高程;②温度测量。其中,挂篮上底模高程误差控制在±20mm以内;需注意回避日照温差影响并注意温度影响的修正。

b.二期恒载施工阶段。

本阶段主桥施工已基本完成,主要工作是监测结构的变化与理论计算是否相符,分为以下三个工况:①拆除支架、挂篮;②桥面铺装、护栏、照明等荷载施加完成;③竣工后对全桥进行全面复测。

①、②工况的主要测试内容为:梁底高程、梁顶高程及实际铺装厚度、控制截面应力、墩顶偏位及桥墩竖直度测试、墩台沉降观测、温度场测试。

③工况测试内容为:梁底高程、梁顶高程及实际铺装厚度、控制截面应力、墩顶偏位及桥墩竖直测试、墩台沉降观测、温度场测试。

3.现场测试方法

(1)几何监测及误差控制

①主梁施工轴线控制。

a.精度指标:测距精度±(1mm+1×10^{-6}mm),测角精度±1s。

b.主梁轴线由固定控制点直接控制,采用全站仪极坐标测量直接监测每段梁体的轴线和细部结构。

c. 在主梁 0 号块上设置控制点,并纳入平面控制网做整体平差,作为主梁施工测量及检测的固定控制点。

d. 平面控制测量采用不显著影响原则,平面测量中误差应不大于 ±6.5mm。

e. 根据误差分析,全站仪极坐标测量精度在较短距离内主要由控制点相对精度、仪器精度、观测距离、竖角大小、仪器安置精度、测量标志对点精度决定。对于固定测站,同一跨各梁段的轴线控制不受控制点本身误差影响。

f. 采用高精度全站仪。

②主梁施工挠度控制。

a. 精度指标:1mm。

b. 挠度测量采用几何水准或三角高程,在 0 号块上布设基点由高程控制网定期复测。

c. 采用高精度水准仪作往返闭合观测,并考虑风力、温度等因素对桥梁的影响,高差测量最大中误差约 ±1.0mm(数字水准仪)或 ±2.0mm(光学水准仪)。

d. 受风力等因素影响,悬臂端可能产生抖动,导致水准仪补偿器无法正常工作,此时采用全站仪由 0 号块作单向三角高程测量,观测距离超过 300m 做实时差分处理(后视相近方向的远距离高程控制点实时确定大气垂直折光系数,或后视相同距离的高程控制点削弱折光影响)。

e. 主梁施工过程中,日照温差影响显著:日照引起主梁上缘温度高于下缘,使主梁产生向下弯曲变形。由于日照引起的结构体中的温度场变化非常复杂,与季节、日照情况、结构形式、时间等许多因素相关,为回避其影响,对每一梁段施工的关键性控制工序——挂篮立模高程、混凝土浇筑过程中主梁位移、节段施工完成后几何状态进行测量,挠度测量一般选择在夜晚 23:00 至早晨 7:00(日出前)进行,尽量消除温度对施工控制的影响。

f. 每一梁段悬臂端截面梁顶设立 5~7 个高程观测点。其中,当箱梁悬臂板长度较小时,箱顶对应腹板处以及箱梁中线各设 1 个,箱内靠近腹板处各设一个;当箱形梁悬臂板长度较大时,箱顶对应腹板处、悬臂板端以及箱形梁中线各设 1 个,箱内靠近腹板处各设 1 个。

由于施工过程中主梁顶面不平整,故施工过程中一般只能控制梁底高程,为此,必须在浇筑梁段混凝土后、底模拆除之前测出该梁段梁顶测点至梁底间的垂直距离,以便根据梁段顶面测点的高程换算出该位置处的梁底高程,此值可在张拉梁段纵向预应力筋时予以测定。梁顶测点处必须布置钢筋头编号并涂红油漆且予以可靠保护。

③墩台沉降监测。

a. 精度指标:1mm,测距精度 ±(1mm + 1 × 10^{-6}mm);测角精度 ±1s。

b. 主墩承台四个角点各设置一个沉降观测点,测点位置先在承台便于观测的可靠位置处;另外在桥墩顶部桥面中心线、左右腹板各设一个测点,测点位置选在墩顶、底便于观测的可靠位置处。墩顶、底观测点应测出相对坐标,以便监测墩身压缩量。选择附近的高程控制点作为工作基点(点位应坚固),由高程控制网定期复测。观测方法视现场条件采用几何水准或三角高程测量。

c. 几何水准按二等水准标准做往返闭合观测,并采取以下措施:设置固定的置仪点和立尺点,使往返测和复测在同一路线上;使用固定的仪器、标尺;仪器至标尺距离不超过

40m,每站前后视距差不大于 0.3m,累积视距差不超过 1m。

　　d. 采用高精度水准仪。

　　e. 三角高程采用差分原理修正大气垂直折光影响,以后视相近方向的远距离高程控制点实时确定大气垂直折光系数,或后视相同距离的高程控制点抵消折光影响。

　　f. 一般情况下只选择一个工作基点作为监测基准,以保证监测精度不受基准误差影响。水准基点应远离施工区,并尽可能埋设在基岩上,同时必须保证能长久保存。

(2) 应变测试

在每一施工循环各主要工况前后,观测主墩、主梁各控制截面的应力变化,进而确定相应的内力值。结构内的应变通过预埋的应变传感元件测试。

测试断面及位置由计算决定。其中,箱形梁根部截面的应变元件主要用于监测施工过程中、二期恒载施加后以及成桥运营过程中梁内的受力情况;合龙处截面上的应变元件主要用于监测后期预应力张拉、二期恒载施加后及成桥运营过程中梁内的受力情况;主墩截面的应变元件用于监测施工过程中墩的受力情况。

(3) 挂篮变形观测

挂篮拼装后、正式使用以前需进行预压,以确认挂篮的安全、消除挂篮的非弹性变形和得出荷载-变形曲线,为施工控制中立模高程的调整提供依据。同时,需对混凝土浇筑前后挂篮变形进行观测,以掌握挂篮工作状态。挂篮变形用精密水准仪进行测试。

(4) 温度影响测试

观测不同时刻结构典型的温度场和已施工完成的结构在一昼夜内结构变形、应力及应变随温度变化而变化的规律,为施工控制中温度影响的设计,为日照温差下箱梁温差计算模式的确定提供依据。主梁内的温度测试通过主梁内预埋的温度传感器作为传感元件采用相应的温度测试仪进行测试,构件表面温度直接采用相应的温度测试仪进行测试。

通常在每幅桥主跨根部附近选择一个截面作为温度场测点。测点沿顶板及腹板厚度方向布置。在主梁施工期间选择有代表性的天气进行 24h 连续观测,例如:每个季节选择一个晴天、多云天和阴雨天。

温度对结构变形和受力影响测试内容包括:主梁高程、墩顶偏位以及相关截面应力应变。测试时间与温度场观测同步。

(5) 结构几何及物理参数的检测

测试主梁断面各部分的几何尺寸及混凝土材料的重度、强度和弹性模量,预应力钢绞线的弹性模量、管道摩阻损失,挂篮支点反力及其他施工荷载在桥上布置位置与数值等参数,为结构的分析与计算提供更加符合实际的结构几何及物理参数,以使结构的分析结果能更加切实地反映实际结构的受力性能。对挂篮进行加载试验以确定其受力变形性能。混凝土弹性模量的测试主要是为了测定混凝土弹性模量 E 随时间的变化规律,那么 E-t 曲线采用现场取样通过万能试验机进行测定,分别测定混凝土在 7d、14d、28d、60d、90d 龄期的 E 值,以得到完整的 E-t 曲线。

(6) 裂缝检测

每完成一个悬浇过程,对已浇混凝土箱梁段进行表面观测,以确保在出现裂缝的情况下能及时地分析其形成原因,采取相应的处理对策。

(7)预应力损失测定

对竖向预应力以及纵向损失进行测定,在预应力钢绞线锚固端安装压力传感器或埋设应力测试元件,以检测张拉全过程中的预应力损失情况,并以此指导校正预应力的张拉。

4. 施工控制精度

(1)主墩允许误差

①轴线偏位:10mm;

②墩顶高程:±10mm;

③墩柱垂直度或斜度:0.3%H(墩柱高)且不大于20mm。

(2)节段施工允许误差

①节段现浇。

a. 节段浇筑立模高程:±5mm;

b. 高程:±10mm;

c. 轴线偏位:5mm;

d. 局部线形控制精度:相邻节段相对高程误差不超过0.3%(附加纵坡);

e. 悬臂合龙误差:±20mm。

②节段拼装。

a. 基准梁块四角高差的允许误差:±2mm;

b. 湿接缝第一块箱梁中线允许误差:2mm;

c. 湿接缝第一块箱梁顶面高程允许误差:±2mm;

d. 悬臂合龙时箱梁中线允许误差:30mm;

e. 悬臂合龙时箱梁相对高程允许误差:±30mm。

③预应力施工。

a. 有效预应力误差控制范围:(-5%,+5%);

b. 同断面各束锚下有效预应力偏差:(-2%,+2%)。

(3)成桥控制目标

①悬浇施工。

a. 轴线偏位:跨径$L \leqslant 100$m,10mm;跨径$L > 100$m,$L/1000$mm;

b. 顶面高程:跨径$L \leqslant 100$m,±20mm;跨径$L > 100$m,±$L/5000$mm;

c. 同跨对称点高程差:跨径$L \leqslant 100$m,20mm;跨径$L > 100$m,$L/5000$mm。

②悬拼施工。

a. 轴线偏位:跨径$L \leqslant 100$m,10mm;跨径$L > 100$m,$L/1000$mm;

b. 顶面高程:跨径$L \leqslant 100$m,±20mm;跨径$L > 100$m,±$L/5000$mm;相邻节段高差,10mm;

c. 同跨对称点高程差:跨径$L \leqslant 100$m,20mm;跨径$L > 100$m,$L/5000$mm。

在实际施工中,由于各种因素的影响,控制参数实测值与理论值会产生差异,通过有效的监控,这种差异不会很大,但考虑到某些非确定因素的影响,确定差值的上限,对保证全桥结构安全、控制效果及监控的顺利进行是十分必要的。

思 考 题

1. 连续梁悬臂浇筑施工相对其他连续梁施工方法(如满堂支架浇筑、顶推施工)有何优缺点,实施过程难点有哪些?

2. 简述悬臂拼装法施工大跨径连续刚构的过程,分析各个施工阶段的重点及难点。

3. 阐述对大跨径斜拉桥悬臂浇筑施工进行施工控制的必要性。简述施工控制的内容及控制的重点、难点。

第 9 章
顶推施工法

9.1 概 述

顶推施工法是在沿桥纵轴方向的台后设置拼装场地,分节段预制或拼装一定长度的构件节段,通过水平和竖向千斤顶配合施力,将桥梁沿桥纵轴向前顶推出施工场地,随后预制或拼装一节段,就纵向顶推一节段,顶推过程中梁体跨越中间桥墩,直至到达对岸桥台。

国内外顶推施工法来自早期钢桥的拖拉法、导梁拖拉法、纵向连接拖拉法等。现代顶推施工法的构思来源于钢梁的纵向拖拉法,用千斤顶取代了传统的卷扬机滑车组、板式滑动装置取代了滚筒,从施工的精度和顶推能力等方面都有了较大的提高,促进了顶推施工水平的发展和提高。

1959 年奥地利的 Ager 桥首次使用了顶推法,该桥全长 280m,为四跨一联预应力混凝土连续梁桥,最大跨径 85m。该桥分节段预制,每段 8.5m,段间采用 0.5m 现浇混凝土段,待全桥节段组拼完成后一次顶推施工。1962 年委内瑞拉在建造一座全长 500m,最大跨径为 96m 的 6 跨预应力混凝土连续梁桥中首次使用了钢导梁与临时墩,使梁体在顶推施工过程中的受力情况得到明显的改善,可谓顶推施工历史上又一座里程碑。2004 年,法国使用顶推施工法的钢结构桥面桥梁 Millau 大桥完工,该桥全长 2460m,是一座 7 塔钢箱梁斜拉桥,顶推跨径达到 171m,整体顶推。在该桥施工中首次采用了楔进式多点连续顶推施工,有效解决了高墩在连续顶推施工过程中不均匀水平力的偏载问题。

我国从 1977 年开始应用顶推法修建预应力混凝土连续梁桥,在狄家河桥上成功采用顶推法建成一座 4 跨 40m 预应力混凝土箱形连续梁的单线铁路桥。1980 年,望城沩江桥一座两联等高度连续梁桥,是采用柔性墩多点顶推法成功建成的预应力混凝土连续梁桥,为我国这类型桥梁的首例。1990 年平顺曲线桥在山西平顺县建成,是一座三孔等截面预应力混凝土连续弯梁桥,采用单室箱梁,弯桥的曲率半径为 90m,作为当时我国弯桥设计与施工技术研究的试验桥,在弯梁桥中采用顶推法施工也是我国的首例。1991年钱塘江二桥双线铁路预应力钢筋混凝土箱梁采用接力式单点顶推,全长2861m,每联梁体采用各联分别单点顶推法进行施工,最大顶推距离800m(杭州岸),在国内属首次。2008年杭州江东大桥的建成实现了制造线形为五段连续曲线钢箱梁的顶推。江东大桥是一座空间自锚式悬索桥。主桥位于0.85%的直线纵坡上,沿桥纵向的竖向预拱度为五段连续竖曲线。通过在顶推过程中进行临时支座高程的调整措施,对临时墩各支点反力以及钢箱梁的内力进行主动控制,突破并发展了现有的施工规范,赋予顶推施工更强的生命力。2010年杭州九堡大桥顶推施工,采用了先进的计算机集中电气化自动控制,实现了多点顶推的同步性、统一性及协调性,顶推过程平稳顺利,在大跨度超重量多点同步整体顶推施工方面做了有益的尝试。该桥全长1855m,主桥上部结构为3×210m的结合梁钢拱组合结构体系,宽37.7m。2020年合铜高速3×80m的钢桁-混凝土组合梁桥——水苏沟大桥采用步履式顶推法完成了主桁架施工。我国从1977年开始应用顶推法修建桥梁,取得了较多的成功经验,已采用顶推法修建了200多座桥梁,主要涵盖了预应力混凝土梁桥和大跨径钢结构桥梁。顶推法施工过程如图9.1.1所示。

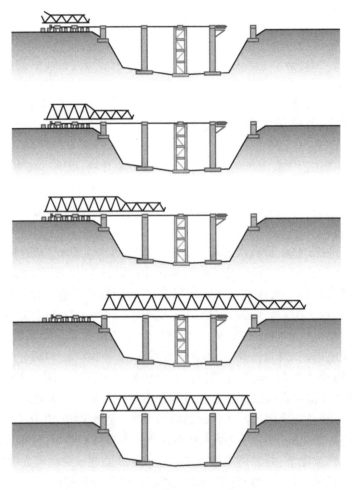

图9.1.1 顶推施工过程示意图

9.1.1 顶推法施工的特点

顶推法施工的主要特点有:

(1)节省施工用地,工厂化制作,能保证构件施工质量,便于施工管理和改善施工条件,避免高空作业,节约劳力,施工安全。

(2)主梁分段预制,连续施工,施工后结构的整体性好。

(3)机具设备简便,无需大型起吊设备、大量的施工脚手架,可不中断交通或通航。

(4)模板、设备可多次周转使用,顶推法可以使用简单的设备建造长大桥梁,施工费用相对较低,施工平稳无噪声。

(5)顶推法施工适用范围为中等跨径的等截面连续梁、简支梁、拱桥、斜拉桥的主梁等结构。

(6)施工节段的长度一般为10~30m,每个节段的施工周期为7~10d。

(7)顶推施工过程中主梁的每个截面都会因通过墩顶而承受负弯矩,不同的截面都会经历几次正负弯矩的交替作用,施工受力状态与运营受力状态差别较大,截面设计相对其他施工方法用钢量较多。

9.1.2 顶推施工分类

1. 按水平力的施加位置分类

(1)单点顶推法

单点顶推法是全桥纵向只设一个或一组顶推装置的施工方法。顶推装置通常集中设置在梁段预制场附近的桥台或桥墩上,而在前方各墩上仅设置滑移支承。顶推装置的构造又可分为水平-竖向千斤顶法和拉杆千斤顶法两种。

水平-竖向千斤顶法的施工程序为顶梁、推移、落下竖直千斤顶(落梁)和收回水平千斤顶的活塞杆(复原),具体见图9.1.2。

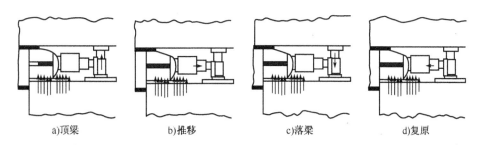

图9.1.2 水平-竖向千斤顶联合顶推施工过程

顶推时,升起竖向千斤顶活塞,使临时支承卸载,开动水平千斤顶去顶推竖向千斤顶。由于竖向千斤顶下面设有滑道,千斤顶的上端装有一块四氟乙烯滑板,即竖向千斤顶在前进过程中带动梁体向前移动。当水平千斤顶达到最大行程时,降下竖向千斤顶活塞,使梁体落在临时支承上,收回水平千斤顶活塞,带动竖向千斤顶后移,回到原来位置,如此反复不断地将梁体推到设计位置。

拉杆千斤顶法是将水平液压千斤顶布置在桥台前端,底座紧靠桥台,由楔形夹具固定在梁底板或将侧壁锚固设备的拉杆与千斤顶连接,通过千斤顶的牵引作用,带动梁体向前运动。千斤顶回程时,固定在油缸上的刚性拉杆便从楔形夹具上松开,在锚头中滑动,随后重复下一循环。

为了防止梁体在顶推时偏移,通常在梁体两旁隔一定距离设置导向装置。也可在导向装置上设置水平千斤顶,在梁体顶推的过程中进行纠偏。

(2)多点顶推法(SSY顶推法)

多点顶推法是在多个墩台上均设置一对小吨位的水平千斤顶,将集中顶推力分散到各墩上,并在各墩及临时墩上设置滑移支承。所有顶推千斤顶通过控制系统统一控制其顶推力大小,保证所有千斤顶能够同步前进。

由于利用了水平千斤顶,传给墩顶的反力平衡了梁体滑移时在桥墩上产生的摩阻力,从而使桥墩在顶推过程中承受较小的水平力,因此在柔性墩上也可以采用多点顶推法施工。多点顶推法通常采用拉杆式顶推装置。它在每个墩位上设置一对液压穿心式水平千斤顶,穿过千斤顶中的拉杆采用高强螺纹钢筋,拉杆的前端通过锥形楔块固定在活塞插头部,后端有特制的拉锚器、锚定板等连接器与箱梁连接,水平千斤顶固定在墩顶的台座上。当用水平千斤顶施顶时,将拉杆拉出一个顶程,即带动箱梁前进,收回千斤顶活塞后,锥形楔块又在新的位置上将拉杆固定在活塞杆的头部。顶推装置的具体布置如图9.1.3所示。

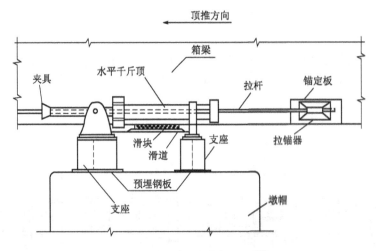

图9.1.3 高强螺纹钢筋拉杆式顶推

多点顶推与单点顶推比较,可以不用大规模的顶推设备,并能有效地控制顶推梁的偏移,顶推时对桥墩的水平推力较小,便于结构采用柔性墩。在顶推弯桥时,由于各墩均匀施加顶力,能顺利施工。在顶推时如遇桥墩发生不均匀沉陷,只要局部调整滑板高度即可正常施工。采用拉杆式顶推系统,免去在每一循环顶推中用竖向千斤顶将梁顶起和使水平千斤顶的复位操作,简化了工艺流程,加快了顶梁速度。但多点顶推所需顶推设备较多,操作控制要求比较高。

2.按支承系统分类

(1)设置临时滑道支承顶推法

顶推施工的滑道是在墩上临时设置的,由光滑的不锈钢板与组合的聚四氟乙烯滑块组成,用于滑移梁体和起支承作用,待主梁顶推就位后,更换正式支座。我国采用顶推施工的几座预应力混凝土连续梁桥一般采用这种施工方法。在主梁就位后,拆除顶推设备,同时进行张拉后期预应力束和管道压浆工作,待管道水泥浆达到设计强度后,用数只大吨位竖向千斤顶同步将一联主梁顶起,拆除滑道及滑道底座混凝土垫块,安放正式支座。

(2)使用与永久支承合一的滑动支承顶推法

它是采用施工临时滑动支承与竣工后永久支座组合兼用的支承构造进行顶推的方法。它将竣工后的永久支座安置在墩顶的设计位置上,施工时通过改造作为顶推滑道,主梁就位后,恢复为永久支座状态,它不需拆除临时滑动支承,也不需要采用大吨位千斤顶进行顶梁作业。

9.2 顶推法施工的过程

顶推施工的基本程序是在桥台后面的引道上或在刚性好的临时支架上设置制梁场,集中制作(现浇或预制装配)一般为等高度的箱形梁段(10~30m 一段),待有 2~3 段后,在上、下翼板内施加能承受施工中变号内力的预应力,然后用水平千斤顶等顶推设备将支承在聚四氟乙烯塑料板与不锈钢板滑道上的箱梁向前推移,推出一段再接长一段,这样周期性地反复操作直至最终位置,以满足成桥后加恒载和活载内力的需要,最后,将滑道支承移置成永久支座,至此施工完毕。图 9.2.1 是连续梁顶推施工法的示意图。

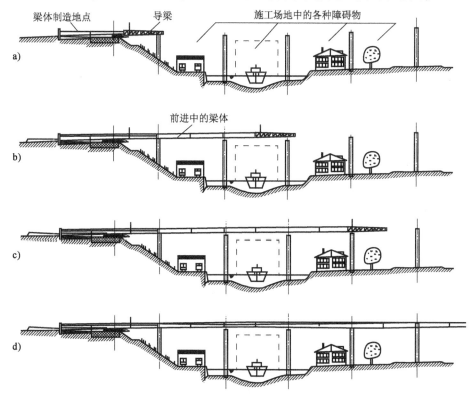

图 9.2.1　连续梁顶推施工法示意图

对于预应力混凝土连续梁桥的上部结构来说，采用顶推法施工的程序框图如图9.2.2所示，框图主要反映采用顶推施工的主要过程。

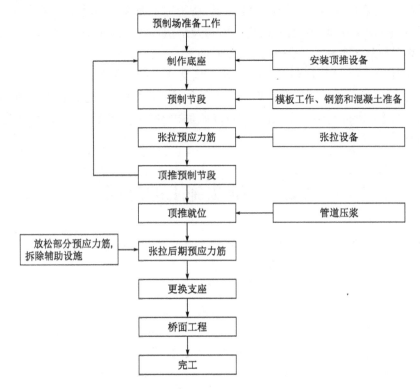

图 9.2.2　预应力混凝土连续梁施工流程图

9.3　顶推法施工的主要工艺

顶推施工法中的关键技术包含有预制场、钢导梁、临时墩、滑道。在此逐个介绍其施工工艺及注意要点。

1. 预制场

顶推法施工的预制场主要由预制台座和顶推过渡平台组成。

预制场地是预制梁体和顶推过渡的场地，包括主梁节段的浇筑平台和模板，钢筋和钢束的加工场地，混凝土搅拌站以及砂、石、水泥的堆放和运输路线用地。主梁节段分段长度影响预制场地的长度，一般需要预制节段长度的三倍以上。

模板工作是保证预制质量的关键，梁底的平整度将影响顶推时梁的内力，所以预制平台的平整度要严格控制。预制周期是加快施工速度的关键。预制工作应采用流水作业，培养专业化的施工队伍，还可加入合适的添加剂以提高混凝土的早期强度。

最后，预制施工部分需满足的技术要求有预制节段底模平整，要有一定的刚度和强度；严格控制钢筋、预应力筋孔道、预埋件的位置；严格控制混凝土的浇筑质量；尽可能采用机械化装拆模板等。

2. 钢导梁

钢导梁的作用是减小顶推过程中梁的前端悬臂负弯矩。导梁设置在顶推主梁的前端，一般为钢桁梁或钢板梁，主梁前端装有预埋钢构件，以便与钢导梁连接。顶推施工现场及钢导梁图如图9.3.1所示。

图9.3.1 顶推施工现场及钢导梁图

钢导梁的受力主要为正弯矩和剪力，负弯矩较小，导梁的刚度宜选主梁的1/9~1/5。钢导梁的长度一般为顶推跨径的0.6~0.7倍，导梁长，可减少主梁悬臂负弯矩，但过长则会导致导梁与箱梁接头处负弯矩和支反力的相应增加；导梁过短，则增加主梁的施工负弯矩，合理的导梁长度应使主梁最大悬臂负弯矩和营运阶段的支点负弯矩基本相近。

3. 临时墩

临时墩的作用是减小顶推的标准跨径，以减小梁顶推过程交替变化的正、负弯矩。特别当顶推跨径超过50m，或者顶推其他形式的桥梁，如斜拉桥、钢管系杆拱桥时采用。

临时墩受力主要为梁体的垂直荷载和顶推水平摩阻力，需要考虑顶推的启动和停止的惯性作用，同时也要考虑施工期间通航和洪水杂物作用对临时墩的影响。

临时墩的设计既要满足强度和刚度要求，也要考虑临时墩的变形（受力和温度）对顶推高程误差的影响，还要考虑临时墩拆除、恢复航道的要求。

目前，临时墩结构形式主要有钢结构临时墩和混凝土结构临时墩，其中尤以钢结构临时墩应用更多（图9.3.2）。钢结构临时墩安装、拆除速度快，施工相对比较简单；混凝土结构临时墩刚度大、造价低，施工周期较长，且后续恢复河道或航道拆除比较困难，已较少采用。

图9.3.2 施工现场的钢结构临时墩

4. 滑道

滑道的作用是减小推动梁体所需要的顶推力,只要使用很小的水平力就能够将笨重的箱梁拖动。

滑道一般设置在墩上的混凝土临时垫块上,由光滑的不锈钢板与组合的聚四氟乙烯滑块组成,其中的滑块由四氟板与具有加劲钢板的橡胶块构成。

顶推时,组合的聚四氟乙烯滑块在不锈钢板上滑动,并在前方滑出,通过在滑道后方不断喂入滑块,带动梁身前进。

滑道的安装与使用要注意:①滑道上滑板外边与箱梁底外边缘齐边(横向位置要正确);②滑道在顶推过程中不允许拖动,固定要牢固,但要考虑拆除方便;③滑道要采取润滑措施,保证滑道干净。

9.4 顶推法施工控制

顶推法施工主要用于预应力混凝土连续梁、钢箱梁和钢桁梁的施工,下面分别以预应力混凝土连续梁和钢桁梁为例,简单说明顶推法施工过程中需要控制的主要内容。

1. 预应力混凝土连续梁桥施工控制

桥梁施工控制包括几何(变形)控制、应力控制、稳定控制以及安全控制。对于顶推法施工的桥梁施工控制的关键内容包括梁体预制精度(特别是梁体底面平整度)、顶推同步、临时支墩(如果有)的变形、梁体在顶推过程中的内力、挠度变化等。针对这些问题,顶推法施工应该做到以下施工控制要求。

(1)线形控制

在步进过程中应控制梁体轴线与桥梁设计轴线保持一致。在每一个顶推小循环结束之后,对梁体进行三维变形监测(偏位、挠度),避免梁体在顶推过程中产生较大变形。同时因梁体过长,不应忽略梁体中部每个节点处位移变化,避免梁体前后两端未产生偏移,而中部产生偏移,致使梁体产生变形。

(2)力学性能控制

力学性能控制主要为结构物上部控制与下部控制,主要通过结构物几何变形与应力监测判定结构物安全性。上部结构主要包括主梁、导梁、临时扣索塔架以及各杆件连接系。对梁体各节点处进行监测,保证梁体受力在设计值允许范围内。同时对临时扣索塔架下部结构(主要为临时墩和拼装平台)、临时墩变形以及支反力进行监测,避免在钢梁未同步顶推时产生偏移致使临时墩受到偏压破坏。拼装平台所用支柱尺寸一般较小,应时刻关注拼装平台各支柱沉降变化,保证各支点受力均匀。

(3)高程控制

高程控制主要为结构物竖向位移变形控制,保证梁体竖向位移不与其他结构物发生位置冲突。最主要为控制导梁前端高程在到达下一临时墩前,大于下一临时墩高程,保障导梁能够顺利上墩。主梁尾端脱墩时,不能因挠度过大而接触顶推滑道下方工字钢。梁体各临时墩之间跨中位置挠度应保证在规范要求范围内。

(4) 同步控制

同步控制主要为各千斤顶同步协调作业,保证顶推同步。由于顶推过程中多台千斤顶共同作业,必须保证每台千斤顶纵向伸长量相同,确保梁体在向前步进时不发生侧向扭转。故每台顶推设备性能参数应当完全相同,严禁将不同型号、不同批次设备进行混用。主控室应对每台顶推设备进行监控,保持顶升、步进、落顶、回缩完全同步进行。

(5) 顶推施工计算

顶推法施工过程中,梁体内力不断发生改变,梁段各截面在经过支点时要承受负弯矩,在经过跨中区段时产生正弯矩;导梁的长度、刚度对施工内力影响较大,为减少施工内力可考虑使用辅助墩及缆索;施工阶段的内力状态与使用阶段的内力状态不一致;主梁设计时配筋必须满足施工阶段内力包络图,具体见图9.4.1。综上所述,对顶推施工过程中的内力变化分析,从而实现对桥梁施工的精准控制十分必要。

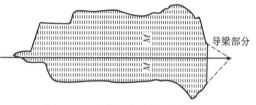

图9.4.1 顶推梁施工弯矩包络图

顶推法施工中主梁的最大正弯矩发生在导梁刚顶出支点外时,此时主梁中的弯矩分布如图9.4.2所示。

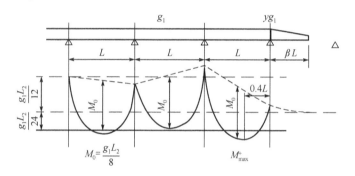

图9.4.2 主梁最大正弯矩分布图

施工中的最大负弯矩与导梁的刚度及重量有关,在导梁刚接近前方支点和刚通过前方支点时产生,具体弯矩分布如图9.4.3所示。

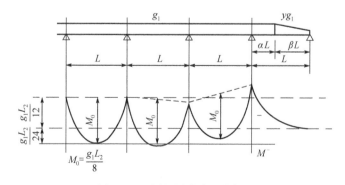

图9.4.3 主梁最大负弯矩分布图

对于顶推法施工的桥梁控制,需要进行以下几个方面的验算:梁截面强度验算;整体稳定计算(倾覆稳定系数大于1.2,滑动稳定系数大于1.2);临时结构计算;顶推力与顶推设备；墩台验算；梁的挠度计算等。

2. 钢桁梁桥施工控制

随着我国桥梁事业的快速发展，钢桁梁桥在桥梁建设中也得到了迅速发展，钢桁梁桥具有外形美观、重力刚度大、稳定性好等特点。顶推法施工是钢桁梁桥施工方法中常见的一种施工方法，尤其在跨路、跨河、跨谷、跨线施工时有明显的优势，且具有施工工期短、不影响既有交通、安全可靠等特点。

对于钢桁梁桥顶推法施工的注意事项主要有：

(1) 顶推设备安装与调试

针对钢桁梁桥的受力特点，在顶推法施工前需要设计一套辅助顶推装置，确保在顶推过程中桁梁节点作为主要受力点，特别是通过墩顶部位。顶推千斤顶安装完成后需进行系统调试，检查千斤顶的动作协调性及同步性，保证千斤顶在顶推过程中顶力和顶进速度一致。由于实际施工过程中结构受力复杂多变，为最大限度减少不平衡水平拉力，采取"顶推力控制为主、速度控制为辅、载荷追踪、均衡受控"的控制策略，以总拉力为控制，顶推千斤顶顶推力和速度作为受控量，实现力与速度双控，避免出现"蛙跳"现象。

(2) 横向纠偏

在顶推过程中，由于各种原因容易造成钢桁梁的横向偏位，偏转力与滑道间的横向宽度成正比，在顶推过程中要有效解决偏转问题，必须采用纠偏装置施加推力进行纠偏，横向纠偏受力点应尽量设在结构纵向长度的首尾两端和中部。

(3) 钢导梁上墩

钢桁梁前端导梁接近对岸滑道时，导梁前端梁底高程低于滑道高程，为便于钢导梁的高程调整，在通航孔北侧的临时支墩位置设置千斤顶，在千斤顶上部布设 3 轴滑移滚轴，将钢导梁顶升至滑道面高程时，锁定千斤顶，使钢导梁滑移到对岸滑道上，卸掉千斤顶继续进行顶推施工。

(4) 滑道平整度

为保证顶推的顺利进行，滑道纵横向高程应控制在误差范围内，滑道表面的毛刺、凸起等需打磨平整，铺设四氟乙烯滑板前清除滑道上的灰沙并涂上润滑脂油，在顶推滑移前，将处理好的滑道铺上塑料薄膜并粘牢，防止被水、沙石、尘土等污染。

(5) 落梁施工

钢桁梁两端交替下落，每侧每次下落高度不超过 10cm，千斤顶顶升高度不超过油缸高度的 3/4。严禁两侧同时落梁，保持同侧千斤顶受力均匀，严格控制落梁速度，保证两侧均匀下落，直到落到设计高程，支座完全受力。落梁时，应考虑环境温度对钢桁架长度的影响，通过前期梁体长度的监测，确定最终落梁时间。

思 考 题

1. 简述顶推法施工的主要工序。
2. 简述顶推法施工的优缺点。
3. 简述预应力混凝土连续梁顶推法施工的控制因素。
4. 简述钢桁梁桥顶推法施工的关键技术。

第10章
转体施工法

10.1 概 述

转体施工法是将桥梁结构本身作为施工设施,在两岸预制拼装或浇筑桥梁结构,以滑道和转盘等作为转动装置,通过牵引设备,绕着转盘等转动铰做整体旋转就位合龙的施工方法。其基本原理是将桥梁的整体结构按照实际工程需要分为2个或2个以上的分跨部分,各个分跨部分在非设计轴线但有利于施工的方向上独立施工并养护完成,再通过转动系统将这些分跨结构平稳安全地旋转至设计轴线上,最后各分跨部分进行结构合龙,形成线形与位置都达到设计要求的完整的桥梁结构。

桥梁转体施工技术早期多用于跨越深谷、山涧等地形复杂不利于采用常规施工方法的地方,是在悬崖陡壁、深山峡谷等桥位上架设桥梁的有效方法。近年来,由于交通线路的日益密集,出现了越来越多的跨线跨河桥梁,对跨越既有线路和通航繁忙的桥梁进行施工时,往往需要尽量避免影响下行线路或航路的正常运行,将分跨结构在线路两侧施工成型后,再转动到设计轴线快速合龙的转体施工方法便成为解决这些难题的最佳选择方案。不仅如此,长期的施工实践中发现桥梁转体施工法对于自平衡结构的桥梁(如连续梁桥、连续刚构桥、T形刚构桥等)也特别适用。

桥梁转体施工法多用于跨越深谷、山涧等地形复杂不利于采用常规法施工的地方。对比克服不利地形进行常规施工所需的临时支架、临时锚固、大型吊装设备转运等额外工作,转体施工法工艺相对简单且便捷快速,可以减小对既有线路的影响,并且可以将在障碍或河谷上空的高空作业转化为岸上或近地面的作业,从而在一定程度上增加了施工的安全可靠性。因而,该方法是一种适应悬崖深谷和跨越线路等各类极端地形和要求桥位的桥梁施工方法,并在特定环境中具有相对较好的经济技术效益。

桥梁转体施工法自20世纪40年代运用于工程界以来得到飞速的发展,我国的桥梁转体施工技术起步落后于国外,但是一经采用便得到迅猛发展,至今,不管在实践还是理论上都处于国际领先水平。桥梁转体施工在我国具有广泛的应用前景,特别是在当前我国大规模基础设施建设的大背景下,跨高速公路和铁路的桥梁需求日益广泛,跨线桥数量急剧增多,转体结构跨径与重量逐渐增大,转体施工方法呈现从中西部山区向东部推广的特点,也出现了非常多采用该方法的典型工程。转体施工方法经过不断的实际应用与创新,现已经被广泛应用到连续梁桥、连续刚构桥、拱桥、斜拉桥、T形刚构桥等各类桥梁施工中。据不完全统计,我国采用转体施工的桥梁已超过120座。

桥梁转体施工法呈现出许多优点,但是也存在一些不足之处,具体表现为:

(1)虽然转体施工法施工工艺易于掌握,方便高效,但是转体所需的转动球铰的制作与加工却比较复杂,且要求控制精度很高,需由专门厂家生产安装,大规模推广难度较大。

(2)通常而言,转体施工中为了降低转体重量往往采用轻型结构或者骨架结构作为转体结构,这使得转体过程中体系的刚度和稳定性往往偏低,给施工线形和结构安全带来不利影响。

(3)由于结构在转体施工过程中处于不稳定的结构状态,尤其是竖向转体过程中结构内力不断变化,局部受力复杂而易导致开裂,对桥梁结构的整体性和局部构件的安全性造成一定的隐患。

因此,具体施工采用何种施工方法需要根据桥梁实际情况以及施工环境合理选用。

按照桥梁结构在转体施工阶段转动方向的不同,转体施工方法可划分为三种,分别为水平转体施工法(简称平转法)、竖向转体施工法(简称竖转法)、平竖转结合施工法(简称平竖转结合法)(图10.1.1)。

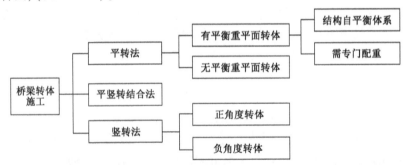

图10.1.1 转体施工方法分类

由于使用技术成熟以及操作方便,目前在桥梁工程施工中,相对于其他两种方法,平转法应用相对较多,工程实践更为丰富。

10.2 水平转体施工法

水平转体施工又称平转施工,其原理及主要施工过程为:基于桥梁结构本身特有的对称性,利用现场有利条件先将分跨部分结构在与设计桥位线形处于相同高程平面并呈一定角度位置上装配或浇筑完成,而后借助支撑点处下方安装的平面转盘,驱动转动系统(可张拉设置在转盘上的一对预应力钢绞线束或者水平千斤顶形成转动平面力偶),带动需要合龙的分跨结构平面转动到设计轴线位置实现桥梁合龙。

水平转体可分为有平衡重转体和无平衡重转体两种类型。

第一种类型为有平衡重平面转体施工,即被转动桥梁结构在设计和转体施工过程中,尽可能使其重心落在下转盘中心(即转动球铰中心)的转体桥。根据是否存在不平衡力矩分为两类,即利用桥梁结构对称性平衡的转体桥和通过专门配置平衡重的转体桥。

前者也可称为自平衡平面转体施工,此方法利用了结构自身重量实现平衡,利用桥梁结构本身的对称性,在对称轴上设置转动中心实现转体而无需设置专门的永久结构进行配重。所以,自平衡转动结构本身就是对称结构,如大跨径连续梁桥或者T形刚构桥,跨越河流或线路转体时往往是在两侧对称悬臂施工至最大长度,而后转体到设计轴线进行合龙工作,结构转体过程基本对称,故仅需设置抵抗转体过程的临时不平衡力的相关保险设施即可,而不需要进行额外的平衡配重工作。近几年来,我国对这种类型的转体施工进行了大量的实践,利用该方法进行了斜拉桥、T形刚构桥、连续刚构桥、桁架拱桥、系杆拱桥等大量桥型的施工。这种类型的转体桥梁由于利用了对称结构自身重量实现平衡,因而结构材料的使用显得更合理,转体后续工程量相对较少,更为重要的是施工所需时间短,对下方线路干扰小,因而很好地满足了跨线结构修建的需求而获得了很好的工程应用。自平衡平面转体施工法一般适用于桥位地形比较开阔,线路、河流等两侧地形利于按照转体要求来布置桥梁两侧引孔的三孔桥位。

后者的转体工作往往需要通过专门配置平衡重来实现结构重心与转动中心重合(被转动桥梁结构往往结构不对称),从而实现水平转动施工合龙。这种需要专门增加的平衡重可以设计成桥梁永久荷载的一部分,例如加厚的桥台背墙作为平衡重;也可以将平衡重设计为桥梁的临时荷载,如利用台背的临时吊架配置重物,待合龙后拆除即可。该方法一般适合于桥梁两岸地形狭窄、深山峡谷的山区单孔大跨度拱桥。

第二种类型为无平衡重转体施工,即转动体系不需要主动配置平衡重,而用锚固体系来实现平衡的转体桥梁施工方法及对应构造体系。相对有平衡重平面转体施工方法,该方法需要设置锚固体系将悬出的桥体上部结构用拉杆锚固以实现转体过程的稳定,并借助桥台构造或两岸山体岩石锚洞作为锚碇以平衡半跨结构悬臂状态所产生的水平拉力,通过转动中心(转盘和上端转轴)使桥梁结构作平面转动。由于取消了平衡重,可大大减轻转体自重或减少配重带来的圬工数量。本方法适用于在地质条件较好的V形河谷地形进行的大跨径拱桥施工。

10.2.1 有平衡重平面转体施工

有平衡重平面转体施工系统由以下三部分组成:转动体系、平衡体系、牵引体系。由于转体重力大,需要专门配置平衡重(即便是对称结构,由于施工误差以及施工临时机具等的影响,也需进行一定的配重)以保证被转动桥梁结构的重心基本落在下转盘中心上,故其转动体系是整个施工过程的关键,即能否将较重的已完成桥跨顺利、稳妥地转到设计位置,主要依靠转动体系中设计合理的转盘(图10.2.1、图10.2.2)和合适的牵引体系。

1. 有平衡重平面转体结构构造

1)转动体系

有平衡重平面转体施工系统的转动体系主要由转盘(上、下转盘)、钢销轴、环道、撑脚等构造组成。

转动体系按照其支承结构的支承方式可分为中心支承、撑脚支承和中心与撑脚共同支承三种类型。中心支承结构往往为球铰，但往往也须设撑脚作为辅助安全措施（图10.2.1、图10.2.2）。中、小跨径的桥梁平面转体施工可采用中心支承；跨径较大、被转动桥梁结构重心较高的桥梁转体施工，宜采用中心与撑脚共同支承。

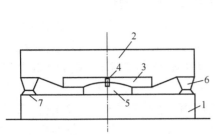

图10.2.1 中心支承的混凝土转盘示意图
1-下转盘；2-上转盘；3-磨盖；4-钢销轴；5-轴心；6-撑脚；7-环道

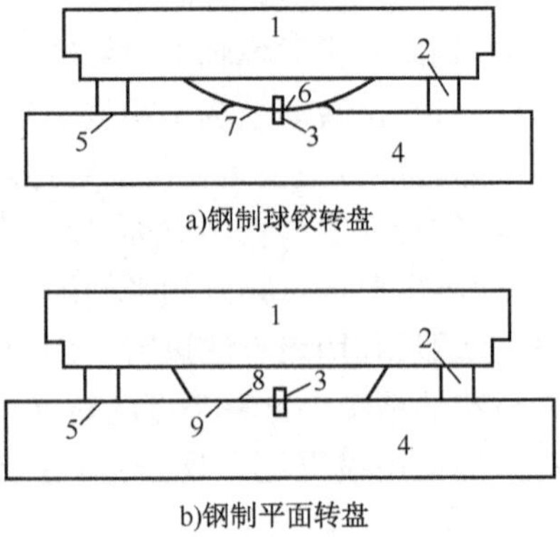

图10.2.2 中心支承的钢制转盘示意图
1-上转盘；2-撑脚；3-销轴；4-下转盘；5-环道；6-上球铰；7-下球铰；8-上钢板；9-下钢板

转盘是转动体系的关键构造，由上转盘和下转盘组成。上转盘位于被转动桥梁结构最下方与整个上部结构相连，并与下转盘一起构成转动主体结构。上转盘支承转盘上方桥梁结构，并将荷载传递到下转盘。上转盘侧面往往预埋牵引体系实施牵引所需的牵引索，通过牵引索的牵引力使得上转盘转动，使结构平面旋转达到预定的角度。下转盘为支承转体结构全部重量的底座，其与基础连接为一体，当转体完成后，与上转盘固结后共同形成桥梁基础。

转盘按照形状可划分为两种类型：第一种称为环形滑道转盘，该转盘是以聚四氟乙烯作为滑板的环道辅以转动中心的平面承重转体装置，其转动铰也可称为转动平铰；第二种称为球铰转轴体系，该体系是以球面转轴支承辅以滚轮轴心承重转体，其转动铰也称为转体球铰。环形滑道转盘构造图见图10.2.3，转动中心可简称为转心，聚四氟乙烯滑板简称为四氟滑板。

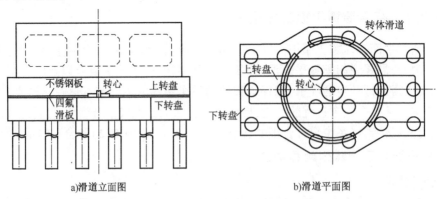

图10.2.3 环形滑道转盘构造图

(1)环形滑道转盘

该转盘由固定的下转盘和能旋转的上转盘构成。下转盘设于桥梁墩台的下部与基础连于一体,在下转盘与上转盘间由钢轴轴心(销轴)、不锈钢板、聚四氟乙烯板或聚四氟乙烯蘑菇头组成的中心支承及环形不锈钢板、聚四氟乙烯板组成的环形滑道共同构成转动体系,并借助上下转盘之间的平面滑动面实现结构转动。环形滑道转盘立面结构如图10.2.4所示。

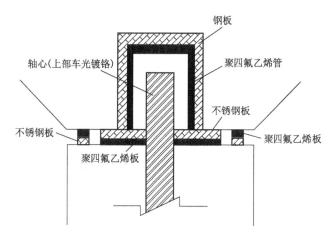

图10.2.4 环形滑道转盘立面结构示意图

环形滑道转盘应根据环道工作压力(确保转体转动时有足够的稳定性)而选定其内、外直径(对于拱桥转体施工,一般可按拱肋悬臂长的1/6~1/4取用),环道宽度可取0.4~0.5m,上下环道之间空隙为0.5~0.6m,上下环道可均为钢筋混凝土结构,下环道面既要平整又要粗糙,以便在上下环道之间铺设2.5mm厚的聚四氟乙烯板,聚四氟乙烯板的工作压力应控制在10MPa内。上环道底面嵌入镀铬钢板。根据试验资料,聚四氟乙烯板之间的静摩擦系数为0.035~0.055,动摩擦系数为0.025~0.032,聚四氟乙烯板与不锈钢板或镀铬钢板之间的摩擦系数比聚四氟乙烯板间的摩擦系数要小,其静摩擦系数为0.032~0.051,动摩擦系数为0.021~0.032,而且随着正压力的增大而减小。为减少上、下转盘摩阻力,也可采用镶嵌在下转盘上的聚四氟乙烯蘑菇头代替聚四氟乙烯板。

环形滑道转盘中心既是转体的中心,又是上转盘的中支点,并控制转动体系的水平位置。转轴底座多为钢筋混凝土矮墩,顶面铺聚四氟乙烯板,在聚四氟乙烯板上放置不锈钢板,中心设100mm合金钢钢轴,下端固定混凝土,上端露出0.2m,车光镀铬,外露端套10mm厚的聚四氟乙烯管,再在聚四氟乙烯管上套外钢套,钢套顶端封固,下缘与不锈钢板焊牢,最后浇筑混凝土轴帽,待混凝土凝固脱模后轴帽即可绕轴心旋转自如。转体时,转体重量全部由环道平面承受,牵引上转盘,上环道压在下环道上实施结构平面转动。

(2)球铰转轴体系

该体系是一种以球铰为中心承重的平面转动装置,整个转动体的重心落在球铰中心上。球铰由分属上下转盘的上球铰(凸面)与下球铰(凹面)共同构成[图10.2.2a)],球铰既起定位作用,又承受全部转体重力。转体球铰的上、下球铰的接触面为球面,故转体对中一致性好。由于下球铰往往成凹形,上球铰成凸形,因而可将聚四氟乙烯滑片镶嵌于下球铰凹面槽内,上球铰紧密贴合在滑片上实现转动。为了防止在转动过程中由于施工精度误差或牵引力不平衡而造成转动体转动过程的不平稳,在转动体中还应有平衡保险装置,一般是由支重轮(沙箱)或者撑脚组成,当牵引上转盘时,转动体以球铰转轴为中心实施平转。

球铰按照材料可划分为如下几类:

①混凝土-混凝土球铰。

早期转体桥梁为了降低造价一般多使用混凝土球铰,混凝土球铰虽然造价较低,但是施工过程相对复杂,具体表现为:须按照下转盘的设计曲率半径,专门制作出刮尺,将其套在中心的销轴(钢柱)上,对下转盘混凝土进行多次旋转刮磨,将下转盘的混凝土球形表面刮平,然后需要在下转盘的球形顶面布置隔离层,一般为1~3层尼龙薄膜;接着把下转盘的球形顶面作为模板,进行上转盘混凝土的浇筑;等上转盘混凝土达到设计强度后将其吊起,对上转盘和下转盘的接触面分别进行打磨;然后将上转盘放下进行人为磨铰。

②钢-钢球铰。

钢-钢球铰即上球铰和下球铰均采用钢材构造,也有仅在下转盘上表面镶嵌一层不锈钢板的做法,以减小接触面的摩擦系数。钢球铰一般由工厂直接预制加工,其制作精度和质量较混凝土球铰显著提高,大大提高了桥梁转体施工的安全性和可靠性。但是,钢-钢球铰接触面的摩擦系数仍不够理想,而且由于上下均为刚性结构,故接触应力较大而只运用于一些转体重量较小的桥梁中。

③上转盘钢-下转盘钢+聚四氟乙烯蘑菇头或聚四氟乙烯滑块球铰。

聚四氟乙烯(PTFE)摩擦系数小且造价较低,因而在滑动支座等构造上被广泛应用,通过降低运行时的摩擦力,可实现平稳转动。目前,钢-钢+聚四氟乙烯滑块(聚四氟乙烯圆形蘑菇头+聚四氟乙烯滑片)球铰是最为常见的球铰类型,广泛应用于大跨度转体桥梁工程(图10.2.5)。

图10.2.5 聚四氟乙烯滑块球铰安装中

球铰设计时宜先选择球铰材料,并应根据转动体质量和材料确定球铰支承半径,确定球铰半径。当桥梁转动体质量不大于4000t时可采用混凝土球铰;当桥梁转动体质量大于10000t时应采用钢制球铰;当桥梁转动体质量为4000~10000t时应根据工程具体情况选择。

球铰竖向正应力的计算可按式(10.2.1)进行。

$$\sigma = \frac{G}{\pi R_1^2} \tag{10.2.1}$$

式中：σ——竖向正应力；
  G——转动体总重力设计值；
  R_1——球铰支承半径（图10.2.6）。

球铰半径与球铰支承半径宜满足式（10.2.2）的要求：

$$3.24R_1 \leq R \leq 5.76R_1 \tag{10.2.2}$$

式中：R——球铰半径。

混凝土球铰的中心处应设置销轴。当采用水磨法磨合施工时应预留注水孔，有压浆施工要求的，尚应预留压浆孔；磨盖混凝土强度等级不应低于C50，销轴宜采用45号钢。

钢制球铰应由上、下球铰面板，加强肋板，环形加强肋板，销轴与轴套以及两球面间的聚四氟乙烯复合夹层滑板及润滑材料组成。球铰面板应采用Q345钢板压制而成，钢板的化学成分及机械性能应符合现行《低合金高强度结构钢》（GB/T 1591）的有关规定；球铰肋板不应低于Q235钢，钢板的化学成分及机械性能应

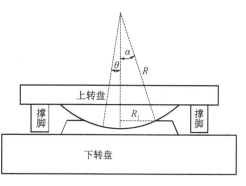

图10.2.6　球铰尺寸参数示意图
α-球铰支承圆心角；θ-径向角度

符合现行《碳素结构钢》（GB/T 700）的有关规定；销轴宜采用45号钢，其材料的化学成分及机械性能应符合现行《锻件用结构钢牌号和力学性能》（GB/T 17107）的有关规定；聚四氟乙烯复合夹层滑板容许应力不应低于100MPa，滑动摩擦系数不应大于0.03；填充混凝土强度等级不应低于C50；润滑剂宜采用黄油四氟粉，黄油和四氟粉的比例应根据试验确定。

2）平衡体系

对于需要进行配重的桥梁平面转体施工，其转动的半跨悬臂桥体的稳定依靠平衡重与扣锚体系维持。配重部分可利用部分台身（平衡墙）或另加临时配重。对于拱式结构有平衡重平面转体施工，除了使用平衡重调整重心与转动中心重合外，为了保证转体过程拱体结构始终受压而与其使用状态受力相一致，需要对预制或浇筑完成的悬臂状态轻型拱架或部分拱体结构用拉杆或扣索进行锚固扣拉，以实现结构受压及转体的稳定。扣锚体系常采用两种类型，一种是外加扣索或拉杆，相当于对拱肋施加外部预应力；另一种是利用结构本身构件作拉杆进行张拉，如桁架拱、刚架拱的水平上弦杆，但需加强主筋并将主筋延伸至台背锚固。转体合龙并现浇接头后，放松扣索或拉杆（或切断与台身的联系钢筋），使转体时的悬臂体系转换为拱式体系。为防止转体过程中的结构横向失稳，扣索张拉合力应保持在拱轴线位置，不得有偏心。

对于本身对称平衡的桥梁如连续梁桥或T形刚构桥平转，由于结构本身基本平衡，则其稳定体系主要依靠转盘四周设置的撑脚来保证。撑脚设置应为偶数个，一般应多于4个，并应均匀布置在上转盘周边。撑脚中心应对应环道中心线，并应符合下列规定：

（1）撑脚可采用钢筋混凝土结构或钢管混凝土结构，混凝土强度等级不宜低于C50，钢管混凝土撑脚可采用微膨胀混凝土。

（2）在中心支承体系中，走板与环道的间隙不宜小于10mm，且不宜超过20mm。

(3)撑脚底部钢板上应粘贴不锈钢板,钢板厚度不宜小于12mm,不锈钢板厚度不宜小于3mm。不锈钢板在前进方向角边应向上卷。中心支承体系中,可不设置不锈钢板。

(4)钢筋混凝土撑脚应通过钢筋预埋在上转盘,钢筋埋置长度应满足受压钢筋的锚固长度要求。钢管混凝土撑脚也可通过钢管预埋,钢管的埋置深度不宜小于500mm。

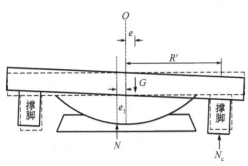

图10.2.7 撑脚受力图

(5)撑脚应进行抗压承载能力计算,在计算中可作为轴心受压构件(图10.2.7)。撑脚所受压力可按式(10.2.3)计算。钢筋混凝土抗压承载力计算应符合现行《公路钢筋混凝土及预应力混凝土桥涵设计规范》(JTG 3362)的有关规定。钢管混凝土抗压承载力应考虑钢管的套箍效应,计算应符合现行《钢管混凝土结构技术规程》(CECS 28)的有关规定。

$$N_c = G(e + e_1)/(R' + e_1) \quad (10.2.3)$$

式中:N_c——撑脚所受的等效集中力;

G——转动体总重力;

e——转动体荷载偏心距;

e_1——中心支承偏心距;

R'——环道中心半径。

3)牵引体系

转体结构的牵引体系为转体施工提供转动力,牵引体系由牵引索、牵引动力系统、反力座、锚固端(或锚碇)及牵引控制系统组成。施工时为启动平稳,可先行启动水平放置的液压千斤顶,而后用牵引索牵引。启动和牵引都应缓慢进行,以免结构发生过大的振动。

在上转盘上设置一对平行钢绞线束作为牵引索提供平转动力,通过张拉千斤顶,对上转盘形成一个平面力偶,在该力偶作用下上转盘实现平面转动。为使平转连续进行,用于提供转体动力的千斤顶一般采用连续张拉千斤顶,两台连续张拉千斤顶由一台主控台控制形成牵引控制系统,以确保两台千斤顶同步加力,形成平面力偶。液压千斤顶牵引控制系统见图10.2.8。

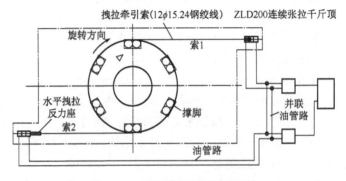

图10.2.8 液压千斤顶牵引控制系统

对于自平衡平面转体施工的牵引动力系统宜采用液压千斤顶牵引系统。牵引索具体的型号应根据牵引力的大小选取。牵引索宜对称设置，锚固端在转盘同一直径线上并应对称于转盘圆心，每根索的预埋高度和牵引方向应一致。每根索的出口点应对称于转盘中心，外露部分应圆顺缠绕在转盘周围，并应按顺序搁置于转盘预埋钢筋上。预留完成后应将外露部分涂抹黄油，且用塑料管包裹保护。牵引索锚固于混凝土转盘中的长度不应小于3m。

中心支承状态下转动体牵引力可按式(10.2.4)计算。

$$T = \frac{2fGR_1}{3D} \quad (10.2.4)$$

式中：T——牵引力；

f——摩擦系数，无试验数据时，可按表10.2.1选取；

G——转动体总重力；

R_1——球铰支承半径；

D——牵引力偶臂。

球铰摩擦系数　　表10.2.1

摩阻类型	混凝土球铰	钢球铰
静摩擦系数	0.1~0.12	0.08~0.1
动摩擦系数	0.06~0.09	0.03~0.06

中心和撑脚联合支承状态下牵引力可按式(10.2.5)计算。

$$T = \frac{2fGR_1/3 + fN_cR'}{D} \quad (10.2.5)$$

式中：N_c——撑脚支承荷载；

R'——环道中心半径。

2. 有平衡重平面转体施工工艺

1) 平面转体拱桥的施工

单跨拱桥平面转体施工时，由于悬臂半跨拱跨结构往往非对称，故需进行平衡配重，其转体施工则为有平衡重平面转体拱桥施工。有平衡重平面转体拱桥的主要施工程序如下：

制作下转盘→制作上转盘→试转上转盘到预制轴线位置→浇筑背墙→浇筑主拱圈上部结构→张拉拉杆或扣索，使上部结构脱离支架，并且和上转盘、背墙形成一个转动体系，通过配重基本把重心调到转动中心处→牵引转动体系，使半拱平面转动合龙→封上下转盘，夯填桥台土，封拱顶，松拉杆或扣索，实现体系转换。

转体施工前应认真核对既有建筑物位置、安全距离及转体施工图纸，注意各预埋件位置、尺寸及施工顺序，无误后方可施工。具体施工环节如下：

(1) 制作下转盘（以钢球铰为例）

下转盘设有转动中心（或磨心）和环形轨道板，转动中心起定位和承重作用。顶面上的钢球铰上盖要加工精细，使接触面达70%以上。转动中心定位应反复核对对中，轨道板要求误差1mm，并注意板底与混凝土接触密实，防止空隙。

(2)制作上转盘

在轨道板上按设计位置放置撑脚或承重滚轮,在钢球铰上涂以润滑剂,盖好上铰盖并焊上锚筋,绑扎上转盘钢筋,预留灌封盘混凝土的孔洞,浇筑上转盘混凝土。

(3)布置牵引体系的锚碇,试转上转盘

要求主牵引索基本在一个平面内。上转盘混凝土强度达到设计要求后,在上转盘前方或后方配临时平衡重,把上转盘重心调到转动中心处,而后进行试转操作。试转体主要目的为:

①主要检查转盘转动是否灵活,球铰及滑道各项实际参数是否与设计吻合;如果发现上转盘转动不流畅的情况,要检查转动铰是否施工合理。

②牵引上转盘到预制拼装上部构造的轴线位置,检查、试验整个转动牵引体系,转体转速与牵引力及助推力的关系,以便为正式转体提供计算参数的修正,并积累经验。牵引系统牵引索设计可使用转向轮来保证正式转体时牵引力始终保持为一对平行力偶。

(4)浇筑桥台背墙

上转盘试转到上部构造预制轴线位置后即可准备浇筑背墙。上转盘和背墙支架的基础混凝土应同时浇筑,而且基底应与桥台基础的基底相同。为了保证背墙上部截面的抗剪强度(主要指台帽处背墙的横截面),应尽量避免在此处留施工缝,如一定要留,也应使所留斜面往外倾斜。也可另用竖向预应力来确保该截面的抗剪安全。

(5)浇筑主拱圈上部结构

利用两岸或线路两侧地形搭设拱架现浇主拱圈,或者采用预制构件组装主拱圈。目前拱桥平面转体多适用于钢管混凝土拱桥施工。

(6)形成转动体

①外锚扣体系扣索张拉工艺。

拱式结构转体施工中,扣索多选用单扣点(即在拱顶附近设扣点),由于其扣索力基本接近于转体阶段的拱上推力,转动过程中拱内力状态良好,也易于控制。扣索张拉应分级进行,并分级进行结构内力及挠度观测,直到拱肋脱架。对于大跨度拱桥,将面临所需单扣点扣索力太大或结构内力难于调整的问题,此时可采用多扣点,但是为了保证各扣索受力同步应控制扣索数量不宜过多并保证各扣索同步受力,必要时应采用自动同步控制系统,以确保结构安全。转动桥跨结构中,上转盘、背墙、临时索塔和上部拱肋结构在浇筑、焊接完成以后,拱肋结构的重量并没有传递到上转盘位置,只有通过交替张拉背索和扣索后脱架形成整体,逐步把各部位的重量转移到转动中心位置,才形成一个完整的转动结构。要求背索、扣索交替张拉的目的是使索塔受力不出现太大的拉、压应力和变位,以确保转体过程中结构的安全稳定。

扣索张拉过程中,应分级张拉、分级观测并及时进行调整以确保结构安全。其中,扣索力与拱肋的几何变形的监测,是判断结构正常与否的主要依据。同时,张拉过程中,应加强对扣点、拱脚等拱上重要部位,以及锚固梁、支垫及锚具等重要构件的变形、裂纹观测,并对张拉过程中温度变化引起的结构变形予以足够的重视。对混凝土结构与扣索对温度变化的不同规律导致的结构变形与内力,应慎重分析判断。待扣索张拉到位及拱肋卸架后,一般应保持12~24h的观测,以监测转动体系是否安全可靠。最后,张拉扣索应考虑温度变化、混凝土收缩徐变等多个因素导致的拱顶变形并合理设置拱顶处的预拱度。

②内扣体系张拉工艺。

内扣体系张拉工艺是指在拱圈内安装拉杆钢筋进行张拉,把支承在支架、支墩上的上部结构与上转盘、背墙全部连接成一个转动体系,完成拱肋脱架的施工方法。安装拉杆钢筋应在主拱圈混凝土达到设计强度后进行,并进行超荷载50%试拉以确保拉杆的安全可靠,正式张拉前应先张拉背墙的竖向预应力筋,再张拉拉杆。在实际操作中,应反复张拉2~3次,使各拉杆受力均匀。当拱圈全部脱离支架悬空后,以千斤顶辅助拆除全部支承,并保持转动体系悬空静置一天,观测各部变形有无异常,并检查牵引体系等均确认无误后,方可开始平面转体工作。

当拱肋支架全部脱空后,可以测出拱顶的实际下挠值,重新调整拱顶的高程。

转动体系形成过程中,需要重点观察主拱肋、拉索扣点位置、拱脚位置、上转盘与背墙交界处、球铰转动中心位置、临时索塔和背墙交界处、后锚块等重要部位的变位和裂纹。静置12~24h后如无异常情况,即可开始准备转体工作。

(7) 转体工艺

①转前检查。

a. 拆除转盘上拱架各支撑点,清除转体范围内各种障碍物;

b. 上转盘及各结构主要受力部位的裂纹、变形、位移状况的观测与记录;

c. 牵引体系工具、锚具及反力锚碇检查与记录。

②启动。

转体施工常用钢索牵引转动,或采用千斤顶直接在上、下转盘间顶推转动。若采用钢索牵引时,须先用千斤顶启动顶推,再用钢索牵引转动,以防止聚四氟乙烯滑板静摩阻力与动摩阻力的差值(此差值常接近牵引力一倍左右)所引起的冲击。

③转动。

在转体过程中,转速应力求均匀,严格避免加速度过大而引起冲击。转动牵引力常为对称布置,须保证两侧张拉力的同步。

④转体就位。

当转体接近合龙位置时,应缓慢减速,并密切观测拱顶轴线,此阶段可用千斤顶顶推进行就位。就位后,即可将上下转盘初步固定,防止风或其他因素产生的结构位移。

(8) 转盘封固

转体就位后,应立即连接上下转盘钢筋、钢件及剪力加强设施,临时固定上转盘;完成拱脚段临时铰的焊接;浇筑上、下转盘之间的封盘混凝土,使上下转盘连成整体。

(9) 调高合龙

待转盘封固混凝土达到适当强度后,通过扣索长度的调整和控制进行两岸拱肋顶端的高程调整,保证合龙段两侧拱肋高差在误差范围内。在确定的合龙温度下,用钢梁或特制的螺旋千斤顶顶紧各接头点(包括内力调整)进行合龙,而后,进行拱顶及拱脚焊接封填,待接头混凝土达到适当强度后,再对称分级卸扣,其后即按常规施工程序进行拱圈加厚及拱上建筑施工。

平面转体拱桥的施工应注意如下事项:

①上下转盘之间及平面的高差应控制在±0.1mm。

②施工上转盘、背墙时应做好每一部位混凝土及其他材料的用量记录,准确计算转体的重量,保证顺利转体。

③穿牵引索(钢绞线)时注意不能交叉、扭转,所用的钢绞线应尽量左、右旋均布,用连续千斤顶将钢绞线以 1~5kN 的力预紧,预紧应采取对称的方式进行,并应重复数次,以保证各根钢绞线受力均匀。预紧过程中应注意保证钢绞线平行地缠于上转盘。千斤顶的安装应注意和钢绞线的方向一致。

④转体施工日期根据气象部门预报确认 15 天内无大风天气决定,且转体当天风速不宜大于 10m/s。

⑤正式转体前,注意检查转体主要连接部位连接是否牢靠,有无异常裂缝。

⑥转体前对结构进行全面检查,清除转体范围内各种障碍物。

⑦连续千斤顶及助力千斤顶必须保证同步工作。

⑧转体转动到设计位置约 2°时应放慢转速,改用手动千斤顶,为保证转体就位正确,采用限位型钢加橡胶缓冲垫。

⑨现场必须设置安全警报系统,作业区设置醒目的安全警示牌。

⑩转体精确定位后,注意转体高程、轴线偏位是否均符合设计要求,无误后立即在各撑脚处打入钢楔块,并将其锁定。保证转体单元不再产生位移。清洗底盘上表面,焊接预留钢筋,立模浇筑封固混凝土(C50 微膨胀混凝土),使上转盘与下转盘连成一体。浇筑封固混凝土一定振捣密实,以保证上、下转盘密实连接。

2)自平衡梁桥平转施工

自平衡梁桥平转施工主要过程包括:前期准备、不平衡称重试验、试转体、正式转体、微调等,其平面转体施工关键工序主要包含以下几个方面:

①支架拆除前后结构线形及内力状态;

②初始不平衡重量及压重方案;

③临时锁定拆除前后撑脚位置间隙、撑脚受力变化;

④不平衡称重试验及不平衡重量和压重方案;

⑤试转体时结构平面及空间姿态响应,撑脚位置间隙、撑脚受力变化;

⑥正式转体时结构平面及空间姿态,撑脚位置间隙、撑脚受力;

⑦精调位过程结构平面及空间姿态;

⑧转体最终状态确定。

由于此类桥梁平转施工常应用于跨越既有铁路、公路,为确保交通运输安全,转体施工应尽量在短时间内完成。同时,施工过程中由于球铰制作安装误差、梁体浇筑混凝土误差、预应力张拉控制力的差异,都会引起悬臂梁两侧质量分布及刚度的不同,从而产生不平衡力矩,若不平衡力矩过大则会影响转体过程结构的稳定性和安全性。为保证桥梁转体的顺利进行,需在转体前对转动体进行称重试验。以测试其不平衡力矩、偏心距、摩阻力矩及摩擦系数。

称重试验在施工支架拆除后、正式转体前进行,一般包含以下内容:

①转动体部分的纵桥向不平衡力矩。

②转动体部分的纵向偏心距。

③球铰的摩阻力矩及摩擦系数。

④完成转体梁的配重。

(1) 不平衡力矩、摩阻力矩

不平衡力矩采用球铰转动方法进行测试。这种方法一般用来测试刚体位移突变,受力明确,而且只考虑刚体作用,而不涉及挠度等影响因素较多的参数,结果比较准确。这种方法操作起来比较简单,设备也较简单,主要使用千斤顶、位移测量器、位移记录设备等。

该测试方法假设梁体可以绕球铰发生刚体转动。

当脱架完成后,整个梁体的平衡表现为两种形式之一(图10.2.9):①转动体球铰摩阻力矩(M_Z)大于转动体不平衡力矩(M_G),此时,梁体不发生绕球铰的刚体转动,体系的平衡由球铰摩阻力矩和转动体不平衡力矩所保持;②转动体球铰摩阻力矩(M_Z)小于转动体不平衡力矩(M_G),此时,梁体发生绕球铰的刚体转动,直到撑脚参与工作,体系的平衡由球铰摩阻力矩、转动体不平衡力矩和撑脚对球心的力矩所保持。

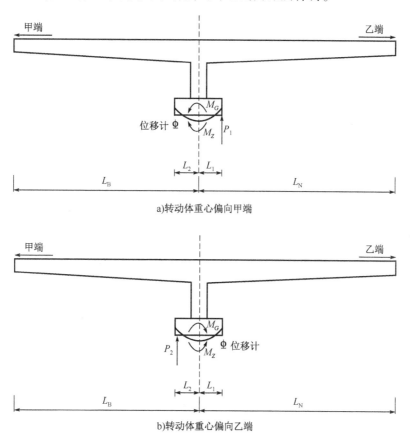

图10.2.9 转动体两种平衡状态

①转动体球铰摩阻力矩大于转动体不平衡力矩情况。

设转动体重心偏向甲端,在乙端承台实施顶力P_1[图10.2.9a)]。当顶力P_1逐渐增加到使球铰发生微小转动的瞬间,有:

$$P_1 \cdot L_1 + M_G = M_Z \quad (10.2.6)$$

设转动体重心偏向乙端,在甲端承台实施顶力P_2[图10.2.9b)]。当顶力P_2逐渐增

加到使球铰发生微小转动的瞬间,有:
$$P_2 \cdot L_2 = M_G + M_Z \tag{10.2.7}$$

解方程(10.2.6)和方程(10.2.7),得到:

不平衡力矩
$$M_G = \frac{P_2 \cdot L_2 - P_1 \cdot L_1}{2}$$

摩阻力矩
$$M_Z = \frac{P_2 \cdot L_2 + P_1 \cdot L_1}{2}$$

②转动体球铰摩阻力矩小于转动体不平衡力矩情况。

设转动体重心偏向甲端,此种情况下,只能在甲端承台实施顶力 P_2[图10-46b)]。当顶力 P_2(从撑脚离地的瞬间算起)逐渐增加到使球铰发生微小转动的瞬间,有:
$$P_2 \cdot L_2 = M_G + M_Z \tag{10.2.8}$$

当顶升到位(球铰发生微小转动)后,使千斤顶回落,设 P_2' 为千斤顶逐渐回落过程中球铰发生微小转动时的力,则
$$P_2' \cdot L_2 = M_G - M_Z \tag{10.2.9}$$

解方程(10.2.8)和方程(10.2.9),得到:

不平衡力矩
$$M_G = \frac{P_2 \cdot L_2 + P_2' \cdot L_2}{2}$$

摩阻力矩
$$M_Z = \frac{P_2 \cdot L_2 - P_2' \cdot L_2}{2}$$

(2)摩擦系数及偏心距

在转动体球铰静摩擦系数的分析计算称重试验中,转动体球铰在沿梁轴线的竖平面内发生逆时针、顺时针方向微小转动,即微小角度的竖转。摩阻力矩为摩擦面每个微面积上的摩擦力对过球铰中心竖转法线的力矩之和。

由图10.2.10可以得到:

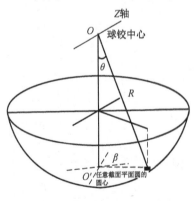

图10.2.10 转动体球铰绕 Z 轴转动摩擦计算示意图

$$dM = \sqrt{(R\sin\theta\cos\theta)^2 + (R\cos\theta)^2} \, dF$$
$$dF = \mu z P dA, \quad dA = R\sin\theta \cdot d\beta \cdot R \cdot d\theta, \quad P_\text{竖} = P\cos\theta$$
$$P_\text{竖} = \frac{N}{\pi R^2 \sin^2\alpha}$$

所以
$$M_Z = \mu z \frac{RN}{\pi \sin^2\alpha} \iint \cos\theta\sin\theta \sqrt{\sin^2\theta\cos^2\beta + \cos^2\theta} \, d\beta d\theta$$

其中,$\beta \in [0, 2\pi]$。

当 $\alpha = \dfrac{\pi}{6}$ 时,代入公式进行积分可以得到:
$$M_Z = \mu z \frac{RN}{\pi \sin^2\alpha} \times 0.732619 = 0.93328 \mu z RN$$

此时
$$\mu_Z = \frac{M_Z}{0.93328RN}$$

当 $\alpha = \frac{\pi}{5.75}$ 时，$\mu_Z \approx \frac{M_Z}{RN}$，此时与平面摩擦的结果基本一致。

所以，当球铰面半径比较大，而矢高比较小时，即 α 比较小时，可将摩擦面按平面近似计算。

根据研究成果及工程实践，使用聚四氟乙烯片并填充黄油的球铰静摩擦系数和偏心距可用下列各式计算：

球铰静摩擦系数

$$\mu = \frac{M_Z}{0.98RN}$$

转动体偏心距

$$e = \frac{M_G}{N}$$

式中：R——球铰中心转盘球面半径；
N——转体重量。

(3) 测点布置及设备

主梁脱架后，应对撑脚进行观察。如果发现所有撑脚均未与滑道钢板接触，说明梁的平衡处于"转动体球铰摩阻力矩大于转动体不平衡力矩"的状态，即状态1。根据该状态的测试方法，在梁的承台底面布置千斤顶和位移传感器，实施梁的不平衡力矩测试。

球铰转动法测试不平衡力矩方法明确，只涉及转体结构的力平衡方程，若能准确测试出球铰转动瞬间的顶升力，则可得到较准确的不平衡力矩值。另外，此方法不仅能测得转体结构的不平衡力矩，还可以测得摩阻力矩，并最终计算出转动系统的关键参数的值，如摩擦系数、偏心距、转动牵引力等。此方法一般用于测试沿顺桥向的不平衡力矩，而横桥向由于结构空间的限制难以测得，并且此法的时间成本较高。

10.2.2 无平衡重平面转体施工

无平衡重平面转体施工多应用于拱桥转体施工，与有平衡重平面转体施工相比，该方法是把有平衡重转体施工中的桥梁结构（拱圈）扣索拉力锚在两岸岩体中，从而节省了庞大的平衡重。锚碇拉力是由尾索预加应力传给引桥上部结构主梁（或平撑、斜撑），以压力的形式储备。引桥上部结构主梁的压力随着拱箱转体的角度变化而变化，当转体到达转体所需设计轴线位置时达到最小。通过这种措施，不仅使转体重量大大减轻，而且设备简单，转体施工工艺得到简化；虽然，转体施工需要大量张拉钢索导致所需钢材略有增加，但转动时为了平衡配重所需的额外坼工配重数量大为减少，这样不仅转动体系自重较小，转动牵引系统布置也相对简化。由于无平衡重转体施工需要有一个强大牢固的锚碇，因此适宜在山区地质条件好或跨越深谷急流处建造大跨桥梁时选用。无平衡重的平面转体施工示意图如图 10.2.11 所示。

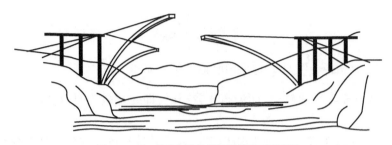

图 10.2.11　无平衡重的平面转体施工示意图

根据桥位两岸的地形,无平衡重转体可以采用以下两种方式:其一,把半跨拱圈分为上、下游两个部件,然后同步对称转体;或在上、下游分别在不对称的位置上预制,转体时先转到对称位置,再对称同步转体,这样就可以使对称构件的扣索产生的横向力互相平衡,当然这样处理需对对称的构件处理横向连接构造以确保合并成半跨拱圈的整体性;其二,若拱圈重量不大或扣索锚固可靠,桥后主梁应力满足要求,可直接做成半跨拱体(桥全宽),一次转体合龙。

1. 无平衡重平面转体结构构造

拱桥无平衡重转体施工是采用锚固体系代替平衡重进行施工,其主要结构由锚固、转动、位控三大体系构成,其一般构造如图 10.2.12 所示。

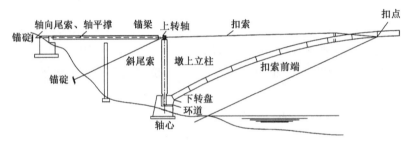

图 10.2.12　无平衡重平面转体结构的构造示意图

(1)锚固体系

锚固体系由锚碇、尾索、平撑、锚梁(或锚块)及立柱组成。锚碇可设在引道或边坡岩石中,锚梁(或锚块)支承于桥台处立柱上,水平两个方向的平撑及尾索形成三角形稳定体实现结构稳定,而稳定锚块和立柱顶部的上转轴为一确定的固定点。拱体平转至任意角度时,都可由锚固体系来平衡拱体扣索力,以实现结构受力平衡。对于双肋拱桥,当采取对称同步平转施工时,可省去其非桥轴向(斜向)支撑。

(2)转动体系

转动体系由上转动构造、下转动构造、被转拱体和锚固扣索组成。其中,上转动构造由埋入锚梁(或锚块)中的轴套、转轴和环套组成,扣索一端与环套连接,另一端与拱体顶端连接。转轴在轴套与环套间均可自由转动,其构造示意如图 10.2.13 所示。

下转动构造由下转盘、下环道与下转轴组成,如图 10.2.14 所示。被转拱体通过拱座铰支承在转盘上,马蹄形的转盘中部卡套在下转轴上,并支承在下环道上。转盘下设安装有大量聚四氟乙烯蘑菇头的走板(又称千岛走板),转盘的走板可在下环道上沿下转轴做弧形滑动,转盘与转轴接触面涂有黄油四氟粉,以利被扣索拉住的拱体实现平面转动。扣索常采用精轧螺纹钢筋,使用应力为设计强度的30%~45%。通过扣索将拱箱顶部与上转轴连接,从而构成转动体系。在拱体顶端张拉扣索后,拱跨即可离架并转动。

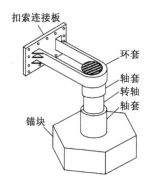

图 10.2.13 上转动构造示意图

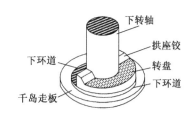

图 10.2.14 下转动构造示意图

(3)位控体系

位控体系由锚固在半跨拱体顶端扣点的缆风索与转盘牵引系统构成,用以控制在转动过程中转动拱体的转动速度和位置。

2. 无平衡重平面转体施工工艺

拱桥无平衡重转体施工的主要内容和工艺有以下各项:

(1)转动体系施工

①安装下转轴、转盘及浇筑下环道;

②浇筑转盘混凝土;

③安装拱脚位置转动铰、浇筑拱脚铰处混凝土;

④安装或浇筑拱体;

⑤必要的支架、模板,设置立柱;

⑥安装扣索;

⑦安装锚梁、上转轴、轴套、环套。

这一部分的施工须保证转轴、转盘、轴套、环套的制作安装精度及环道的水平高差的精度。转轴与轴套应转动灵活,其配合误差应控制在 0.6~1.0mm,环道上的滑道采用固定式,其平整度应控制在 1cm 以内,并要做好安装完毕到转体前的防护工作。

(2)锚碇系统施工

①制作桥轴线处的开门地锚;

②设置斜向洞锚;

③安装轴向、斜向平撑;

④尾索张拉;

⑤扣索张拉。

施工锚碇部分应绝对可靠,以确保转体施工安全。尾索张拉是在锚块端进行,扣索张拉在拱顶段拱箱内或拱肋两侧对称进行。张拉时,要按设计张拉力分级、对称、均衡加力,要密切注意锚碇和拱圈结构的变形、位移和裂缝,发现异常现象应仔细分析研究,处理后再转入下一工序,直至拱跨结构张拉脱架。

(3)转体施工

正式转体前应再次对待转桥跨结构各部分进行系统、全面的检查,检查通过后方可转体。拱跨(拱箱或拱肋)即待转拱圈的转体是靠上、下转轴事先预留的偏心值形成的转动力矩来实现。启动时放松外缆风索,转到距桥轴线约60°时开始收紧内缆风索,索力逐渐增大,通常索力应控制在20kN以下;如转不动则应以千斤顶在桥台上顶推马蹄形下转盘。为了使缆风索受力角度合理,可在两侧设置两个转向滑轮以加大缆风索水平斜角。

缆风索走速:启动时宜选用0.5~0.6m/min,一般行走时宜选用0.8~1.0m/min。

(4)合龙卸扣施工

应严格控制拱顶合龙时的高差以保证拱轴线不出现突变或转折。通过张紧扣索提升拱顶、放松扣索降低拱顶来调整拱顶高程到设计位置,封拱合龙宜选择低温时进行。先用多对钢楔楔紧拱顶,焊接主筋、预埋件后,可先封固桥台处拱座拱铰混凝土实现拱铰固结,再浇封拱顶接头混凝土。当混凝土达到70%设计强度后,即可对称、均衡、分级卸扣索,实现体系转换。

10.3 竖向转体施工法及平竖转结合施工法

10.3.1 竖向转体施工法

竖向转体施工法多用于拱式结构施工或斜拉桥桥塔等高耸结构的施工架设。竖转施工方法具有受地形条件影响小、竖转主要在桥台处集中施工、操作面集中、工序相对简单、施工过程结构体系明确,便于施工管理的优点;但是也存在竖转过程中结构内力方向时刻变化的问题,须严格验算竖转过程中结构受力与变形,并进行稳定性验算。

由于竖转过程结构内力变化较大,需在保障结构强度的同时尽量减小结构的自重,故竖向转体施工多适用于钢管混凝土拱桥或钢桥塔施工。钢管混凝土拱桥的主拱圈必须先让空心钢管成拱以后再灌注混凝土,所以在竖转起吊时,不但钢管自重相对较轻,而且钢管本身强度也高,安全度较高且易于操作。当桥位处无水或浅水时,可以将拱肋分成两个半跨放在桥孔下方进行焊接拼装。如果桥位处水较深时,可以在桥位附近焊接拼装后,浮运至竖转位置(桥轴线处),再用起吊设备和旋转装置进行竖向转体施工。

竖向转体法施工系统一般由四部分组成,即转动体系(竖转铰)、牵引体系(拉索)、锚固体系、支承体系(索塔)。拉索是竖向转体牵引体系的主要构件,其索力在脱架的时候最大,此时,拉索上的水平角度达到最小,因而竖向分力值也达到最小。竖转拱桥的拱肋要完成从多跨支承,再到铰支承以及扣点处的索支承过渡,因此,脱架时要进行结构自身的变形以及受力的转化。为了使竖向转体法能顺利地脱架,有时候还需要在提升索点处安置助升千斤顶,以增加提升力,减少拉索和索塔受力。

对于竖向转体施工,其在施工工艺上,转动体系的竖转铰的构造与安装精度,牵引体系的牵引转动力装置,支承体系的索鞍索塔和锚固体系共四部分是保证竖向转体的质量、转动的平顺和安全的关键所在。

1. 竖转施工的基本思路

以拱桥竖转施工为例,其基本施工流程为:将桥梁从跨中分为两半。在桥轴线上利用地形搭设简单支架,在其上组拼(或现浇)拱肋;也可工厂制造拱肋,用浮船浮运至桥轴线上。在拱脚安装转动铰,利用扣索的牵引将结构竖向旋转至设计高程,跨中合龙后完成结构的安装。具体如下:

(1)对于通航河流,采用工厂制造,利用浮船浮运到桥位,而拱肋由下向上竖向转体至设计高程,也可以采用桥台结构,利用竖向搭设组合拼装或者现浇拱肋的脚手架,其拱肋由上向下竖向转体至设计高程。

(2)遇到季节性河流或者河流水深较浅,对于搭设支架不困难的河流,常采用的是搭设简单支架,进行组合拼装和现浇拱肋。

拱桥竖转示意图如图10.3.1所示。

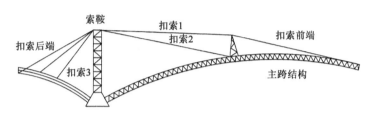

图10.3.1 拱桥竖转示意图

2.竖转结构的主要构件及技术要求

(1)拱肋

在竖转过程中,拱肋内力随角度不断变化,因而要求拱肋具有足够的强度、刚度及稳定性。同时拱肋的安装重量直接关系到竖转规模及技术难度,这就要求拱肋强度保障的同时尽量轻型化。

(2)竖转铰

设置于拱座处,要求转动灵活,转动铰的接触面应满足局部承压要求。竖转铰是转体施工的关键构件,它的位置和施工精度将影响全桥合龙的精度和转体过程中的安全,转体过程中转动铰将直接承受转动体系的重量,截面的受力非常复杂。我国国内的拱桥基本上都是无铰拱,因此竖转铰是施工中的临时构造,竖转铰的结构以及精度应该综合考虑以满足施工要求,并且能够降低造价。当拱桥跨径比较小时,可以选用插销式;当拱桥跨径较大时,可以选用滚轴式。

(3)扣索或拉索

根据竖转重量及牵引设备,选用钢丝绳及钢绞线。扣索数量的配置应充分考虑结构冲击自然环境(风力、湿度),以及扣索在转向处的弯折影响。

(4)索塔

可因地制宜地选用贝雷架、64军用梁、临时杆件等定型材料拼装索塔,也可采用钢管混凝土等高强材料。由于索塔高度直接关系到拱肋在竖转过程中的受力状况及扣索力的大小,应综合考虑索塔施工难度及材料用量对索塔高度进行优化,同时充分考虑横向风力、偏载等其他因素作用下索塔的强度、刚度及稳定性。

(5)拱上撑架

在拱肋上设置撑架可降低索塔的高度,改善拱肋的受力状况。

等(6)锚碇

可通过引桥孔及引桥孔桥墩设置扣索锚碇,扣索的水平分力由边孔拱肋承受,当边孔重量不足时,可在引桥墩上设置锚索以承受扣索的不平衡竖直分力。无引桥孔时应另设专用锚碇,并在竖转前进行试拉以检验其可靠性。

(7)缆风索

由于在竖转过程中拱肋在不断运动,拱肋的横向稳定应主要依靠自身的强度及横向宽度,缆风索可控制竖转过程中拱肋的横向偏移,并保证结构的横向稳定性。当河道通航时,两拱肋不能同时施工,此时其中一半拱肋可能在空中放置时间过长,故缆风索的设置应考虑横向风力的影响。

10.3.2 平竖转结合施工法

对于山区的深谷高桥、两岸陡峻及预制场地狭窄的桥位,利用两岸地形搭设简单支架,采用平转施工法具有较大的优越性。当跨越宽阔河流及桥位地形较平坦时,采用平转法施工往往难以有效利用地形,此时可采用竖转与平转相结合的施工方法,即通过竖转将组拼拱肋的高空作业变为在低矮支架上拼装拱肋的低空作业,然后通过平转完成障碍物的跨越。

水平转体和竖向转体相结合的转体施工,综合了水平转体方法与竖向转体方法的特点。这种施工工艺,更加适用于某些地形平坦而交通受限的大跨度拱桥施工方案。安阳钢管混凝土拱桥是第一座采用水平转体和竖向转体相结合的施工方法建设的桥梁,自此之后,陆续有广州丫髻沙大桥、广东佛山东平大桥等采用平竖转相结合的方式进行桥梁建设。

平竖转结合施工法的成功应用,不但扩大了转体施工工艺的应用范围,而且提高了转体施工应用效率。由于大跨度拱桥多为钢管混凝土拱结构形式,故平竖转结合拱桥施工多应用于钢管混凝土拱桥,其施工流程为:

(1)转体准备阶段:安装劲性骨架、拱座索塔、扣索和张拉设备;
(2)竖转阶段:同步张拉各扣索,将主拱肋竖转至设计高程;
(3)平转阶段:拆除边拱支架,将两岸主拱结构平转就位;
(4)合龙阶段:平转就位后,焊接主拱合龙段,封固转盘。

平竖转结合施工多采用竖转结构到位后平转合龙的方式,具体工艺应充分考虑设计桥型及桥位所处的自然地理条件对施工方案的影响,同时整个施工过程需充分考虑通过扣索位置的优化以确保转体过程中和转体合龙后结构处于最佳应力状态。由于平竖转结合施工,涉及竖转和平转两种施工方法,具体施工工艺与前述两节内容基本一致,这里不再赘述。

10.4 转体施工控制

桥梁施工监测与控制即是对施工中的重要环节进行监测与控制,以保证施工过程中结构处于安全状态,以及根据结构的实际状态,对利用各种测试及监测手段获取的数据进行跟踪修正计算,给出后续各施工阶段的高程及内力反馈数据,用以指导和控制施工,保证桥梁线形和内力符合设计要求。对于转体施工,其整个转体过程中的转动精度控制水平的高低直接影响到整个结构是否安全、转体是否平稳。施工过程中,尤其是在结构转体实施过程中的重心控制、结构双侧重量平衡控制更是关键。本节以某预应力混凝土T构箱梁水平转动施工为例,简介转体过程的施工控制要点。

10.4.1 转体施工控制对象

转体施工经历前期准备、不平衡称重试验、试转体、正式转体、微调等施工阶段,合理有效的转体施工控制对象主要包含以下几个方面:

(1)支架拆除前后结构线形及内力状态;
(2)初始不平衡重量及压重方案;
(3)临时锁定拆除前后撑脚位置间隙、撑脚受力变化;
(4)不平衡称重试验及不平衡重量和压重方案;
(5)试转体时结构平面及空间姿态响应,撑脚位置间隙、撑脚受力变化;
(6)正式转体时结构平面及空间姿态,撑脚位置间隙、撑脚受力;
(7)精调位过程结构平面及空间姿态;
(8)转体最终状态确定。

施工荷载的大小和位置以及环境因素(主要参数包括:风力、风向、结构温度、环境温度等)会影响当前施工阶段主梁的几何线形,施工及转体过程中,必要时可根据施工荷载及环境因素测试数据对计算模型及监测与测量数据进行修正。

10.4.2 转体施工流程

1. 转体施工监控程序

转体施工监控程序如图10.4.1所示。

2. 转体施工监控重点

结合本桥的结构及施工特点和地理位置,转体施工监控重点如下:

(1)不平衡力测试。本桥转体重量大,转体过程中需要对偏心和施工造成的不平衡力进行监测,通过配重使结构达到自平衡。

(2)转体过程结构实时姿态监测。通过高精度传感器实时监测主梁转体角度、空间位置、撑脚应力及其与滑道间隙,确保转体过程中结构安全及姿态可控。

(3)转体目标状态确定。通过姿态微调过程中结构状态实时监测,确保最终状态高程及轴线误差在允许范围内。

10.4.3 转体施工过程监控

1. 转体姿态监测

(1)转体角度监测

转体过程中的主梁平面转体角度通过在上转盘安装标尺,采用水平仪实时监测,如图10.4.2所示。

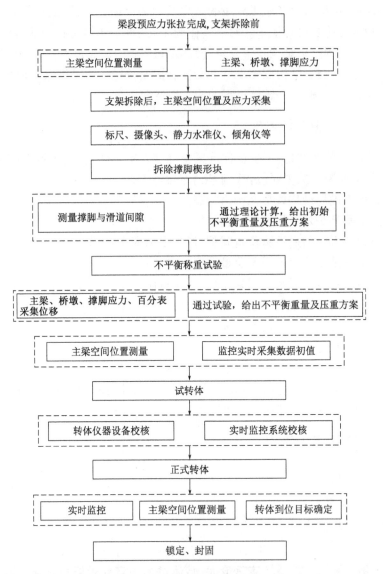

图 10.4.1 转体施工监控程序图

图 10.4.2 转体角度监测

（2）空间位置监测

主梁空间姿态及墩身垂直度监测采用以倾角仪为主，静力水准仪为辅的方式进行。

2. 不平衡力监测

为了对转体过程中的不平衡力进行实时监测，在撑脚处布置表面式应变计和位移计，表面式应变计可以随时监测与滑道接触的撑脚受力情况，位移计可以监测撑脚与滑道间隙变化。

3. 转体到位微调

根据转体施工方案，在梁端距转体到位 3～4m 时，可进行千斤顶减速。在梁端距转体到位还差 1m 左右时，牵引连续千斤顶由连续作业变更为点动操作。

在转体由连续作业变更为点动操作前，对转体结构进行全面测量，计算梁体轴线及高程偏差值。由限位装置、微调系统、平转牵引系统共同作用，将梁体的中线及高程调整到理论位置，使梁体端部精确就位。具体如下：

（1）采用平转千斤顶及限位装置，将桥梁中线对正；

（2）利用上、下转盘间的微调千斤顶，将转动体的纵、横向倾斜度及高程调整到设计要求；

（3）通过安装在上转盘上的四个倾角仪，还原转体前桥墩理论垂直度。

每次点动操作完成，对结构控制点进行全面测量，计算点动过程中梁体前端转体角度、梁体轴线及高程偏差值。

4. 实时监测系统

对转体过程中的主梁线形、撑脚应力数据进行实时采集。

10.5 转体施工实例

10.5.1 桥梁概况

某上跨铁路桥梁，其上部结构为 2×85m 单箱双室箱式预应力混凝土 T 构箱梁，主桥长 170m；桥梁单幅宽度 17.5m，断面布置 17.5m = 0.5m（护栏）+3.0m（人行道）+2.5m（慢行道）+0.5m（栏杆）+10.0m（机动车道）+0.5m（护栏）；该桥主桥采用支架现浇，而后平面转体施工。主桥分 5 个阶段在铁路两侧分别现浇施工，阶段组成为(25 + 20 + 15 + 12 + 16 + 12 + 15 + 20 + 25)m。主桥上部结构立面如图 10.5.1 所示。箱梁断面如图 10.5.2 所示。转动体系如图 10.5.3 所示。

10.5.2 施工方案

（1）主桥基桩设计为端承桩，采用钻孔灌注法。

（2）主墩墩身高度 6m，主墩墩身设计为双肢薄壁实心墩，采用组合式钢模施工。

连续梁墩身浇筑施工顺序：上承台顶面混凝土凿毛→承台顶面调平→绑扎钢筋→安装模板→预埋件预埋→混凝土浇筑→拆除模板。

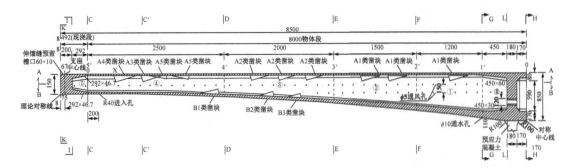

图10.5.1 主桥上部结构立面图(尺寸单位:cm)

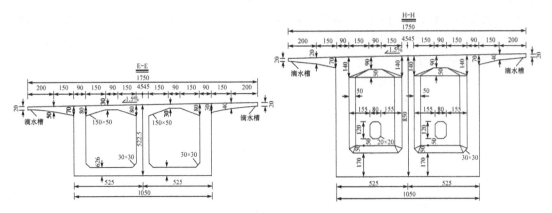

图10.5.2 箱梁断面图(尺寸单位:cm)

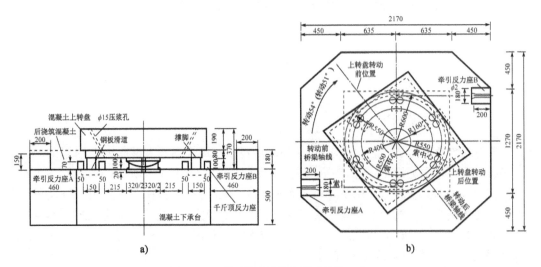

图10.5.3 转动体系示意图(尺寸单位:cm)

(3)转动体系采用RPC球铰。

施工顺序如下:安装RPC下座板→安装球铰下转盘→将下座板和球铰下转盘由连接板焊接为一体→安装球铰上转盘→安装RPC上座板→将上座板和球铰上转盘由连接板焊接为一体→中心转轴安装→撑脚、砂箱安装→搭设上承台支撑架→上承台施工→上承台预应力张拉。

(4)主梁的主要施工步骤为:首先进行地基处理,待地基承载力满足施工要求后在墩旁两边搭设满堂支架,并进行预压,预压完成并卸载之后,先调整支架与模板,绑扎钢筋;其次对称现浇0号节段,当混凝土参数达到要求后两端对称张拉预应力束,并压浆,封锚;然后1~4号节段分别搭设模板,绑扎钢筋,两端对称浇筑混凝土,养护,待混凝土强度达到设计要求后,两端对称双向张拉预应力束,并压浆,封锚;落架,完成桥梁转体。

10.5.3 桥梁转体施工工艺简介

1. 转动体系

转动体系包括转体球铰,混凝土上、下转盘,钢板滑道,撑脚。转动体系尺寸及球铰尺寸见图10.5.3a)、图10.5.4。

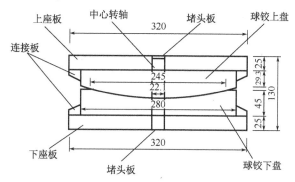

图10.5.4 球铰尺寸示意图(尺寸单位:cm)

2. 牵引体系参数计算

转体总重量 G 为135000.0kN,其摩擦力计算公式为 $F = G \times \mu$。

启动时静摩擦系数 $\mu = 0.1$,静摩擦力 $F = G \times \mu = 13500.0$kN。

转动过程中的动摩擦系数 $\mu = 0.06$,动摩擦力 $F = G \times \mu = 8100$kN。

转体牵引力计算:

$$T = 2/3 \times (R \cdot G \cdot \mu)/D$$

式中:R——球铰平面半径(m),$R = 1.225$m;

G——转体总重量(kN),$G = 135000.0$kN;

D——转台直径(m),$D = 11.0$m;

μ——球铰摩擦系数,$\mu_{静} = 0.1$,$\mu_{动} = 0.06$。

计算结果:

启动时所需最大牵引力 $T = 2/3 \times (R \cdot G \cdot \mu_{静})/D = 1002.3$kN;

转动过程中所需牵引力 $T = 2/3 \times (R \cdot G \cdot \mu_{动})/D = 601.4$kN。

故本桥每个转体选用两套ZLD400型液压、同步、自动连续牵引系统(牵引系统由连续千斤顶、液压泵站及主控台组成),形成水平旋转力偶,通过拽拉锚固且缠绕于直径1100cm的转台圆周上的25-ϕ^s15.2钢绞线,使得转动体系转动。同时应根据牵引力设置牵引反力座、千斤顶反力座。牵引系统布置如图10.5.5所示。

3. 桥梁称重试验

桥梁采用平转法施工,跨度为(85+85)m,单悬臂实际跨度80m。单T构转体实际重量为13500t,滑道设计直径10m,下方设置2×6个直径80cm的钢管支撑腿来提供安全保护。

图10.5.5 牵引系统布置图

根据撑脚实际设置情况,在纵桥向撑脚处对称放置两个600t的千斤顶进行对称顶升。并在6对撑脚处设置6个百分表,用以判断转动体在称重试验过程中是否发生转动。千斤顶设置在滑道中心线处,横向间距2m,千斤顶中心距上转盘圆心即转动中心的顶升力臂为4.9m。撑脚及千斤顶布置见图10.5.6。

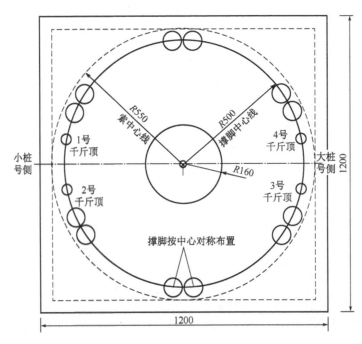

图10.5.6 撑脚及千斤顶布置图(尺寸单位:cm)

每施加 $\Delta P=0.5$ MPa进行一次位移计度数,通过测试值和测试图判断推定出球铰转动时的外力值。

4.桥梁配重方案

由于本项目T构悬臂较大(80m),为确保转体安全,避免发生过大振动,采用了纵桥向梁体发生倾斜(单侧撑脚落地)的配重方案。该配重方案的基本内容是:在转动时,单悬臂梁由于两端重量不均,发生了倾斜,即发生倾斜时一端的撑脚下落到接触滑道面,另一侧的撑脚被抬起脱离了与滑道面的接触。这样使得梁端受两点向上的支承,使转动时梁体不发生倾覆,保证了施工的安全。

配重的位置应结合现场装卸操作的难易程度,配重的大小应保证新的重心偏移量满足 $5cm < e_0 < 15cm$ 的要求。

通过计算分析给出配重方案:

(1)右幅

距大桩号梁端8m,加配重66kN(此值可按力矩不变原则进行调整)。按此加法,偏心距12.76cm,大桩号侧撑脚落地。落地撑脚反力约42.2kN。右幅配重见图10.5.7。

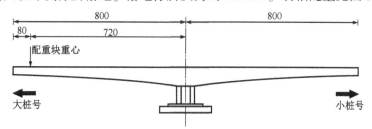

图10.5.7　右幅配重示意图(尺寸单位:cm)

(2)左幅

距小桩号梁端8m,加配重140kN(此值可按力矩不变原则进行调整)。按此加法,偏心距12cm,小桩号侧撑脚落地。落地撑脚反力约12.95kN。建议配重横桥向靠左。左幅配重见图10.5.8。

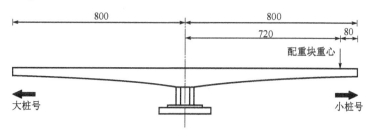

图10.5.8　左幅配重示意图(尺寸单位:cm)

思 考 题

1. 桥梁转体施工的适用条件是什么?该方法适用的桥型有哪些?
2. 请给出平面转体施工法中牵引力的计算公式。
3. 请给出梁桥转体施工法中静摩擦系数的计算公式。
4. 连续梁桥或连续刚构桥常采用哪一类转体施工方法?其主要转体施工流程是什么?其中重要控制环节是什么?
5. 拱桥转体施工方法与梁桥转体施工方法的主要区别是什么?其施工控制环节的主要监测内容是什么?
6. 钢管混凝土拱桥平竖转结合施工的主要步骤有哪些?为何往往采用先竖转再平转的顺序?
7. 竖向转动体系主要由哪几个部分组成?
8. 转体施工过程监控的主要内容有哪些?

第11章 缆索结构施工

11.1 概 述

  索是桥梁工程中必不可少的一类构件,它以不同形式和作用贯穿于各种桥梁类型之中。其中,预应力混凝土梁桥中预应力筋的施工、悬索桥中主缆和吊索的施工和斜拉桥中斜拉索的施工是索施工的主要内容。

  斜拉桥用若干高强度斜拉索将主梁斜拉在塔柱上,斜拉索使主梁受到一个压力和一个向上的弹性支承的反力,这就使得桥梁的跨越能力大大增强。斜拉索对斜拉桥的工作状态影响很大,而且造价占全桥的25%~30%。因此,对其构造和施工要予以高度重视。斜拉桥的施工,一般可分为基础、墩塔、梁、索四部分。斜拉索施工有其特殊性。斜拉桥属于高次超静定结构,所采用的施工方法和安装程序与成桥后的梁线形及结构恒载内力有着密切的关系,在施工阶段随着斜拉桥的结构体系和荷载状态的不断变化,结构内力和变形亦随之不断发生变化。为确保斜拉桥在施工过程中结构的受力状态和变形始终处在合理、安全的范围内,成桥后主梁的线形符合预期的设计效果,结构本身又处于最优的受力状态,在施工过程中必须进行严密的施工控制。

  为了保证桥面具有一定的平直度,将桥面用吊索挂在悬索上,这种支撑系统为主缆,悬挂系统为悬索的桥梁即为"悬索桥"。与其他类型的桥梁相比,悬索桥的结构特点包括:①跨越能力强,尤其是随着新型材料、技术应用,跨度超过千米的悬索桥数量越来越多;②构造相对简单,荷载传递路径明确(吊索→主缆→索塔→两端锚碇);③构件可工厂生产、现场拼装,施工便利且工业化水平高。悬索桥具有极高的美学价值,构造简练、桥面轻薄,常会成为江河水面上一道亮丽的风景线。悬索桥一般由索塔、锚碇、主缆、加劲梁等几部分组成,其施工通常包括索塔施工、锚碇施工、猫道架设、索鞍安装、主缆架设及整形索夹和吊索安装、加劲梁吊装、桥面系及防护施工等。可见,悬索桥不但要经过一个相当复杂的施工过程才能形成,而且其工序间顺序性很强,并互相关联,对各工序下表征结构状态的控制参数进行跟踪监测、调整、控制,才能确保施工过程安全和成桥后的结构实际状态。

11.2 斜拉索施工

斜拉索是一种柔性拉杆,是把斜拉桥主梁及桥面重量直接传递到桥塔上的主要承重构件。斜拉索材料通常为钢索。目前常用的斜拉索一般分为平行钢丝和平行钢绞线,其布置形式有单索面、平行双索面、斜索面等。

成型斜拉索包括由钢丝(或钢绞线)组成的钢索和两端的锚具两部分,而不同种类和构造的钢索两端需配装合适的锚具后才成为可以承受拉力的拉索。配装热铸锚、冷铸锚、墩头锚这三种锚具(统称为拉锚式锚具)的拉索可以在专门的预制厂事先将锚具装固到钢索两端,然后盘运到桥梁工地,或在桥梁工地现场制作,最后拖拉到桥位进行挂索和张拉。这些拉索有单股钢绞缆、封闭式钢缆、半平行钢绞线索、半平行钢丝索、平行钢丝索(即平行钢丝股索)等。这类拉索可称作预制索或成品索。配装夹片锚的拉索,张拉时直接张拉钢索,待张拉结束后锚具才发挥作用,因此一些采用配装夹片锚的拉索可在桥梁现场架设过程中制作,故称为现制索。

11.2.1 斜拉索的制作

1. 制索工艺流程

制索工艺流程如图11.2.1所示,若采用高密度聚乙烯管作拉索防护时,应在钢丝成索后即穿聚乙烯管,然后再穿锚。钢丝应力下料时,同一拉索的钢丝须在同一温度下下料,以防止温差过大影响钢丝长度的精度。

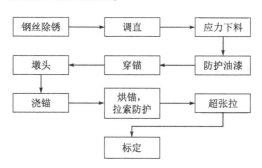

图11.2.1 制索工艺流程图

2. 索长计算

计算索长是为得出制作钢索的下料长度。首先求出每根拉索的长度基数 L_0,然后对这一基数进行修正,即可得到钢丝的下料长度 L。根据《斜拉桥热聚乙烯高强钢丝拉索技术条件》(GB/T 18365—2018),钢丝在设计温度时的无应力下料长度,对于冷铸锚可用下式计算:

$$L = L_0 - \Delta L_e + \Delta L_f + \Delta L_{ML} + \Delta L_{MD} + 2L_D + 3d \tag{11.2.1}$$

式中：L——钢丝下料长度；

L_0——每根拉索的长度基数，是该拉索上下两个索孔出口处在拉索张拉完成后锚固面的空间距离；

ΔL_e——初拉力作用下拉索弹性伸长修正值；

ΔL_f——初拉力作用下拉索垂度修正值；

ΔL_{ML}——张拉端锚具位置修正值，最终位置可设定螺母定位于锚杯的前1/3处；

ΔL_{MD}——锚固端锚具位置修正值，如图11.2.2所示，可设定螺母定位于锚杯的1/2处；

L_D——锚固板厚度；

$3d$——拉索两端所需的钢丝墩头长度，d为钢丝直径。

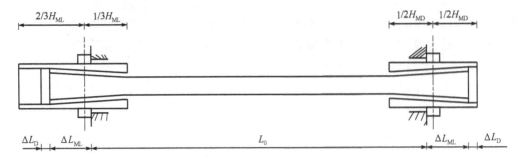

图11.2.2 钢丝下料长度计算示意图

对于采用夹片群锚（也称拉丝式锚具）的拉索，下料长度不计入墩头长度，而应加上满足张拉千斤顶工作所需的拉索操作长度 ΔL_s，则上述公式变为：

$$L = L_0 - \Delta L_e + \Delta L_f + \Delta L_{ML} + \Delta L_{MD} + 2L_D + \Delta L_s \tag{11.2.2}$$

弹性修正值和垂度修正值可分别按下面公式计算：

$$\Delta L_e = L_e \frac{\sigma}{E} \tag{11.2.3}$$

$$\Delta L_f = \frac{m^2 L_x^2 L_0}{24 T^2} \tag{11.2.4}$$

式中：σ——拉索设计应力；

E——拉索弹性模量；

T——拉索设计拉力；

L_0——拉索长度基数；

L_x——L_0 的水平投影；

m——拉索每单位长度质量。

如组成拉索的钢丝下料时的温度和桥梁设计中取定的标准温度不一致，则在下料时应加以温度修正。如采用应力下料，则还应考虑应力下料修正。温度修正和应力下料修正可根据具体情况考虑决定。对于大跨度斜拉桥，拉索的制作宜和挂索协调进行，随时注意上一阶段的挂索情况，根据反馈的信息，对下一阶段的拉索长度做出是否需要调整的决定。

11.2.2 斜拉索的安装

斜拉索的安装也称为挂索，就是将拉索架设到索塔锚固点和主梁锚固点之间的位置上。由于斜拉桥的结构特性,挂索一般从短索到长索。

斜拉桥所用的拉索,根据设计要求,可能是成品索或现制索,挂索的方式也各不相同。

1. 成品索挂索

成品索无论是在专门工厂制造后成盘运输到工地,还是在工地附近制成的,都可以直接利用起重机吊起,借助卷扬机将拉索两端分别穿入主梁上和索塔上的预留索孔,并初步固定在索孔端面的锚板上完成挂索,或者设置临时钢索作为导向缆绳,并用滑轮牵引完成挂索,其主要安装方法有卷扬机组安装法(吊点法)、起重机安装法、分步牵引法、脚手架法等。

(1)卷扬机组安装法

斜拉索卷扬机组安装方法称为吊点法安装,主要利用卷扬机组安装。

拉索上桥面后,从索塔孔道中放下牵引绳,连接拉索的前端,在离锚具下方一定距离设一个吊点,索塔式起重机架用型钢组成支架,配置转向滑轮。当锚头提升到索孔位置时,采用牵引绳与吊绳相互调节,使锚头尺寸准确,牵引至索塔孔道内就位后,穿入锚头固定。吊点法安装拉索如图11.2.3所示。

该方法优点是施工简便、安装迅速,缺点是吊装所需的拉力大,斜拉索在吊点处弯折角度较大,故一般适应较柔软的短拉索。

(2)起重机安装法

起重机安装法是采用索塔施工时的提升起重机,用特制的扁担梁捆扎拉索起吊。拉索前端由索塔孔道内伸出的牵引索引入索塔拉索锚孔内,下端用移动式起重机提升,如图11.2.4所示。起重机安装法操作简单快速,不易损坏拉索,但要求起重机有较大的起重能力。

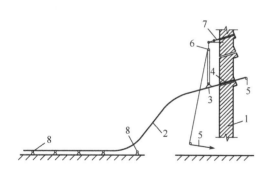

图11.2.3 吊点法安装拉索
1-索塔;2-待安装拉索;3-调运索夹;4-锚头;5-卷扬机牵引;6-滑轮;7-索孔吊架;8-滚轮

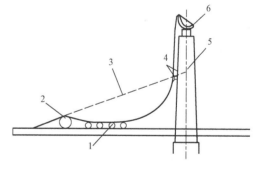

图11.2.4 起重机安装法安装拉索
1-定向滑轮;2-卷筒;3-引架位置;4-导向滑轮;5-引拉装置;6-塔顶起重机

(3)分步牵引法

根据斜拉索在安装过程中索力递增的特点,而分别采用不同的工具,将拉索安装到位。首先用大吨位的卷扬机将索张拉端从桥面提升到预留孔外,然后用穿心式千斤顶将其牵引至张拉锚固面。在这个阶段前半部,采用柔性张拉杆——钢绞线束,利用两套钢绞线夹具系统交替完成前半部牵引工作;牵引阶段的后半部,根据索力逐渐增大的情况,采用刚性张拉杆分步牵引到位。

分步牵引法的特点是牵引功率大，辅助施工少，桥面无附加荷载，便于施工。

由于长索质量大，长度大，挂索时垂度大，故需要起重机和卷扬机的牵引力也大。因此，施工前应先计算卷扬机的牵引力及连接杆的长度。通常根据短索、中索、长索制订不同的挂索方案。挂索过程中还应校验计算值是否符合实际情况，并以先期挂索的实际情况对下一根较长索的牵引力和连接杆长度及时进行调整。

斜拉索安装时，为克服索的自重所需牵引力（拖拽力）的计算方法有两种，即伸长位移法和悬链线简化法。伸长位移法同时考虑了索的弹性伸长和垂度影响，而悬链线简化法在计算索的长度时，用抛物线代替悬链线来计算曲线长度。

2. 现制索挂索

现制索即拉索是在挂索过程中完成制索的，先在拉索上方设置一根粗大的钢缆作为导向索，将拉索的聚乙烯防护套管（或其他拉索防护套管）悬挂在导向索上，然后逐根穿入钢绞线（或高强钢筋），用单根张拉的小型千斤顶调整好每根钢绞线（或高强钢筋）的初应力，最后用群锚千斤顶整体张拉，完成制索、挂索和张拉全过程。

现制索还有用其他方式制索挂索的，如美国主跨396m的达姆岬桥，拉索采用高强度精轧螺纹钢筋，逐根穿在钢套管中，配以相应锚具，管中注入水泥浆。拉索施工即制索、挂索、张拉，拉索采用满布脚手架施工，脚手架由拆装式杆件组拼而成，沿两个索面布置。

在长索挂索施工时，应尽可能避免发生钢丝绳旋转和扭曲的现象。由于长索对牵引力要求高，故必须经计算挂索设备满足要求后方可施工。在将拉索锚具引拉进入拉索预埋钢套管及拉出拉索套管时，均应将千斤顶严格对中，并应由导向装置来调整拉索以不同的角度进入管道，防止拉索锚具碰撞、损伤，影响施工。

11.2.3　斜拉索的张拉

斜拉索的张拉是在拉索完成挂索施工后导入一定的拉力，使拉索开始受拉而参与工作。通过对拉索的张拉，可以对拉索索力及桥面高程进行调整。所以拉索的张拉工艺、索力及高程的控制是斜拉桥施工的关键，应按照设计单位的要求进行，并将施工控制的实际结果迅速反馈给设计单位，以便及时调整，指导下一步的施工。由于每根拉索的张拉力很大，且伸长量也大，千斤顶和座架等均是大型的设备，因此，张拉位置选择在索塔一侧还是主梁一侧，应根据千斤顶所需的张拉空间和移动空间等决定。

为减少索塔和主梁承受的不平衡弯矩、扭矩及方便施工，应尽量采用索塔两侧平衡、对称、同步张拉的施工方法。必要时，也可考虑单边张拉，但必须要经过仔细的验算。

拉索的张拉包括悬臂架设时最外一根拉索的初次张拉、内侧紧邻一根拉索的二次张拉、主梁合龙后的最终张拉，以及施工中间的调整张拉等。工作平台等的设置，要适应以上各种张拉情况。如在主梁一侧张拉时，则需要有能够在主梁下面自由移动的吊篮式工作平台。

通过张拉对索力进行调整，索力的大小由设计单位根据各个不同的工况，经过计算后给出，张拉拉索时应准确控制索力。对于长索的非线性影响、大伸长量及相应的各种因素的影响，在设计与施工时都应充分考虑，并采取有效的技术措施。

拉索张拉方法包括以下3种：

(1) 用千斤顶直接张拉

在拉索的主梁端或者索塔端的锚固点处安装千斤顶直接张拉拉索。这种方法较简单直接，是普遍采用的方法，但需在索塔内或主梁上有足够的千斤顶张拉空间。

(2) 用临时钢索将主梁前端拉起

依靠主梁伸出前端的临时钢索，将主梁吊起，然后锚固拉索，再放松临时钢索使拉索中产生拉力。用此法张拉拉索虽然不需要大规模的机具设备，但由于只靠临时钢索有时不能满足主梁前端所需的上移量，最后还需要其他方法来补充拉索索力，所以此法较少采用。

(3) 在支架上将主梁前端向上顶起

原理同用临时钢索将主梁前端拉起的方法，只是由向上拉改为向上顶，但这种方法仅适于主梁可用支架来架设的斜拉桥。如果主梁前端在水面上时也可采用浮式起重机将主梁前端吊起，利用驳船的浮力将主梁前端托起。

目前国内大多采用液压千斤顶直接张拉拉索的施工工艺。

11.3 主 缆 施 工

11.3.1 主缆架设施工组织设计

悬索桥主缆重量很大，且为保证工程质量，索股架设前应编制实施性的施工组织设计，主要内容有：

(1) 牵引系统的设计与架设方案；
(2) 架设机具的准备；
(3) 施工场地与机具布设方案；
(4) 索股牵引、横移、整形、垂度调整、入锚、紧缆、缠丝施工的工艺细则等；
(5) 索股架设顺序与基准索股的确定；
(6) 作业人员的编组、技术交底与培训。

11.3.2 牵引系统设计

牵引系统是索股施工的关键设施，主要作用是架设猫道和主缆索股。针对不同的主缆架设方法，所采用的牵引系统也不相同，例如在欧美国家普遍采用的空中编缆法(AS法)和在我国及日本普遍采用的预制平行索股法(PPWS法)，就分别采用的是循环式和往复式两种形式，往复式牵引系统又有门架拽拉器式和轨道小车式两种。

(1) 往复门架式牵引系统

往复门架式牵引系统主要由主副牵引卷扬机、牵引索、拽拉器、门架和滑轮组(包括塔顶、锚碇、猫道门架)等组成，门架式拽拉器牵引方式是在猫道上设置若干猫道门架，猫道门架上安装导轮组。在锚碇和塔顶转向处安装特殊的导向滑轮组。通过主(副)牵引卷扬机的收(放)绳或放(收)绳，使牵引索带动拽拉器穿过导轮组作往复运动。

(2)轨道小车式牵引系统

轨道小车式牵引系统的牵引索运行于索股滚筒上,小车运行于滚筒两侧的轨道上,小车与牵引索固接,主(副)牵引卷扬机的收(放)绳或放(收)绳,使牵引索带着小车在轨道上作往复运动,索股前端锚头置于小车上并被其拖行,后部索股在索股滚筒上运行。

11.3.3 主缆架设牵引系统的施工

悬索桥下部构造完成后,主散索鞍、塔顶门架、散索鞍支墩门架、各种导轮组、塔顶滚筒安装就位后,即可进行牵引系统架设。单线往复式门架拽拉器牵引系统的架设作业主要分为两大步骤:首先是前期架设作业,即先导索过江(海),利用先导索架设主、副牵引索,初步形成牵引系统,并架设猫道;猫道架设完毕,安装猫道门架及滑轮组、猫道滚轮等,使牵引索进入猫道门架上滑轮组内,从而形成完整的用于主缆索股架设的牵引系统。

11.3.4 索股架设施工

索股架设工艺流程如图11.3.1所示。

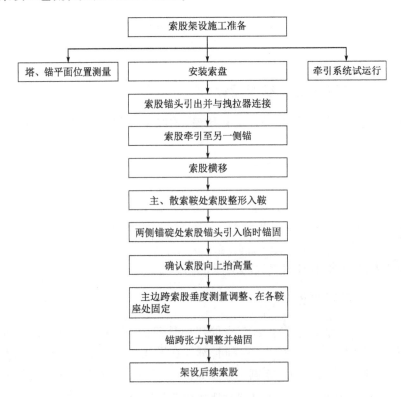

图11.3.1 索股架设工艺流程图

1. 索股牵引

目前国内大跨径悬索桥索股牵引系统,大多采用门架拽拉式双线往复牵引系统。牵引系统架设完成通过试运行后,即可开始进行索股架设。索股架设前,先将待架设的基准索股利用门式起重机安装在放索支架上,拉出索股前锚头,用专用连接器将索股锚头与牵引系统拽拉器连接,然后启动牵引卷扬机进行索股牵引作业。牵引过程中同一牵引系统中的两台卷扬机保持同步运行,收、放速度一致,动卷扬机保持一定的反拉力。索股牵引速度一般控制在 20~30m/min,在过塔顶门架锚碇门架及猫道门架时适当降低牵引速度,减小拽拉器对门架的冲击力。索股牵引过程中,散索鞍支墩顶、塔顶、猫道上,均安排人员监视看护索股牵引情况,若发现索股扭转、散丝、鼓丝、缠包带断裂等情况,及时纠正或处理,以确保索股架设质量。其他方式牵引系统的索股牵引方法基本相同。

2. 索股横移

牵引完成的索股放在索股托滚上,偏移主缆中心线一定距离,因此要利用锚碇门架和塔顶门架上的卷扬机配合滑车组进行索股的上提、横移作业。主缆索股标号以及排列如图 11.3.2 所示。

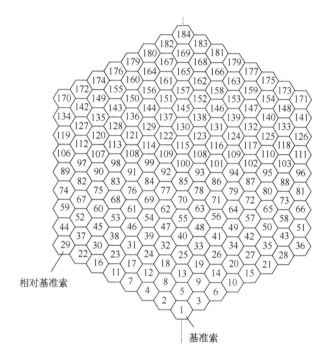

图 11.3.2 主缆索股标号以及排列

在距离主索鞍前后各 20m,散索鞍前 20m 左右位置处,将特制握索器安装在索股上,分次拧紧握索器上的紧固螺栓,确保索股与握索器不发生相对滑移,将塔顶门架、锚碇门架的卷扬机经动、定滑车组绕线后与握索器相连,组成各自的提升横移系统,待全部握索器提升系统安装完毕后,同时启动各提升卷扬机,将整根索股提离索股托滚,由锚顶、塔顶横移装置,将索股横移到设定位置。

握索器是主、散索鞍两端附近用于提起主缆索股的专用工具。对于中小跨径悬索桥,索股空缆张力较小,可以采用结构简单、施工方便的普通夹板式握索器;对于大跨径悬索桥,索股安装初始张力较大,要求握索器具有较大握裹力,否则索股在握索器中可能产生滑移,将导致索股钢丝损伤,并造成安全隐患。可采用具有楔形夹板锁紧的特制握索器。不论哪种结构的握索器,在使用时必须保证握索器的连接螺栓具备足够的预紧力。

3. 索股整形入鞍

整根索股提离索股托滚,此时主、散索鞍前后两握索器之间的索股呈无应力状态,在此状态下进行整形。入鞍前必须将该部分索股断面整理为与鞍槽对应的矩形截面,再放入鞍座内设定位置。

整形前,确定标准丝和标志丝位置,如有扭转应及时矫正。整形时,在距离索鞍前后约3m的地方,分别安装六边形夹具,解除两夹具间索股缠包带。用钢片梳进行索股断面整理,断面由六边形变成四边形,再用专用四边形夹具夹紧,整形过程中人工用木锤敲打索股。

索股入鞍的顺序为,塔顶处由边跨侧向主跨侧,散索鞍支墩顶由锚跨向边跨方向依次将索股放入鞍槽内,入鞍时应注意索股着色标志丝在鞍槽中的位置,以确保索股钢丝的平行状态。为防止已经入鞍的索股挤压鞍槽隔板使隔板变形,应在其他鞍槽内填塞楔形木块。索股入鞍后,调整索股上的标记点与一个塔设计位置吻合。为防止待调索股与已调索股间相互挤压,适当预抬高其垂度,一般为20~30cm。索股入鞍完成后,将索股两端锚头与该索股相对应位置的锚固系统连接,将索股临时锚固。

11.3.5 索股垂度调整

主缆索股调整分为基准索股垂度调整和一般索股垂度调整两种。索股垂度调整要求在风速较小、夜间温度稳定的时间段进行。索股调整的温度稳定条件:长度方向索股的温差 $\Delta T \leq 2℃$,横断面方向索股的温差 $\Delta T \leq 1℃$。

基准索股垂度调整采用绝对高程法,一般索股垂度调整采用相对基准法。一般第一根索股为基准索股,以它为基准,架设主缆其他索股,但对于大跨径悬索桥而言,若主缆索股数量较多,通常为减少架设过程中累计误差和测量方便,在主缆外侧可增设第二根基准索股。

1. 索股垂度调整顺序

索股调整的顺序为先主跨后边跨,再锚跨。基本方法是将索股的特定标志点对准一个主索鞍上相应的标志点,并用千斤顶和木楔固定。再调整索股在另一塔主索鞍中的位置,直至主跨垂度符合要求,固定后再调整两边跨的垂度,达到要求后,在散索鞍中固定,最后调整锚跨索股的张力。三塔悬索桥索股调整的顺序是中塔标记点固定,然后调整主跨,再调边跨、锚跨。

2. 基准索股垂度调整

(1)基准索股绝对垂度的监测

基准索股垂度的监测就是对基准索股主、边跨跨中高程的测量,并与相应工况下监控计算的垂度值相比较,以控制和调整基准索股线形。基准索股的绝对高程控制采用三角高程测量法。在数据处理时,应考虑当地大气折光系数改正和地球曲率的改正。

(2)基准索股垂度的调整

利用两台全站仪分别从不同的方向同时观测,进行三角高程测量,在主缆主跨跨中,设置全站仪反光棱镜,置全站仪于观测站控制点上,利用已知水准控制点,测量出索股跨中点高程(垂度),并与设计垂度进行比较,依据垂度调整图表,计算出索股需移动调整的长度,并进行温度、跨度修正。根据计算出的调整量,通过控制索股在鞍槽内的移动量来达到垂度调整的目的,直至主跨跨中点垂度符合设计要求后,在主索鞍处将索股固定在鞍槽内,并用油漆做好索股固定标志,方便后续索股架设前检查该索股是否有滑移。

主跨跨中垂度符合要求后,调整两边跨跨中垂度;两边跨跨中垂度调整方法同中跨,同样采用三角高程法测量调整垂度,直至边跨跨中垂度满足设计要求后,在散索鞍鞍槽处将索股固定。

主跨、边跨索股垂度调整好后,进行锚跨索股张力调整。锚跨张力调整采用液压螺栓拉伸器(穿心液压千斤顶)完成,使每根索股的张力控制在设计要求范围内并拧紧拉杆螺母或者填塞锚垫板锚固。

在绝对垂度满足设计要求时,同时进行上下游两根基准索相对垂度调整。

主跨绝对高程允许误差为 $\pm L/20000$,L 为跨径,边跨绝对高程允许误差是主跨的两倍,上下游索股相对高差允许值为 10mm。

基准索股的垂度调整好后,应至少连续观测 3 个晚上(夜间温差较小),确认线形符合要求后,将连续 3 个晚上观测的数据经算术平均后作为基准索股的最终线形。

11.3.6 一般索股相对垂度的测量及调整

基准索股以外的索股为一般索股。一般索股的调整同样要求在风速较小、温度稳定的夜间进行。垂度调整按与基准索股若即若离的原则进行调整,传统的方法是根据一般索股与基准索股的相对高度决定调整量,在索股数量相对较少的中、小跨径悬索桥中,用传统的方法简单可行,可保证索股的调整精度和组成主缆后索股的均匀受力。但对于大跨径悬索桥,随着缆径增大,索股数量增多后,由于内外层索股的温差问题,必然引起基准索股受到已架上层索股的挤压问题进而导致基准索股线形发生变化,不能继续作为索股调整的基准来进行后续索股的调整,这时必须重新设定基准索股,不仅费时费力,而且效果不一定好。在大跨径悬索桥索股调整时,采用了基准索调整方法。

1. 调整原理

根据主缆紧缆前排列情况,为了保证一般索股调整时参照的基准索始终处于自由飘浮状态,采用主缆各层外侧一根一般索股作为相对基准索股,其垂度依靠基准索股进行传递,然后利用各层相对基准索股调整其同一排一般索股和上一排相对基准索股的垂度,以达到主缆线形调整的目的。另外,为了消除调整误差的积累,每根相对基准索的调整误差均进行传递,即调整下一根相对基准索时,它们之间的理论相对垂度值中要减去当前相对索的调整误差值,以确保每一根索相对于基准索股的调整误差均为 0~10mm;当索股架设到一定数量时,还要用全站仪对相对基准索进行绝对垂度的检测。

2. 索股垂度调整顺序

采用基准索股法进行主缆一般索股垂度调整时,主缆索股架设顺序尽量按设计图纸上的编号逐一架设。

3. 相关数据的准备

监控组根据塔锚的实测数据计算出基准索股的线形,包括垂跨调整曲线图,温度修正表,锚跨所有的索股张力及温度修正表,以及所有一般索股相对基准索股的相对理论垂度值。

11.3.7 主缆紧缆施工

紧缆在索股架设完毕后进行,一般分为紧缆准备工作、预紧缆、紧缆机安装和正式紧缆。

1. 紧缆准备工作

(1)猫道门架、牵引系统及托架滚轮拆除

主缆索股架设完毕后,拆除猫道门架、猫道上滚轮及牵引系统,注意门架和滚轮的拆除顺序,须保持塔顶处的猫道索张力差在可以接受的范围内;同时调整猫道线形,确保紧缆机有足够的运行空间。

(2)完成鞍座锌填块的填塞,在扶手索上标出索夹位置,拆除预紧缆10m范围内主缆外层索股上的缠包带,拆除紧缆机前100m内的主缆成形装置(线形保持器和绑扎钢丝绳)。

2. 预紧缆

主缆架设完成后,即使垂度调整好了的索股群,如果索股之间产生温度差,索股的排列也会产生微妙的变化。因此夜间温度均匀,排列整齐的索股,到了白天,受日照的影响也会产生起伏、扭曲等紊乱现象。

在夜间温度条件较好,主缆表面温度趋于一致(索股温度稳定)时,进行预紧缆作业。在拆除主缆形状保持器后,于主缆表面相应位置处铺设麻袋片,以免预紧缆时损伤钢丝,利用手拉葫芦收紧主缆,同时拆除周边索股的捆扎带,人工用大木锤均匀敲打主缆四周,校正索股和钢丝的排列顺序,避免出现绞丝、串丝和鼓丝现象。然后用软钢带捆扎紧,使主缆截面接近圆形。

预紧缆作业采用先疏后密方法进行,预紧固时间间隔和移动顺序视其完成的主缆形状而定,每隔5m左右紧固一次,保证主缆28%~30%空隙率。

3. 紧缆机安装

紧缆机出厂前进行静态试验和模拟试验,并进行整机组装调试。

为便于紧缆机上缆后一次顺利组装成功,预先在地面上进行试组装。试组装完成后,正式上缆安装。

紧缆机利用塔顶起重机吊装,先分两部分安装移动辅助系统,再分三部分安装紧固装置(包括液压系统)。利用塔顶卷扬机和牵引系统,将紧缆机慢慢沿主缆下滑至跨中部位。

4. 正式紧缆

预紧缆作业完成后,使用紧缆机将主缆截面紧固为圆形,并达到设定的空隙率,索夹处18%,索夹间20%。

在正式紧缆前,在主缆上进行主缆回弹率试验,确认紧缆状态空隙率与打紧钢带紧缆机离开5m左右范围后的空隙率,比较空隙率差得出主缆的回弹率。紧缆试验在中跨跨中进行。

正式紧缆作业可在白天进行。

当紧缆机移动到位后,操作液压系统,顶推紧固蹄,开始进行紧缆作业。初期,以低压

(5MPa)进行,使各紧固蹄轻轻接触主缆表面,且相互重迭,然后升高压力逐步加载。工作压力由试紧缆试验和实际工况确定。在初加压阶段,严格控制6个紧固蹄同步性,防止紧固蹄动作不一致。主缆紧缆每隔1.0m紧固一道,主缆应紧至最靠近鞍座处。当紧缆机工作时,每次只能拆除一个猫道绑扎,在紧缆及完成紧缆后将该绑扎复位。紧缆时,在紧固蹄和主缆之间布置橡胶垫保护主缆。

一道紧缆完成后,在靠近紧固蹄位置捆扎两道不锈钢钢带,钢带接头应在主缆圆周的下半部分均匀分布,防止因接头在同一位置而在主缆上留槽影响主缆外形;在索夹的位置,紧压和钢带捆扎都加密到每隔0.5m一次,同时在索夹两端的靠近处增加了附加钢带,以确保当拆除钢带安装索夹时,索夹两端仍然有钢带捆扎来控制主缆的尺寸。

5. 紧缆施工注意事项

(1)初紧缆之前,要检查主缆1/2跨、1/4跨及3/4跨等特征断面索股排列顺序,确认其符合设计位置要求。

(2)初紧缆要在夜间气温稳定无风时进行,在进行缠包带解除时,要注意防止乱丝。

(3)加强索股保护,防止紧缆时施工工具碰伤主缆。

(4)紧缆机在紧缆操作时,注意观察各千斤顶行程,避免行程相差较多,同时注意各挤紧蹄块之间的空隙,避免夹断钢丝。

(5)紧缆机行走或操作时,应系好保险绳,防止牵引钢丝绳意外绷断。

11.3.8 主缆索股架设常见问题及解决办法

针对悬索桥主缆索股架设中经常出现的"呼啦圈"、扭转、散丝、鼓丝及索股表面划伤等问题,通常采取的防止和克服这些常见问题的有效方法和工艺措施如下:

1. 采取主缆被动放索装置,提高放索质量

根据主缆索股及索盘特点,采用组合式被动放索装置。其工作机理为:主缆索股下盘的动力由牵引系统牵引力提供,放索机构设置力矩电机提供使索股张紧的反向力,此力的大小可根据使用要求设定。当牵引系统提供的牵引力大于反向张紧力时,索股盘跟随转动,将索股从索盘上放出;反之,当牵引力小于或等于反向张力时,索盘在力矩电机提供的反向张紧力作用下自动停止,并始终使索股保持张紧状态,避免了"呼啦圈"、散丝、断带、鼓丝等不良现象发生。被动放索装置优越性表现为:在索股牵引过程中,使索股始终保持一定的反拉力,克服索盘转动惯性引起的"呼啦圈"等不良现象。

2. 克服索股牵引过程中的散丝现象

加密塔顶、散索鞍支墩位置转折处的索股托滚,在不影响索股横移的情况下,应尽可能增大塔顶、散索鞍支墩处索股滚筒所组成的曲线的竖向曲率半径。为了不损伤索股表面保护层,索股托滚采用MC尼龙整体压铸,对索股缠包带有较好的保护,防止缠包带断裂造成散丝。托滚支架结构采用装配式结构,便于制造、运输、安装。

3. 克服主缆索股牵引过程中的扭转现象的措施

(1)猫道设计时,采用合理布置等方法,尽可能减小因荷载不均造成的猫道倾斜。

(2)拽拉器与索股锚头之间采用刚性连接。

(3)主缆索股断面为正六边形,因此将托滚锥角设计成60°,牵引过程中索股贴靠边缘,可以保持一个面接触,以避免托滚形状造成的影响。

(4)在索股上安装鱼雷夹具,内为六边形断面,与索股的断面尺寸一致。鱼雷夹具每隔一定距离安装一个,安排专人跟踪控制,防止索股发生扭转。

4.避免索股产生鼓丝现象的措施

(1)确定合理的整形入鞍工艺和顺序。

(2)索股牵引过程中,严密监控,杜绝局部钢丝拖挂现象。

(3)确定适度的预提高量,减小或消除索股调整时产生的鼓丝。

(4)调整索股时,采用木锤在调整部位附近反复敲打并用手拉葫芦适当上提索股,以减小鞍槽摩擦影响。

(5)对于锚跨,将锚跨鼓丝人工赶至边跨侧,远离散索鞍,便于后期恒载增加后,达到消除鼓丝的目的。

5.保护索股表面措施

(1)恰当选择托滚间距,适当加大托滚直径,对索股镀锌层有较好的保护。

(2)将握索器及夹具边角打磨成圆角,并增大握索器与主缆索股的接触面积,以降低对索股表面的损伤。

(3)防止钢绳与索股钢丝相摩擦造成镀锌层损伤。

(4)塔顶、锚碇门架处采用尼龙吊带吊挂索股整形入鞍,以保护索股镀锌层。

(5)索股表面局部镀锌层出现损伤,立即按要求涂抹环氧富锌漆修复保护。

6.索股架设过程中的抗风措施

架设索股过程中,必须满足猫道门架不能与主缆已架设索股在横向发生冲突;当风力较大时,需对已架设的索股采取以下有效措施提高其抗风能力。

(1)将已架设好的索股捆绑并与猫道连接在一起,使猫道和已架设索股在风作用下共同偏移。

(2)在一般索股架设一定数量后,为便于主边跨各索股的排列和形状保持,每隔一定间距(大约150m)设置V形保持器及竖向插片保持器。

11.4 缆索结构施工控制

11.4.1 测量结构线形

线形测量主要包括三个部分,即主塔线形、主缆线形和加劲梁顶面线形。各状态线形测量主要测量控制点坐标,控制点可选为两个支点,两个$L/8$点,两个$L/4$点,两个$3L/8$点,以及跨中点,一共9个点,在某些特定状态,还有必要增加测点,以便为控制提供更为丰富的实测数据。在施工的前期,线形观测主要测量主缆控制点坐标,到吊装加劲梁段后,才进行加劲梁顶面线形的观测。各跨支点坐标的测量,主要测量塔顶坐标及索鞍的残留预偏量。测量仪器可采用精密水准仪、全站仪、钢尺等。

11.4.2 测定主缆锚跨索股拉力

主缆索力跟随主梁的吊装及塔顶鞍座的顶推发生变化,为监测主缆中的真实缆力,并校验主缆各索股拉力的均匀性,特对主缆锚跨索股索力进行监测。

测定方法可采用测力计、压力传感器、千斤顶,以及弦振动方法。测点设置在锚碇锚室的索股锚头处。为节约设备投入,每根主缆测量少数索股,而且选择单根锚固的索股进行测试。

1. 测定塔应力

各个状态均要进行应力测定。控制截面位置应在塔截面变化处,塔根及有系梁处一定要作为控制截面,且单塔柱控制截面总数不能少于两个。应力测定方法可用应变传感器等。

2. 测量吊索(或吊杆)拉力

一般只监测少数吊索拉力,但在成桥状态应对所有吊索拉力进行测定。测定方法可采用拉力传感器方法、千斤顶张拉方法以及弦振动方法(采用该法时应注意吊索力学图示是否符合仪器原理)。对于按传统方法施工的悬索桥,在梁段合龙状态及成桥状态应对所有索股拉力进行测定。

3. 测定加劲梁应力(总应力)

对于按传统方法施工的悬索桥,梁段合龙后才开始进行应力测定。对钢加劲梁要到成梁后才进行应力测定,对预应力混凝土加劲梁在连续段接缝时就应开始应力测定。控制截面位置与线形位置相同,但无梁端部支点。应力测定方法可采用钢筋计、应变传感器等,但应注意拉压量程范围。

11.4.3 主缆架设阶段的施工控制

主缆是悬索桥的主要承重结构,为保证主缆符合设计线形,对主缆结构设计参数与架设必须实施施工控制。主缆架设阶段的施工控制包括主缆施工监测、主缆施工控制计算和主梁施工控制调整。

1. 主缆施工监测

架设第一根标准索股前几天,要测定昼夜气温变化规律,测点位置应设在塔顶、桥面及地面位置处,该气温的测定将为第一根标准索股的精确定位做好充分的准备。

2. 第一根标准索股(或钢丝)线形及内力观测

(1)测定气温及索股表面温度;

(2)测量索股跨径、矢高以及跨中高程;

(3)测定锚跨索股拉力。

3. 成缆线形的观测及锚跨主缆索股拉力测定

在主缆架设完成时,结构线形测定应在夜间气温稳定时进行,该测试为索夹位置与吊杆长度的确定,以及锚跨索股拉力调整提供数据依据。

(1)测定气温及主缆表面温度;

(2)测量主缆各跨跨径、矢度及跨中高程;

(3)测量索塔顶坐标;

(4)观测气温对主缆跨中高程及索塔顶水平位移的影响规律;

(5)测定锚跨索股拉力。

4. 主缆缠丝过程温度观测

主缆缠丝过程中,应对大气温度及主缆表面温度进行测量,为主缆缠丝力的调整控制提供数据依据。

主缆施工监测内容见表11.4.1。

主缆施工监测内容 表11.4.1

项目	序号	监控内容	项目	序号	监控内容
设计参数	1	钢丝直径	架设过程	1	单股丝束无应力下料长度
	2	钢丝弹性模量		2	基准索股垂度
	3	钢丝重度		3	基准索股应力
	4	主缆直径		4	一般索股垂度
	5	主缆垂度		5	基准索股和一般索股的温度
	6	主缆跨度		6	成缆后线形
	7	主缆结构温度		7	

11.4.4 主缆施工控制计算

(1)主缆索股无应力下料长度计算。

计算过程中须考虑主、散索鞍半径对主缆长度的影响,修正方法是找出主缆在主、散索鞍上的切点位置,按切点位置进行上述迭代计算,算出切点之间各索段的有应力索长和弹性伸长,再计算出主缆绕主、散索鞍圆弧段的有应力索长和弹性索长。求切点位置采用迭代逼近方法,初始位置取索鞍上圆弧端点,然后以此切点作为各跨主缆的端点进行上述迭代计算,可算得主缆端点处的斜率,按此斜率重新算得新的切点位置,如此循环,直至前后切点坐标之差小于给定误差限。

(2)索鞍预偏量及基准索股线形计算。

(3)空缆状态索夹安装位置计算。

空缆状态索夹安装位置计算包括两方面内容:其一是吊索中心线和主缆中心线交点(即吊点)在空缆线形下的坐标计算;其二是吊点到索夹两端距离的计算。

(4)吊点到索夹两端的距离计算。

吊点到索夹两端的距离计算要根据索夹的位置和索夹的型号来进行,同时根据测量放样的需要,尚需提供与吊点水平坐标相同的天顶线上的点到索夹两端的距离。

主缆施工控制计算流程图如图11.4.1所示。

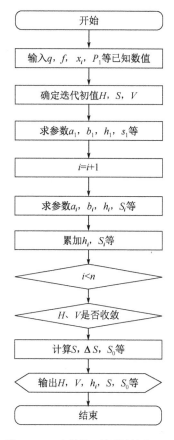

图11.4.1 主缆施工控制计算流程图

11.4.5 主缆施工控制调整

主缆索股在架设阶段为自由悬挂状态,其线形为悬链线,索股线形随着跨中垂度 f 的确定而确定,跨中垂度 f 可由跨中高程确定。在这一阶段,中跨和边跨选取跨中高程 H_1、H_2、H_3 及索鞍处的高程(共7个点)作为控制参数,见图11.4.2,通过对跨中高程的调整来调整跨中垂度 f_1、f_2、f_3,达到调整索股线形的目的。锚跨实际上也为悬链线,但其跨中高程难以测量,而锚跨跨中垂度与锚固端拉力有着固定的力学关系,因而选取锚跨的张力作为控制参数。

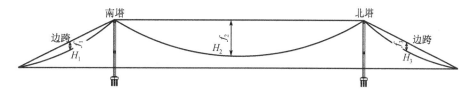

图11.4.2 控制参数示意图

1. 基准索股高程的确定

在索股架设过程中,基准索股高程是变化的,与已架设索股的束数有关。首先计算已架设索股水平方向的等效刚度(有些文献称为等效轴向刚度)。

再根据索塔的抗弯刚度计算索塔在偏心竖向力及不平衡水平力作用下的塔顶偏位，并与假设偏位相比较，如果有差异，则重新假设偏位为刚算出的塔顶偏位，再进行计算比较，直至假设的偏位与计算出的偏位差异非常小。偏位算出后，相当于跨径已知，可根据各跨已知的无应力长度按悬链线公式计算跨中高程。

上述计算的前提条件是基准索股处于自由悬挂状态，未受到其他索股的挤压。如实测基准索股高程与按上述方法算出的高程相差较大，则可能是由于基准索股受到其他索股的挤压。如基准索股确实受到其他索股的严重挤压，则应考虑重设基准索股。

2. 基准索股高程的控制

为了使已整形入鞍的索股达到设计线形，需要在夜间气温稳定、风速较小的时候对其进行跨中高程观测和调整。气温稳定的基本条件为：索股径向温差不大于1℃；索股轴向温差不大于2℃。将各测点的温度汇总，在满足气温稳定的条件下，根据监控在不同温度下的控制值，调整基准索股的跨中高程。

各跨控制参数的调整实质均是调整索长，由于索股中边跨及锚跨是连通的，则边跨跨中高程受到中跨调整的影响，锚跨又受到边跨调整的影响，因此调整应按先中跨再边跨、最后锚跨的顺序进行。在索股架设和调整过程中，散索鞍被临时固定，因而中、边跨的调整不受锚跨影响，可以先将中、边跨调整到位，最后调整锚跨。

中跨高程的调整对索股水平力的影响较小，但边跨高程的变化对索股水平力非常敏感，中跨调整索长会改变边跨高程，索塔将受到不平衡水平力作用而摆动，造成中跨和边跨的调整需要反复进行。为减少调整次数，避免盲目调整，需要制定调整方案。由于最终目标是各跨跨中高程达到控制值，且索塔恢复竖直（未考虑温度，且假定基准索股架设前索塔竖直），因此问题实质是最优终点控制，并可以索塔的内能作为控制指标。

由于调整误差和测量误差的存在，索长调整值和高程观测值均具有噪声影响，并非系统状态真值，可采用卡尔曼滤波原理进行预处理，得到统计意义上最接近系统状态真值的最优估计值。

3. 索股锚跨拉力的调整与控制

由于施工过程各种因素的影响，到达成缆状态时将难以保证锚跨索股拉力的均匀性，这将进一步影响到成桥后索股力，因此应予以调整。调整作业应先根据检测结果计算锚跨索股拉力平均值，然后对偏差大的索股拉力进行调整，调整原则是大的减小、小的增大，调整后应使索股拉力更加均匀，但是，调整的索股力增减量总和应趋于零，否则将影响结构线形及内力。具体步骤如下：

(1) 根据检测结果，求出索股拉力平均值；
(2) 按索股锚头垫片厚度确定最小调整量；
(3) 确定应调整索股及其调整量；
(4) 调整实施作业。

4. 复测索股拉力

索股安装调整完成以后进行各阶段锚跨张力的测试，除了极少部分锚下安装有压力传感器的索股外，其他索股张力的测试只能采用弦振法。而弦振法的关键在于根据实际边界条件确定出频率与索力的关系（即频率方程）。

思 考 题

1. 比较钢丝成品斜拉索与钢绞线斜拉索的施工过程有何不同,分析两种类型斜拉索的优缺点。
2. 结合猫道施工,分析猫道控制的内容,阐述其对全桥施工控制的影响。
3. 简述大跨径悬索桥主缆施工的工序,分析主缆施工中会用到哪些特殊的机具。

第12章 钢桥的制造与安装

12.1 概述

钢材是一种性能优越的弹塑性材料,钢结构桥梁是各种桥梁体系特别是大跨径桥梁常用的一种形式。但是,随着近年来国家钢铁产能的增加和国家政策的引导,钢结构桥梁已逐渐由大跨径桥梁向中小跨径桥梁发展,并且在材料加工制造、结构形式、施工架设等方面不断开拓和创新,进一步提高了钢桥在桥梁结构中的占比。

随着高强度钢材和各种耐候钢的研发与应用及焊接工艺和高强螺栓连接的完善,钢结构桥梁的制造和施工技术水平突飞猛进,越来越多的城市高架桥、高速公路常规桥梁和跨越江河湖海的大跨径桥梁都采用了钢结构桥梁,同时钢结构桥梁的工厂预制和节段安装符合当今桥梁工程施工的发展趋势。

在桥梁施工装备方面,随着桥面起重机起重能力和大型浮式起重机起重能力的提高以及千斤顶性能的提高与改善,钢结构桥梁的施工与架设能力均得到了不同程度的更新和完善。在选择确定钢结构桥梁施工方法时,需要充分考虑桥位处的地形、环境、桥梁跨径及结构形式,安装方法的安全性、经济性、施工速度等因素,同时还要考虑钢结构预制节段的运输方式、施工单位的技术水平与机械设备条件。

本章主要介绍目前钢结构桥梁施工最常见的四种安装方法——支架拼装法、悬臂拼装法、顶推施工法和大节段整体安装法。由于这四种施工方法与前面章节内容均有不同程度的重复,本章只做施工关键过程的简单介绍。

12.2 零件的制造与组装

在钢结构桥梁设计与制造中,习惯上将组成钢结构桥梁的基本单元称为构件,组成钢构件的最小单元称为零件。零件主要包括钢杆件的盖板和腹板,箱梁的顶板、底板、横隔板,板单元的面板、纵肋、横肋,拼接板及圆柱头焊钉等。构件主要包括整体节点、弦杆、斜杆、竖杆、纵梁、横梁、桥面板单元、底板单元、腹板单元、锚箱、箱形梁主梁、板梁主梁和独立编号的拼接板及节点板等。零件的制造与组装主要包括钢板的预处理、作样、号料、切割、料件矫正、料件加工、号孔与钻孔、边缘加工、组装、焊接、防锈与涂装等工序。

12.2.1 钢板的预处理

钢板进厂后需对其型号、数量、合格证书等项目进行复检,待复检合格后,对板材进行校平、除锈、喷涂底漆、烘干等预处理。零件制造所使用的钢材不应有影响号料及切割质量的浮锈、污物等,否则需要矫正、清理。

12.2.2 作样

作样一般就是按照施工图纸所示结构尺寸及孔眼位置来制造样板、样杆和样条,并在其上标注产品名称、杆号、材料号、规格、数量、孔眼直径、起线、边缘加工等,应预留制作和安装时的焊接收缩余量及切割、刨边和铣平等加工余量。样板、样杆和样条可以用薄钢条、铁皮和聚乙烯板制造。样板、样杆和样条之间的区别仅在于尺寸方面的宽窄或厚薄。

机器样板是在厚度 12~20mm 的钢板上,按照孔眼的设计位置,精确地嵌入经过渗碳淬火处理的钢质钻孔套。钻孔套是旋制的,硬度比钻头大 2°~3°洛氏硬度级。钻孔套直径公差为 ±0.05mm,孔心距公差为 ±0.25mm。钻孔时将机器样板覆盖在要加工的部件上用卡具夹紧,钻头及通过钻孔套钻制加工部件上的安装孔。用样板钻出的孔精度高且规则统一,同时省去了号孔工作,工序简便、快捷。

12.2.3 号料

利用样板、样杆和样条在料件上将零件切割线标记清楚,称为号料。一般是照着样板、样杆和样条先用划针在料件上划线,但划线难以在加工的过程中保持清晰,因而采用样冲沿着划线冲打若干冲点以利于辨识。号料使用样板、样杆和样条而不直接使用钢尺,是为了避免出现不同的尺寸误差而使钉孔错位。号料的精确度应和放样的精确度相同。

12.2.4 切割

切割是将作样和号料后的零件形状从原材料上分离。钢材的切割可以通过切削、冲剪、摩擦机械力和热切割来实现。常用的切割方法有剪切、焰切、锯切、等离子切割和光纤激光切割等,宜采用数字化、自动化和信息化的先进技术、工艺和设备。切割前应将原料面上的浮锈、污物清除干净,钢料应放平、垫稳,切割下面应留有空隙。切割工艺应根据评定试验结果编制,切割表面不应产生裂纹。零件宜采用精密仪器切割下料,在数控切割下料编程时除应考虑焊接收缩量之外,尚应考虑切割热变形的影响。

1. 剪切

剪切是使用剪切机进行的。钢板需要用龙门剪床,角钢需要用角钢剪床。为使剪切省力,活动刀片对钢材的剪切总是从一边或一点开始扩大到全截面。

采用剪切工艺时,钢板厚度不宜大于 12mm,剪切边缘应平整,无毛刺、反口、缺肉等缺陷。剪切的尺寸允许偏差应为±2mm,边缘缺棱应不大于1mm,型钢端部垂直度应不大于2mm。采用手工气割时,零件尺寸允许偏差为±2mm。

2. 焰切

焰切的使用范围比较广,对于一般剪切及不能剪切的厚钢板或因形状关系不能使用剪切的板材都可以采用焰切。切割前应对设备、工具进行检查并确认完好、可靠。切割时,先将氧和天然气及增效剂的混合气体通过几个小孔燃烧,形成预热焰,用预热焰将切割线前端的钢材烧至红热,随即开动烧切器的中间射氧孔,借助氧对高温状态的钢的氧化而实现钢材的切割。切割后割缝熔渣、氧化皮应清除干净并保证尺寸偏差、破口角度、割缝粗糙度等满足要求。焰切时需要考虑切割余量,在板厚25mm以下的零件之间留切口量2mm,在板厚25mm以上的零件之间留切口量3mm。

3. 锯切

锯切主要用于对槽钢、工字钢、管材和角钢等成品钢材的切割,锯切的工具主要为圆锯机。

4. 等离子切割

等离子切割是利用高温等离子电弧的热量使工件切口处的金属局部熔化(和蒸发),并借高速等离子的动量排除熔融金属以形成切口的一种加工方法。等离子切割配合不同的工作气体可以切割各种氧气切割难以切割的金属,尤其是对于有色金属(不锈钢、铝、铜、钛、镍)切割效果更佳。其主要优点在于切割厚度不大的金属时,等离子切割速度快,尤其在切割普通碳素钢薄板时,速度可达氧切割法的5~6倍,切割面光洁、热变形小、热影响区较少。

5. 光纤激光切割

光纤激光切割是利用光纤激光发生器作为光源的激光进行切割。光纤激光器输出高能量密度的激光束,并聚集在工件表面上,使工件上被超细焦点光斑照射的区域瞬间熔化和气化,通过数控机械系统移动光斑照射位置而实现自动切割。光纤激光切割机既可做平面切割,也可做斜角切割加工,且边缘整齐、平滑,适用于金属板等高精度的切割加工,同时加上机械臂可以进行三维切割,代替原本进口的五轴激光。比起普通二氧化碳激光切割机,光纤激光切割机更节省空间和气体消耗量,光电转化率高,是节能环保的新产品。

12.2.5 料件矫正

由于钢材在轧制、运输、切割等过程中可能会产生变形,需要进行适当的矫正。料件矫正前,剪切的反口应修平,切割的挂渣应铲净,矫正后应无明显凹痕。零件矫正宜采用冷矫,冷矫时的环境温度不宜低于-12℃,矫正后的零件表面不应有明显的凹痕或损伤。对于钢板,常采用辊压机来赶平,对于角钢也可用辊压机进行调直。采用热矫时,温度应控制在600~800℃,矫正后零件应缓慢冷却,降至室温以前,不得锤击或用水急冷。对于切割后呈马刀形弯曲的料件,当宽度不大时,可以在顶弯机上矫正。对于宽厚钢板的马刀形弯曲,则要用火焰加热进行矫正,火焰温度应控制在600~800℃之间。为得到特定形状的零件,需利用相应的加工设备和模具把钢材弯制成一定的形状。主要受力零件冷作弯曲时,环境温度不宜低于 -5℃,内侧弯曲半径不得小于板厚的 15 倍,小于者应热煨,热煨的加温温度、高温停留时间、冷却速率应与所加工钢材的性能相适应。冷作弯曲后的零件边缘不得产生裂纹。

12.2.6　料件加工

经过切割的钢板边缘,其内部结构会发生硬化和性能改变。为了保证桥梁构件的质量,需要对其边缘进行加工。此外,为了保证焊缝质量,考虑到装配的准确性,需要将钢板边缘刨成或铲成坡口,并将边缘刨直或铣平。

料件边缘的加工深度不应小于 3mm,当边缘硬度不超过 HV350 时,加工深度不受此限;加工面的表面粗糙度 Ra 不得大于 25μm;顶紧加工面与板面垂直度偏差应小于 0.01 倍板厚,且不得大于 0.3mm。料件应根据预留加工量及平直度要求,两边均匀加工,并应磨去边缘的飞刺、挂渣,使端面光滑匀顺。

12.2.7　号孔与钻孔

号孔是借助样板或样条,用样冲在钢料上打上冲点,以表示钉孔的位置。如果采用机器样板,则不必进行号孔。

制孔方法通常有钻孔和冲孔两种。钻孔是钢结构制造中普遍采用的方法,几乎可用于任何规格的钢板、型钢的孔加工,成孔的精度较高,对孔壁损伤较小。冲孔一般只能用于较薄的钢板和非圆孔的加工,且要求孔径一般不小于钢材的厚度。钻孔方式一般有画线钻孔、扩孔套钻、机器样板钻孔、数控程序钻床钻孔。使用机器样板钻孔可以使杆件达到互换使用,但对于不同规格的单构件则不能使用同一样板来钻孔(如钉孔排列不同或钉孔的间距不同),因此设计者应尽量使结构物的设计标准化、模数化,以减少机器样板的数量,提高机器样板的利用率。钻孔时可将几块板材与覆盖式机器样板一同卡牢,然后用摇臂钻床一次性在钻孔套内套钻钻透各层。用数控坐标式钻床钻孔可达到很高的精度,也可以使工字形杆件的工地栓孔一次钻成。

组装件可预钻小孔,组装后进行扩钻,预钻孔径至少应较设计孔径小 3mm。制成的孔应呈正圆柱形,孔壁光滑,孔缘无损伤不平,刺屑清除干净。

12.2.8　组装

桥梁钢结构构件遵照施工图的要求,把已加工完成的各零件或半成品杆件,装配组合为独立的成品称为组装。根据构件的特性以及组装程度,组装可分为零件组装和杆件组装。零件组装是装配的最小单元的组合,它是由两个或两个以上零件按施工图的要求装配成半成品的杆件。杆件组装是把零件或半成品结构构件按施工图的要求装配成独立的成品件。杆件组装不仅需要用焊接或紧固件连接的方式将加工的零件连接起来,还需要进行一定的端部加工、制孔等二次加工。

组装方法的选择宜根据构件的结构特性和技术要求、制造厂的加工能力、机械设备等情况,选择能有效控制组装质量和生产效率高的方法进行组装。常用的组装方法有地样法、仿形复制组装法、立装法、卧装法和胎膜组装法,其特点及适用范围见表 12.2.1。

桥梁常用组装方法及适用范围　　表12.2.1

名　称	组装方法	适用范围
地样法	按1:1比例在装配平台上放组装配件实样,根据组装配件在实样上的位置组装	桁架、框架等少批量构件的组装
仿形复制组装法	先用地样法组装成单面结构,并且必须定位点焊,然后翻身作为复制胎膜,再在上面组装另一单面结构,两次组装	横断面互为对称的桁架结构
立装法	根据构件的特点及零件的稳定位置,选择自上而下或自下而上的组装	用于放置平稳、高度不大的结构、大直径圆管、桥塔等
卧装法	构件放置在平卧位置进行组装	用于断面不大,但长度较长的细长构件,如拱肋
胎膜组装法	把构件的零件用胎膜定位在其装配位置上进行组装	用于制造构件批量大、精度高的产品,如钢箱梁

12.2.9　焊接

钢结构桥梁常采用的焊接方法有自动焊、半自动焊和手工焊。焊接质量在很大程度上决定于施焊状况,焊接时所采用的电流强度、电弧电压、焊丝的输送速度、焊接速度及空气湿度都直接影响焊接质量。

在工厂或工地首次焊接之前,或材料、工艺在施工过程中有变化时,必须分别进行焊接工艺评定试验。焊接工艺应根据焊接工艺评定报告编制,施焊时应严格遵守焊接工艺,不得随意改变焊接参数。焊接材料应根据焊接工艺评定确定,焊剂、焊条应按产品说明书烘干使用,对储存期较长的焊接材料,使用前应重新按标准检验。焊接完毕且待焊缝冷却至室温后,应对所有焊缝进行外观检查,焊缝不应有裂纹、未熔合、夹渣、未填满弧坑、漏焊等缺陷。焊缝经外观检测合格后方可进行无损检测,无损检测应在焊接完成24h后进行。对于所有的焊缝均应进行外观检查,其内部检查可以采用超声波、射线、磁粉等多种方法进行检验,应达到各自的质量要求,焊缝方可认为合格。

12.2.10　防锈与涂装

钢结构桥梁必须涂装(耐候钢除外),使钢材表面与大气隔绝,以防锈蚀。构件在喷砂除锈前应进行必要的结构预处理,粗糙焊缝打磨光顺,焊接飞溅物用刮刀或砂轮机除去。根据表面粗糙度要求选用合适粒度的磨料喷射清理。喷砂完工后,除去喷砂残渣,使用真空吸尘器或无油、无水的压缩空气,清理表面灰尘;一般情况下,涂料或锌铝涂层最好在表面处理完成后4h内施工于准备涂装的表面。在栓焊构件的工地安装螺栓孔部位、节点板和拼接板,应涂能够保证摩擦系数的防锈涂料。

12.3 钢桥的架设与安装

钢结构桥梁架设方法的选择,不仅要考虑桥梁形式、跨径、宽度、桥位处的水文、地质、地形等条件,还要考虑交通状况、现有设备条件、安全程度、工期、工程费用等因素,经过技术经济比较后确定。钢结构桥梁现场架设安装常见施工方法主要有支架架设法、缆索架设法、悬臂拼装法、顶推施工法和大节段整体安装法。由于本节内容与前面章节相关施工方法一致,本节针对钢梁的架设与安装只做简单介绍,不再详细展开。

12.3.1 支架架设法

支架架设法主要指落地支架架设法,该方法适用于梁桥、拱桥、斜拉桥和悬索桥等的施工,本节主要介绍适用于中小跨径的落地支架架设法。

落地支架架设法是指在落地脚手架、落地钢管支架等临时支承结构上架设钢梁的方法。考虑道路运输条件和吊装能力因素,将每跨钢梁沿纵向、横向划分成若干个块件,梁段拼接处设置落地支架,梁段间通过焊接在现场拼接为整体,具体现场施工情况见图12.3.1。采用该方法施工的桥梁成桥内力与一次成桥内力非常接近,施工控制难度较小,但块件划分位置尽可能选择结构受力较小的部位。该施工方法对运输和起吊能力要求不高,适合桥下净空较低、地形相对比较平坦的桥梁,同时施工工期较长,现场工作量比较大。

图12.3.1 落地支架施工现场图

支架为临时结构,承受桥梁的大部分自重和桥面的施工荷载,必须具有足够的强度、刚度和稳定性,同时在施工前应做桥下地面的处理与支架验算工作,确保安全施工。为满足结构线形与设计相符,需要在支架上设置相应的预拱度;同时在支架上设置相应的落架设备,落架时要对称、均匀,避免局部应力过大而发生局部屈曲,引发安全事故。

12.3.2 缆索架设法

缆索架设法是指利用缆索系统作为临时承重结构,吊装钢拱肋或钢梁直至合龙的施工方法,大多用于山区和峡谷地区大跨径拱桥(图12.3.2)和悬索桥的施工。具体的施工步骤及关键要点在前面章节已做过介绍,这里不再赘述。

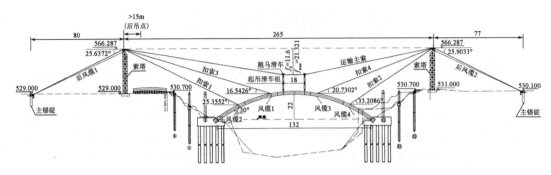

图 12.3.2　拱桥缆索吊装施工示意图(尺寸单位:m;高程单位:m)

12.3.3　悬臂拼装法

悬臂拼装法是指从桥台(墩)开始,向跨中方向逐段悬臂拼装梁段(杆件)而成为一体的施工方法。悬臂拼装法主要适用于以下三种情况:①桥下净空高,桥梁跨径大,通航河流水深流急,有流冰或水排比较多的河流,不宜采用浮运或其他方法架设时;②悬臂架设过程中的结构受力状态与成桥运营时的受力状态相似,桥梁的结构形式有利于悬臂架设的桥梁,比如连续桁梁桥、悬臂梁桥以及多跨简支桁梁桥等;③对单跨大孔径简支梁桥,方便借用其他钢梁作为平衡梁的桥梁。

悬臂拼装的钢梁由于结构本身自重会产生一定的挠度,导致结构线形偏差过大,更容易引起悬臂拼装根部应力过大,从而引起局部屈曲与失稳。钢结构桥梁在悬臂拼装的过程中,需要注意的关键问题有:①尽可能降低钢梁的安装应力;②尽可能控制悬臂端的挠度;③尽可能减小悬臂跨的施工荷载;④尽可能保证钢梁拼装时的稳定性。因此,降低钢结构桥梁的架设应力和悬臂挠度,保证钢结构桥梁架设时的稳定性,是悬臂拼装施工方法的关键。通常可以采用增强梁的刚度、缩短悬臂长度、设置斜拉索、减小施工荷载等方法。

悬臂拼装一跨而未设置临时支墩的称为全悬臂拼装,为了平衡悬臂重量必须在悬臂拼装第一跨前拼装一段平衡梁或锚固梁,平衡梁或锚固梁一般在支架上进行拼装。在悬臂拼装过程中,在桥跨设置一个或多个临时支墩的称为半悬臂拼装。平衡悬臂拼装施工从桥跨的中间桥墩开始,同时向两个方向对称平衡拼装施工,直至桥梁合龙,如图 12.3.3 所示。

图 12.3.3　平衡悬臂拼装法现场施工图

用悬臂拼装法施工多跨钢梁时,第一跨钢梁多采用半悬臂法进行施工。悬臂拼装第一跨钢梁时,根据最大悬臂长度的大小需要一定长度的平衡梁,并应保证抗倾覆稳定系数不得小于1.3(稳定力矩与倾覆力矩之比值)。平衡梁通常是在路堤上(无引桥的情况)或引桥上(通常是预应力钢筋混凝土梁或钢板梁)或满堂支架上进行拼装。

钢结构桥梁在悬臂拼装过程中,由于钢结构桥梁自重、温度变化、制造误差、临时支座摩阻力等因素影响引起钢结构桥梁纵向长度几何尺寸偏差,致使钢结构桥梁各支点不能按设计位置落在各桥墩上,使桥墩承受一定的偏载。为了调整钢结构桥梁各支点误差至允许范围内,需要对钢结构桥梁进行一定的纵移。

常用钢结构桥梁的纵移方法有温差法和顶落梁法。温差法即利用一天的气温差倒换支座性质,比如活动支座与固定支座相互转换,可以达到钢结构桥梁纵移的目的。顶落梁法即在连续梁中,利用该联钢梁中间某个支点的顶落及两旁支点的支座变"固"或变"活"的相互转换,使钢梁向着预定的方向移动,达到钢结构桥梁纵移的目的。

钢结构桥梁在悬臂拼装过程中,由于受偏载和日光偏照的影响,加之杆件本身的制造误差,钢结构桥梁中线位置会随时改变,有时偏向上游侧,有时偏向下游侧,以致到达墩顶后,钢结构桥梁不能准确地落在设计位置上,造成对桥墩偏载。为使钢结构桥梁的中线偏差在允许范围之内,可用专用的横移设备或根据情况采取临时措施实现钢结构桥梁的横移,横移必须在拼装过程中逐孔进行。

12.3.4 顶推施工法

顶推施工法是在沿桥梁纵轴方向的桥台后设置拼装场地,分节段拼装构件,通过水平千斤顶施力,将桥梁沿桥纵轴方向向前顶推出拼装场地。之后再拼接后续一段,纵向顶推一段,从而跨越各中间桥墩直达对岸桥台。顶推施工的主要优点是对桥下交通影响小,不需要大型起吊设备,变高空作业为地面作业等;其缺点是顶推钢梁悬臂所能承受的弯矩有限,桥梁施工期和运营期的内力相差较大,更适合于跨数较多的等截面桥梁。

顶推施工法进行钢梁架设过程中宜满足以下四个方面的要求:①桥台后有足够大的拼装场地,且与桥轴线方向一致;②顶推桥梁线形宜为直线或半径较大的曲线;③顶推梁截面一般为等截面,变高截面梁不宜采用顶推;④桥梁的横截面应为闭口截面,以保证结构的抗扭刚度和稳定性。

在顶推过程中,桥梁每个截面都会出现正、负弯矩,甚至经历几次正负弯矩的交替,这与运营期的受力状态差别较大,因此在截面设计时要兼顾施工和运营的要求,由此而造成用钢量的增加。为减小顶推过程中主梁前端的悬臂长度和主梁前端的负弯矩,通常在主梁的前端设置临时性结构——导梁,导梁长度一般为顶推跨径的0.6~0.8倍,刚度宜为主梁刚度的1/15~1/9。导梁主要有钢板梁和钢桁梁两种结构形式。

以钢梁桥为例,顶推施工的一般流程为:准备顶推系统→拼接钢导梁→设置顶推过程中的滑块→拼装梁段→首轮顶推→循环拼装、顶推→拆除导梁、安装支座和落梁,完成体系转换。顶推施工中水平和竖向千斤顶共同工作示意图见12.3.4。

顶推施工法在钢桁梁桥顶推的过程中需要另外设置顶推辅助梁,确保桁架节点受力。顶推施工法同样适用于拱桥、斜拉桥和悬索桥的架设安装。

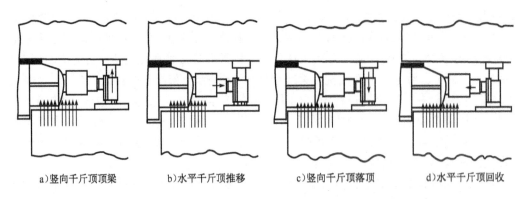

a) 竖向千斤顶顶梁　　b) 水平千斤顶推移　　c) 竖向千斤顶落顶　　d) 水平千斤顶回收

图 12.3.4　顶推施工中水平和竖向千斤顶共同工作示意图

12.3.5　大节段整体安装法

大节段整体安装法是施工过程中采用专门的机械设备将钢梁整孔吊装或者大节段整体吊装的施工方法，主要分为架桥机或浮式起重机架设法、转体施工法等。本节主要论述架桥机或浮式起重机架设法，转体施工法主要在拱桥施工中论述。

对于中小跨径的桥梁，如城市高架桥、跨线桥、跨海大桥非通航孔桥等，在运输和吊装能力允许的条件下，常常用架桥机或浮式起重机架设钢梁。陆地上常采用架桥机架梁，跨江、跨海大桥非通航孔桥常采用浮式起重机法架梁。除架桥机和浮式起重机外，还可以根据桥梁的规模、吊装重量等选择汽车吊、门式起重机等设备架梁。架桥机和浮式起重机架设法主要用于梁桥的施工，但钢结构拱桥、斜拉桥的钢主梁的架设安装中也可以采用大节段整体安装法。钢桁梁桥大节段浮式起重机架设施工图如图 12.3.5 所示，钢箱梁桥大节段运输如图 12.3.6 所示。

图 12.3.5　钢桁梁桥大节段浮式起重机架设施工图

图 12.3.6　钢箱梁桥大节段运输

12.4　钢结构桥梁的防腐与涂装

众所周知，钢结构桥梁容易锈蚀，涂装防腐由于施工便捷、防腐效果好，是目前钢结构桥梁常用的防腐方式。近几十年来，钢结构桥梁的防腐与涂装技术日趋完善，公路桥梁管理部门和铁路桥梁管理部门在总结已有研究成果的基础上形成了相应的技术标准,即《公路桥梁钢结构防腐涂装技术条件》(JT/T 722—2008)和《铁路钢桥保护涂装及涂料供货技术条件》(Q/CR 730—2019)。

12.4.1　防腐涂装的分类

根据涂装施工的阶段不同,防腐涂装可以分为初始涂装、维修涂装和重新涂装三类。初始涂装是指新建桥梁钢结构的初次涂装(包含两年缺陷责任期内的涂装)。维修涂装是指桥梁在其运营全过程中对涂层进行的维修保养。重新涂装是指彻底地除去旧涂层、重新进行表面处理后,按照完整的涂装规格和要求进行的涂装。

根据涂层保护年限,防腐涂装可以分为普通型和长效型,普通型保护年限为10～15年,长效型保护年限为15～25年。不管涂层保护年限为多少,在涂层体系保护年限内,涂层95%以上区域的锈蚀等级应不大于ISO 4628规定的Ri2级,无气泡、剥落和开裂现象。

12.4.2　防腐涂装的体系

钢结构桥梁的防腐涂料体系一般都是由底漆、中间漆和面漆三层组成。底漆的主要作用是增加钢材与涂层之间的黏结附着力,并形成封闭环境,防止钢材腐蚀;中间漆的主要作用是增加油漆漆膜的厚度,提高涂层的耐久性和使用年限;面漆是最外层的涂料,主要起装饰和保护作用。

底漆的防腐涂料分为普通涂料和重防腐涂料。目前在钢结构桥中多采用以富锌漆为底漆的重防腐涂料涂装体系,富锌底漆起阴极保护作用和屏蔽作用,即当中间漆和面漆失效后,腐蚀介质直接对富锌涂层起作用,富锌涂层以均匀腐蚀速率被腐蚀消耗;当局部锌颗粒被腐蚀后露出钢铁基体时,此时富锌涂层靠牺牲其余锌颗粒来保护钢铁不被腐蚀。中间漆和面漆可以增加涂层的厚度,对钢铁和富锌涂层起封闭作用,推迟和阻止富锌涂层及钢铁的腐蚀过早发生。面漆涂层直接暴露在腐蚀介质环境中,本身应具有耐腐蚀和耐老化等优良性能。

12.4.3　防腐涂装工艺及方法

1. 表面处理

(1)结构预处理。构件在喷砂除锈前应进行必要的结构预处理,粗糙焊缝打磨光顺,焊接飞溅物用刮刀或砂轮机除去,焊缝上深为0.8mm以上或宽度小于深度的咬边应先进行补焊再打磨;锐边用砂轮打磨成曲率半径为2mm的圆角;切割边的峰谷差超过1mm时,打磨到1mm以下;表面层叠、裂缝、夹杂物,须打磨处理,必要时补焊。

(2)除油。表面油污应采用专用清洁剂进行低压喷洗或软刷刷洗,并用淡水枪冲洗掉所有残余物;或采用碱液、火焰等处理,并用淡水冲洗至中性,小面积油污可采用溶剂擦洗。

(3)除盐分。喷砂钢材表面可溶性氯化物含量应不大于$7\mu g/cm^2$。超标时应采用高压淡水冲洗。当钢材确定不接触氯离子环境时,可不进行表面可溶性盐分检测;当不能完全确定时,应进行首次检测。

(4)除锈。根据表面粗糙度要求选用合适粒度的磨料喷射清理。热喷锌(铝),钢材

表面粗糙度 Rz 为 60~10μm；喷涂无机富锌底漆，钢材表面粗糙度为 50~80μm；喷涂其他防护涂层，钢材表面粗糙度为 30~75μm。喷砂完工后，除去喷砂残渣，使用真空吸尘器或无油、无水的压缩空气，清理表面灰尘；一般情况下，涂料或锌铝涂层最好在表面处理完成后 4h 内施工于准备涂装的表面；当所处环境的相对湿度不大于 60% 时，可以适当延时，但最长不应超过 12h；不管停留多长时间，只要表面出现返锈现象，均应重新除锈。

2. 防腐涂装的质量要求

（1）外观。涂料涂层表面应平整、均匀一致，无漏涂、起泡、裂纹、气孔和返锈等现象，允许轻微桔皮和局部轻微流挂；金属涂层表面均匀一致，不允许有漏涂、起皮、鼓泡、大熔滴、松散粒子、裂纹和掉块等，允许轻微结疤和起皱。

（2）厚度。施工中随时检查湿膜厚度以保证干膜厚度满足设计要求。干膜厚度采用"85-15"规则判定，即允许有 15% 的读数可低于规定值，但每一单独读数不得低于规定值的 85%。对于结构主体外表面可采用"90-10"规则判定。涂层厚度达不到设计要求时，应增加涂装道数，直至合格为止。漆膜厚度测定点的最大值不能超过设计厚度的 3 倍。

（3）附着力。当检测的涂层厚度不大于 250μm 时，各道涂层和涂层体系的附着力按划格法进行，不大于 1 级；当检测的涂装厚度大于 250μm 时，附着力试验按拉开法进行，涂层体系附着力不小于 3MPa。用于钢桥面的富锌底漆涂层附着力不小于 5MPa。

12.4.4 维修涂装和重新涂装

1. 涂膜劣化评定

钢结构桥梁的防腐涂装层投入使用后不可避免会出现一定的病害，需要桥梁运行管理单位在规定的时间内进行定期检查，评定防腐涂装层的劣化状况，具体的评定方法依据现行相关规范执行。根据防腐涂装层的劣化情况，可选择合适的维修或重涂方式。

2. 维修涂装

钢结构桥梁防腐涂装的维修要求有：

（1）当防腐涂装面漆出现 3 级以上粉化，且粉化减薄的厚度大于初始厚度的 50% 时，彻底清洁表面涂层后，涂装与原涂层相容的配套面漆 1~2 道；

（2）当防腐涂装层局部开裂、剥落或起泡，但底涂层完好时，选择相应的中间漆、面漆进行重新涂装；

（3）当防腐涂装层发生锈蚀时，应彻底清洁涂装层中间层和面层，并涂装相应配套的中间漆、面漆。

3. 重新涂装

钢结构桥梁防腐涂装重新涂装的要求有：

（1）当防腐涂装层发生 3 级以上锈蚀时，彻底的表面处理后涂装相应配套涂层；

（2）当防腐涂装层处于 3 级以上开裂，或 3 级以上剥落，或 3 级以上起泡时，如果损坏贯穿整个防腐涂装层，应进行彻底的表面处理后，涂装相应配套涂装层。

4. 工艺要点

根据损坏的面积大小，钢桥外表面可分为以下三种重涂方式：

(1) 小面积维修涂装。先清理损坏区域周围松散的涂层,延伸至未损坏区域 50~80mm,并应修成坡口,表面处理至 Sa2 级或 St3 级,涂装低表面处理环氧涂料+面漆。

(2) 中等面积维修涂装。表面处理至 Sa2.5 级,涂装环氧富锌底漆+环氧(云铁)漆+面漆。

(3) 整体重新涂装。表面处理至 Sa2.5 级,按照《公路桥梁钢结构防腐涂装技术条件》(JT/T 722—2008)中的相关规定要求的涂装体系进行涂装。

钢桥内表面维修或重新涂装底漆宜采用适用于低表面处理的环氧底漆,并宜采用浅色高固体分或无溶剂环氧涂料。海洋大气腐蚀环境和工业大气腐蚀环境下的旧涂层采用高压淡水清洁后,再喷砂除锈。处于干湿交替区的钢构件,在水位变动情况下涂装时,应选择表面容忍性好的涂料,并能适应潮湿涂装环境的涂层体系;处于水下区的钢构件在浸水状态下施工时应选择可水下施工、水下固化的涂层体系。

思 考 题

1. 简述钢结构加工的主要工序。
2. 简述钢结构桥梁的架设与安装的主要方法及适用条件。
3. 简述钢结构桥梁防腐与涂装的体系与分类。

第13章 桥梁附属工程施工

13.1 概 述

桥梁附属工程主要包括支座、伸缩装置、桥面铺装、排水防水系统、栏杆(或防撞栏杆)、桥头搭板、灯光照明系统等。桥梁附属工程的施工质量不仅影响着桥梁的美观,更关系着桥梁使用功能的发挥和结构的耐久性,因此桥梁附属工程的施工必须引起足够的重视。

(1)支座。它支承上部结构并传递荷载于桥梁墩台上,保证上部结构在荷载、温度变化或其他因素作用下所预计的位移功能。

(2)伸缩装置。桥跨上部结构之间或在桥跨上部结构与桥台端墙之间,设有一定的缝隙,保证结构在各种因素作用下的正常变位。为使桥面行驶平顺,减少颠簸,需要设置伸缩装置。特别是大桥或城市桥梁的伸缩装置,不但要结构牢固,外观光洁,而且需要经常清除伸缩装置中的垃圾泥土,以保证其功能的正常发挥。

(3)桥面铺装(或称行车道铺装)。桥面铺装的平整、耐磨性、不渗水是保证行车舒适的关键,特别在钢箱梁上铺设沥青路面的技术要求更高。

(4)排水防水系统。排水防水系统应能迅速排除桥面上积水,并使渗水尽可能降低至最小限度。此外,城市桥梁排水系统应采用有组织排水,保证桥下无滴水和无结构上的漏水现象。

(5)栏杆(或防撞栏杆)。它既是行车安全保证的构造措施,又是桥梁景观的最佳装饰构件。

(6)桥头搭板。桥头搭板是实现桥台-过渡段-路基的刚柔过渡构造,对汽车的平稳行驶及桥台乃至全桥的稳定意义重大。

(7)灯光照明系统。灯光照明系统不仅需要满足安全行车的基本要求,更是现代城市中光彩夺目夜景必不可少的一部分。

随着经济社会的发展,人们对于桥梁行车舒适性和结构物美观要求越来越高,因此在国内外桥梁设计中都很重视桥梁附属工程的施工质量,这不但是"外观包装",更是体现桥梁服务功能的大问题。本章主要介绍桥梁附属工程的施工要求及其注意要点。

13.2 支 座

13.2.1 支座类型

桥梁支座是桥梁结构的一个重要组成部分,是连接桥梁上部结构和下部结构的重要部件。它可以将上部结构的反力和变形传递给下部结构,保证上部结构的自由变形,尽可能使结构的实际受力情况与理论计算图式相符合,同时还能保护梁端和台帽不因混凝土直接挤压而破坏。

梁桥支座一般分为固定支座和活动支座两种,活动支座又分为单向活动支座和双向活动支座两种。桥梁工程常用的支座形式有板式橡胶支座、盆式橡胶支座、球形钢支座和特殊支座等。

1.板式橡胶支座

板式橡胶支座由数层薄橡胶片与薄钢板镶嵌、黏合、压制而成,具体如图 13.2.1 所示。它具有足够的竖向刚度以承受垂直荷载,能将上部结构的反力可靠地传递给墩台;有良好的弹性,以适应梁端的转动;较大的剪切变形可满足上部结构的水平位移。板式橡胶支座适用于中小跨径的桥梁,其承载能力在 150~7000kN 之间。

图 13.2.1 板式橡胶支座及构造图

常见的板式橡胶支座有矩形和圆形两种。支座的橡胶材料以氯丁橡胶为主,也可采用天然橡胶。氯丁橡胶支座适用温度为 -25~60℃,天然橡胶支座适用温度为 -40~60℃。

板式橡胶支座在安装时,应尽量选择在年平均气温时进行,必须使支座安装平整,保证支座与上、下部结构之间密贴,不出现空隙,避免支座脱空。同时,支座应尽量水平安装,当必须倾斜安装时,最大纵坡不能超过2%,且在选择支座时要考虑因倾斜安装而需要增加的剪切变形影响;当纵坡超过2%时,要采取措施使支座平置,如在梁底加设楔形垫块。

2. 盆式橡胶支座

盆式橡胶支座是钢构件与橡胶组合而成的新型桥梁支座,具有构造简单、结构紧凑、承载能力大、滑动摩擦系数小、水平位移量大、转动灵活等特点,适用于支座承载力在1000kN以上的大跨径桥梁。

盆式橡胶支座分为固定支座与活动支座。活动盆式橡胶支座由顶板、不锈钢板、聚四氟乙烯滑板、中间钢板、橡胶板、橡胶密封圈、底盆以及上下支座接板组成,具体见图13.2.2。组合上、中支座板构造或利用上下支座连接板即可形成固定支座。

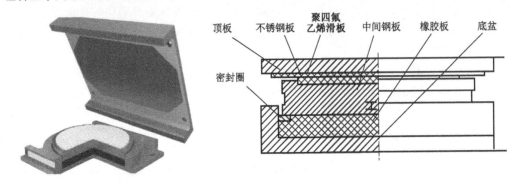

图13.2.2 盆式橡胶支座

盆式橡胶支座使用中,上部结构的竖向荷载通过固定在桥跨结构的上支座板传递给支座,由聚四氟乙烯板与钢板间的滑动提供水平位移。由承压橡胶块承受荷载,并依靠其变形保证桥跨结构在支点处的转角。下支座板固定在桥墩或桥台上,中支座板分别与上下支座板形成对聚四氟乙烯板、承压橡胶块的三向受压,从而提高支座的承载能力。国内常用的盆式橡胶支座有 GPZ 型、TPZ 型、QPZ 型等系列。

盆式橡胶支座在安装中应注意,支座垫石顶面高程应符合设计要求,表面平整、清洁,制作四角点高差不得大于2mm。安装活动支座时,可用地脚螺栓或焊接予以锚固。安装中特别需要注意的是支座活动方向与设计方向一致。

3. 球形钢支座

随着桥梁结构向大跨度方向发展,对桥梁支座的承载能力、适应大位移和大转角的能力提出了更高的要求,球形钢支座应运而生。球形钢支座传力可靠,转动灵活,承载能力大,容许支座位移大,能更好地满足对支座大转角的需求。球形钢支座是在盆式橡胶支座的基础上发展而来的,其主要优点有:

(1)球形钢支座通过球面传力,不会出现力的缩颈现象,作用在混凝土上的反力比较均匀。

(2)球形钢支座通过球面的聚四氟乙烯板的滑动来实现支座的转动过程,转动力矩小,而且转动力矩只与支座球面半径及聚四氟乙烯板的摩擦系数有关,与支座转角大小无关,特别适用于大转角的要求,设计转角可达0.05rad以上。

(3)支座各向转动性能一致,适用于宽桥和曲线桥。

(4)支座不用橡胶承压,不存在橡胶老化对支座转动性能的影响,特别适用于低温地区。

球形钢支座主要有固定支座、单向活动支座和多向活动支座三种类型。球形钢支座主要由上支座板、不锈钢板、聚四氟乙烯滑板、球形钢芯板、聚四氟乙烯球形板、橡胶密封圈、下支座板和上下固定连接螺栓等组成,具体见图13.2.3。

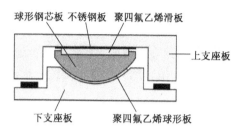 

图13.2.3 球形钢支座

球形钢支座一般在出厂前由厂家将支座调平并用螺栓固定好,防止支座在运输与安装过程中发生转动或倾覆。对于有预设转角或位移需求,需在订货时提出相应的要求,由厂家在生产装配时预先调整好。

4.特殊支座

特殊支座一般是指拉力支座、防腐蚀支座、竖向和横向限位支座等具有特殊功能和规格要求的支座。聚四氟乙烯滑板式橡胶支座是桥梁工程中一种常见的特殊支座(图13.2.4)。聚四氟乙烯滑板式橡胶支座是在普通板式橡胶支座上按照支座尺寸大小粘贴一层厚2~4mm的聚四氟乙烯板,不仅具有普通板式橡胶支座的竖向刚度与压缩变形,能承受竖向荷载及适应梁端转动,还能利用聚四氟乙烯板与梁底不锈钢板间的低摩擦系数,使桥梁上部结构水平位移不受限制。此外,这种支座还可以在顶推、横移等施工中作为滑板使用。

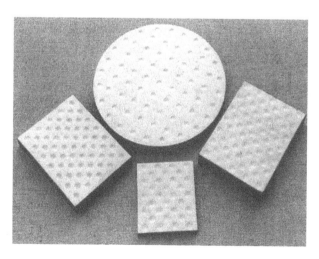

图13.2.4 聚四氟乙烯滑板式橡胶支座

13.2.2 支座施工前的准备工作

桥梁支座施工前应做好相应的准备工作,主要包括技术准备、机具设备准备、材料准备和作业条件准备。准备工作的质量最终会决定支座施工的质量。

1. 技术准备

(1) 熟悉设计图纸,确保施工支座活动方向与设计相一致。

(2) 熟悉支座相关技术要求,检查现场成品支座是否满足设计要求。

(3) 考虑混凝土浇筑时的温度、预应力张拉、混凝土收缩与徐变对梁长的影响,计算这些影响因素对设计支承中心的预偏值,以确定现浇底部预埋钢板或滑板的精确位置。

(4) 根据理论计算的精确位置,结合现场实际情况,选用合理的测量设备进行预测放样,并在墩台顶面标记出相应的控制位置。

2. 机具设备准备

(1) 安装和运输设备:起重机或吊架、运输车或船等。

(2) 混凝土及砂浆拌和设备:拌和机(站)、铁锹等。

(3) 测量设备:全站仪、水准仪、钢尺等。

(4) 试验设备:万能试验机、压力机等。

3. 材料准备

(1) 原材料:砂、石、钢筋、环氧树脂、钢垫片等。

(2) 按设计尺寸的要求,做好混凝土及砂浆的配合比设计与试验。

4. 作业条件准备

(1) 搭设工作平台。支座安装前,首先在墩台顶四周合适位置搭设牢固的施工人员作业平台,并设置护栏,确保施工人员工作方便和作业安全。

(2) 确定合理的运输通道,确保支座可以顺利运抵施工现场。

(3) 确定支座的吊装方法,准备好相应的吊装设备,必要时需进行相应的验算,确保施工过程的安全。

(4) 支承垫石的高度应综合考虑支座养护与后期检查的方便性,并应考虑后期养护时支座更换千斤顶顶升的可操作性。

13.2.3 支座施工工艺要点

本节支座施工工艺要点主要以桥梁施工中常见的盆式橡胶支座安装为例进行介绍,其他类型的支座安装应根据各自的特点参考执行。

1. 工艺流程

支座安装施工的具体工艺流程见图13.2.5。

2. 操作工艺及要求

(1) 预埋锚固连接件

盆式橡胶支座顶板和底板可用焊接或锚固螺栓栓接在梁底和墩台顶面的预埋钢板上。当采用地脚螺栓锚固时,在墩台上应预留锚固螺栓孔,孔深应略大于地脚螺栓的长度,孔的尺寸应大于或等于 3 倍地脚螺栓的直径。当采用焊接时,必须按设计要求,埋设钢板,钢板的尺寸和厚度,均应大于支座顶板和底板的尺寸和厚度并有可靠的锚固措施。

(2)浇筑支承垫石

在浇筑前,将支承垫石下面的浮渣、杂物清理及冲洗干净。按设计要求绑扎和铺设钢筋网片,按设计的支承垫石的位置和尺寸,支好模板,浇筑混凝土,并捣固密实,及时收浆、抹面与覆盖,洒水养护 7d 以上。

(3)支座全面检查

①按设计要求检查支座的规格、尺寸是否符合设计规定,产品合格书是否齐全,有无技术性能指标等。

②确认厂家设置的预偏是否正确,必要时进行合理的纠偏与校正。

③查看支座部件有无缺失与损坏,滑动面上的四氟滑板和不锈钢板不得有划痕、碰伤等。检查橡胶块与盆地间有无压缩空气,若有应排除空气,保持紧密。活动支座安装前,应用丙酮或酒精仔细擦洗各相对滑移面,擦净后在四氟滑板的储油槽内注满硅脂润湿剂,并注意保持清洁。支座的其他部件也应擦洗干净。

图 13.2.5　支座安装施工工艺流程图

(4)测量放样

①支座安装前,除了再次测量支承垫石高程外,还应对两个方面的四角高差进行测量,承压力小于等于 5000kN 时,四角高差不超过 1mm;承压力大于 5000kN 时,四角高差不超过 2mm。

②测量并放出支座纵横向十字中心线,标出支座安放位置。支座纵桥向中线应与主桥中心线重合或平行。

(5)铺设支座垫层砂浆

①清扫支承垫石顶面,必要时可用高压水枪冲洗干净。

②支模板铺设砂浆:为了防止支座垫层砂浆滑移,先支框架模板或安装提前预制好的钢模框架,框架模板应略大于支座下底板;安装地脚螺栓,并向螺栓孔灌注砂浆或环氧树脂砂浆,捣固密实;铺设 2~3cm 厚度砂浆垫层,振捣密实。砂浆应与支承垫石同等强度,砂浆顶面应比支座底面高 3~5mm。

(6)支座安装

①当安装温度与设计温度不同时,活动支座的预设偏移值,应按实际温度下计算的相应预偏值进行调整。

②支座吊装前,用螺栓将支座上顶板和下底板临时固定,再进行吊装。

③为了使安放的支座高程控制准确,在铺垫层砂浆前,采用贴垫薄钢板的方法,准确定出支座底四点高程。

④按放样位置,将支座小心安全地吊装入位,然后用木锤振击,使支座缓慢下沉,同时反复测定支座中心线位置以及支座中心和四角高差,均应控制在现行规范规定的允许偏差范围内。

支座中心线允许偏差具体为顺桥向小于或等于 10mm,横桥向小于或等于 2mm;支座高程允许偏差具体为应符合设计要求,无设计要求时偏差为±5mm,支座的四角高差不大于1mm。

⑤为避免砂浆垫层在未凝固前,因上支座板预偏心值过大,导致支座变位,应在上支座板的四角用木块做临时支撑。

(7)支座锚固

①当采用地脚螺栓连接时,待砂浆或混凝土达到要求的强度后,应及时将地脚螺栓拧紧锚固。

②当采用焊接锚固时,待支座定位后,用断续跳跃的焊接方法,将支座的顶板、底板分别与预埋钢板焊在一起,然后逐步焊满周边,焊接时应采取有效措施避免因温度过高烧伤混凝土。

(8)养护

①支承垫石混凝土及砂浆垫层应及时用湿润的土工布或其他材料覆盖好,且定时洒水养护7d以上。

②支座外露部分钢构件应做好防腐蚀保护,以防锈蚀影响支座正常工作和耐久性。

③施工完成后将支座周围的杂物清理干净,严禁阻水。

④按要求安装支座防尘罩。

3. 成品保护

(1)支座进场后,应支垫覆盖好,运输吊放应谨慎操作,采取有效的保护措施,以防碰坏。

(2)施工完成后定期检查支座防尘罩是否碰坏、脱落,如发现问题应及时恢复。

(3)施工完成后定期检查支座有无异常现象发生,如发现问题,应及时分析原因,采取有效的处理办法,避免事故发生。

13.3 伸缩装置

为了适应桥梁结构在温度变化、汽车荷载、混凝土收缩徐变等作用下能够按照理论计算图式自由地伸缩,需要在梁端或梁与桥台之间设置伸缩装置。

13.3.1 伸缩装置的功能及要求

桥梁在气温变化时,桥面有伸长或缩短的纵向变形,行驶中车辆等也会引起梁端的转角位移和纵向位移。为使车辆平稳通过桥面并满足桥面变形要求,需要设置一定的能够自由伸缩的装置,这种装置称为桥面伸缩装置。

对伸缩装置的设计与施工应符合以下几个方面的具体要求:

(1)伸缩装置能够适应桥梁温度变化所引起的伸缩。

桥面伸缩装置的设计与施工除了需要考虑年最高温差变化所引起的伸缩外,还必须考虑施工时温度所导致的调整量,以便在全部的预期温度范围内都能可靠地工作。

(2)伸缩装置需与桥面连接平整,具有行驶性良好的构造。

桥面伸缩装置与桥面衔接必须平整,伸缩装置前后桥面平整度,在3m长范围内,必须保证误差在±3mm内。在桥墩、桥台与桥头引道沉降结束后,上述误差应在±8mm以内。所谓行驶性,不仅对汽车而言,而且包括自行车在内。

(3)伸缩装置应施工安装方便,且方便与桥梁结构连为整体。

伸缩装置一般都是在桥梁主体结构施工完成后才安装,因此对伸缩装置的施工安装方便性提出了更高的要求,同时安装完毕后应与主体结构形成整体,以便于共同变形和行车的平顺。

(4)伸缩装置应具有防水和排水的构造措施。

伸缩装置一般设置在桥墩或桥台上方,如果漏水,轻则引起支座钢板生锈,影响支座功能的正常发挥,重则引起主体结构碳化和钢筋锈蚀,因此伸缩装置应具有良好的防水和排水性能,避免影响主体结构的耐久性与安全性。

(5)伸缩装置应能承担各种车辆荷载的作用。

伸缩装置是桥面的过渡部分,也是薄弱部位,在车辆荷载作用下容易出现问题。伸缩装置的破损与交通量过大有关,但通行的重型车辆是伸缩装置破损的最根本原因。因此,在伸缩装置设计和选择时,应考虑所在道路的重车数量,设计或选择耐久性好的伸缩装置。

(6)伸缩装置应便于养护、维修与更换。

伸缩装置的维修与更换修理一般是半幅更换半幅通行,这将会严重影响区域交通的正常通行能力,其更换的难易取决于损坏的部位,因此伸缩装置应易于维修与更换。

(7)伸缩装置应注重其经济性和耐久性。

伸缩装置的选择也应该重视其经济性问题,尽量选择伸缩装置的寿命与桥面寿命相当,这样易于同时更换。

13.3.2 伸缩装置的类型

我国桥梁工程中使用的伸缩装置种类很多,根据伸缩装置的传力方式和构造特点大致可以分为五大类,即对接式伸缩装置、钢制支承式伸缩装置、橡胶组合剪切式伸缩装置、模数支承式伸缩装置和无缝式伸缩装置。

1. 对接式伸缩装置

对接式伸缩装置根据其构造形式和受力特点的不同,可分为填塞对接型和嵌固对接型两种。对接型伸缩装置已不多见。对接式伸缩装置横断面如图13.3.1所示。

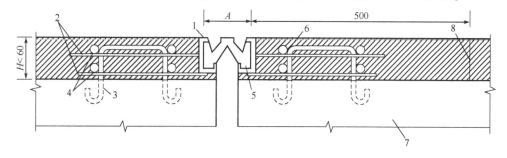

图 13.3.1 对接式伸缩装置横断面(尺寸单位:mm)

1-用钢板弯制 L 钢;2-锚固钢筋;3-预埋钢筋;4-水平加强钢筋;5-W 型橡胶条;6-现浇 C30 混凝土;7-行车道上部构件;8-桥面铺装

2. 钢制支承式伸缩装置

钢制支承式伸缩装置是用钢材装配制成，能直接承受车轮荷载。钢制支承式伸缩装置的形状、尺寸和种类繁多。其中，面层板呈齿形，从左右伸出桥面板间隙处相互啮合的悬臂式构造，或者面层板成悬架的支承式的构造，统称为钢梳形板伸缩装置。钢制支承式伸缩装置如图13.3.2所示。

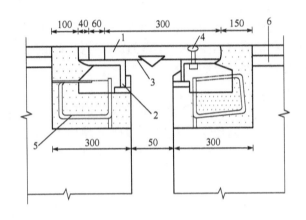

图13.3.2 钢制支承式伸缩装置(尺寸单位：mm)
1-钢板；2-角钢；3-排水导槽；4-沉头螺钉；5-锚固钢筋；6-桥面铺装

3. 橡胶组合剪切式伸缩装置

板式橡胶伸缩装置是利用橡胶材料剪切模量低的原理设计制造而成。剪切式橡胶伸缩体设有上下凹槽，橡胶体内埋设承重钢板和锚固钢板，并设有预留螺栓孔，通过螺栓与梁端连成整体。它是依靠上下凹槽之间的橡胶体剪切变形来满足梁体结构的相对位移；橡胶伸缩体内预埋钢板，跨越梁端间隙，承受车辆荷载；另外，在橡胶伸缩体内两侧预埋两块锚固钢板，通过螺栓与梁端连接的受力原理形成的结构构造。

橡胶组合剪切式伸缩装置是一种刚柔结合的装置(图13.3.3)，具有伸缩量大、行车平稳的优点。但由于自身结构特点，一般情况下伸缩摩阻力比较大，故加工和施工安装要求较高。

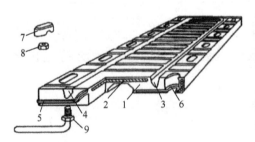

图13.3.3 橡胶组合剪切式伸缩装置
1-橡胶；2-加强钢板；3-伸缩用槽；4-止水块；5-嵌合部；6-螺母垫块；7-腰型盖帽；8-螺母；9-螺栓

4. 模数支承式伸缩装置

随着我国桥梁建设事业的迅速发展,长大桥梁要求有结构合理、大位移量的桥梁伸缩装置来适应结构的变形。因此,研制了利用缓冲性能好且容易密封的橡胶材料与强度高、刚性好的异型钢材组合的能承受车辆荷载的桥梁伸缩装置,这就是模数支承式伸缩装置(图13.3.4)。此类伸缩装置构造特点是由V形截面形状的橡胶密封带嵌接于异型边梁钢和中梁钢内组成可伸缩的密封体,异型钢梁直接承受车辆荷载,且可根据要求的伸缩量,随意增加中梁钢和密封橡胶带,加工组装成各种伸缩量的系列产品。异型钢梁有采用钢板或型钢焊接而成,有挤压成型,也有轮钢坯经车轧成型或局部分段(层)轧制焊接成型的。目前,国内应用较为普遍的模数支承式伸缩装置,其伸缩范围可达80~1040mm。

图13.3.4 模数支承式伸缩装置

5. 无缝式(暗缝型)伸缩装置

无缝式伸缩装置是在桥梁端部的伸缩间隙中填入弹性材料并铺上防水材料,然后在桥面铺装层铺筑黏弹性复合材料,使伸缩接缝处的桥面铺装与其他铺装部分形成一个连续体,以连接缝处沥青混凝土等材料的变形承受结构伸缩的一种构造(图13.3.5)。这类伸缩装置仅适用于较小的伸缩变形部位,目前已不再使用。

13.3.3 伸缩装置的施工

桥梁伸缩装置施工质量是影响桥面平整度的重要因素。伸缩装置与桥面铺装层间存在高程差将会降低行车舒适性,严重的会引起跳车,在车辆反复冲击作用下,容易导致伸缩装置破坏。因此,选择专业的施工队伍,严格遵照伸缩

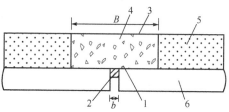

图13.3.5 无缝式(暗缝型)伸缩装置
1-跨缝板;2-海绵体;3-TST弹塑体;4-碎石;5-桥面铺装层;6-梁体;B-伸缩装置区域宽度;b-梁体间宽度

装置厂家给定的施工程序施工,是桥梁伸缩装置安装成功的重要保证。下面简单介绍一下桥梁伸缩装置的施工流程及相关要求。

1. 做好施工前的准备工作

在进行施工之前,准备工作是必不可少的关键环节,必须了解设计意图才能更好地施工,要了解采购以及施工所需要的材料。严格按照设计及现行规范要求进行施工前的检查,确保后续施工的顺利开展。伸缩装置的采购需要按照施工图的要求到相应的厂家进行购买。在出厂前就需要提前将伸缩装置固定好,在出厂时也需要经过专业的检测。

2. 开槽

桥梁伸缩装置一般都是在桥面铺装完成后再施工,因此伸缩装置施工前需要开槽,必须要按照图纸的要求来进行精确开凿。采取切割机切缝,切缝的过程中要注意有可能会对路面造成一定的污染,需要在切割施工前铺设塑料布等材料。在接缝施工时保证切割是垂直切整齐的,切割之后也要避免造成周围混凝土松动。伸缩缝的切割工作一般采用湿切和干切两种方式,现场应根据实际情况选择合适的方法。进行槽内清除之后,要用塑料泡沫将其填充,施工完成之后也要对周围的环境进行检查,以保证施工的场地干净整洁。

3. 预埋钢筋作业

在施工时一定要严格按照规定来进行精准施工,把钢筋预埋至设计图纸指定的位置,确定钢筋位置后要进行标记。

4. 伸缩缝装置安装

在安装之前,施工人员必须要熟悉设计图纸,按照设计图纸的要求进行操作。同时根据施工时的温度,调整伸缩装置的预留缝宽满足设计图纸的要求。焊接点的预留方式为两侧对称的方式,确保伸缩缝在安装的过程中不出现大的移位。焊接施工要一次到位,同时要确保焊接后型钢不变形。同时应根据施工的规范进行焊接,避免出现漏焊和跳焊等问题。异型钢梁的锚固配筋和预埋配筋应同时进行焊接,才能够保证其稳定性,同时在出现质量检测问题时及时地处理。

5. 锚固区混凝土浇筑与养护

浇筑前应在伸缩装置两侧铺上彩条布、塑料布,保证混凝土不污染路面。混凝土振捣时应两侧同时进行,为保证混凝土密实,用振捣棒振至不再有气泡为止。混凝土浇筑过程中,振捣要充分到位,尤其是型钢底部,不能有脱空现象,混凝土表面应与伸缩缝顶面平齐、结合严密。混凝土振捣密实后,用模板槎出泥浆,分4~5次按常规抹平平整为止。这道工序必须做到混凝土顶面与伸缩装置的顶面平齐,防止出现高差造成跳车现象。浇筑后的伸缩装置湿接缝混凝土必须达到设计要求的强度或规范规定的强度才能拆除。拆模时应小心,不能造成棱角破损。在水泥混凝土初凝前,可以用毛刷拉毛,然后覆盖、洒水养生,养生期间严禁车辆通行,并做好养生记录。经过养生,混凝土强度达到设计强度的50%以上后,可安装橡胶密封条,完成伸缩装置的安装。

13.3.4 伸缩缝施工质量标准

桥梁伸缩缝施工检查项目见表13.3.1。

伸缩缝施工检查项目 表13.3.1

序号	检查项目	规定值或允许偏差	检查方式
1	长度(mm)	符合设计要求	用尺量
2	缝宽(mm)	符合设计要求	用尺量
3	与桥面高差(mm)	2	用钢尺量
4	纵坡(%)	±0.2	用水平仪测量
5	桥面平整度(mm)	3	用3m直尺测量

13.4 桥面铺装

桥面铺装亦称行车道铺装,它是车轮直接作用的部分。桥面铺装的作用在于防止车辆轮胎或履带直接磨耗行车道板,保护主梁免受雨水侵蚀,并对车辆轴重的集中荷载起分布作用。因此,行车道铺装层应该具有抗车辙、行车舒适、抗滑、防水性好、刚度好等性能。行车道铺装一般采用水泥混凝土和沥青混凝土。水泥混凝土桥面铺装的耐磨性能好,刚度好适合重载交通,但养生期长,后期修补较麻烦。沥青混凝土桥面铺装层行车舒适性好,维修养护方便,但易老化和变形。

下面分别对水泥混凝土桥面铺装与沥青混凝土桥面铺装的施工工艺进行介绍。

13.4.1 水泥混凝土桥面铺装施工工艺

水泥混凝土桥面铺装的施工工艺流程主要有清除桥面浮浆、凿毛→测量放样→钻孔与植筋(旧桥加固需要)→铺设钢筋网片→高程复核→调整铺设钢筋网片高度→检验与验收→混凝土摊铺与振捣→人工刮平与抹面→人工拉毛→混凝土养生→切割机切缝等。水泥混凝土桥面铺装施工关键工艺流程如图13.4.1所示。

按照上述施工工艺流程,各关键环节的施工工艺简述如下:

(1)施工前准备。施工段附近用钢筋网封闭,设专用通道和提示标牌,工作平台设置充足的防水灯照明。

(2)桥面清理。预制箱梁顶面在预制养护期间和施工湿接段时长期暴露,要用钢刷、凿子、小风镐、高压水、鼓风机清理松散的混凝土、浮渣等杂物,然后进行混凝土表面拉毛处理,最后用高压水冲洗干净。

(3)钢筋绑扎。桥面钢筋的绑扎应严格按照设计要求和相关规定执行,钢筋应该按照图纸规定方向放置,所有钢筋均应正确保留保护层厚度。采用双层钢筋网时,两层钢筋网片之间应有足够数量的定位支撑钢筋,确保两层钢筋网片位置的正确性。钢筋网片交叉点采用扎丝绑扎结实,扎丝成梅花形布置,钢筋网接头应注意搭接宽度符合设计要求。绑扎的钢筋网片如图13.4.2所示。

(4)混凝土浇筑。混凝土浇筑前梁面用同强度等级水泥浆湿润,但不得有积水。为防止桥面铺装层出现收缩裂缝,宜采用分块区域浇筑施工法,分块区域应根据桥面宽度及长度事先做好部署。振捣时先采用插入式振捣器振捣,使得集料分布均匀,一次插入振捣时间不少于20s,最后采用振捣梁沿轨道进行全幅振捣,直至振捣密实。振捣梁作业完毕后,作业面上架立人工操作平台,作业工人在操作平台上用铁抹进行第一次抹面,用短木抹子找边,第一次抹面应将混凝土表面的水泥浆排出,并应控制好大面平整度。混凝土初凝前,先用磨光机对混凝土面进行搓揉,避免裂缝,再采用钢抹子进行二次抹面,二次抹面应控制好局部平整度。混凝土在二次抹面后,应进行表面拉毛处理,然后采用土工布进行覆盖养生,但开始养生时不宜洒水过多,防止混凝土表面起皮,待混凝土终凝后,再洒水养生,养生期在7d以上。具体施工照片如图13.4.3~图13.4.7所示。

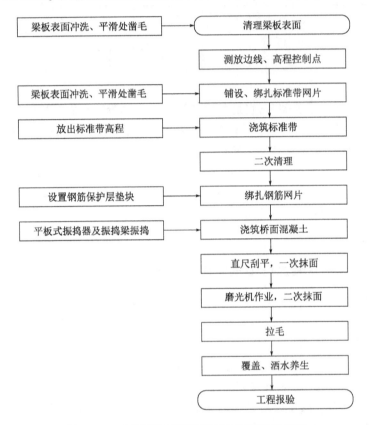

图13.4.1 水泥混凝土桥面铺装施工关键工艺流程图

图13.4.2 绑扎的钢筋网片

图13.4.3 振动泵拖振

图 13.4.4　长木卡抹平

图 13.4.5　磨光机抹揉

图 13.4.6　拉毛处理

图 13.4.7　覆盖土工布、养生

13.4.2　沥青混凝土桥面铺装施工工艺

沥青混凝土桥面铺装的施工工艺流程主要有桥面清理（钢桥面板需要喷砂除锈）→喷洒防水黏结层→下层沥青摊铺与碾压成型→接缝处理→养护等。沥青混凝土桥面铺装施工关键工艺流程如图 13.4.8 所示。

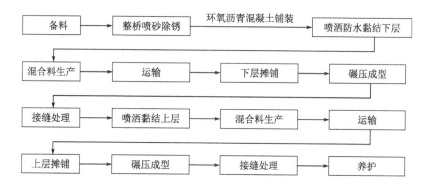

图 13.4.8　沥青混凝土桥面铺装施工关键工艺流程图

按照上述施工工艺流程，各关键环节的施工工艺简述如下。

（1）准备工作。铺筑沥青混凝土面层之前，应清扫桥梁混凝土面层，使保持清洁、干燥，并对混凝土面层的平整度和粗糙度等进行检查，符合设计规定后方可进入下一工序。

测设桥面中线及边线高程,根据桥面铺筑沥青的厚度和横坡做好用料计划。

(2)喷洒黏层沥青。桥梁混凝土面层清扫后方可喷洒黏层沥青,黏层沥青宜采用快裂的洒布型乳化沥青,也可采用机械喷洒的快、中凝液体石油沥青等,要求喷洒均匀。当气温低于10℃或水泥混凝土桥面层潮湿或不干净,不得喷洒黏层沥青。喷洒黏层沥青后,严禁除沥青混合料运输车外的其他车辆与行人通过。

(3)混合料的生产与运输。沥青混凝土在正式拌和前须先进行试拌,配合比满足要求后进行正式拌和,热混合料卸入热料斗进行测温,确保沥青混合料的出料温度控制在110~121℃。拌和结束后将沥青混合料卸入料车,并在运料车侧壁车箱内插入温度计,方便前场根据温度确定容留时间,进行摊铺调度,在料车车厢内要涂刷一层油膜避免环氧沥青混合料粘于车厢产生死料,车厢顶覆盖棉被或帆布用以保证运输过程中环氧沥青混合料的温度。

(4)混合料的摊铺与碾压。摊铺机在摊铺前要进行预热,控制预热温度在110~121℃。采用非接触式平衡梁控制厚度与平整度,根据供料能力与各料车送料单的"容许卸料时间范围"来控制调整摊铺速度,以控制不停机、不超时,力求匀速摊铺为原则。沥青混凝土的碾压工艺分为初压、复压和终压三道工序。为保证铺装层的压实效果,应保证初压终了时摊铺层的温度不低于82℃,终压结束时摊铺层的温度不低于65℃。初压是整个压实工作的基础,压路机必须紧跟在摊铺机后面碾压,防止混合料的温度下降过快;复压的目的是使混合料密实、稳定、成型,混合料的密实程度取决于本工序;终压的目的是清除轮迹,最终形成平整的压实面。碾压采用钢轮压路机与轮胎压路机交替作用的碾压方式进行,为了确保铺装层的平整度,铺装上层终压必须使用钢轮压路机。

(5)接缝的处理。上下层的纵向施工缝间距应在10cm以上,铺装层上、下层的纵、横施工缝均采用45°斜接缝,切缝前要预先画好线,沿线使用手持式切割机进行切割。铺装层碾压完1~2h后,使用切缝机在画线处试切来确定合适的切割时机,以保证切缝平顺、切割面光洁平整。

(6)铺装层的养护。沥青混合料铺装碾压完毕后,要进行养护。采用自然养护方式,养护期由环境气温决定。

改性沥青SMA作为铺装层上层时的施工工艺与沥青混凝土的施工工艺相类似,只是黏结层的处理、施工机械的选择、混合料生产和摊铺的要求有所不同。而当采用浇注式沥青混凝土作为铺装层下层时,高温拌和生产出来的混合料需要使用专门的运输设备对其不断搅拌和加温,以免混合料离析或温度降低。摊铺机的摊铺速度要与拌合楼拌和能力相匹配。

13.5 护　　栏

一般桥梁上的栏杆,当设于人行道上时,主要作用是提供行人安全感,遮拦行人防止其跌落桥下;当无人行道时,桥上的栏杆虽也可防止行人跌落桥下,但其主要作用与高填路堤或危险路段所设护栏相仿,用于视线诱导起到一些轮廓标的作用,使车辆尽量在路幅之内行驶,并给驾驶员安全感。主要用于高速公路、一级汽车专用公路、城市快速路、主干道路、立交工程等的护栏,以封闭沿线两侧,不使人畜与非机动车辆闯入公路的隔离设施,它同时具有吸收碰撞能量、迫使失控车辆改变方向,并有恢复到原有行驶方向趋势,防止其越出路外或跌落桥下的作用。

防撞护栏按防撞性能有刚性护栏、半刚性护栏和柔性护栏之分。

刚性护栏是一种基本不变形的护栏结构。混凝土护栏是刚性护栏的主要形式,是一种以一定形状的混凝土块相互连接而组成的墙式结构,它利用失控车辆碰撞后爬高并转向来吸收碰撞能量。

半刚性护栏是一种连续的梁柱式护栏结构,具有一定的刚度和柔性。波形梁护栏是半刚性护栏的主要代表形式,是一种以波纹状钢护栏板相互拼接,并由立柱支撑而组成的连续结构,它利用土基、立柱、波形梁的变形来吸收碰撞能量,并迫使失控车辆改变方向。

柔性护栏是一种具有较大缓冲能力的韧性护栏结构。缆索护栏是柔性护栏的主要代表形式,是一种以数根施加初张力的缆索固定于立柱上而组成的结构,主要依靠缆索的拉应力来抵抗车辆的碰撞、吸收碰撞能量。

桥梁护栏施工的每一道工序都需要监理工程师检验把关,合格之后方可展开工序实施。桥梁护栏施工工艺流程如下:

1. 制作模板

桥梁的护栏施工需要专用的钢模板,选用的钢模板要具有刚度大、平整度好、不易变形等优点,这样灌注后混凝土平整光洁。制作模板的表面钢板应使用厚度大于5mm的一次冲压成型钢板,模板外侧设置一定间距的加劲肋,以便其在使用和吊装过程中不易变形。在钢模板制作完后和正式使用前需要试拼装,检查模板之后接缝处的平顺性,若不合格需要进行修正,使得整体效果达到最优。

2. 钢筋的加工安装

为保证混凝土防撞护栏的外表线形顺直,需要使用全站仪对护栏的内边线进行准确放样,进而提高测量放样的精确度和准确性。另一方面对钢筋的加工安装要求很高,必须严格按照工程图纸以及施工规范进行操作,保证钢筋加工的数量、尺寸、间距以及焊接达到工程质量要求。安装钢筋之前要清理护栏底部混凝土顶面的浮浆,并用高压清水冲洗。然后根据护栏的侧边线调整钢筋安装位置。在连接钢筋时一定要依据图纸,采用双面焊接工艺技术,焊缝饱满并清除焊渣。

3. 安装模板

安装钢模板之前应该清理干净模板表面的污物并进行抛光,将其表面均匀涂抹脱模剂,保证浇筑后混凝土表面光洁度。安装模板时要沿着护栏内侧50cm位置顺桥向桥面铺装层预埋钢筋耳环固定模板,安装人员要在模板安装前在其底部贴上适量的双面胶,封住接缝以防漏浆;需要紧贴混凝土底座安装并用螺栓拉杆拉紧连接;模板的内外侧底线必须与护栏放样线相一致。安装模板要记得预留泄水管通道。

4. 浇筑混凝土

根据混凝土强度要求调配混凝土配合比。桥梁护栏混凝土以5m为一个浇筑单位,浇筑从护栏的一端开始并分层水平推进。底层浇筑高度应为内侧模板下部的首个转角位置,第二层浇筑高度应为内侧模板的第二个转角位置,第三层混凝土浇筑到第二个转角至顶的二分之一处,最后一次浇筑至顶面。混凝土振捣时要注意振捣密实,混凝土振捣至表面不再下沉且没有气泡冒出即可。桥梁护栏混凝土浇筑完成之后应将其顶面压光,保持外观质量。桥梁护栏施工完成后必须用土工布覆盖,并洒水湿养一周以上方可正式使用。

13.6 排水防水系统

桥梁排水防水系统的设计要求,就是设法将水和混凝土隔离,使水不能进入混凝土本体,尤其不能进入裂缝中。排水防水系统包括以下几个方面:

1. 混凝土本身的自防水

混凝土经常接触水的部位都要设计为防水混凝土,保证自身的密实性和防腐性,在混凝土中加入粉煤灰或超细粉可以减少水泥带入的碱量,加入钢纤维等可以对膨胀、开裂起到阻裂作用,并具有很好的抗渗能力,达到自防水的基本要求。在铺设中,桥面水泥混凝土的平均厚度不能小于10cm,最薄处厚度不能小于8cm,而且混凝土本身的配合比设计和浇筑质量是最重要的。桥面钢筋网钢筋直径不宜小于10mm,间距不能大于150mm。

2. 桥面防水涂层

无论桥面混凝土施工质量如何好,均不能完全保证不开裂,所以桥面水泥混凝土铺装层上面必须设置防水层。防水层不但本身要起到防水作用,而且要求其与水泥混凝土和沥青混凝土都有很好的亲和性,附着力好。下面能牢固地与水泥混凝土表面黏结,上面能牢固地与沥青混凝土表面黏结。否则就成为一个层间抗剪力很低的夹层,将导致桥面沥青混凝土出现拥包、滑移,直至松散、破坏。

3. 伸缩缝的防水

伸缩缝下面的梁端和帽梁受水损害最严重,由于伸缩缝的安装及形式,造成该部位最容易破坏,所以需要施工时特别注意防水系统的安装与防护,确保能够正常防水。

4. 桥面雨水孔与落水管的设置

桥面雨水孔与落水管常出现问题有:收水口小不能及时将水泄走;收水口高程高于周围高程,造成积水;收水口高出水泥混凝土表面,而且周围混凝土不密实,造成管周围漏水,所以收水口必须低于水泥混凝土基面,这样沥青层间的渗水也能排出。

5. 栏杆外侧与人行道的构造防水

栏杆外侧应设计为光滑的表面,底面设有止水槽,雨水能很快地顺外侧流向地面,而不应再流向边梁。设有人行道的桥梁,人行道的防水也不能忽视,以防止雨水渗流到主梁。

6. 梁端和帽梁的防水

由于很难保证伸缩缝完全不漏水,而伸缩缝的漏水对梁端和帽梁的损害又非常严重,所以对梁端和帽梁顶部也要进行防水处理。

思 考 题

1. 简述支座的作用及主要类型。
2. 简述伸缩装置的功能及要求。
3. 简述水泥混凝土桥面铺装施工主要流程。
4. 简述沥青混凝土桥面铺装施工主要流程。

参 考 文 献

[1] 徐伟.桥梁施工[M].北京:人民交通出版社,2013.
[2] 黄志刚,徐志华,彭德清.桥梁施工监测与控制[M].北京:人民交通出版社股份有限公司,2020.
[3] 王晓谋.基础工程[M].4版.北京:人民交通出版社,2010.
[4] 卢文良,季文玉,许克宾.桥梁施工[M].2版.北京:中国建筑工业出版社,2018.
[5] 陈记豪.装配式梁桥上部结构加宽设计与加固研究[M].北京:科学出版社,2016.
[6] 周绪红,刘永健.钢桥[M].北京:人民交通出版社股份有限公司,2020.
[7] 赵秋.钢桥——钢结构与组合结构桥梁[M].北京:人民交通出版社股份有限公司,2018.
[8] 申爱国.桥梁工程施工技术[M].武汉:武汉大学出版社,2016.
[9] 范立础.桥梁工程 上册[M].3版.北京:人民交通出版社股份有限公司,2017.
[10] 刘龄嘉.桥梁工程[M].北京:人民交通出版社股份有限公司,2017.
[11] 赵云鹏.大跨度装配式钢混组合斜拉桥施工关键工序研究[D].重庆:重庆交通大学,2017.
[12] 赵人达,张双阳.桥梁顶推法施工研究现状及发展趋势[J].中国公路学报,2016.
[13] 张陕锋,郭正兴.当代日本钢桥梁制造技术介绍[J].世界桥梁,2006(1):4-8.
[14] 李小和.高桥墩翻模施工技术的应用与发展[J].施工技术,2002,31(3):22-24.
[15] 李军堂.桥梁深水基础的发展和展望[J].桥梁建设,2020,50(3):17-24.
[16] 茅以升.桥梁史话[M].北京:北京出版社.2016.
[17] 王海良,董鹏.桥梁工程施工技术[M].北京:人民交通出版社,2013.
[18] 欧阳效勇,任回兴,徐伟.桥梁深水桩基础施工关键技术[M].北京:人民交通出版社,2006.
[19] 张鸿,刘先鹏,王海怀,等.特大型桥梁深水高桩承台基础施工技术[M].北京:中国建筑工业出版社,2005.
[20] 王慧东.桥梁墩台与基础工程[M].北京:中国铁道出版社,2005.
[21] 李彩霞.桥梁施工技术[M].北京:人民交通出版社股份有限公司,2019.
[22] 肖建平.桥梁工程施工[M].北京:机械工业出版社,2007.
[23] 宁贵霞,王玉祥.桥梁基础工程[M].北京:科学出版社,2011.
[24] 中华人民共和国交通运输部.公路桥涵施工技术规范:JTG/T 3650—2020[S].北京:人民交通出版社股份有限公司,2020.
[25] 中华人民共和国住房和城乡建设部.钢结构设计标准:GB 50017—2017[S].北京:中国建筑工业出版社,2017.
[26] 李忠富.现代土木工程施工新技术[M].北京:中国建筑工业出版社,2014.
[27] 姚玲森.桥梁工程[M].3版.北京:人民交通出版社股份有限公司,2021.
[28] 邵旭东.桥梁工程[M].5版.北京:人民交通出版社股份有限公司,2019.
[29] 中交第二公路工程局有限公司.公路桥梁施工系列手册 梁桥[M].北京:人民交通出版社,2014.

[30] 中交第二公路工程局有限公司.公路桥梁施工系列手册 拱桥[M].北京:人民交通出版社,2014.

[31] 中交第二公路工程局有限公司.公路桥梁施工系列手册 施工组织设计[M].北京:人民交通出版社,2014.

[32] 满洪高,李君君,赵方刚.桥梁施工临时结构工程技术[M].北京:人民交通出版社,2012.

[33] 浙江省交通运输厅.桥梁支架安全施工手册[M].北京:人民交通出版社,2011.

[34] 中华人民共和国建设部.建筑施工模板安全技术规范:JGJ 162—2008[S].北京:中国建筑工业出版社,2008.

[35] 黄绳武.桥梁施工及组织管理[M].北京:人民交通出版社,2006.

[36] 周湘政,彭力军.南京长江三桥南塔施工技术[J].中外公路,2007(04):115-117.

[37] 余立志,彭小亮.港珠澳大桥超重异形钢索塔整体吊装施工技术应用[J].公路,2017,62(09):173-178.

[38] 荣国城,陈儒发,唐维,等.大跨度三塔斜拉桥整体式钢索塔设计与施工关键技术[J].公路,2016,61(05):278-282.

[39] 张平,肖文福,黄涛,等.悬索桥钢索塔下塔柱大节段吊装施工技术[J].中国工程科学,2010,12(04):58-62.

[40] 阮家顺,陈家菊,向晋华,等.港珠澳大桥138号钢桥塔整体段翻身技术[J].世界桥梁,2019,47(02):6-10.

[41] 景强,苏权科,陈东兴.港珠澳大桥海中桥梁工程埋置式承台施工方案[J].世界桥梁,2015,43(02):29-33.

[42] 谭少华.港珠澳大桥主体工程浅水区非通航孔桥埋置式承台设计与施工[J].中外公路,2014,34(06):121-126.

[43] Wei HUANG,Minshan PEI,Xiaodong LIU,et al. Design and construction of super-long span bridges in China:Review and future perspectives[J]. Front. Struct. Civ. Eng.,2020,14(4):803-838.

[44] 叶建国.斜拉桥A型索塔液压爬模施工技术[J].市政技术,2014,(2):55-58,62.

[45] 周良,闫兴非,李雪峰.桥梁全预制拼装技术的探索与实践[J].城市道桥与防洪,2018(09):38-41+8-9.